The Psychology of Religion and Coping:

Theory, Research, Practice

宗教与应对的心理学：

理论、研究与实践

[美] 肯尼斯·帕尔加门特 ——— 著
(Kenneth Pargament)
石林　等 ——— 译

教育科学出版社
·北京·

出 版 人　所广一
责任编辑　周益群
版式设计　杨玲玲
责任校对　贾静芳
责任印制　叶小峰

图书在版编目（CIP）数据

宗教与应对的心理学：理论、研究与实践/（美）帕尔加门特著；石林等译. —北京：教育科学出版社，2013. 5

书名原文：The psychology of religion and coping：theory，research，practice

ISBN 978-7-5041-7287-7

Ⅰ. ①宗…　Ⅱ. ①帕… ②石…　Ⅲ. ①宗教心理学　Ⅳ. ①B920

中国版本图书馆 CIP 数据核字（2013）第 014417 号
北京市版权局著作权合同登记　图字：01-2012-6889

宗教与应对的心理学：理论、研究与实践
ZONGJIAO YU YINGDUI DE XINLIXUE LILUN YANJIU YU SHIJIAN

出版发行	教育科学出版社		
社　址	北京·朝阳区安慧北里安园甲 9 号	市场部电话	010-64989009
邮　编	100101	编辑部电话	010-64981167
传　真	010-64891796	网　址	http://www.esph.com.cn
经　销	各地新华书店		
制　作	北京鑫华印前科技有限公司		
印　刷	保定市中画美凯印刷有限公司		
开　本	169 毫米×239 毫米　16 开	版　次	2013 年 5 月第 1 版
印　张	25. 75	印　次	2013 年 5 月第 1 次印刷
字　数	428 千	定　价	58. 00 元

目　　录

第四编 评价与实践应用

致谢

我一直觉得我一生中不会写很多书。写作的过程也许有时是令人激动、令人兴奋的，但有时候也会非常艰难。我很好奇我的一些同事是如何轻轻松松地写出流畅的文字的。就我个人而言，我感到与专栏作家里德·巴伯（Red Barber）说过的话有相似之处。他曾说："写作是容易的，你需要做的就是坐在打字机前，打开静脉，让血流出来。"当我着手写这本书时，我认为自己对宗教和应对有很多了解，然而当真正写作时，我才发现事实并非如此。现象非常重要，却又是如此难以理解，我挣扎于这一问题，备感挫折。在写作过程中，我发现我的大脑像块奶酪，我不断地尝试填补奶酪的洞，这也是本书花费最初预计时间的两倍的原因之一。但在这一过程中，我也学到了很多。我希望你也会在这本书中发现有用的内容。

尽管我用了很长时间来独立写作，但这本书并不是我一个人努力的成果。一直以来，我强烈地感受到自己与许多阶层中的人们有着密切的关系，他们是生命神学家、社会科学家、宗教领袖、身心健康专家和挣扎于生活中最大挑战的男人、女人。在某些情况下，我还会接触数千英里外和数千年前的人。通过阅读他们的思想和情感，我感觉到我渴望遇见他们，或许还能与他们共进晚餐。我有机会从他们的文字中逐渐了解他们，他们为我的工作做出了贡献，我心存感激，并很荣幸能够与他们一起找寻意义。

我要感谢我的调查研究中数以百计的参与者，还要感谢我的精神治疗中心的来访者，他们教会我丰富的宗教内容，也教会我们用勇气和诚恳面对生活中压力最大的时刻的那种能力。在书中我描述了他们的体验和领悟内容，尽管他们的身份和故事的一些细节内容为保证匿名性而做了修改，但基本主题未做改变。

如果要表彰宗教心理学领域在论文和出版物中最多的合著者，我可能是一位有力的竞争者，我对这一点深感自豪。在过去的 17 年中，我很幸运地一直与博林格林州立大学（Bowling Green State University）的一支非常优秀的研究生团队一同工作，我们都对宗教研究感兴趣。与他们共同学习是一条双行道。他们的活力、激励和支持不仅对研究有启迪作用，也使得研究过程充满乐趣。我要特别感谢一些学生，在撰写此书的过程中，其中一些学生协助我解决了数不清的困难和细节，其他学生勇于提出批评性且对我的写作非常有价值的反馈。他们是：蒂莫西·贝拉维奇（Timothy Belavich）、柯蒂斯·布莱特（Curtis Brant）、埃里克·巴特（Eric Butter）、布伦达·科威尔（Brenda Cowell）、丽莎·弗里德尔（Lisa Friedel）、凯西·希普（Kathy Hipp）、翠西·杰威尔（Tracey Jewell）、丽莎·佩雷斯（Lisa Perez）、马克·拉伊（Mark Rye）、谢丽尔·泰勒（Cheryl Taylor）、爱莉·斯科特（Allie Scott）、埃里克·斯科特（Eric Scott）、吉尔·宙罗文（Jill Zerowin）、布莱恩·金保尔（Brian Zinnbauer）。

多位同事非常热情地花费时间帮我核查这本书的初稿。他们的意见对我非常有帮助，他们的贡献我都铭记在心。我要感谢：唐纳德·卡普斯（Donald Capps）、威廉姆·海瑟威（William Hathaway）、小拉尔夫·胡德（Ralph Hood Jr.）、理查德·詹金斯（Richard Jenkins）、安妮特·马奥尼（Annette Mahoney）、苏珊·麦克法登（Susan McFadden）、爱德华·沙夫朗思科（Edward Shafranske）、布鲁斯·史密斯（Bruce Smith）、凯瑟琳·斯坦（Catherine Stein）和我的导师福雷斯特·泰勒（Forrest Tyle）。此外，梅利哈·邓肯（Meliha Duncan）对手稿的准备也给予了极大的帮助。

最后，我想对我的家人表示深深的谢意。他们一直用爱和关怀支持我。这种支持有许多种形式：也许是来自父母问候近况的一个电话，电话中父亲索尔（Sol）的一两个玩笑，母亲佛罗伦斯（Florence）的一份充满信任的支持；也许是被儿子们平和地接纳，乔纳森（Jonathan）和本（Ben）知道这些时候“爸爸正在钻研那本书”；还有我无私的妻子艾琳（Aileen），当我在楼上写作或在楼下思虑时，她心甘情愿地包揽了家庭生活的琐碎事务，承担起家庭生活的重任。艾琳富有智慧，在我疑惑时她坚定不移地支持我，在我冲昏头脑时她愿意与我对质，她帮助我保持正确的工作方向和生活的平衡，她告诉我什么是真正的明智、有同情心和坚强。我要把这本书献给她。

第一章

对宗教心理学和应对的简介

1989年7月19日，由丹佛飞往芝加哥的美联航232航班出现了严重问题。引擎被飞机后部的一次爆炸破坏，造成液压系统严重受损。接下来的一个小时，机组成员极力将飞机维持在空中。乘客们也在用他们各自的方式与当下的生命威胁做斗争。在飞机迫降后不久，许多幸存者接受了《生活》（*Life*）杂志的采访（“我还活着……”，1989年）。对于大部分的幸存者，这场空难使他们以某种方式产生了与宗教相关的信念、情感或实践。以下是几段摘录。

服务人员解释了紧急迫降程序后，我们剩下的只有各种想法。那时候我开始祈祷。我闭上眼睛想，“亲爱的主，我祈求你指导飞行员的双手”。我还想着如果上帝想要带走我，我也会很好。我内心充满平和。此时，我正坐在来世的边缘。我不想面对生命的尽头。

飞机闻起来就像被大火烧焦后的房子。我很庆幸自己还活着，但当我看到死亡、闻到死亡的气息时，我感到异常的悲痛。这感觉就像是站在了地狱的门口。而我唯一能做的，只是从口袋中拿出我的《圣经》。

我认为不存在能够一对一回应人类的慈善的上帝。在我幸存后，有人询问我是否仍然是一位无信仰者。如果飞机上面除了那些坏人，其余的所有人都幸存了，也许我多少会相信一点儿信仰。但是，事实并非如此，事实是一些年幼孩子的母亲也罹难了。

我做了一些需要做的事情以准备死亡。我当时的想法是，我希望自己在一个能够聆听到佛陀教诲的家庭中重生。我一生中进行了许多佛教冥想，这训练使我成为意识中的一个个体。我的关注完全在这一点。

某天，一位女士向我走来，她曾在电视上面看到我。她问我有没有感谢上帝让我活下来。我说：“是的。”但我心想：“冷静点，女士，我并不需要这些。”

生活中，我们会遇到危急时刻，只是很少会经历飞机事故这种重大的事件。更多的时候，我们遇到的危急时刻是常规事件和生活变故。它们的形式多是家庭纠纷、私人恩怨、就业问题、财务困境、出生、疾病和死亡。有时，更大的社会问题，如贫穷、种族歧视、核战争的威胁，也会卷入我们的生活。无论它们是预料之中的或意料之外的、暂时的或长久的、个人的或集体的，这些时刻都能推动我们超越自己的能力。如同我们听到的许多 232 航班幸存者的故事一样，宗教会与这些危机时期紧密相连。

在某种程度上，这可能令人惊讶。多年来，在工业化世界中，信仰已经呈现下降态势。异教活动、电视传道或边远地区的宗教动乱偶尔会成为新闻头条，在一个远离超自然的世界中这些被认为是异常的。然而，还存在其他一些不那么引人注目却更加微妙的标志，这些标志表明，宗教即使不是大多数人也会是许多人在生活中的强大力量。例如，1988 年的一项调查发现，九成的美国人称他们从未怀疑上帝的存在，82% 的人相信上帝今天仍在创造奇迹，79% 的人报告他们有时在生活中非常清晰地意识到上帝的存在，71% 的人相信死后重生（Gallup & Castelli，1989）。尽管主流新教教派的成员人数在减少，然而这种减少已被新教会的、非西方的新的宗教团体的增加所抵消。这都表明宗教并没有消失。

或许，最引人注目的宗教迹象来自危难之时。宗教与生活中的压力时刻紧密相连，这一点应该不会特别令人意外。艰辛、痛苦、冲突已经成为世界各主要宗教关注的中心。每种宗教都以它各自的方式承认了一个共同的事实，即生活是危险的。在佛教看来，存在首先是经历痛苦（Dukkba），“存在”这个词包含了身体痛苦、精神痛苦、消极变化和缺少自由（Gard，1962）。犹太教明确承认了人生在世要承受痛苦，认为人需要经过对苦役压迫的纪念和对自由的庆贺。基督教通过耶稣基督的受难呈现了在世界上承受痛苦的一种模式。

因此，世界宗教对人类生存的痛苦本性有着深刻的理解。更重要的是，宗教传统明确地阐明了我们应该如何应对这种状况。著名人类学家克利福德·格尔兹（Clifford Geertz，1966）曾说，所有的宗教必须考虑“如何承受痛苦，如何把身体痛苦、个人丧失、世俗失败或对他人痛苦的无用思考理解成为可承受的、可忍耐的事情，即所谓的动心忍性”。不同的宗教传统对问题有不同的解决方法，每种宗教都会提供一种方式以面对灾难、苦难和人生中的重大事件。

本书探讨了当人们经受考验时，宗教所发挥的作用。其目的不是要进行主要宗教传统的比较分析，也不是尝试对个人宗教信仰和做法进行纯理论的分析，而是要关注更加具体的问题，当宗教在遇到危机时的基础。这本书中的资料来源于亲身经历考验的人们的最原始资料，如 232 航班幸存者的叙述。他们的反应不是抽象的、超然的或远离经验的。它们涉及思想、感觉和在关键时刻的行动。这些不仅仅是简单的反应，相反，它们显示出宗教形式和功能的多样性。

以实事求是的态度看待危机中的宗教，这使得我们从简单的宗教概述走向一系列问题。什么时候宗教开始会涉及应对困境？它服务于人类的目的如何？为什么当某些人处于最危急的时刻，宗教却似乎与其毫不相干？宗教在应对中扮演着什么样的角色，仅仅是一种防御、一种被动的应对方式、一种否认的形式吗？宗教是如何尝试保护具有重要意义的事情，或者，宗教是如何尝试改变它们的？经过应对过程，宗教本身会有所改变吗？在哪些方面，宗教有助于或有害于那些正处于应对中的人？最后，如何利用宗教来帮助处于危机中的人？这些就是本书要探讨的核心问题。它们定义了宗教与应对的范畴。

在讨论前，我需要指出，本书中使用的“宗教”一词并非是狭义上的，也就是说，不是那种通常基于宗教活动、教条和宗教仪式的含义。相反，宗教的定义中包含了更广泛的含义，既有常规的宗教表达也有个人的宗教表达，例如灵性的感受、对神圣的信仰和宗教实践。更多关于宗教含义的阐释会在下一章介绍。

为什么研究宗教和应对?

研究宗教和应对有三大原因。

1. 研究宗教与应对的内容可以教会我们如何应对。在最极端的时刻，我们被迫需要面对真实的自己，“既是俗人，又是圣人”（Frankl，1984，p. 178）。研究这一过程有助于还原和刻画出日常生活中的人类本性。这会揭露人类境况中黑暗的一面：迷失、困惑、欺骗自己、损人利己。同时，也会揭示出人性的勇敢：“持之以恒、求生的意志、勇气、真正的英勇与退却、逃避，以及占据大多数我们思考的小冲动的满足。”（White，1974，p. 64）

遗憾的是，关于人类应对危机的研究常常忽略宗教。也许是因为与一般大众相比，心理学家更少倾向于宗教，所以他们低估了宗教力量在应对过程中的作用（Ragan，Malony & Beit-Hallahmi，1980；Shafranske & Gorsuch，1984）。然而，我们将在这本书中看到，宗教往往会出现在人生最关键的时刻，而且形式各异。它会涉及人类的优势和资源，也会涉及人类能力让人困惑的方面。如果缺少了对宗教的理解，任何关于特殊时刻的人类反应的理解都将是不全面的。

2. 对宗教和应对的研究也为我们提供了一个去更多地了解宗教的机会。通常，宗教被看作抽象的，是一种信念体系、仪式、象征、情感，与特定情境或个体生活没有多大关系。我记得曾采访过的一位教会成员，他只是在外围参与教堂活动。他说："我并不是不喜欢去教会，只是我难以把诵读、布道、唱歌与我的生活事件联系在一起。虽然我不太确定，但我还是认为自己是有宗教信仰的人。"这个人所讲述的问题，令抽象化的宗教仪式更具有个人意义。

要研究和了解宗教，我们可能找不到比研究危急时刻和应对更好的方式了。这并不是说，危机触发了一个"宗教的开关"。正如我们将在书的后面了解的，一种更准确的说法是，在人类面对压力的时候，他们携带着一个储藏宗教的资源库。对于很多人，这个资源库的深度和性质并不清楚。类似刚才那个教会成员，他可能难以清晰地阐述宗教如何显现在日常生活中。但是，当人们遇到压力时，这个资源库通常就会打开，展露出它储藏了什么（或者没有储藏什么）。在从抽象到具体、从潜在到事实的转变中，宗教的本质便成为更加突出的焦点。也许在一定程度上由于这个原因，从圣·奥古斯丁（Saint Augustine）和迈蒙尼德（Maimonides）到威廉·詹姆斯（William James）和保罗·蒂利希（Paul Tillich），许多主要的宗教研究者都把他们的注意力转向宗教在生活困惑时所发挥的作用。这些关键时刻为宗教体验打开了一扇心灵之窗。

3. 宗教与应对的研究具有一定的实际意义。有一个存在已久的说法，即人和问题往往在艰难时期才最具可锻造性。事实上，许多宗教途径和治疗方法都以此为基，并有意"令人动摇"，从而拉开改变之序幕。例如，在佛教禅宗传统中，新信徒会暴露在一个矛盾、似梦的世界中，在这个世界里，他们惯常的认识与理解模式会受到挑战："一位年迈的大师，无论他何时被问到禅宗的意义是什么，他都会抬起他的一根手指，这就是他的回答。而另一位大师的回答是踢一下球，还有一位大师的回答则是给询问者一记耳光。"（Smith，1958，p. 141）这些"压力诱导"的体验，旨在让新信徒突破现有的世界观，以对万事万物有一个更完整的超然意识。

危机正是关键，这一点很重要。危机会令以前解决问题的行之有效的方法不再有效，呼唤产生新的解决方案。交叉路口会呈现在压力时期，每条路通向不同的方向，而个体即使很痛苦，也不得不在这些路中做出选择。

当遇到这样的选择时，宗教当然不会袖手旁观。它会指导个体选择走向哪里，如何到达那里。当然，也不是所有的宗教指导都一样。我们将看到存在多种宗教反应，而其中一些反应要好于另一些。在研究宗教应对的过程中，我们发现了一些好的和不好的应对目标和途径。重要的是，我们要更多地了解所有方式（宗教的和非宗教的），以帮助人们度过人生之旅。

为什么从心理学角度研究宗教与应对?

本书将从一个综合的心理学视角研究宗教与应对。宗教与应对的研究并非是心理学的专利。艺术家、哲学家、神学家、社会学家、人类学家、神职人员和来自其他群体的许多人对宗教与应对的内容抱有极大的兴趣和许多观点。援用奥尔波特（Allport，1968）的一句话，忽略了其他研究领域贡献的心理学是“狭隘的”，这样的心理学只会束缚宗教与应对的心理学研究。如果可能的话，我希望可以借鉴其他学科的看法来丰富心理学的观点。然而，完全地覆盖这一整套深而丰富的工作已超出了我的能力范围，我在这里只能将核心关注点放在心理学角度，当然这里的心理学是认可和接受其他视角的广义上的心理学。

如果要问与其他研究相比，宗教与应对的心理学研究提出了哪些不同的内容？我会回答宗教与应对的心理学研究指出了在孤立的社会中更加需要一座桥梁。在本书的结尾，读者可以站在一个更好的位置来评估自身的这种需要。

科学家、心理健康专家、神职人员和宗教团体的成员通常有着不同的生活环境、不同的语言和不同的习俗。尽管他们之间存在差异，但我相信他们身上都有值得了解、学习和有利于彼此的地方。然而，如果没有联结点或相遇的共同基础，这种交流是困难的。这些是一直存在的问题，也正是宗教和应对心理学研究的切入点。这项研究可以搭建起一座桥，把心理学与宗教世界的思想、行动、研究联结在一起。

联结世界观和实践之桥

许多人一提到心理学，首先想到躺椅、墨迹测验和谈话节目。心理学是帮人解决问题的一种最著名的实践形式，但心理学家存在的时间却不长。先前已经提到，世界上的宗教已经关注苦难及其改善长达千年。然而，专业心理学和宗教团体的关系却常常处于紧张状态。心理学指控宗教的一切，从教条主义和不容异说到社会镇压和精神疾病（例如，Ellis，1986）。反之，心理学也被指控带有傲慢、精英论、非道德和自私的特点（例如，Vitz，1977）。不管这些说法是否准确，它们都指出了心理学原理和宗教戒律之间存在裂痕。

为什么心理学与宗教都关注人类生活的状况，两者却存在如此大的分歧？或许最具说服力的解释是，对于很多人而言，心理学和宗教已经成了对手。彼得·伯杰（Peter Berger，1967）指出，宗教曾一度被认为是意义的来源，这种说法很有说服力，以致约束人类凭此来认识宇宙。然而，西方文化经过几百年的发展，宗教在现实生活中的影响范围已经被削弱了。那些曾被理解为宗教性质的现象（如日食、灾害、疾病），现在已经被重新定义为自然现象。在这个过程里，宗教作为一种绝对的毋庸置疑的意义来源已经丧失了部分权威性。而现实逐渐成为个体关注的事情，这也是心理学所关注的。

从这个意义上讲，西方社会中的心理学已经成为宗教的竞争对手。心理学提出了一种看待世界的新方式，它有着独有的对"美好生活"的看法，也有着独有的解决问题的机制。用心理治疗替代忏悔，用个人成长替代转变，用伦理替代罪恶和美德。我们可以进一步推论比较心理学与宗教在仪式、成人礼、传统、象征使用和领袖魅力等方面的相似之处。我并不想把心理学看作一种宗教，因为那样会混淆宗教的含义。不过准确地说，心理学在功能方面与宗教相像，这一点在理论和实践的角度都有所体现。

尽管如此，事实上，心理学和宗教在观点和实践方面还是有着重大区别的，但这并不意味着矛盾不可调和。心理学被定义为一门职业，它尝试帮助个体增加对不可控事物的控制感。心理动力方法的特点是把潜意识内容带到意识领域。行为取向的心理治疗帮助个体战胜那些他们感觉无法操控的环境条件，这些条件可以是害怕的情境、不良的生理反应、难以相处的人、成瘾行为。认知心理学方法强调控制思想和情感，以提升自我效能感。社区心理学尝试利用最少的资源而把个体的能力发挥到最大（Rappaport，1981）。虽然也存在某些特例，但是如果把美国心理学称为研究个体控制的心理学，这种说法绝不为过。

与此相反，宗教常常是帮人领悟自身无法控制的事物。它强调物质财富、个人欲望和个人生活的有限性。不仅如此，它还提出用超越自身的信仰体系来解决这种有限性。宗教与心理学使用的语言不同，忍耐、信念、极限、顺服、苦难、希望和转化都是宗教的核心术语，它们表达了对那些难以理解的、深不可测的、不可控的事物的一种领悟。威廉·詹姆斯（William James，1902）是这样表述的："有一种心态，唯独宗教人士享有，而其他人不具备，这就是在上帝的洪流中不再坚持自己的意志和思想，而情愿作为这洪流中的一滴水。"（p. 47）他提出，愿意顺服正是宗教的本质。但是，顺服的行动并不是宗教的终点。看似矛盾的是，宗教认为对控制的放弃可以达到更好地掌控生活。宗教正是用它自己的方式推动个体沿着这条路不断前行。精神支持、宗教重塑、净化、成人礼、皈依是几种实用的宗教实践路径。因此，可以毫不夸张地说，对人性有限性的领悟是宗教的核心。

简而言之，尽管心理学和宗教都关注个人控制方面的问题，但是它们对问题的评估和解决办法存在很大不同。心理学领域认为，我们并不是想象中的那样软弱无能，我们可以进一步提升自己的能力。宗教领域认为，事实上我们在很多方面是无能为力的，我们必须独自审慎自己以寻求某些重要问题的答案。大体上，在我看来，心理学领域帮助个体拓展个人控制能力，而宗教领域帮助个体面对个人局限性并超越自身以寻求解答。

心理学与宗教的观点存有差异，但它们并非绝对对立。只有当我们不考虑对方而聚焦于个体的能力或局限时，问题才可能呈现出来。举个例子，当我们假设空气、森林、石油、海洋和其他自然资源均是取之不尽、用之不竭时，生态危机出现了。同样，当尝试去控制不可控的情境时，随之而来的是更高的患心脏病风险（例如，Glass，1977）。另一方面，如果说对宗教存在一个共同的批评，那就是即使可以做出改变，宗教也不主张去改变世界。人们对宗教的指控是，当个人行动可能带来改变时，宗教会采取忽视、回避或屈从现实的态度。

心理学和宗教都有各自的观点和实践，如果将两者的观点和实践联结在一起，将会有更多收获。人类能力与人类局限互相补充，而不是相互对立。在应对危机时，可能的与不可能的都变得显而易见了。布雷斯尼茨（Breznitz，1980）讲得好："是否有效的问题尚不明确，可是应对危机的战役还是不得不打。"（p. 265）宗教与应对的心理学可以将两者结合起来，同时考虑到应对可能无效的问题。这样，一个助人在危机面前进行掌控的深层心理学传统，与一个助人在困境面前接受自身局限性并超越自我寻求帮助的宗教传统，就联结起来了。

联结认识世界的方法之桥

心理学虽以专业性著称，但其真正特色在于尝试运用科学依据进行心理学实践。当然，为了生活得更有意义而奋斗的人并非只有心理学家。神学家、诗人、小说家以及众多其他群体也在努力着，他们即使不比心理学家做得好，同样也可以算是远见卓识。不过，心理学家应该更能胜任这样一项任务，描述个体如何达到自我领悟，然后运用科学方法，尝试建立他人也能够遵循的公开蓝图。心理学家同时应该清晰地认识到个体进行信息加工和看待外在世界时存在偏差和局限性，通过运用科学方法，尝试提出能够挣脱局限性形成真知灼见的有效办法。

宗教用其独到的方法来认识世界。可以通过下面的方法寻求启示：祷告、冥想、宗教文学、宗教仪式、集体礼拜、传统惯例、推理、艺术、亲密的人际关系、社会同情，以及任何千年来发展出的其他实践方式（Streng，1976）。这些方法及其诱导出的灵感的有效性与个体自身有关。正如贝尔托奇（Bertocci，1972）所写："宗教的作者并不去努力证明上帝的存在，正如大多数人并不去证明世界的存在一样。他们的问题是要领会自身与上帝在心中的关系。"（p. 5）

科学方法与宗教方法存在很大的不同。科学是客观的，而宗教是主观的。科学限于事实，而宗教限于价值。然而，这些区别有被夸大的成分（Barbour，1974）。科学束缚了价值、主观性和判断，体现在研究内容的选择方面，也体现在以数据的统计意义的标准来解释和修正理论。另一方面，宗教并没有脱离对客观世界的评估和批判反思。虽然它的关注点超越了经验现实，但它仍然极其关注抽象问题与直观存在之间的联系（例如，Oden，1983）。科学与宗教的差异是真实存在的，但这并不足以妨碍两者的对话与交流。事实上，两个学科间的对话与交流能够充实彼此。

心理学研究可以丰富宗教

宗教如果能向科学的心理学探究开放自己，将收获颇丰。这并不是说心理学能够证明宗教信奉的绝对真理。我们并没有工具去"测量上帝"。我们无法证明来世的存在、《圣经》中奇迹的真实性、人性本质是善还是恶。另一方面，我们也无法说明宗教的无效。那种认为科学可以解开宗教谜团的看法实在是高估了科学的能力。布罗诺夫斯基（Bronowski，1973）曾指出，

“科学是一种人的知识形式”（p. 374）。科学能够阐明世界是如何运转的，但是它无法对令人费解的问题给出确定的答案。所以，谜团仍将继续存在。

心理学所能提供的是深刻洞察宗教留下的足迹。这些洞察不是指向宗教真理，而是它们能帮我们理解宗教真理的表象与结果。关于宗教与应对的科学看法将能够揭示宗教固有模式中的一些刻板印象，如宗教只是精神支柱，私下不存在无神论者，宗教只是一种否认的形式。我们越是接近宗教生活，将越是难以理解它，也将遇到更多的意外波折。我们可以看到宗教为应对过程增加了一个独特的维度，一个不能简单描述为好或坏的维度。相反，我们发现宗教有潜在的能量帮人渡过困境，同时它也有能量让坏事更糟。

从科学研究中得到的知识将是宗教个体和群体的一项强大资源。因为宗教与应对的科学研究扎根于具体经验和生存的关键性问题，它更容易进行从研究到实践的推论。从宗教应对方法的有效性评估，到由教育工作者、临床医生和牧师对这些发现的应用，这并不算是一个太大的跳跃。从研究中得到的知识不会被翻译成针对困难问题的简单答案。事实上，按照答案去做有可能造成其他的问题。科学研究所能给出的是，一些针对困难问题的、与宗教和应对的丰富内容紧密相连的答案。

相关人士提出，研究未能公平地评判宗教体验的独特性和个体的神圣性。这些质疑不是没有缘由的。我们看到许多社会科学家已把宗教体验还原为假定的更为基础的社会动机和心理动机。从根本上，信仰上帝，是一种舒适的来源和对焦虑的防御。根本上来说，公开礼拜是把一群人聚在一起。然而，这种还原更多地体现为研究者的隐含观点和假定，而不是研究本身。不同的假定都是可能的，包括把灵性本身看作一种合理动机的观点。目前没有理由说明研究者不能带着使其具有潜在独特性的眼光来研究宗教。事实上，我相信，以开放的态度看待宗教生活的特征只会让心理学更像一门科学。

宗教研究可以丰富心理学

宗教研究能够丰富心理学家认识世界的方式。科学的传统标志——关注可观察的行为、控制额外变量、理论与测量的简单化——可能太过于严格，以致不能用来理解宗教生活。宗教生活的丰富性要求使用丰富的科学方法进行研究。

通常，心理学家的研究方式是关注所能看见的事物，用科学术语讲，就是直接的可观察的行为。然而，在宗教世界中，最重要的可见现象是很少的，观察者可以听人们祷告，看人们读《圣经》，目睹人们体验一系列情感，关注自身与外界的交互作用。但大部分的宗教体验仍然是私人的、主观的、有高度象征意义的。宗教不仅来自那些站在外部向内部看的人的视角，也来自那些站在宗教世界内部的人的现象学视角，考虑到这两点是非常重要的。局外人可能不太能体会到宗教的主观特征，那是一种即使与经验现实不一致，也能体会到的非常真实的宗教体验。局内人则可能不太能考虑到宗教研究的优缺点，会把它当作生活中众多可能路径中的一个。但仅从外部或内部的视角看待宗教世界都缺乏深度，只有把两者结合起来才能解决这一问题（Havens，1977）。

按照惯例，心理学家也会仔细地选择被试，将他们从自然情境中脱离出来，控制可能产生污染的潜在社会、情境和个体因素，在实验室里对他们进行研究。然而，对于宗教和应对的研究，这些潜在因素往往是最重要的研究变量。压力情境下的宗教研究需要特别留意个人的家庭、组织和群体背景，而不是排除它们。不可否认的是，“在脉络之中”的宗教研究是复杂的、“麻烦的”，尽管它或许是达到宗教理解的关键。卡普斯（Capps，1977）是这样说的：“宗教难以理解，不是因为它隐藏在普通现象之下，而是因为它交织在现象之中。”（p. 48）

主流科学并未特别关注宗教。宗教所得到关注的内容一般是粗略的和过于简单化的部分。例如，一项对主要精神病学杂志的文献综述揭示，没有几项关于宗教问题的系统研究（Larson，Pattison，Blazer，Omran & Kaplan，1986）。在测量宗教时，通常是进行宏观解析性质的评估，比如一两个询问名称和宗教程度的一般性项目。我们将会看到，有相当多的证据表明宗教是一种多层面的现象。思想、情感、行动和关系都是宗教体验的一部分。尽管研究宗教的心理学家和社会学家采用了多样性的测量，这些测量对于宗教生活的多个层面更加敏感，但即使这样的测量也无法揭示宗教在具体生活情境下是怎样起作用的。为此，必须在与危机的斗争中更深入地探究宗教问题。我们真正需要的是一种微观分析。如果一位寡妇自述宗教帮她度过丧夫之痛，那么心理学家应该追问：她所说的宗教究竟是什么？哪方面的宗教帮助了她？宗教是如何起作用的？宗教的其他方面不能帮她吗？

我深入地探讨了宗教应对消极生活事件的作用，在本书的其他部分，我将给出我的研究结果。一些研究结果来自宗教与应对的科研项目：对数百名在过去一年内经历重大生活压力事件的新教与天主教成员的深入研究。通过对这些教会成员的参与观测，以及对神职人员、教会成员、非教会成员的访谈，我与我的研究生们制定出一套全面的宗教应对测量，可以反映出宗教在危机中的多种表现方式。我们对教会成员施行测量，然后考察宗教应对在压力情境下的作用。这为研究宗教在面临生活最艰难时刻的具体运作提供了重要理解，目前这个发现已推广到许多面临其他众多生活危机的群体。

宗教研究挑战着心理学作为一门科学学科的自身发展。一旦题材丰富起来，心理学或许能够更好地阐明那些最深不可测的、神秘生活的方方面面。宗教世界太大、太多变、太复杂，以致使用任何单一的科学方法都无法深入其中。它需要从内外部共同观察，需要具有一种在社会和环境背景下研究宗教的意愿，还需要具有一种对多种宗教表达自身方式的领悟。简而言之，需要完备很多方面才能研究宗教。贝尔托奇（Bertocci，1972）是这样描述的："尤其是在宗教的心理学研究领域，心理学家就像是渔夫，把渔线投进一片未开捕的湖水。他们捕鱼的多少取决于使用的鱼钩和鱼饵的性质。显而易见，聪明的心理学家会带着各种各样的鱼钩和鱼饵，并尽量意识到自己作为渔夫的有限性。"（p. 38）

总之，所谓科学和宗教不会给对方带来任何收获的说法是错误的。正如一位长老牧师所写："忽视科学的发现是神学的不负责任，忽视人类灵魂的深层冲动是科学的自杀。"（Henderson，1988，p. 77）科学和宗教都建立在同一个愿望之上，这个愿望即是不断深入理解那个浩瀚的、大部分仍未被发现的宇宙。贝肯（Bakan，1966）称这种共同的驱动力是超越现实中显而易见之物、探索未知之物的冲动。正是这种驱动力导致从笛卡儿（Descartes）到爱因斯坦（Einsitein）的众多科学家都把自己定义为虔诚的教徒。显然，科学和宗教走进世界的方式不同，但是它们的方法可以充实对方，而非削弱彼此。宗教与应对的心理学研究为这些认识世界的方式搭起了一座桥梁。

这些讨论已经考虑到宗教与应对的心理学研究如何去统一值得一体化的观点、实践和研究方法。不过，宗教与应对的心理学研究并不是尽善尽美的。在开始部分，有必要指出这个研究存在的一些局限。

宗教和应对的心理学研究所不能提供的

对宗教生活的全面解释

手拿锤子的孩子会发现世界需要大量的捶打。这是工具的法则，同样适用于成熟的心理学家和年轻的木匠（Kaplan，1964）。经过理论武装，心理学家可能只会用理论的方式看待世界。如果不是非常契合理论的事件，可能会被忽视或扭曲，直到它们适合理论。心理学家的锤子不仅砸向了钉子，也砸向了任何凸出的不一致的对象。

这就是宗教和应对的心理学研究的一个风险。其可能导致仅仅把宗教当作应对压力的方式，却没有全面客观地理解宗教。对于很多人而言，神圣不是为危机时刻准备的：在喜悦或痛苦、平庸或卓越的时刻，它都存在。即使在我们集中注意研究危机时刻时，如果认为应对理论连经典宗教作品中描述的极度痛苦都足以探究就过于自大了。正如贝克（Beck，1986，p. 23）所言："如果我们推荐约伯①到最近一处的减压工作坊，我们就会与著名的无效帮助者左法（Zophar）和以利法（Eliphaz）②一样了。"

压力和应对很重要，但它们并没有囊括全部的人生哲理。我们所做的远不止应对。对压力和应对的理解也不能确保人在压力下一定会有好的结果。生活中同时存在着我们无法成功应对的情境。在"二战"的集中营中，600人中只有1人能够活下来（Benner，Roskies & Lazarus，1980）。生与死更多的还是取决于外在的人为控制。无论个体如何应对，个体活着走出集中营的比率都很小。一项对服刑人员的应对活动分析可以让我们了解人类在绝望的条件下如何从心理、社会和精神上来维持自身，但如果这时把研究重点放在应对是导致个体生存的原因，就会造成误解（也可能受到指责）。

本书中，我将尽量避免工具性原则的错误，并且在一开始，我必须承认宗教和应对的心理学研究并不能全面地解释宗教生活。宗教生活的丰富内涵远远多于压力应对。

无偏的描绘

科学与实践的每个方面都涉及价值观、想象力、判断力和创造力，宗教应对的心理学研究也同样如此。由于理论、方法和实践无法与个人价值观和信仰分离，在这里我有必要向读者介绍一下我的背景资料。

我的成长完全受到西方文化的影响，我出生并成长在华盛顿的一个亲密的中产阶级犹太家庭，附近的邻居很友好。尽管生活很幸福，但却经常出现生活突然发生巨变的情况，诸如屠杀、疾病和猝死的事情时常发生在我周围的环境中。社会动荡令我隐约感觉到危险正潜藏在身边。种族关系紧张、越南战争和贫穷是那个时期最重要的时事新闻。虽然我更多的时候是在快乐地生活，但这些负性事件有时也会突然闯入我的生活。或许，最痛苦的事情莫过于我和我妻子遭遇的不孕、流产、黑蒙性白痴病（Tay-Sachs disease）和早产。

这些事情和其他的一些遗憾让我强烈地感受到自身的局限。和许多人一

① 约伯，《圣经》中的人物。约伯是上帝的忠实仆人，以虔诚和忍耐著称。撒旦考验他，把他变得又穷又病。——译者注

② 左法和以利法是《圣经》中试图安慰约伯的两位人物。——译者注

样，我走进心理学是为了寻找解决生活问题（和我自身的问题）的答案和途径。从心理学中获取强大力量的同时，我也发现心理学的一些回答并非那么令人满意，尤其是那些提供给人们用来面对不可控事情的办法。

有点儿令我惊讶的是，我发现宗教在这方面更为有效。尽管我来自一个保守的犹太家庭，并在犹太学校读书，但我并不认为自己是个有宗教信仰的人。不过，有一种想法令我觉得舒心，比如认为我是比我自身更大的某个事物的一部分。这不仅仅是一种信念，更是在经历困境时体验到的最强烈的一种感觉。更奇妙的是，它好像会在我们全家聚在教堂或在家里庆祝宗教节日的时候出现。一段时间后，我意识到我是与一个重要的宗教主题产生了共鸣，这个主题是说个人体验是浩瀚宇宙的一部分。出于对这种简单看法的神奇力量的好奇，我开始更加认真地研究宗教。过去的20年间，我观察、研究、参与，也与许多个人、群体和教会接触紧密。这些经历打破了我原有的成见，让我看到宗教生活的丰富性。我并不赞同许多针对人生迷思的宗教回答，但我强烈地感受到宗教是在与这些问题论战。

我的工作没有让我成为一个宗教普遍主义者，我仍然是犹太人，我还是最熟悉和认同我自己的宗教传统。如果读者在本书中查找到带有犹太“色彩”的笔调和内容，那么只会发现有一小部分内容与此有关，而且这是我有意包含在内的。然而，虽然我的犹太身份表示着一种“偏袒”，但是我与其他宗教传统人员之间的学习和工作并未出现不协调。

我对应对问题的研究兴趣就像我偏袒的宗教兴趣一样。我相信罗伯特·怀特（Robert White）的一句话：“高贵的愿景提升人性，低俗的愿景减毁人性。”不幸的是，用于治疗的“标杆”中，心理学家自己的愿景并不总是特别崇高。事实上，有可能是彻头彻尾的黑暗和阴郁。在心理学著作中，我们能发现一些与外部邪恶势力或与内部无形怪兽做斗争的人物的写照。正如一位作家尖锐地指出，对心理学影响巨大的“三位巨匠”——马克思（Marx）、达尔文（Darwin）和弗洛伊德（Freud）——用“我们的环境，现在和过去，有意识的和无意识的，遗传的和习得的，来愚弄所有人”（Bennis，1989，p. 47）。我想知道，倘若我们自己的脚陷入了想当然的世界的烂泥中，我们又怎样帮助也陷入烂泥中的来访者呢？我觉得，应对理论是建立在一个更广泛的假设基础上，它承认了内部力量和外部力量的威力，但也承认超越自身和社会环境的可能性。我喜欢这种想法，这是与宗教世界相兼容的一种思维方式。

应对理论也基于生活里的“常识”观点。它假定人们针对世界发展出了自己的感知，但它又假定存在一个被感知的真实世界。为了理解和帮助人们，只停留在现象学的研究是不够的。另外还要考虑的重要一点是，即使现实永远无法被完全理解，人们对世界的建构依旧能够帮助他们应付现实。

不知何故，或者是由于我生活中的另一混合因素，我已经产生了一种有些矛盾的想法：我相信存在一个真实的世界“就在那儿”，但同时又看到这世界上有着多种真理；我重视我们观察和理解生活的不同方式，但同时又觉得某些方式比另一些好；我感觉我们通常都在尽力而为地做到最好，但却发现我们给自己和他人带来了难以置信的破坏；我珍惜我们作为人类的独特性，但同时又不得不把竞争价值、观点和方法与世界整合。这些也就是集合成这本书的一些偏见。

全书的概括与内容安排

本书体现了宗教和应对方面的理论、研究和实践的整合。在此，我没有尝试把宗教还原为应对问题，也没有尝试把应对还原为宗教问题。相反，我试图尊重每个过程的特殊性和彼此的边界。尽管考虑到宗教与应对的相互影响，但我还是相信能够得到比各部分相加总和更多的内容。更多地了解宗教，我们可以更多地告诫人们如何渡过他们最艰难的时期；更多地了解应对，我们可以更清晰地理解宗教如何在生活中发挥作用。总之，宗教和应对的心理学研究可以带来新的突破，深化和丰富我们对宗教应对的理解。有了这样的认识，我们将能更好地利用和整合诸多群体关注的、推动人类福利的世界观、实践和方法。

尽管本书不够全面，也带有价值偏向，但我认为本书对于以下领域的人还是值得一看的：健康和心理健康专业人员、人性化服务提供者、社会科学家、神职人员、宗教团体的领导者和受过教育的普通人。为了让本书延伸到多个群体，我在书中整合了不同的观点和方法。当然，这样一本搭建在不同观点之间的“桥梁”之书，也冒有很大的风险，有可能发生桥梁坍塌事故，或者疏远了两岸的人。由于宗教人士、研究者和心理健康专业人员同时生活在不同的世界，说着不同的语言，本书的腔调有时候不得不从一个群体的语言转向另一群体的语言。我希望这些腔调上的变化可以和谐地融合在一起，并且产生强烈的共鸣，足以激发深入的思考、研究和交互作用，最后，得以助人。

本书的第一部分探讨了宗教应对的含义，并对概念做出新的定义，以帮助组织和整合接下来的大量内容。第二章和第三章界定并详细说明了宗教的工作定义。第四章和第五章介绍了应对的概念，并尝试说明应对的过程。在定义之后，本书的第三部分研究了如何把它们联结在一起。第六章集中回答了宗教成为应对过程的一部分的实践和原因。第七章挑战了一些原有的固定模式，说明宗教在应对过程中展现自己的一些方式。第八章和第九章分析了宗教作为一种力量，如何在应对过程中保持和改变人类重要的价值观。本书的最后一部分将处理一些实际问题。第十章从经验的实用角度来看待难以评估的问题：宗教在应对中的利弊？第十一章特别介绍了如何以及为何宗教会在应对中出错。第十二章进行总结，讨论宗教应对心理学帮人渡过最艰难时期的实际意义。

第一编

宗教的视角

第二章

神圣性与寻找意义

走进宗教迷宫

一个周六的晚上，一位年轻人外出散步，心里感觉有些烦躁。他听到从附近教堂里传出的音乐声。虽然不懂宗教，但出于好奇，他决定走进去看看。他看到几百人坐在教堂内，正静静地聆听圣坛上一位身着白袍的神父的发言。当神父说道“愿主的平安与你们同在”时，他意外地听到整个教堂齐声回答“主与你同在”。他更意外的是，那些坐在他旁边的人，一位位陌生人，与他握手并说“愿主的平安与你同在”。

整个教堂的注意力再次转向神父，不过在远处有些看不清，神父好像是掰开一块圣饼放进杯中。在神父忙着做自己事情的同时，教堂里的人开始唱歌。年轻男子无法听懂所有的歌词，但他一遍又一遍地反复听到“天主的羔羊，除免世罪”这句歌词。

唱歌结束后，教堂里安静了下来，很多人似乎正在静默和内省，还有几个人在低头默念。当神父说完“神圣的主耶稣，因着你的爱和怜悯，我吃你的圣体，饮你的宝血。愿主带走我的罪恶，保守我灵和身体的平安”，教堂里沉寂了更长一段时间。此时，年轻男子感觉很困惑，他同时也感觉到教堂中正发生着非常重要的事情，只不过他对这些文字、音乐和举动都非常陌生。

年轻男子看到教堂中的一些人站了起来，他以为活动已经结束，便开始穿外套准备离开。但他马上又停下来了，因为他看到这些人列成纵队走向圣坛，停下来站在神父面前。他鼓起勇气，向身旁的人询问这些人正在做什么。身旁的人看了他一阵儿，但没有不友好，告诉他这些人正在恭领圣餐。他目瞪口呆，因为那些人走回座位时脸上的表情差别太大：有的人似乎很平静，有的人全神贯注，有的人凝视某处，有的人毫无表情，有的人似乎很高兴，也有的人眼中含泪。在离开教堂时，他特别想知道自己脸上的表情是怎样的。

踏入宗教的门槛后，我们进入了一个不同的世界，一个与我们一贯经验完全不同的地方。哈曼（Hammann，1987）这样说："事情不再是看上去的样子。一切成了另一回事。世界变成了一个寓言故事，是同时存在的。世间万物指向隐藏在一般感知下的其他现实或过程。"（p. viii）类似这个年轻人的例子，不熟悉宗教生活的人就像走进了特别令人困惑的外星世界。

心理学家可能会发现通往宗教世界的道路极具挑战。为什么？有几个原因。首先，正如"一个人必须有音乐的耳朵才能听懂交响乐"，一个人必须对宗教有一定的熟悉程度才能体会到宗教体验（James，1902，p. 371）。然而，心理学家却属于最不熟悉宗教的人。其次，宗教会诱发强烈的情绪，有积极的也有消极的，不仅对普通人有用，也对心理学家自身有用。这些深层的情绪会使人难以进入宗教世界，并且在进入宗教世界后难以得到对其准确的印象。最后一点，或许也是最重要的一点，宗教的复杂性挑战着心理学家，它具有非常多的形态和样式。

为了冒险进入宗教迷宫，心理学家需要一张地图，上面画有宗教所在的位置和可能的发现。这一章，我们将走进位于宗教迷宫中的宗教定义，以此作为进一步探索的路标。

宗教的多种意义

宗教对于不同的人意味着不同的事情。针对这一点，我的同事和我进行了一项系统化研究。使用由心理学家埃贡·布雷斯威克（Egon Brunswik）发明、被称为透镜模型的个人特质研究法，我们开发出一本假想人物的简介小册子（Pargament，Sullivan，Balzer，Van Haitsma & Ray-mark，1995）。简介从几个方面来描述个体，如他们做教堂礼拜的频率，他们是否有传统的基督信仰，他们亲近上帝的情感，以及他们对宗教问题的了解。下面是对一位女性的描绘举例。

琼（Joan）是一位45岁的上层阶级女士，她是新教徒并离过婚。她大约每月参加两次教堂礼拜。根据她的收入，她为教堂捐出中等金额的奉献。

当琼祈祷时，她感觉上帝正在聆听。她每周会独自祈祷几次。尽管她并没感觉自己的宗教信仰在平日的生活中有多大作用，但在几次危急情况下，她还是发现宗教信仰能让自己感到安心。

经过深入的思考，有时甚至是痛苦的自我反省后，琼的宗教信仰会有所发展。她相信耶稣是上帝之子，从坟墓中复活。但通常她不太懂得如何传播她的信仰。她从不与他人谈论她的信仰。在社区，她会无偿地教授急救课程。

研究中的参与者需要评估许多类似这样的简介，比如上面描述的那个人的宗教生活状况。通过统计分析，我们能为每个参与者建立宗教意义模型，也就是说，参与者在对宗教进行评价时，会或多或少地使用这些维度。然后，我们会比较不同参与者的模型。

最初，信仰新教和信仰天主教的大学生参与了这项研究。大部分学生有可靠的具有可预测性的宗教模型。然而，他们各自的模型之间存在差异。只有一个维度——参加教堂活动是大多数参与者会强调的内容。我们没有在新教学生和天主教学生的宗教模型间发现一致性。更意外的是，我们发现了宗教含义的**差异性**。例如，某个学生的宗教模型中只有一个维度——利他。一个学生却主要根据正统教义来定义宗教。另一个学生又在他的宗教模型中更多地权衡了经验因素，比如亲近上帝的感受和进行个人宗教活动的程度。

这些参与者有关宗教定义的特点反映出他们宗教成熟的水平，也许更成熟的宗教群体会有更近似的观点。为了检验这一点，我们在一组新教和天主教的神职人员身上重复了这项研究。我们基本上得到和第一次研究相同的结果。再一次发现，宗教定义存在惊人的差异性。

从表面看来，“宗教”这个简单的词对于不同的人意味着非常不一样的事情。这些发现也许可以部分地解释为什么谈论宗教是如此困难的事情。当两个人讨论宗教的核心和本质时，他们或许正在说着差异巨大的两件事：一个人可能在说做个好人和与神亲近的感觉，而另一个人则可能在说去教堂和对宗教真理的坚信不疑。

和普通人一样，社会科学家也以不同的方式定义宗教。1958 年，克拉克（Clark）邀请 68 位对宗教研究感兴趣的社会科学家对宗教做出定义，但得到的定义却大相径庭。一些定义注重超自然的概念，另一些定义则注重对大量生活问题的反应；一些定义强调宗教是一个群体历程，而另一些定义则强调宗教教义和神学内容。这些定义并不是偏激的。每个定义都抓到了一些宗教的本质内容，但每个定义对本质的描述又有些不同。

走进宗教的定义

众多的宗教定义反映出宗教生活的复杂性，同时也反映出研究者和工作者的不同兴趣与看法。宗教定义不仅存在抽象的问题，也会把研究重点导向研究者的研究兴趣和关注的内容。它们表明宗教是什么和不是什么。简单来讲，即当你看到它时，你如何分辨出这就是宗教。但由于宗教的复杂性和个人性，没有一个定义能够充分说明其含义。然而，不同的定义可增加重要的“见解”，质疑或补充其他观点。

因此，没必要追求一个宗教的“终级”定义。这真让人宽慰！我们更恰当（但仍然重要）的任务是建立一个与所关心的现象相关的宗教定义，这不仅关系到宗教本身，也关系到应对的研究。这个定义应该可以与其他宗教观点进行比较和对比。它应该是明确的、清晰的和易于理解的，足以让我们在谈论宗教的时候能知道我们说的是什么意思。它还要提供一个框架，以组织进一步的思考和研究。

一个首要问题也许有助于达成宗教定义：是什么令宗教如此特别?

为了系统地研究宗教，我们必须知道宗教起止的地方。宗教专业学生极力过滤非本质的内容以达到宗教的核心，这使得宗教缺少其他的人类经验。已经存在两种答复：第一种观点是，神圣性造就了宗教的独特特征。宗教特别地涉及上帝、神明、超自然生灵、超越宇宙的力量以及任何与这些高级力量相关的内容。第二种观点是，宗教的特殊性体现于它在生活中的特殊功能，而不是作为神性的实体。更典型的是，宗教特别关注人们如何面对生活的终极问题。前者被看作本质性问题，后者被看作功能性问题。在努力领会宗教的特殊性时，每种观点都有各自的优缺点。

本质性的传统观点：神圣性是宗教的标志

宗教曾被定义为：

> 个体在独处时体会到的情感、行为和经验，根据自己的认识保持同任何他们认作神圣的事物的关系。(James，1902，p. 32)

> 一个对神圣和超能力的信念系统，并且参与对这种力量的礼拜仪式或其

他活动。（Argyle & Beit-Hallahmi，1975，p. 1）

一个由文化所规定的模式与文化所假定的超自然存在的互动所组成的一种制度。（Spiro，1966，p. 96）

这些是宗教的本质性定义的一些例证。在这组定义中，它们都关注信念、制度、情感或与一个更大的存在物之间的互动。每个定义都强调了不同的宗教内容：詹姆斯（James）关注情感与体验；阿盖尔（Argyle）和贝特-霍阿哈密（Beit-Hallahmi）强调宗教信仰、制度和仪式；斯皮罗（Spiro）强调宗教制度与互动。尽管如此，他们都指出了一个共同点，即神圣性。

本质性定义的一个主要优点是它的精确度。宗教指向一个特定的实体、思想、信仰或实践。这些宗教观点可以很好地匹配我们日常谈论的宗教。此外，这些定义的**专一性**（specifiaty）似乎令宗教生活各方面的研究工作更容易控制。

不过，一部分定义中的精确性带有虚幻色彩。例如，它们没有具体说明神究竟是什么意思。毕竟，谁又能指出一个适用于所有人的神的含义呢？同样，经验范围、信念或者行动可能以神作为参照点，这一点有些站不住脚。正如穆勒（Muller）在1889年所描述的（引自Spilka，Hood & Gorsuch，1985，p. 30）：

宗教可说成是知识，也可说成是无知。可被当作自由，也可被当作依赖。可以说是欲望，也可以说是从欲望中解脱。可以是无言的沉思，也可以是极度庄严地崇拜上帝。

尽管它们带有明显的精确性，但宗教的本质性观点是可以包罗万象的，包括处在宗教范围中的多种体验。这一问题的解救办法或许是更加精确地定义宗教，具体指定神和宗教要素的详细类别。例如，可对上帝进行有神论的定义，定义为世界的造物主，无处不在又至高无上。然而，这样做会存在宗教种族中心主义的风险，专注于西方的表达形式，强调信仰、教堂和有神论，便会排除其他的途径，例如关注伦理和道德的儒家思想，或者强调追求开悟体验的佛教。

一项针对本质性定义的更基本的批评是，它缺少某些宗教本质要素。描述构成它的神明、信念和行动时，宗教的本质性定义呈现出静态性质。这些可以说明宗教是什么，但却无法说明宗教如何发挥作用。然而，对于某些人，宗教的真正本质体现在它在生活中的作用。试图指定一种宗教的本质性定义，既要有足够宽的边界以求包括多种宗教表达形式，又要有足够窄的边界以抓到宗教的核心。这种尝试有很大难度，也就造成了一些人转向另一个完全不同的方向，以寻找导致宗教特殊性的答案。

功能性的传统观点：与终极问题斗争是宗教的标志

下面列举宗教的几个功能性定义：

> 作为个体的我们在面对自己和他人都是活着的并最终将死亡这个问题时所做的事情。(Batson, Schoenrade & Ventis, 1993, p. 8)
>
> 一套把人与他的存在的终极境况建立起关系的象征形式和行动。(Bellah, 1970, p. 21)
>
> 一个信念与实践的系统，一部分人凭此与生活的终极问题进行斗争。(Yinger, 1970, p. 7)

同本质性定义一样，宗教的功能性定义也涉及信念、行动、象征和经验。但是，参照点从超自然力量转向处理生存基本问题的过程。尽管进行功能性研究的研究者对基本问题的定义有些不同，但他们一般集中在最消极的、沉重的、似乎无法逾越的生活事件。造成宗教特殊性的原因是它对死亡、磨难、悲剧、邪恶、痛苦和不公正的关注。弥尔顿·英杰（Milton Yinger, 1970），一位社会学家和功能性观点的拥护者，介绍了下面一些功能性观点所关注的关键问题。

> 我们要如何回应死亡的事实？除了苦难、接二连三的挫折和随之而来的悲剧，生活还有其他核心意义吗？我们如何才能处理环境中压在我们身上的，危及生计、健康和组织生存与正常运作的压力——那些凭借经验知识无法彻底应付的压力？我们怎样才能运用自己的能力来充分控制敌意和自我中心，旨在让我们所在的群体——我们的生活离不开群体——聚拢在一起。(p. 6)

宗教不仅要明确地面对这些问题，还要找到决策方式和应对这些问题的方法。从功能性的角度来看，遇到危急生活事件时，信念、象征和行动**如何**真正付诸实践的问题，要比宗教本身的特征更加重要："不是**信仰**内容的本

质，而是**信仰过程**的本质，值得我们研究。”（Yinger，1970，p. 11）

这种宗教研究路径有一些诉求。它捕获了这样一层意义，宗教不只是一些概念和实践，它还必须处理生活中最深刻的问题。宗教研究同样面向多元传统和创新方法，因为没有个体、群体或文化能够免于应付终极问题。

不过，功能性的研究路径也存在一些不足之处。从功能角度来看，宗教变成了一种异常庞大的现象。从运动、性、艺术到医学、唯物主义、虚无主义的一切事物都可能作为对生存基本问题的反应，甚至精神病理学也可被当作一种与终极问题做斗争的方式。精神病学家欧文·亚隆（Irvin Yalom，1980）介绍了人类对生存最基本问题——死亡、自由、独立与无意义——的反应的各种令人震惊的表现，包括多样的、痛苦的和破坏性的问题，如抑郁、自恋、过度攻击性、滥交、工作狂、强迫性英雄主义和离群索居。

在过度包容的情况下，功能性定义可能会冲淡宗教的含义。社会学家彼得·伯杰（Peter Berger，1974）认为在这些定义里，宗教特殊的超自然性质“被弱化了……被放在一个毫无特性的世界中”（p. 129）。他指出，这种宗教定义以一种微妙的方式，可能会支持一种非宗教的世界观，提供一种“回避卓越的准科学的合法化”（p. 128）。[1]同样，斯塔克和班布里奇（Stark & Bainbridge，1985）认为，虽然许多体系都关注终极问题，但它们之间的差异仍然非常重要。引用斯旺森（Swanson，1960）的话，“如果美国无神论者协会、美国的路德教会和革命共产主义青年旅都被定义为宗教组织，那么我们将丧失探索它们之间固有而又深刻的冲突的概念工具”（p. 5）。功能性定义的另一个问题是，根据其定义，宗教在解决关键问题时与其他方法有何不同。

功能性定义还会排除宗教在非终极问题下的作用，但生存事件依然是重要的。巴特森等（Batson et al.，1993）写道：“我该向萨利求婚还是再等待一下？我该学习法学还是医学？这种问题可能非常重要，这些回答可能会持续影响某人的生活。但是，并不是由宗教来处理这些问题的，因为它们并未影响到生存。”（p. 10）有些人将宗教与这些更为切身问题的联系转向其他领域，比如魔法或迷信。著名的人类学家布罗尼斯拉夫·马利诺夫斯基（Bronislaw Malinowski，1944，p. 200）说，“宗教指向人类生存的基本问题，而魔法总是指向明确、具体、详细的问题”，如冒险、收成的成败或者关于健康的问题。

然而，终极问题与普通问题的区别、宗教与魔法的区别可能有些夸大。当我们看到许多宗教对生活中终极问题的反应转化成为日常活动时，这一问题就解除了。在犹太教中，《圣经》阐明了600多条戒律，犹太法典《塔木德》（*Talmud*）中还有更多的细节内容，口头法律流传了几个世纪之久。它们不是专门针对终极问题的，同时也没有远离世俗。《塔木德》涉及了大量人类活动：农业法规，假日和节日，夫妻间的关系，民法和刑法，食物的准备、清洁和不净（Steinsaltz，1976）。不过，若把这些法律视为普通问题将是错误的。因为它们与上帝同犹太人的盟约密切相连，它们带着神圣的特征。在这个意义上，犹太人的日常生活是自然的宗教。不是只有犹太教才会这样，在其他宗教里也不难发现普通的日常经验被注入了神圣的意义。鲁巴（Leuba，1912），一位宗教心理学先驱，曾经写道，宗教“不仅关心对个体或社会最高的、终极的、有价值的问题，也关心生活大小事务的保持与发展”（p. 51）。

总之，功能性定义是动态的。它们描述了活动的宗教，而不是冻结的宗教。此外，它把宗教联结到那些触动我们最深的、在生活中最具力量的问题。然而，功能性定义有可能过于宽泛，这样的定义通过在宗教范畴下融合多种努力以解决终极问题，会违背宗教的界限。如果只关心终极问题，排除其他宗教舞台内关键的重要的非终极问题，功能性定义也可能过窄。

本质性观点和功能性观点都有自身的局限，但是什么导致了宗教的特殊性，这一问题仍然存在。怎样才能解决这个问题呢？

本质性观点与功能性观点的结合：神圣性与寻找意义是宗教的特征

我认为造成宗教特殊性的原因既有宗教的本质，又有宗教的功能。本质性与功能性的传统观点都提出了重要的参考内容，就其自身而言，两者都没有定义宗教。从本质性观点中我们发现了神圣性，从功能性观点中我们生成了寻找意义的概念。宗教就位于这两者的交叉点。

世界上许多主要宗教传统的起点都报告了个体与某种形式的神圣力量的相遇：精神诱惑与亚当（Adam）和夏娃（Eve）的堕落、悉达多·乔答摩（Siddhartha Gautama）经历了魔王的考验后转化成佛、天使莫罗尼（Angel Moroni）现身指导约瑟夫·史密斯（Joseph Smith）寻找古金属片后将其翻译成《摩尔门经》（*The Book of Mormon*），还有耶稣基督的生、死、复活的经历。在这些相遇中，神圣的力量表现为非常不同的形式。同样，实践、信仰、情感和围绕原有经验建立起来的制度也不同。但是它们有个共同的参照点，即神圣性。正是神圣性带来了思想、行为、情感和具有神圣特征的组织，也使得自己有别于基于不同基础上的其他追求（比如体育、艺术、心理学、政治团体）。心理学家保罗·普罗伊塞（Paul Pruyser，1968）描述得好："不存在脱离了艺术作品与赋予美丽的艺术家的心理学，也不存在脱离了神的思想与神圣变成了透明化外形的宗教心理学。"（p. 17）

一个问题不可避免地浮现出来，我们怎样来定义神圣性？大多数社会科学家面对这一点不禁深吸一口气（其他人也会这样。几千年来，诗人、雕刻家、画家都在极力地寻找更实际的形式来表达神圣的精髓）。深吸气的原因是，要向那么多人讲述如此强有力的神圣，而且"经验主义不可用"，这种尝试实在是太难了（Berger，1974）。冒着被评价为"以胆小鬼的方式"的风险，我将不会给出一个准确的定义。但围绕神的**概念**画出一些界限仍然是重要的，尽管它们可以是不精确的。我强调神的**概念**是为了强调一个事实，我并非指神的实际性质，而是对神的含义的非常人性化的建构。正如伯杰（Berger，1974）所说，特有的社会科学的神"将总是出现在引号中"（p. 126）。

在神圣的边界处有着这样的概念：一种创造和维持宇宙的力量、一种超越自然力量的能力，或者一种紧密卷入世界中的个人存在。完美、无所不知、无所不在、充满爱、万能的和永恒的，这些是神的一些特征，有单独的或不同组合的形式。当然，我们的生活中有许多珍贵的东西——对社会正义的承诺、爱国主义、幸福感、有意义感、对孩子的爱、沉溺于药物。然而，这些内容都不能和神圣混淆，除非它**带有神圣的属性**。[2]

后一限定条件非常重要，因为神圣的属性可以属于许多实体。

> 它可以是一种品质（如智慧、爱），一种关系（如和谐、团结），一种特定的自然物质（如太阳、大地、天空、河流、动物），一个特定的个体或团体（如国王、死者），作为一个整体的自然界，一种纯粹的形式或纯形式的领域（如善、真理、一切思想），纯粹的存在（如整体、存在本身、存在的基础），一种超然的有力的存在（如阿拉、耶和华、上帝）。（Little & Twiss，1973，pp. 64–65）

任何有关世界的人性化经验，从浪漫关系和英雄崇拜到政治背景和认同一支运动队都可以被"神圣化"——也就是说，被授予宗教的甚至是超自然的光环（Greeley，1972）。让我们看一看对燃烧美国国旗的情绪反应，燃烧国旗被谴责为"亵渎神圣"，是对神圣的一种侵害。后来，美国国会审议了《美国宪法修正案》（*Amendments to the Constitution*），以保护这个“神圣”的象征。实体被赋予神圣的光环后，无论它们的形式如何，都将变得神圣。此外，对于那些对宗教感兴趣的人们，它们成为合理的研究重点。宗教面向神圣的周围领域，是同时包括神圣的和与神圣相关的信仰、行动、情感、关系的一个概念。

不过，宗教比神圣性的内涵更加丰富。宗教还面向**意义**。使用“意义”这个词，我指的是对个体、制度或文化非常重要的东西——那些我们所关心的东西。在后面的章节，我会用相当多的内容来讨论意义。在这里，需要重点指出的是，意义包括生活的终极问题——死亡、悲剧、不公平。不过，它不止于此。它还包括其他可能的事，远未达到普遍的可能的事，可以是好或坏的可能的事。对于一些人，意义的形式是有形的所有物——金钱、房子、美貌、药物；对于其他人，意义的形式是个人幸福感、内心平和、生活有意义、个人成长、身体健康，或者免遭痛苦。意义可以是自我中心的，但不是必须如此。它可以集中于同他人的亲密关系或者希望世界更加美好的愿望。意义也可以从神圣的方面来定义。

当说到意义的问题时，宗教不会是无关的。我们如何才能发现或者建立意义，如何坚持意义，如何在必要时改变它，这些都是涉及宗教意义重要性的问题。简而言之，**寻找意义**是宗教参照的又一基本点。在本书中，我们会看到宗教在许多方面塑造了对意义的追寻。

不过，有一点需要强调，意义是宗教的一个必要条件，但不是充分条件。换种方式说，意义本身并不是宗教。只有在被授予神圣特征后，它才成为宗教。举例来说，有很多方法来面对失业之痛。可以向家人和朋友寻求情感支持，可以积极地寻找新工作，可以逐渐忽略失业，或者把失业理解为重新开始的一个契机。所有的这些反应都不是必然“宗教的”，除非我们把术语的含义延伸得变了模样。只有当神圣性渗入个人的愿望和反应时，经验才变成有宗教性的：当情境被视为接近上帝的机会时，当教会变成情感支持的来源和工作可能性的信息来源时，当指责上帝带来了失业时，当以诵读《圣经》作为安抚失业之痛的形式之时。

宗教的定义

那么，宗教在哪儿？什么造就了宗教的特殊性？宗教被发现处于这两大领域的交叉点：神圣和意义。在更多的社会科学说法中，宗教涉及有特定功能的特定物质。我把宗教定义为一个过程，**以同神圣相关的方式去寻找意义**。诚然，这个观点是为心理学探险而量身定做的。它不包括那些与人类重要主题无关的神圣性质方面的内容。那些主题属于其他领域，如神学，而不是宗教心理学。它也不包括宗教舞台上除了与神圣有关的信念、行动、情感和关系以外的重要经验，那些内容是其他研究生活的方法的焦点。但是，通过指出宗教位于神圣和意义的交叉点，宗教生活的特殊性就变成更加突出的焦点了。宗教不得不以联系神圣的方式来建造、改变和坚持人们关心的事情。

由于神圣性和意义都可以从不同的角度定义，因此宗教的定义不会是过度局限的或者是宗教种族中心主义。事实上，它似乎对新旧事物都持有开放性：演变成既有宗教的表达，也有信仰的传统表现形式；介入新的宗教运动，又参与确定的宗教传统；有严谨的基于社会和政治的行动，又有怜悯和同情的个人行为。

本章中，我们找到了宗教定义，这不仅可以帮助我们在宗教迷宫中定位，而且还开启了我们的探索之路。在宗教成为突出焦点的过程中，我们不得不退后一点，从远处看一看它。在这样的有利位置上，我们更容易看到造成宗教特殊性的因素，更容易看到它的起止。但是，从长远看来，宗教并不是那么统一的，甚至“宗教”这个术语也可能靠不住，因为它表明宗教只不过是简单的一件事。我们越是接近宗教，就越难以“只是一件事情”来谈论它。很少有人比威廉·詹姆斯（William James，1902）更近距离地研究宗教。作为他对神秘和皈依体验的丰富又详细的描述的开端，他说：“我们不要很快陷入对主题的片面观点，我们宁愿在一开始就坦率地承认我们很可能找不到一个本质，而是去发现许多同样对宗教非常重要的特征。”（p. 27）在下一章，我们将进一步深入研究宗教迷宫，探索那些令宗教具有如此丰富特征的要素。

第三章

宗教路径与宗教目的

宗教是神圣而又意义重大的。从本章起，我们将探索宗教这座迷宫。然而，这只是开始。在前面章节我们探讨了宗教的两个要素——神圣性和意义，但是，宗教还包括其他一些因素。宗教是寻找神圣意义的过程，我们可以通过许多方式来寻找宗教的意义，但不管哪种方法，都将涉及两个命题：目的及方法。冒险进入宗教迷宫，我们会发现宗教与人生所追寻的目的及其方法息息相关。本章我们将介绍一些通往宗教的路径及目的，以及由其形成的寻找宗教意义的研究方向。

宗教手段：通往意义的路径

世界上所有宗教都提供其成员寻找意义的路径，但这些道路通常是艰难的。印度教认为，这道路“像锋利的剃刀边缘……狭窄而又难行走”（*Upanisharl*，1975，p. 20）。基督教认为：“引到永生，那门是窄的，路是小的，找着的人也少。”（《马太福音》7：14）佛教认为，救赎之路犹如涉足浑浊的小溪一样困难（Burtt，1982）。但是最终的奖赏等待着虔诚的探路者，值得跋涉。

所有宗教都会认为道路是十分艰难的，但他们并不认同道路本身。或许没有人比约翰逊（Johnson，1959）说得更震撼了：

> 不管信仰何种宗教，其信徒都认真地思考并论证其教义和行为方式。在宗教发展的历史长河中，曾出现守贞与卖淫、宴会与禁宴、醉酒与禁酒、舞蹈与节制、人类牺牲与孤儿院、医院对生命的救助、迷信与教育、贫穷与富有、经轮与敬拜、神灵与魔鬼、一神与众神、逃避世界的企图与改造世界的企图。（pp. 47–48）

宗教路径种类繁多，我们既不能忽视或过分简化其他路径，而专注研究其中一种，也不可能探讨所有种类。这里，我们将简单地列举普鲁瑟（Pruyser，1968）提出的几种观点。宗教存在于所有心理学层面，涉及情感、思维、行为和人际关系等。必须强调的是，这些路径并非毫无神圣价值。“我们应当注意，”犹太哲学家和学者亚伯拉罕·约书亚·何舍尔（Abraham Joshua Heschel，1986）说道：“不要将《圣经》简化为文学、将犹太仪式简化为好的举止、将《塔木德》简化为艾米丽·波斯特（Emily Post）。”①（p. 231）宗教路径作为达到有价值目的的方式，有其自身的精神意义。

情感、思维、行为和人际关系的道路

情感

对很多人来说，宗教的基础是情感。神学家鲁道夫·奥托（Rudolf Otto，1928）在《神圣的思想》（*The Idea of the Holy*）一书中以一种戏剧化的方式描述了宗教情感的力量，这本书影响力巨大。他说，宗教体验的本质是一种“生物—感知”，一种“人类的情感，它基于自己的虚无并被其压倒，相比较之下，高于所有生物”（p. 10）。在《令人畏惧的神秘》（*The Mysterium Tremendum*）一书中介绍，这种情感有吸铁石一样的魔力：“这种神奇的魔力使你迷惑和心碎，常常让你陶醉。”（p. 31）奥托认为，这种情感比任何其他情感强烈。它直接源自“普众”绝对确信的经验。

奥托认为，这种个人与神相遇的事并非异乎寻常。麦克雷迪和格雷利（McReady & Greeley，1976）曾对美国成年人进行抽样调查，结果显示，35%～50%的不同宗教团体成员都表示有过这样的经历：他们似乎都曾感觉非常接近一种强大的精神力量。然而，很多人对神圣的体验并非特别强烈，而是通过一种更微妙的、冥想的过程，或像是与一个可以依赖的朋友或知己接近。对上帝的爱产生了迈蒙尼德（Maimonides）所描述的人类的理性、知识和理解（Minkin，1987）；斯宾诺莎（Spinoza，1957）也持同样的观点，但不同于奥托认为人们对上帝的情感是执着的激情（passionate）的观点。宗教肯定是一种心灵（heart）的方式，而心灵只是宗教的路径之一。

思维

对于很多人来说，宗教是首要的也是最重要的一种思考方式。几乎所有

① 艾米丽·波斯特是美国的礼仪专家，曾著《礼仪指南》一书。——译者注

的文化世界观都包含了这样或那样的宗教图式（McIntoch，1995）。这些宗教图式涉及人的神圣本性、生活应有的面貌、世界的特性，以及世界以外的一些东西。即使是最简短的世界历史评论也能证明，这些不仅仅是神学家和知识分子的事。不论救赎是后天努力的还是命中注定的，不论上帝的本性是独特的还是多样的，不论一个人是跟随着真正的宗教之路还是迷失了，这些问题对个人、团体以及西方文化都有着深远的意义。然而，我们也不能停下脚步，因为宗教不仅仅是一种思考的方式。

行为

约瑟夫·坎贝尔（Joseph Campbell，1988）说他曾无意间听到一个美国哲学家对一个日本神道教教士说："现在，我们已经参加了很多的仪式，并且参拜了你们的神殿，但我们并不理解你们的意识形态，也不理解你们的宗教体系。"日本教士回答说："我们没有宗教体系，我们只是跳舞。"（p. xix）如今看来，日本教士可能是夸大其词。很显然，他对生活、世界和超越之本质有一定的思考。但是，他的"宗教体系"强调的是存在和行动而不是思想。在一些团体中，宗教更多的是一种行动方式而非思考方式。

实际上，行动是所有宗教的一个部分，即使是一些更加倾向于教义方面的宗教也是如此。普鲁塞尔（Pruyser，1968）这样说："成千上万的人，站着的、鞠躬的、趴着的，合着手，拨动着念珠，手里拿着小书，忍住流鼻涕和打喷嚏，都呈现出他们最好、最庄严的一面，每周至少这样子做一个小时，感觉做着很适当、很必要，同时也实现了宗教的价值和意义。"（p. 175）但是普鲁塞尔还说，把宗教实践仅仅看成"行为"，这是一种误解。宗教行为因其神圣性而充满力量。在宗教实践中，注重形式和细节是必要的，因为错误和不法行为能降低他们的宗教价值观。在这种意义上，宗教实践需要比简单行动做得更多，而且要考虑**如何**行动。正如普鲁塞尔所说的，他们能成为一件"艺术品"，这是宗教生活的另一种方式。

人际关系

从注重情感、思维和行为这一点可以得出结论，即宗教仅仅是一种**个人**的生活方式。的确，在当今重视个人自由与选择的多元文化下，宗教通常被看作个人的私事而非社会经验。贝拉和他的同事（Bellah，Madsen，Sullivan，Swilder & Tipton，1985）突出了个人主义在美国宗教历程中的重要作用，从其奠基者托马斯·佩因（Thomas Paine）——《我的心就是我的教堂》（*My Mind is My Church*）一书的作者到如今支持宗教应独立于任何宗教机构的大众。通过对美国白领和中产阶级的采访，他们发现宗教情感是基于个人与上帝的私人关系，这种关系最终是以自我为中心的。为证明这种观点，他们引用一个用自己的名字来命名信仰的护士的话："我相信上帝，但我不是一个宗教狂。我不记得最后一次去教堂是什么时候了。信仰已经伴随我走过了很长的一段路，那就是施拉主义，这仅仅是我自己小小的声音。"（p. 221）施拉回忆她照顾一个临终妇女的那段紧张的时期，感觉到"如果照镜子，我会看见耶稣基督"（p. 235）。

宗教个人主义不仅体现在西方文化上，同时也体现在西方心理学上。心理学家普遍把宗教定义为个人现象。威廉·詹姆斯（William James，1920）认为宗教主要的力量就是个人的情感经验。社会的和制度的宗教经验均属于从属和次要的位置，并且排除在他的研究范围之外。但有些重要的例外，其他的心理学家也倾向于将社会表达看作不发达的宗教形式或个人发展的绊脚石。例如，奥尔波特（Allport，1954）最初将成熟和不成熟的宗教分别定义为内在的宗教和制度化的宗教两种倾向。同样，在宗教的发展模式中，社会形式的宗教被定义为"心理学的原始人"，而个人形式的宗教，由于独立于宗教机构，则被认为更具先进性（Meadow & Kahoe，1984）。

最近几年，个人主义在宗教研究下有了不同的形式。学者们对"宗教"这个词运用得越来越狭义。它的含义局限于基于教条、仪式和传统的制度化上。与之形成对比的是，"灵性"（spiritual）一词则指保留在人内心的信念，是一个更加个人化的过程。尽管灵性是一个"模糊的"概念（引自 Spilka，1993），但它是个人对一种能纵横联通的超越力量的探索（例如，Emblen，1992；Legere，1984）。对宗教和灵性进行比较不是一个平静的过程。许多作家对个人灵性的偏爱超过有组织的宗教，这是显而易见的。例如，一个作者声称："我们必须把灵魂从有组织的宗教中释放出来，将所有激情与成熟归还我们这个时代的男男女女。"（Elkins，p. 83）

这种反制度的偏见从两方面来说是令人深感遗憾的。首先，通过实证的详细考察，**灵性优质论**（spirituality-as-good）与**宗教拙劣论**（religion-as-bad）这样的区分并不能很好地站住脚。有很多反例可以来说明这一点。我们会在之后的章节看到，并非所有的个人情感经验都是有帮助的，也并非所有的社会宗教经验都是有害的。

其次，个人和制度之间的张力被过分夸大了。伍尔夫（Wulff，1997）注意到对于传统有组织的宗教来说，"新灵性"对几乎每一个"灵性"中的元素都是熟悉的。他通过继续观察发现，许多语言正如适用于"宗教"一样，也都普遍适用于"灵性"（比如，征途、渴望、怀疑、权威、重生和成熟)。一般从个人和制度两方面来说，人们自身似乎很难将宗教和精神生活合二为一。在最近一项多样本（包括心理学家、新时代教堂成员、临终关怀护理员、家庭护理医师、保守传统的基督教徒）研究中，金波尔和其同事要求被试从以下四个选项中选出最能描述他们自己的一项：灵性的和宗教的、灵性的和非宗教的、宗教的和非灵性的以及非灵性的和非宗教的（Zinnbauer，Pargament，Cowell，Rye & Scott，1996）。74%的被试选择了灵性的和宗教的。对于这些大多数样本，反映个人和制度张力的标记并不那么明显。有趣的是，心理学家比其他被试组更多地选择了“灵性和非宗教的”这一选项，这是心理学家或许有一种偏离制度化宗教的另一个迹象，是与其他群体不同的态度。

在研究结果中，只有一小部分人（19%）说他们是“灵性的和非宗教的”。尽管这些人很少参加宗教活动，但是，他们却更多地去参加非传统的团体活动，比如冥想、治疗和瑜伽。与此平行的是，仅在20世纪80年代后期，就有超过400家精神机构如雨后春笋般发展起来（Hood，Spilka，Hunsberger & Gorsuch，1996）。

显然，很多人在传统公共机构之外寻求意义。然而，他们并不是独自行动，而是聚集起来形成新的群体，这些群体支持个人的、主观的和非传统的体验，这些体验是与宗教相关的。尽管很容易被忽视，但是宗教经验的个性化正在发生，发生在鼓励一种私人化信仰的社会脉络之下（Berger，1967）。宗教不再仅仅是个人内心的一种活动，它通过人与人之间的对话，在家庭、群体、集会、社区和文化中被经验和传达。

在本书中，我将从“宗教”这一术语的最宽泛的角度来包含个人的和社会的、传统的和非传统的，以及有益的和有害的宗教探究形式。当谈及宗教制度方面的意义，我所指即为宗教组织、教派和教义。而“灵性”则描述宗教的主要功能——寻求神圣。从这个角度看，灵性和宗教并不是完全对立或竞争的关系；相反，它们之间有着密切联系。

多种样式，多种尺寸

情感、认知、行为和人际关系并不是相互独立的，它们共同作用形成了不同的宗教路径。把宗教说成是一种情感、思维、行为和关系的方式有些误导大家。宗教路径是多种多样的，要是面面俱到地介绍未免太多，但我们可以考察它们，并将它们区分出一些特征。

首先，各个宗教与上帝联结的方式不同。人们试图通过祷告直接感受神灵。新教历史学家弗里德里克·海勒尔（Friedrich Heiler，1932）将祷告的本质定义为“人与上帝间真实地交流，将人直接带到上帝面前，并发展一种与上帝的私人关系”（p. 362）。然而，其他宗教的实践活动主要围绕符号和宗教仪式，从而使个人与上帝相联结。与此相似，正如奥托在《令人畏惧的神秘》一书中所提到的：宗教情感或许直接被纳入神灵，或者纳入围绕上帝所建造的信仰、仪式、实践、符号和团体。阅读《圣经》的篇章，寻求灵性咨询，在圣坛前祈祷跪拜，照顾无家可归的人，参观神社，诵经——每个经验可能都离开上帝，但由于与神圣的联结，每种经验又都有着神圣的意涵。每种经验都可能引发一系列的感受，从悲伤、怨恨、恐惧到惊奇、喜悦、同情。

其次，各个宗教路径对于人们生活的重要性和植入性不同。宗教可以成为生活中一种首要的方式：将日常生活事件与神联结，从过去到现在，从现在到未来，从清醒的人到熟睡的人（Wuthnow，1976）。宗教也可能仅局限于某个特定的点、一年中的某段时间或某个情景。它也许只强调“看起来有序或愉快的东西：美丽的森林，牧羊的人，而不是海上的暴风、森林的火灾”，或者“出生、结婚、生子和死亡，而不是处于这之间的事情”（Pruyser，1968，pp. 77–78）。

第三，各个宗教路径形成的方式不同。布朗（Brown，1987）在书中有关心理学的宗教信仰方面这样写道：从某种意义上说，人们似乎“创造他们自己的宗教，但只对那些他们可利用的东西做出反应”（p. 218）。对一些人来说，宗教产生于积极的探寻和不断的质疑之中：宗教仪式要不断地设计再设计；老的宗教团体被遗留下来，新的团体不断地加入；宗教信仰不断地在人生这个大实验室里接受检验和改良。而另外一些人，对宗教信仰、仪式、群体聚会则是被动接受，就像其他的价值观、传统和世界观一样祖祖辈辈地传递下去。

第四，各个宗教路径持有的方式不同。对一些人来说，宗教仪式和概念一旦形成，会成为他们了解而不仅是思考这个世界的一种方法。这一观点由格兹（Geertz，1996）提出，他把宗教信仰描述为“真实的现实”，如此令人信服以至于他们成了一个毋庸置疑的参考框架，这一框架排列和建构经验，而不是跟随它。然而，对于其他人来说，宗教不是强迫性的，它总是松散和不确定的。下面是一个来自尼加拉瓜的少年发自内心而充满矛盾的声音。

(我)有时候怀疑上帝是否真的存在或关心我们。我不明白他为什么要让第三世界国家的小孩子死于饥饿与疾病。如果有最好的药物或医生，他们就会被治愈。我相信上帝，我爱上帝，但是有时候我不明白慈爱的上帝与这个千疮百孔的世界有什么关联。如果他真的爱我们，又为什么不帮助我们？它似乎看起来只是不在乎，是吗？(Kooistra，1990，p. 86，p. 88)

尽管我们可能是在宗教的变化中看到了这个少年的话语，然而质疑和不确定却是宗教永恒的特点（Batson et al.，1993）。

最后，各个宗教路径的内容不同。关于这一点，我们可以通过世界上截然不同的宗教观念和实践来说明。但是，大多数人都了解这样一些事实：如同一种文化背景下有多种宗教一样，信仰和崇拜上帝的方式也多种多样。另外，很少有人知道宗教体系里包含着形式丰富多样的社会生活。因为我们很少踏出自己的宗教团体（除了参加婚礼、坚信礼和葬礼时会到另一个团体进行一次短暂的旅行外），所以我们无法像接纳不同个体的不同人格一样接纳宗教团体也具有不同的形式。有的团体发展复杂的层次分明的官僚体系与政府对抗；有的则是简单的和公共的。有的团体与大型的团体划清界限；有的则更愿意是大团体中的一员，支持世俗机构且接受不同的宗教观点。有的团体鼓励成员之间分享内心深处的问题；有的则保守个人秘密或者在私下与牧师倾诉。一个人属于什么样的团体，成员的精神健康、个性和对宗教的笃信确实大相径庭（Maton & Rapaport，1984；Pargament，Tyler & Steele，1979；Pargament，Echemendia，et al.，1987；Pargament，Silverman，Johnson，Echemendia & Snyder，1983）。

宗教路径多种多样。尽管要强调它们的不同之处，但也不能忽视它们的共同之处。

作为功能机制的路径

所有宗教路径都是寻求意义的方法。思想、行为、人际关系和情感组成了宗教路径，目的就是实现价值。我们来举几个例子。

罗马天主教会的七种圣礼提供了一种方法将人与精神世界，终生联结在一起。每一圣礼服务于一种特定的根据个人不断发展的需求而量身打造的仪式。

通过洗礼我们的精神得到重生；通过坚信礼我们在恩典中成长、在信仰中强大。我们蒙受圣餐之礼，不断得以革新和坚定。但是如果我们犯罪了，灵魂会受到谴责。通过忏悔治愈我们心灵和身体上的疾病。通过临终涂油礼，某种程度上亦是对灵魂的安抚。通过次序，教会得到管理与成长，同时通过婚姻使身体成熟。（Denzinger，1957，引自 Oden，1983，p. 112）

人际关系是寻求意义的另一种机制。举一个宗教咨询的例子。尽管这一过程会导致很多种结果，但个人与牧师或与上帝之间的关系通常是改变的中心。基督教咨询师戴维·卡尔森（David Carlson，1988）解释了这一点。他要求他的咨询者根据《圣经》的故事去想象耶稣去自己家吃饭的情景，以下是他们的体验："你很惊讶他说话如此轻柔，他的脸看起来……借这个机会告诉他你是多么孤独与罪责。他倾听着，鼓励你去面对你自己，面对你所做的使你孤独和罪责的事情……耶稣，上帝的儿子，给了你他的爱与宽恕。"（p. 208）卡尔森的这则故事的目的很明显，是在鼓励咨询者去感受耶稣基督如同宽容、关爱的父母亲。

宗教情感也是一种寻求意义的方式。18 世纪神学家和传道士乔纳森·爱德华兹（Jonathan Edwards）以其著名的布道《落在愤怒之神手中的罪人》（*Sinners in The Hands of An Angry God*）引发了足够的恐慌，他说："那将你们悬在地狱火坑上如将一个蜘蛛或其他可憎的虫子悬在烈火上的上帝，恼怒你们，被你们大大地激怒了。"（Faust & Johnson，1935，p. 164）这里运用宗教情感也是有目的的。乔纳森·爱德华兹试图通过让成员们真切地感受到上帝存在以接近基督徒的生活。奥托甚至也在《令人畏惧的神秘》中提到，这种宗教经验（sine quahon）能够提供重要的意图。何舍尔（Heschel，1986）写道："敬畏使我们感知到神的暗示，使我们感受到无限世界的开端，使我们感知最初的共有与简单，感受一瞬间永恒的静止。"（p. 135）

由于篇幅关系，这里我们只介绍了几种寻求宗教意义的方法，其余的方法将在本书之后详细介绍。

有关宗教路径的最后思考

在世界的宗教中，路径的隐喻几乎是通用的。路径是多种多样的，到达的方式也是多样的。有的人可能永远也不会走宗教之路，有的人则会在不同的时间遇到宗教，还有的人永远都不会离开；有的人独自走自己的宗教之路，有的人则与他人结伴而行。宗教路径并不是统一的，而且也没必要如此。情感、思维、行为和人际关系构成了多种多样的宗教路径，一部分宗教路径的确立较好地为人们提供了明确的遵循标记。可是，有的人宁愿避开艰难的路径而另辟蹊径。这个过程并不是一件容易的事，它需要时间。他们会发展出个人的、情境的和更大的社会力量。正如宗教路径种类的多样化，它们的功能也显现出这样的特点。寻求宗教意义，一旦找到就要坚守，当旧的不合时宜，就需要新的来取而代之。但是，我们也会看到一些路径要比另一些设计得好。这样，不仅描述和了解宗教路径是必要的，评估它们也同样如此。

宗教路径很重要，但这并不是全部。寻求宗教意义的方式不仅涉及路径，还有目的。事实上，宗教路径由目的构成。毕竟，每一条路径都通往一个目的地。然而，我们也只是顺便提到一些目的。如果不讨论“通过宗教人们能寻求什么”这个问题，就不可能完成对宗教迷宫的探索。

宗教目的：到达意义的目的地

当谈及意义时，我们会使用价值及动机这样的语言。全世界的宗教群体对这些词汇都很精通。每一个宗教体系都用自己的语言来描述最终的生活目的。尽管语言不同，但是世界上所有伟大宗教所描述的神都一样。灵的显现、涅槃、永恒的天堂、上帝之国或永恒的生命，精神境界的核心就是在世界宗教中寻求意义。那些坚信这些教导的人，将神看作生命的意义。正如约翰逊（Johnson，1959）所说：“你所寻求的就是最终的你。”（p. 70）发展、维持和培养个体与神之间的关系是宗教生活的本质。

人之国度，灵性之国度

如果说以上就是全部，也许我们可以就此止步了。但是，宗教与人类的关系如同和上帝的关系一样。人们的愿望放在这个模式的什么地方适合？心理学家给出了一个答案，世界宗教则给出了另一个答案。传统的心理学观点认为，精神追求并不是看起来的样子；对神性的追求事实上反映了更为基本的心理和社会动机。路巴（Leuba，1912）在《宗教心理学》的第一章写道：“与上帝交流，是消除对世界的担忧，逃离可怕的孤独感，进入思想和情感的安慰圈，忘记并战胜邪恶的一种方式。”（p. 8）从心理学角度看，没有唯一的宗教动机，只有满足**人类**需求的宗教方式。在最核心之处，宗教关涉心理学。

对宗教思想来说，这种分析则是错误而苍白无力的。为了解读宗教，社会学家忽视和扭曲了宗教世界的本质。把宗教现象放在世俗的雨伞下，而灵性——宗教最重要的因素却滞留在雨中。布鲁姆（Bloom，1987）说得更加讽刺："这些社会学家如此轻松地谈论上帝，就像一个人说为了体验丛林的刺激，在房子周围养了一只掉了牙的马戏团狮子。"（p. 216）

世界的宗教对神圣之国度这一问题给出了不一样的答案。上帝是真实存在的，灵性追求这一动机不能被解释为任何其他的东西，世界上的各种信仰都认为寻求神圣比其他事情都重要。"伊斯兰教"（Islam）的字面意思是顺服上帝的意志，"穆斯林"（Muslim）就是顺服上帝的人。印度教和佛教鼓励人们超脱物欲、心欲和世俗之物，追求一种超然。犹太人把与上帝立的约放在首位，这是建立在十诫中的第一条："你面前除了我不能有其他的神。"（《出埃及记》20：3）生活中最先考虑的事，在福音书里写得十分清晰。拯救不是通过我们自己、其他人和这个世界，而是通过耶稣基督。

对这个问题有两种截然不同的答案。传统心理学认为，宗教探索即是虚幻；实际上，灵性更多指的是一种基本的心理动机和欲求表达。宗教传统则反驳说心理学取代了自我超越，因而将人提高到了上帝的位置。宗教传统认为，不仅上帝是真实存在的，而且也必须作为生活中的控制力先于世俗而存在。难怪心理世界和宗教世界是如此剑拔弩张。

幸运的是，在每一个传统中都有和解的基础。从心理学角度来看，一些实证研究已经开始提供将灵性本身作为一种动机的理论。因素分析研究已经将灵性作为一种独特的推动力。例如，戈罗和舒尔德（Gorlow & Schrorder，1986）列举了八种具有宗教动机的人：谦卑的仆人、自我提高的人、寻求家庭辅导的人、道德家、信仰上帝的人、社会导向的人以及知识分子。韦尔奇和巴瑞克（Welch & Barrish，1982）发现不同的动机也与一系列不同的宗教和非宗教的行为有关。其他研究表明，精神动力与心理和社会目的是一致的。在一个"宗教及其应对"的研究项目中，我们呈现给被试者许多通过宗教才可能寻求到的意义，例如灵性、意义、自尊、安慰和亲密（Pargament，Ensing et al.，1990）。灵性一项的得分与其他每一项都相关。我们的案例似乎没有任何困难就将精神和肉体整合在一起，寻求上帝与寻求其他个人和社会的目的相当和谐。

从宗教角度来看，大多数信仰有调和人与精神的方法。根据传统的观点，人类拥有神性之光。据说在印度教中，上帝住在人们心中就像内心中的自我一样。在西方传统中，由于人是按照上帝的模样造的，所以人是珍贵的。因此，人的需求和愿望是上帝建造的一部分，它们也是值得珍惜的。从这些有利的观点来看，神圣性和世俗并不矛盾。关爱自己、正义、爱、利他主义、意义以及自我实现，每一种人性的目标都可以通过它与神之间的联系“灵性化”。

因此，在许多传统宗教当中，有关人类与灵性目的的愿望和矛盾并没有什么固有的错误。事实上，这两方面是很难分开的。穆罕默德说：“尊重所学就是尊重我。”（Gaer，1985，p. 238）基督在山顶布道，我们听到：“为和平的使者祈福吧；他们应该成为上帝之子。”（《马太福音》5：9）在《圣经》中，对上帝的寻求与满足人类基本渴求的努力交织在一起，深切地表达对上帝的爱与感激是与寻求智慧、宽恕、安慰与安全感紧密相伴的。

神圣——世界上大多数宗教的最终目标，不能与世俗工作脱离。大多数宗教传统基本上与世俗事物有关，特别是人性中也有一些神性。正如精神花园的建造促进了人类的发展，人类的进步也能推动精神花园的建造。许多人类的欲望、需求和价值能够具有灵性的意义。一旦具有了灵性的意义，它们就会具有不同的价值。维克多·弗兰克尔（Viktor Frankl，1986）写道：“有宗教信仰的人把体验生活当作一种使命，而不仅仅是一种任务。”（p. xv）

我们发现为了精神和人类的目的寻求宗教意义有足够的空间。无疑，排除了世俗，就会寻见神圣；而排除了神圣，就会寻见世俗。但是这两者并不矛盾。当考虑到人们通过宗教去寻求心理和社会的目标时，我们会发现寻求社会和个人的丰富性与寻求上帝是一致的。

宗教的个人和社会目的的多样性

威廉·詹姆斯（William James，1902）坚定地认为宗教动机是多样的，他问道：

> 所有的人都应该信奉同样的宗教吗？他们应该得同样的果，跟随同样的带领吗？他们内心的需求相似吗？或坚强或柔弱，或骄傲或谦卑，或勤奋或懒惰，或希望或绝望，特别是有相同的宗教动机吗？或者不同的人有不同的功能，所以一些人因宗教的慰藉和确保而更好，一些人因恐惧和指责更好？或许是可以这样的……（pp. 326–327）

尽管詹姆斯在科学的宗教研究方面有巨大的影响力，但认为人在宗教中各有所求，这一激进的观念仍然令人惊讶。通常，这一领域的理论家发现一些宗教的整体功能，他们假设这些功能是真实的（Paden，1988）。事实上，“宗教目的是什么”这一问题通常是其理论最重要的特征之一。

然而，在对各种独特、普遍性的宗教目的进行假设时，有一个问题：各种宗教现象必须被扭曲以适应特定的模式。如果我们做不同的假设——不同的人有不同的宗教目的，那么曲解宗教经验的风险就会减少。例如，在“宗教及其应对”这一项目中，被试对寻求宗教目的这一问题给出了回答。图3.1呈现出有关宗教目的的量表的平均分。如图所示，生活中寻求宗教目的不是那么简单，不只是集中在精神层面。他们也并没有专门去寻求特定的个人或社会的目的。当然，我们可以提出一个严肃的问题，那就是人们如何能精确地识别和报告出他们自己的动机。但是，如果这些自我报告有价值，那就意味着没有一个普遍的宗教目的。

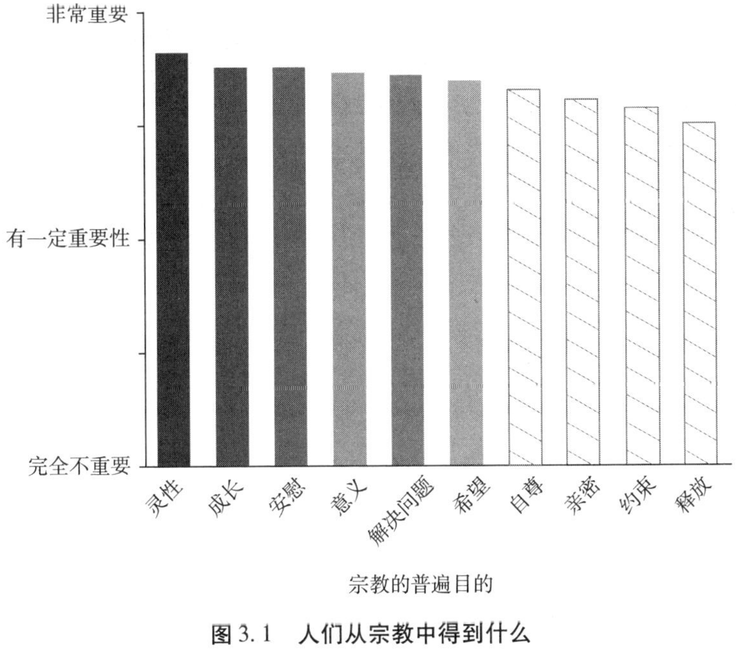

图3.1　人们从宗教中得到什么

全面回顾所有可能的宗教目标将超出本书的范围。我已经定义了宗教灵性目的的核心内容，现在要简要地描述一些与宗教息息相关的重要的个人和社会的目的。

宗教和寻求意义

早些时候，人们试图寻求世界的规律、美以及世上的道理（Boorstin，1983）。古埃及人认为地球像一个鸡蛋，傍晚月亮是它的守护者。古秘鲁人认为地球是方的，有山一样的屋顶，上帝住在这里。古印度人认为地球是由站在乌龟背上的四只大象驮起来的。今天，我们以完全不同的方式来看待这个世界。但是，很多人仍在继续假设宇宙是有次序的、可认识的。

世上的所有宗教都在使用这些假说。尽管角度不同，但每一种传统都描绘了一个充满意义的世界，并且鼓励其成员们按照这种方式去生活。许多宗教文学经典以神和追寻者的对话形式展开，困惑的人们想知道为什么这世上要有邪恶、痛苦和不平等，想知道一个人应当如何在如此多的混乱中生存。

许多人寻求宗教的意义。在一项研究中，2 000 多人被问到他们为什么要信教，最普遍的回答就是“宗教给出了人生的意义”（Braden，引自Clark，1958，p. 79）。其他研究人员也发现，有宗教影响的生活伴随着一种更大的目标感（参见 Paloutzian，1981），以及世界是公正的信念（Rubin & Peplau，1975；Sorrentino & Hardly，1974）。[1]在过去的十年，很多畅销书的书名表明人们开始寻求宗教的意义，比如《痛苦的时候，上帝在哪里?》《当好心没有好报之时》以及《为什么是我，为什么是他?》

格尔茨（Geertz，1966）认为，意义赋予宗教最基本的功能。在他的一篇题为《宗教——一种文化体系》（Religion as A Cultural System）的经典论文中，他认为对宗教最低程度的定义不是对上帝的信仰，而是一种上帝并不疯狂的信念。不同文化背景下的个体会应对许多生活事件，但是却无法应对那些无法解释的事件——一个女人遭受了母亲、父亲和孩子死亡或不相信上帝而痛苦。各种宗教确保了迷惑、痛苦和不公正的问题最终不会难以理解。“这种努力并不是要否认这些不可否认的事情——不可解释的事情、生活中的伤害和阴暗之雨——而是要否认令人费解的事情，否认生活是难以忍受的，否认公正是一种幻影。”（pp. 23-24）从本质上看，宗教赋予了生活意义。

宗教和寻求安慰

免于烦恼，避开痛苦，缓解内疚和自我疑惑，保证生活不会将你置于你的承受限度之外——很多人认为，宗教是有目的的。这是弗洛伊德的观点。他认为宗教提供两种安慰：一是保护自己免受外部世界的危险，二是保护自己免受人类冲动本身所带来的危险。

世界的庇护所

弗洛伊德（1927/1961）认为，人们无意识地转向宗教，是由于一种无助感。大灾难、动荡、疾病和死亡是对人类试图控制它们的嘲笑。没有上帝，人们将自己来防御这些超力量；但是有了上帝，人们就能得到安慰。

弗洛伊德（1927/1961）断言宗教信仰和仪式能够缓解紧张和焦虑。在宗教集会上流露出的情感，在宗教仪式上重复的动作，以及在宗教教条中对宇宙运作的解释，所有这一切都是为了缓解个人生活的痛苦与不确定性。从某种意义上说，他赋予宗教一种有限的价值。但众所周知，弗洛伊德觉得宗教最终是以一种幼稚的、头脑不清的方式来解决问题的；他宁愿人们面临无助时，是基于一种“对现实的教育”来解决问题（Freud，1927/1961，p. 63）。

显而易见，宗教组织不赞同这一观点。的确，他们鼓励成员们通过信仰在世上寻求保护与安慰。荣格（参见 Yong，1926）曾对约 3 000 首新教赞美诗的内容进行分析，发现大多数赞美诗关涉这两种动机之一。33% 的赞美诗侧重于转向一个充满爱和保护的上帝，正如以下这首赞美诗：

靠着他永恒的臂弯，
倚靠，倚靠，
恐慌中仍感到安全，
倚靠，倚靠，
靠着他永恒的臂弯。

25% 的赞美诗反映了个体对即将到来的新世界所体验到的安慰和奖赏。

人类冲动的庇护所

弗洛伊德（1927/1961）进一步认为，人们寻求宗教保护不仅因为来自自然的恐怖和残忍，还因为人类的冲动本身。他认为，每个人都有破坏本能。难以控制的是，这些驱动力威胁着人类文明的存在。同样难以控制的是，这些驱动力也导致着个体的内疚感和担忧的存在。弗洛伊德相信，宗教抑制了人类的欲望，在这个过程中，对抗根植于完全本能的社会危险与焦虑。

宗教鼓励人们有节制地生活，这似乎是无可争议的。正如前面所提到的，世界上主要的宗教信仰都不会容忍自我放纵。例如，自我放纵是“七宗罪”共同的主题——骄傲、嫉妒、愤怒、懒惰、贪婪、暴食和好色。然而，宗教对人类需求的评头论足并不是出于弗洛伊德提出的心理和社会的原因，而是因为过分的纵容会将上帝与个人分开。我们来听听来自犹太人《光明篇》（*Zohar*）中对极端愤怒的警诫：“一个人在愤怒的时候，对灵魂的幸福不屑一顾，铲除它，让亵渎主宰的代替它，这样的人就是在违背上帝……他毫无头脑的愤怒撕裂和根除了他的灵魂，并容许一个‘奇怪的神’篡夺了他的位置。”（Schimmel，1980，p. 262）宗教不会容忍偶像崇拜。个人与上帝之间不应该有障碍，甚至与人类的需求之间也没有。上帝依旧是上帝，有着他自己的性情。

实证研究也已经将宗教卷入和冲动控制联系在一起了，例如降低婚前和婚外性行为、吸毒、酗酒和自杀（参见 Payne，Bergin，Bielema & Jenkins，1992）。当然，我们可以从这些研究中推断出，人们通过宗教来抑制和缓解自己的冲动。宗教卷入更可能是受到对于亲密感的渴望的驱使，而不是控制自我的想法；心理健康的提高可能只是一个意想不到但所希望的结果。或许人们既寻求亲密感也寻求安慰。动机并不一定要简单纯洁。这里我们只想要表明的是，寻求安慰是宗教的目的之一。

然而，这是否是一个完整的情况又是另外一个问题了。宗教与幸福美满的故事不是一回事。地狱恐怖的样子、复仇和杀戮在东西方宗教文学中如同安抚的故事一样丰富（参见 Camporessi，1991）。格尔兹（Geertz，1966）这样说道："在宗教的生涯中，其带给人的不悦和愉悦是差不多的；宗教强迫人们面对他们生来就是面对麻烦的频率与帮助他们避免这种面对的频率差不多。"（p. 18）实证研究表明，在某些情况下，虔诚与较高的负罪感、焦虑和痛苦有关系（参见 Pressman，Lyons & Gartner，1992；Spolka，Hood & Gorsuch，1985）。简而言之，通过宗教卷入去寻求安慰的同时，也可能产生令人不安的问题和欲望，而那些完全通过宗教来寻求慰藉的人最终也有可能会怅然若失。

宗教与寻求自我

尽管宗教唾弃那些过分坚持自我观念的人所持有的傲慢态度，但同时也能看到自我中神圣的部分。这对于个体有着重要影响：

> 他应配得自我尊重，这是与一个内心燃烧着上帝火花的人相称的思想和行为的高贵。
>
> 他承担着表达个性的责任。因为具有神的形象，他也是独一无二的……因此他有责任去发掘和发展自己的个性。否则，对一切的永恒来说，神性的某些方面只能成为潜在的存在而无法实现。（Steinberg，1975，p. 70）

从这一点来说，发现自我、尊重自我、加强以及实现自我就变成了宗教的目的。

这些目的在艾瑞克·弗洛姆（Erich Fromm，1950）的人文宗教——这是他常跟独裁宗教拿来对比的一种宗教——中表现得很明显。弗洛姆认为，独裁宗教代表了独立性的放纵，是以消耗我们的力量为代价向上帝展示我们最好的一面。欣赏自己的极限是一回事，而贬低自己和崇拜我们所依赖的力量又是另一回事。人文宗教并不做这样的决定："在人文宗教中，人们的目的是实现力量最大化，而不是让人产生力不从心的感觉。美德是自我实现，而不是服从。"（p. 37）弗洛姆发现人文宗教的元素（独裁宗教也是如此）包含在许多世界信仰中：佛教徒戒律要求知识和理解必须源自于亲身经验；耶稣告诫人们"神的国度在于你自己"；以及犹太教《圣经》中人类自治和神圣责任的传统。

某些作家认为弗洛姆在自我之外创立了一种宗教，但我并不苟同。弗洛姆并没有在此驳回神的地位，而只是赋予了他一种不同的角色。神代表了一种理想，一种人们在生活中必须为之奋斗的梦想。从这种意义上来说，人文宗教中要实现的是神与自我的亲密接触。

如果人们寻求自我时涉及了宗教，那么（直到他们成功时）我们也应该找到两者之间有所关联的迹象。然而，这是一个棘手的研究领域，因为主要的几个宗教都鼓励一种特殊的自我发展、神与自我的联结，而不仅仅致力于获取自己的荣耀。沃森和他的同事（Watson，Hood，Morris & Hall，1985）认为，宗教性与自尊和自我实现指数之间是同等的，有时是负面的关系的原因可能是反宗教的偏见嵌入了自我功能实现的量表之中。举个例子，在个人倾向量表中（广泛运用于自我实现的一种测量）的一些项目，本质上都是反宗教的（例如，"人们不必时常反省自己的错误行为"，"我不是传统的宗教信仰者"）。还有一种任性冲动、随遇而安的人，他们不受世俗的约束。难怪当我们在看这种时尚的时候，自我实现与宗教使命感互不相容。然而，沃森等人（1985）发现，当减少对自我功能的反宗教偏见测量条目的使用时，或者对反宗教维度数据有所控制时，就会出现一种不同的状况。自我实现与宗教使命感之间的关系也就更加正向了。

同样，在"宗教与应对"这个项目中，当人们被问及想从宗教信仰中追求什么时，许多人毫不犹豫地回答渴望宗教信仰能带给他们很好的发展。事实上，教会成员更大程度上是想通过宗教来寻求自身的发展，而不是别的目的，当然追求心灵平静的人除外。所以我想以下的结论应该很合适：自我发展是很多人的宗教信仰目的，但请记住：这是一种特殊的自我，一种通往神圣的自我。

这里我要补充很重要的一点，那就是自我寻求并不是孤立发生的。艾瑞克·埃里克森（Erik Erikson，1980）认为，身份认同（identity）是一种心理和社会现象，"它既表示与自我的一种持续的相似性，也表示与他人持续分享某种本质特征”（p. 109）。人们指望宗教组织可以在某种程度上帮助他们构建自我（参见 Bellah et al.，1985）。从生命早期刚出生的婴儿通过宗教仪式取名，到生命晚期老人逝去的历程中，宗教组织为自我定义和发展都提供了大量机会。

只不过参加宗教组织的行为说明了关于人们会怎样看待自己以及他人会怎样看待自己的重要信息。想想各种不同的宗教，其组织成员的形象就会浮现在脑海中：保守的基督徒、新时代的献身者、摩门教徒、传统的犹太教人、反吸毒者及虔诚的伊斯兰教信徒。身份认同在某种程度上是由我们所属的宗教组织定义的。美国和加拿大的绝大部分人归属于某一种宗教组织（Bibby，1987；Gallup & Castelli，1989）。当然对许多人来说，这一认识并不全面。从信念的教育和实践中进行选择性获得变得越来越普遍。但是宗教可能跟那些无宗教信仰的人也会有关联，因为反宗教的人常会说到身份同一性及其所代表的含义。在这种“反理智”下，社会宗教环境对于无神论者的身份同一性的发展和维持至关重要，这些灵性的人反对加入宗教，同时很多方面很保守的宗教妇女反而对于教堂在流产的立场上存在异议。

宗教组织提供的不仅仅是自我定义的标签。每一个宗教传统都代表了一种“记忆团体”（Bellah et al.，1985），它随时随地都会帮助其成员找到自我。通过传统的故事，人们了解到自己是谁，来自哪儿。当听到榜样人物日趋减少时，他们就指引着人们应该或不应该怎样生活。嵌入每一种宗教信仰的故事与仪式都是维持生活的通用模板，是让人们定位自己并且知道怎样充分表达自己独特的同一性的人生地图。

因此，不要把寻求自我看成是宗教的唯一目的。贝拉等人（Bellah et al.，1985）辩证地说明了这样一个观点：“我们自身并不是独立于他人和体系的，反而是融入其中。我们从来不是完全靠自己走到生命的尽头。只有当我们跟他人面对面、肩并肩时，才会认识到自己是谁。”（p. 84）

宗教与寻求身体健康

人们渴望宗教能带来身体的健康，同时使心灵和情感保持良好状态。祈祷尽快摆脱疾病与大多数信仰的宗教仪式并没有什么两样。一项关于新教徒和罗马天主教徒的调查显示，其中 79% 的人曾祈祷上帝让生病的人恢复健康，而这在常见的祈祷中占据第二（Stark & Glock，1970）。在世界的其他地方，比如在法国的卢尔德（Lourdes）、印度的蒂鲁陈得特（Tiruchendut），上千人为了身体康复而进行宗教朝拜，在这些地方人们相信出现过奇迹般的疾病治愈。按照传统，在寻求身体健康方面，人们将诉诸宗教和求医问药看成同等重要。

为了促进健康的寻求，无论新旧宗教都设计了自己的角色和结构。在我们所知的医学发展以前，萨满巫师们运用精神力量来治疗疾病、安抚死者以及保护人们远离疾病。像萨满教这样的各种宗教治疗并不仅仅是过去的事，现在世界上很多国家仍然流行，包括信仰宗教治疗的美国，尽管他们进入了新的治疗时代，并且拥有先进发达的治疗技术（McGuire，1988）。宗教角色和结构也已经很好地整合到传统医疗体系中了，这一点可见证于以宗教为主体的医院、医院牧师以及致力于服务社区病人的宗教制度的出现。身体本身的角色受到精神意义的保护。"我们重视医生的服务，因为上帝赋予他这样的职责"这句诗来自《便西拉智训》（*Ecclesiasticus* 38：1），以致医生们乐意在候诊室等候上岗。最后，就如我们将在本书后面看到的，有组织的宗教能够运用各种应对方法帮助病人和弱者理解并与他们的身体状况达成和解。

宗教传统的兴趣不只在于减轻痛苦和苦难，还在于帮助改进教徒健康的生活模式：摩门教告诫教徒们要远离酒精和咖啡因；犹太教告诫教徒不要吃不符合犹太教教规的食物；基督复临安息日会成员相互鼓励成为素食主义者；印度教徒则遵循晚婚及严格的一夫一妻制（Levin & Vanderpool，1989）。有证据证明，宗教组织在提高健康方面所做的努力是成功的。在各种宗教组织中，对于宗教信仰和实践的献身与一系列主客观上改善健康状态的方式有着正相关（Levin，1994；Matthews，Larson & Barry，1993）。

显然，上述良好的效果并不一定是因为积极通过宗教寻求健康的结果。更好的身体健康可能只是其他宗教目标和过程的副产品。也许这只是个人试图得到社会支持和通过宗教组织进行行为控制的结果；又或许在追求精神联结、情感舒适、意义以及控制感的同时，对身体健康产生了额外的益处，比如生理放松（Benson，1984），或者潜在的反免疫抑制效果（Achterberg，1985；McIntosh & Spilka，1990）；又或许健康只是各种因素联合的结果（Hill & Butter，1995；McFadden & Levin，1996）。

在任何情况下，从宗教传统的立场来说，对健康的追求都不违法。但是，这里要补充很重要的一点，那就是这种对身体健康的理解并不能与广泛的灵性关怀相分离。宗教认为，身体健康是获得更大幸福感的一部分：基督徒们认为他们的身体就是装着上帝之灵的器皿，也因此而值得称颂；许多东方宗教认为身体和心灵是联合成一体的；身体康复被各种宗教组织定义为一种接近上帝的途径。综上所述，对身体健康的追寻远不只是为了身体舒适。就像许多看似世俗实则有意义的东西一样，身体健康可以担负起神圣的价值。

宗教与寻求社区

对社会学家埃米尔·迪尔凯姆（Emile Durkheim，1915）来说，宗教本质上是一个社会问题，而非心理、情感或身体的问题。宗教提供了一个社会及它的成员之间的关系。更重要的是，迪尔凯姆强调，宗教信仰和各种宗教仪式将信徒们与其共同的信仰联系在了一起。“如果宗教产生了所有社会上必不可少的东西，”他说，“那是因为社会这个观点本身就是宗教的灵魂。”（pp. 432–433）

从当今的信仰中不难找到迪尔凯姆关于联合功能的证据。哪里有宗教，哪里就有庙宇、清真寺、犹太教堂、礼拜堂、佛塔以及教堂。1991 年，美国有 35 万多所宗教圣会（Jacquet & Jones，1991）。这些地方就像他们的家，他们为了共同的坚持而聚集到一起——一份传统，一种信仰，对未来的梦想，或者与众不同的生活方式。在他们的精神社区中，人们可以找到亲密感和归属感，同时也能表达他们对于让世界变得更美好的愿望。

亲密感

似乎许多人将对亲密感的渴求诉诸宗教。在过去的 15 年中，我和我的学生进行了一项对于各种宗教圣会——新教徒、天主教徒以及犹太教徒的评估和研讨（Pargament et al.，1991）。当我们的发现在不同宗教系统间发生改变时，有一个重复的主题就是信徒们都在寻求与其他人更大的亲密感。许多人在他们成长的社区和家庭之外创建了自己的家庭。卷入这些让他们彼此分离的活动中，他们就期望集会和教堂能重新建立起他们对于亲密感的更大需求。没有了这种亲密感，许多人感觉宗教生活中的某些重要东西就失去了。正如一个宗教圣会的成员所说：“我们的圣会是一个友好的地方，但是我加入其中并不只是为了友好而来，更多的是为了我错过的和渴望的亲密感。”

有证据表明，宗教投入至少在某些情况下可以减轻孤独感和分离感（Ellison & George，1994；Jonhnson & Mullins，1989；Kennell，1988）。例如，心理学家约瑟夫·肯内尔（Joseph Kennell）在市中心一个最萧条、社会性支离破碎的地方的小教堂里进行了为期三年的研究。他发现来教堂的人们比那些并不隶属于任何教堂的人有更多的社会支持体系。此外，在个人技能和资源方面，这种教堂的支持体系似乎并不是偶然的。在非教堂人士中，社会支持与更高的个人技能相关联。相反，在教堂人士中，社会支持则与个人技能没有关系。即使是与教堂相关的边缘人士也能通过参与教堂活动获得社会帮助或救济。在肯内尔观察的几年中，他也记载了成员之间，尤其是同一家庭成员之间关系的改善。他总结道，教堂成功地在贫困环境中给人创造了一种归属感。当然，教堂所提供的并不仅仅是亲密感，同时也是长久的帮助、舒适、成长以及精神的源泉。但归属感是许多教堂成员所追求和所要达到的有意义的目标之一。所以，该圣会被称作社区教会就再合适不过了。

如同信念一样，人与人之间建立联系是精神生活的中心内容。然而，有人会对迪尔凯姆关于上帝的存在仅仅是让教徒们凝聚到一个固定团体中的观点有所争议。从宗教的优势来看，上帝并不是通往亲密感的途径；但亲密感却是通往上帝的途径，同时也是上帝使用的一种方式。哲学家马丁·布伯（Martin Buber，1970）最有说服力地叙述了这一过程。在他的经典著作《我和你》（*I and Thou*）中，他将上帝置于人际关系之中。在此，布伯指出了一种特殊的相互作用，这种作用不是分离的人与物之间的，也不是我和他之间的，而是一种存在于两个主体——我和你之间一次重要的邂逅，我们遇见并相互补充。布伯写道："当一个人能够对他的'你'做出反应时，他才生活在精神之中。当他全身心地投入到这种关系中时，他就可以做到这一切。"（p. 89）布伯主张在任何关系中——它与自然、人或灵性存在——一个人都可以邂逅上帝，"永恒的你"。然而，布伯对人际关系赋予了特殊的重要意义："将与上帝的关系比喻成与一个人的关系很恰当——这是一个对真实问题的真实回答。"（p. 151）

更好的世界

对于其他一些人来说，寻求社区并不以获得亲密感而终结。当这种精神的亲密感超越直系亲属时，它可能伴随着一种为他人付出，使世界变得更美好的渴望（Batson，1990）。这种对他人的爱，对更美好世界的关切，正是大多数宗教传统的终极价值。他们认为，所谓人性，就是与他人分享美好的祝福。几乎所有的宗教传统都信奉一种黄金法则，即人们必须像关心自己一样关心他人的幸福，因为上帝关爱着我们所有人。从这些宗教观点来看，对更美好世界的追求与其说是一种社会价值，不如说是宗教的迫切需要。

当转向以确切的视角观察这个更美好的世界时，我们会发现更多不同观点之间的差别。有些人以一种彻底改变了的社会秩序来看待更美好的世界，而这完全脱离了那些社会问题，例如贫困、种族歧视、暴力以及环境破坏（Maton & Pargament，1987）。另一些人则以疯狂的传道作为改善社会秩序的方式。"当人们加入基督教后，"他们说，"不公义和痛苦都会自动消失。"（Glock，Ringer & Babbie，1967，p. 206）或许更多的情况下，更好的世界被定义为人与人之间更多的怜悯和关爱。此时，焦点从彻底的社会改变和信仰改变转换为社会服务。应该补充的一点是，有些人比其他人更想拥抱一个更大的世界。“爱你的邻舍”这一诫命被解读成“爱与你志同道合的邻居”。但遗憾的是，在许多宗教社区，人际关系中仁慈和关怀的特点与对生活在狭义宗教世界之外的人的嘲笑和敌意同时存在。

人们的宗教动机到底在多大程度上是渴望世界变得更美好呢？在制度层面上，宗教提供的证明是无可非议的。教会和犹太教堂成立了不止两倍的社会公益基金会和企业（Jacquet，1986）。在引发慈善事业的因素预测中，参加每周一次的宗教活动的预测率最高［《美国的付出与志愿活动》（*Giving and Volunteering in The United States*，1988）］。从个人层面来说，很清晰的一点是那些有宗教承诺的人将自己看成是更好世界的奉献者。他们认为自己更具有共情能力（Watson，Hood，Morris & Hall，1984），更支持亲社会的价值观（Tate & Miller，1971），同时报告更多助人的事迹（Batson et al.，1993）。宗教人士是否在实际中**表现出**更多的同情心仍然是一个有争议的问题（Spilka et al.，1985）。这是一个涉及文献同时有待考察的问题。但似乎出现了一种概貌，即不同形式的宗教以不同方式与各种助人行为联系在一起（Batson et al.，1989；Bernt，1989）。

当然，助人行为不管是出于宗教的还是其他原因，都可能是出于某种力量的推动而不是毫无私心。几百年前，迈蒙尼德（Maimonides）在他的《慈善的金梯》（*Golden Ladder of Charia*）中指出，并不是所有的慈善行为都值得同等的赞赏。低层次的慈善是渴望得到个人和社会的回报；而高层次的慈善则是通过付出发现自己的价值。丹尼尔·巴特森和他的同事（Batson et al.，1989；Batson & Flory，1990）进行的一项实验调查显示，宗教付出并非是出于毫无私心的。他们发现，一些看似无私的宗教奉献，实际上并不是出于帮助他人的目的，而是渴望自己在他人眼中是富有同情心、爱和慈悲的人。其他宗教个体可能表达出对更好的世界的更真诚的奉献。

那么，关于宗教和更好的世界，有哪些是我们可以确定的呢？历史记录、个案研究和实证调查似乎显示出更好的世界只是某些人的宗教价值目标，而并非所有人都如此。

宗教目标的最后思考

当理论家和实干家都将目光投向宗教的时候，他们常会看到不一样的东西。在说到宗教的根本目的的时候，这一点尤其明显。一个理论家使用意义性语言，而另一个理论家则使用令人产生舒服感的语言。仍然有另一些人认为宗教是为了寻求亲密感、自我认同和更好的世界。并不是他们忽略其他概念，而是他们赋予这些概念不同的重要地位。理论家 X 的宗教目的论对于理论家 Y 是第二位的。对理论家 Y 来说的核心宗教主题对于理论家 Z 只是达到重要目的的手段。我并不觉得一定要在 X、Y 或 Z 理论家之间做出选择，相反，我假定理论家们在宗教生活中寻求各种目的只是因为宗教生活本身就存在不同的目的。平常人也是如此。对于世界宗教的非凡忍耐力可能与这样一个事实有很大关系，即不同性格、需求及形势下的人能够在这些生态系统中找到属于自己的位置。

这一节我们回顾了许多宗教的目标。宗教目标的选择——心灵、意义、舒适感、自我、身体健康、亲密感以及更好的世界——在某种程度上来说是武断的。事实上，任何目的不论好坏，都可以通过与神的联结而被认可。但不管如何定义与组织这些目的，将目的减少为一个重要目标是错误的。寻求意义、亲密感、自我以及更好的世界都不是人们真正追寻的东西——个人舒适感的伪装。渴望与上帝接近并不是为了在伪装中获得个人和社会满意度。只有靠扭曲宗教意义的特性我们才能使其简化成一个单独的表达。

获得意义的方式和目的的宗教取向

我们已经在宗教迷宫中探索到一部分路径和目标。尽管我们对其分别看待，但宗教方式和目的并不是彼此分离的，它们一起形成了对生活的综合定位。

事实上，有太多路径通往各种可能的目标，以致系统研究宗教似乎是不可能完成的任务。幸运的是，实际并非如此。宗教路径和目的在数量和种类上都受到现实世界和人类条件的制约。生活中我们无法回避诸如生、老、病、死等各种事件。同样，我们也无法避免已存在的问题，即上述危机和转变的日益增多。所有这些约束条件使得在宗教迷宫中识别更小数目的常用路径和目的成为可能。

宗教取向的概念帮助我们简化了一项原本十分麻烦的任务。研究者很快弄清了人们常采取的路径和从宗教中寻求的目的。我将宗教取向定义为：**在生活中为达到某种特殊目的而采取的特殊方式的常规特性**（general dispositions）。宗教性质的定位来源于构造宗教方式和目的时神的参与。“常规”这个术语用来强调宗教定位并不能证明任何情况的特殊性。它们是跨情境现象，即描述了在不同情境中用特定宗教方式和寻求特定宗教目的的常规趋势或倾向。

这一定义不同于其他宗教取向的观点。尽管如今大部分调查是在研究各种宗教取向和现象，如偏见、助人行为、人格及心理健康之间的关系（Gorsuch，1984），但这一概念本身的意思已经模糊了。宗教取向已被不同地看作人格变量、动力建构、态度维度或者认知风格（Hunt & King，1971；Kirkpatrick & Hood，1990）。

我想如果我们承认宗教取向实际上是多维度的，那么画面会变得更清晰。它们在某种意义上是动力建构，同时又与人们所期望达到的目的有关。但它们也是通过认知、行为、态度、情感与关系建构的，并且描述了人们通常为达到目标所采用的途径。

将宗教取向看成方式和目的偏离了宗教文献和心理文献，使得上述两种建构分离开来。

宗教方式和目的的两极分化

人们常常将"方式"和"目的"这两个术语交替与宗教的"好"与"坏"一起运用。认为宗教可以作为通往目标的一种方式的观点会给我们留下不好的印象：一些假装虔诚的教徒，在圣会上充满猜忌地维持着自己的自尊和团体地位；政治领袖则以神的名义发动战争来扩大自己的权力，其代价是他的追随者们的性命。

这些宗教"使用者"与那些将宗教本身看作目标的人们形成了鲜明的对比。让我们来比较下面两篇选自犹太法典的专著作品《神父的智慧》（*Wisdom of the Fathers*，1957）及其评论：

> 当一个人利用教律这顶皇冠达成永远的自我膨胀并作威作福，据此要求得到人们的尊重，此人将走向灭亡或被驱逐出世界。（p. 68）
>
> 当一个人研究教律是因为其本身的诸多优点，那么他不仅能得到别人的尊重，还值得拥有全世界以及一切的一切。他被称作挚爱的朋友，他爱上帝，他爱人类，他是上帝的欢愉，是人类的欢愉。（p. 226）

心理学家以相似的术语描述了通往宗教的功利主义路径，这一点已经在奥尔波特（Allport，1954）的作品中得到证实。奥尔波特曾对黑人和犹太人的宗教与固执之间看似矛盾的关系颇感兴趣。他疑惑，为什么世界上伟大宗教的教义都强调人与人之间的手足情谊，而他们的行动却常常产生相反的效果？比如，在被战争撕裂的欧洲，一位部长牺牲自己来保护村子里的犹太人，而另一位却声称反闪族人而躲进宗教的庇护之下，这是怎么一回事呢？在奥尔波特的职业生涯中，他为这个问题提供了大量有意义的思想。他总结道，并不是所有的宗教都相同。那些提倡手足情谊和同情心的宗教应该与那些带有偏见和顽固的宗教区别开来。在这一系列工作之前，奥尔波特（1950）尽最大努力发展了细节丰富的宗教概念，如成熟的宗教、最病态的宗教以及不成熟的宗教。但后来，奥尔波特又发展了对这些宗教更简化狭义的概念。他以超越宗教好与坏的目的为依据，提供了两种宗教取向的“理想模型”（Allport & Ross，1967）。

其一，外在的宗教取向——达到的是消极的目的。

> 一个外在宗教取向的人利用宗教观点为自己提供安全感、舒适感、地位或者社会支持——宗教不再具有其自身的价值，它提供了其他需求，并且只是纯功利主义的。这么说来，偏见也成了“有用的”东西：它也提供安全感、舒适感、地位以及社会支持。一个依赖外在宗教支撑的人可能依赖偏见的支撑……（p. 441）

其二，内在的宗教取向——达到的是积极的目的。

> 相反，内在宗教取向并不是一个工具装置。它不仅仅是获得舒适感、支柱、镇静剂或者地位的模式。所有需求都归属于强大的宗教承诺。一个人在内化宗教的所有教义过程中，也有必要内化谦逊、同情、热爱邻居等价值观。在这样的生活中（宗教有着内在占优势的价值），就不再有对于同伴的偏见、蔑视或者傲慢态度了。（p. 441）

奥尔波特将宗教方式这样一种装置、仪器或者工具与宗教目的——有生命的、内化的、完全的指导进行了对比。这种方式和目标的两极分化是依据内在和外在宗教概念的核心。“或许是刻画主观宗教这两个极端的最简便的方法，”奥尔波特说，“外在动力的人利用宗教，而内在动力的人则体验宗教。”（Allport & Ross，1967，p. 434）奥尔波特的观点在众多心理学家中并不占有特殊的地位。例如，在贝特森等人（Batson et al.，1993）对奥尔波特研究的重新定位工作中，他们将外在宗教标注为“宗教即方式”，将内在宗教标注为“宗教即目的”。奥尔波特的内在与外在宗教取向的概念和贝特森的新概念依旧最大程度地运用了宗教心理学研究的结构（Gorsuch，1984）。

但不幸的是，宗教方式和目标被过分对立起来了。对于各种研究，宗教的或其他的都应该同时包含方式和目标这两者。即使为了宗教自身的目的而被寻求，我们也应该找到一种方法达成此目标。事实上，正如我们所见，各种宗教同时规定了生活的终极目标，以及实现这些目标的方式。通过祈祷寻找上帝；通过教育，孩子们学习宗教传统；通过好的行为，一个人在生活中遵循上帝的法则。世界上所有伟大的宗教都意识到达成目的的某些方法、工具或者途径是宗教生活中不可或缺的一部分。他们发现宗教被用来达成精神目标这一事实没什么值得谴责的。事实上，他们规定了对实现内在目标有帮助的方式（Johnson，1959）。在这种意义上，关于宗教的“体验”和“利用”之间就不存在矛盾了。

如果我们仔细观察曾被严重蔑视的工具性宗教经验，就会发现其批判更多地与宗教的**误用**有关，而不是对宗教的使用。然而，因为某些宗教误用而对所有宗教利用定罪，本身就是联合起来犯罪。关键的问题并不是宗教是被体验还是被使用——大多数将自己看作教徒的人，是以某种方式使用宗教；相反我们忍不住要问，宗教如何被体验？又是为了什么样的目的？

以下内容探索了与三种最普遍的宗教取向研究有关而又与众不同的方式和目的：奥尔波特的内在与外在宗教取向，以及贝特森的探索取向。

关于宗教内在、外在和探索取向的方式—目的分析

内在与外在取向

尽管奥尔波特描述内在和外在取向时是将目的和方式分开的，但目的和方式是两种取向的一部分。然而，它们又是有着很大区别的方式和目的（见表3.1）。奥尔波特认为，关于目的，内在取向的人发现了其最基本的宗教动力（Allport & Ross，1967）。这种主要的动力是什么呢？它以上帝为中心而不是以自我为中心。举个例子，他选取了一个牧师的话语，该牧师将内在取向的人描述为那些“来教堂感谢上帝，承认他的荣耀并寻求上帝的指示”的人（p. 434）。奥尔波特认为，个人需求会变强大，但最终这些需求都不那么重要。这并不是说奥尔波特的精神目的说毫无个人和社会意义。信仰对内生命在来说有着最高价值，这种信仰要“归于生命的统一”，同时“认真对待手足情谊的戒律”（Allport，1966，p. 455）。就这样，奥尔波特似乎认可我们之前描述的两种个人目标：寻求自我与寻求更好的世界。对意义的寻

求可能也已经被精神化了；由奥尔波特和罗斯（Allport & Ross，1967）发展的一项关于内在宗教量表的项目中写道：“宗教对我来说特别重要，因为它回答了许多关于生命意义的问题。”（p. 441）

表 3.1　作为有意义的方式和目的的宗教取向

	宗教取向		
	内在	**外在**	**探索**
方式	高度嵌入生活	次要的	活跃斗争
	生活指南	轻轻地持有	欢迎质疑
	令人信服	被动接受	灵活的
		区分的	复杂的
		分散的	差异化的
目的	精神的	安全感	意义
	真相	舒适感	真相
	统一性	社会地位	自我发展
	同情心	社交	同情心
	无私	自我验证的	
		损人利己	

在奥尔波特的外在宗教取向论中，批判了不同的个人目的。在过去的很多年，他将外在取向与各种个体和社会需求，包括慰藉、安全感、社会地位及社交联系在一起。他的许多理论都暗示着肯定这些目的的反社会特性。1960 年奥尔波特写道：“外在宗教是一种自我服务的功利主义，是宗教观点的自我保护形式，以他群（out group）为代价给那些信徒们提供了舒适感和救助感。”（p. 257）

简而言之，奥尔波特对各种目的做了鲜明的对比。内在取向的人寻求上帝、信仰、更好的世界以及生活统一。他们超越了“自我服务”的需求。外在取向的人则以各种方式寻求个人收获，如舒适感、尊重感以及社交，甚至不惜以他人利益为代价，但宗教的精神目的并不是这一等式的一部分。

以上两种取向在方式和目的上均不同。奥尔波特说，内在取向的宗教是充分嵌入生活的，告知并引导个人的思想、行动和感受。相反，外在取向的宗教则仅仅是“轻轻地持有”，是生活中次要的一部分，只有当有个人需要时，才被动地接受和当作拐杖来使用。

外在和内在宗教取向的方式和目的的两极分化导致理论家和实践家们忽

视了各种宗教方式和目的的区别。然而，对奥尔波特两种取向的进一步分析就会明晰，他并不是将一种宗教的方式和目的进行对比，而是将不同宗教各自的一系列方式和目的进行对比。

探索取向

巴特森和他的同事（Batson et al.，1993）提出了宗教的第三种取向。这一取向源于对奥尔波特理论的不满。他们在奥尔波特关于外在宗教的概念和衡量中找不到突破口，但却认为内在宗教为了接近信仰而有着过于死板的教条主义的意味。他们认为，作为一种“被拥抱”和“完全追随”的宗教取向，它几乎没有给其他宗教经验的重要因素如复杂性、怀疑及假设留有任何余地。这些特征则形成了巴特森的第三种取向的核心内容：作为探索的宗教，是一种更加关注不断探索真理，而非“一拍即成、毋庸置疑”的“更开放的、质疑的”宗教研究方式（p. 166）。巴特森引用释迦牟尼、甘地以及马尔科姆·艾克斯（Malcolm X）作为例子说明那些在生活中不断探索的人。[2]

与这种宗教取向有关的方法是什么呢？在这一点上，巴特森明确指出，探索路径很大程度上是一种认知，与信仰形成和持续的方式有关。“对我的宗教经验来说，疑问比答案更为核心”是探索模式量表的其中一个项目（p. 170），“可以说我重视我的宗教疑问和不确定性”是另一项（p. 170）。贝特森强调，探索是一种思考方式，包括一种积极面对和与困难做斗争的意愿，一种开放的、灵活的学习态度，一种对复杂问题的简单解答的质疑，以及一种综合性的、与众不同的世界观。

探索取向会将宗教引向何处呢？宗教探索代表了追求真理、追求生活的意义：“一个以这种方式接近宗教的人意识到，自己并不知道甚至永远不可能知道这些问题的事实真相。我们仍旧认为这些问题很重要，并且不管多么短暂或主题如何改变，我们都将一直探索其答案。”（p. 166）

寻求个人成长和发展的人也接受作为探索的目的这一观点，尽管巴特森等人（Batson et al.，1993）对这一点并不那么确定。据之前的资料记载，巴特森等人（Batson et al.，1989）曾认为探索取向可能也跟那些真正想帮助他人和期待更好世界的取向有所联系。然而，并不能确定这种利他主义到底是仅被看作探索取向的副产品，还是其本身的目的。

方式—目的路径的启示

解释某些令人疑惑的发现

从方式和目的方面来考虑，宗教取向可以使这些概念更明确，各种取向的独特本性也就更加清晰。在其他地方，我曾认为“方式—目的”分析法能够提升宗教取向的标准，并且提供一种方式去理解文献中那些令人疑惑的实证研究的成果（Pargament，1992）。其中一个疑惑是这三种宗教取向之间没有相关，因此认为这些取向是通往宗教的完全不同的路径（Batson & Schoenrade，1991b；Donahue，1985）。回想一下奥尔波特的理论，他认为内在和外在宗教是两个相反的极端，这只是在努力解释宗教是如何与反犹太主义的偏执特性联系在一起的，又是如何与有着种族歧视而同时又充满爱心和同情心的犹太人联系在一起的。发现这两个量表之间并无关系（例如，那些在内在量表上得高分的人，也可能在外在量表上得高分或低分），这似乎是一件不可理解的事。奥尔波特将那些同时赞同内在和外在立场的人描述为“糊涂虫”，试图以此解决这一难题（Allport，1966）。

当然，某些人在宗教信仰上采用一种并无差异的路径，但我并不认为同时赞同这两种方式的人都是糊涂的（Pargament，Brannick et al.，1987）。一个不那么糊涂的人可以同时认可内在和外在模式的几个项目。毕竟，外在项目“祈祷者们是为了寻求幸福平静的生活”和内在项目“花大量时间在宗教的思考和冥想中对我来说很重要”两者之间到底有哪些地方不一致？这个问题的大致意思是奥尔波特的外在宗教测量方法没有抓住其概念的全部意义。这一模式的项目并没有描述那些自私的尽全力只追求自己目标的人；相反，它们描述了那些期望宗教帮助满足个人和社会需求的人。

在奥尔波特关于内在和外在宗教的概念中，他强迫人们去选择。他说，你必须做出决定，选择信仰或选择你自己。但是当不测量外在宗教的反社会因素时，这两者就绝对毫不相容吗？回想一下关于宗教和应对的研究项目，宗教的灵性目的与许多其他的个人和社会宗教目的有着正相关，比如意义、希望、亲密感、舒适感以及尊重等。另一项研究项目（Echemendia & Pargament，1982）显示了通过宗教寻求个人支持、舒适感和安慰作为内在因素的一部分出现，这再次强调了至少某些人的宗教目的并不是相互矛盾的。强行在神圣和世俗的视角之中选择其一来看待宗教能力，就是将人性神圣化以及将神圣人性化。内在和外在模式之间关系的缺乏，可能说明了许多人并不需要在自身和神圣之间进行选择。他们拒绝被迫进行逻辑的选择并没有使他们全都变成糊涂虫。当然，对某些人来说，在宗教经验的中心，可以同时容纳上帝和自我。[3]

仅有三种宗教取向吗？

从实证和理论两个方面，我们都有理由怀疑可能不止三种宗教取向。有关实证研究显示，这三种宗教取向使复杂的宗教方式和目的过于简化。几年以前我和鲁本·埃切门迪亚（Ruben Echemendia）发现，当以更多样化的问题来考察宗教取向时，更丰富的画面就出现了（Echemendia & Pargamont，1982）。除了刚刚提到的内在个人支持因素，我们的因素分析还显示了三种不同的外在因素：社会支持——通过宗教生活寻求社区感和同伴感；职责——宗教包括责任感或内疚感；社会获取——利用宗教提升个人的社会地位和自我形象。柯克帕特里克（Kirkpatrick，1989）报道过相似的研究结果。他对于内在和外在宗教取向模式的因素分析出现了一种内在因素和两种外在因素：其一是将宗教当作社会获取的一种方式，其二是将宗教当作个人舒适和自我保护的一种方式。另外，有人也发现了内在和探索取向模式的多维化现象（Batson & Schoenrade，1991b；King& Hunt，1969；Watson，Morris & Hood，1989）。

同内在、外在和探索取向研究一样重要，我们关于宗教方式和目的多样性的理论视角指出了这三种取向的某些局限性，并鼓舞着我们超越这些观点。例如，这三种宗教都没有指出宗教信仰、实践或感受的广泛内容。某些批判其区别的过程可能是模糊的：信仰上帝仁慈和仁爱的人被归入信仰上帝的善变、决断的人；福音传道者并没有与人权倡导者区别开来；认为上帝出现在自己生活中的人可能与那些只将上帝作为一种空想的人混为一谈。

值得注意的是，我们常忽略各种形式的宗教社会经验，这些经验在某种程度上对个人宗教表达是如此重要。尽管我们认为宗教取向已嵌入社交世界，但通常对其的研究仿佛它们与更大的社交范围是分离的（Barton，1971）。全面考虑宗教取向就必须同时注意到宗教的社会取向和认知、行为以及情感的方面。其他的宗教目标是怎样的呢？比如寻求身体健康、亲密感和联系感，渴望从根本上彻底改善世界？这些仅仅是目标中的一部分，是在宗教三大主流取向中还不那么明确的部分。当以更广泛的标准来衡量时，我怀疑我们将会发现还有更多远远超出我们的想象的宗教方式和目的（Weinborn，1995）。

宗教的迷失

在这一章中，我已经考虑到了许多宗教的方式和目的，并且其中一些方式结合起来形成了宗教取向。其核心已经大篇幅地叙述过了。在本书后几节中我将承担起这一敏感但有价值的任务。这里让我简单说明一下，各种宗教取向并不是同等价值的。这并不是说某一种宗教取向可以取代所有。但某些宗教路径在结构上优于其他，某些宗教目标比其他的更可行，某些路径比其他的能更好地匹配特定目标。最好的情况下，宗教取向可以为生活提供完整的、连贯的框架结构；最坏的情况下，它们会从根本上失去方向感，包括使人们迷失、困惑并冲向死亡终点的宗教碎片。

超越宗教取向

我想去哪儿？怎样去？这些问题对于我们的生活历程来说，有着更重要的暗示。宗教对这两个问题都给出了答案。全方位研究寻求意义的宗教取向，对宗教心理学来说，代表了下一步该怎样做的一种重要启示。但这并不是唯一重要的步骤。

即使我们可以很严格地区分宗教取向，我们仍然要面对一个重要的问题。怎样将这些宗教取向转换到具体的生活环境中去？宗教取向是一种特质现象，是利用特殊的宗教方式和寻求特殊的宗教目标的普遍趋势。这些都很抽象，同样还有其他一些抽象的倾向，如心理健康、人格以及社会态度，这些同样是与特殊生活情境有一定距离的。仅仅知道某人的宗教取向，相对来说很少能告诉我们关于这个人在特定情境中的思想、行为和期望。这就是为什么应对过程对于宗教心理学研究如此重要的原因。它强迫我们去询问什么时间、为什么以及宗教怎样来到我们的生活。只有在特定情形中，我们才能见证宗教的现实工作。在探索了本书的第一个重要概念——宗教之后，现在我们进入第二个概念——应对。

第二编

应对的视角

第四章

对应对概念的介绍

在过去的30年里，人们对于应对过程的研究兴趣陡然增长，现今文学作品也已广泛涉猎这一主题。在本章和下一章里，我们将介绍应对这一概念。我们将考虑引起研究应对的历史动因，同时将看到应对这一概念本身是源于某种对于世界的看法，这种看法同时将人类视为造境者和情境的产物。最后，我们将讨论应对概念中的核心问题。这一章的介绍将为后续章节中关于宗教与应对概念相联结的论述做铺垫。

应对的历史渊源

几千年来，哲学家和艺术家对于人类处于人生中危急时刻的行为模式一直很感兴趣：柏拉图将苏格拉底描绘为危难中沉着与正直的典范；莎士比亚戏剧演绎了人类在重要时刻的诸多应对方式；20世纪的一些著名艺术家，从毕加索（Picasso）和肖斯塔科维奇（Shostakovich）到威塞尔（Wiesel）和萨特（Sartre），无一不向我们展现了人类是如何通过毁灭或扭曲自己所最珍爱的东西来对压力进行反应的。我们有足够的语言与艺术来刻画处于长期折磨之下的人类特征。悲痛、复仇、勇敢、受难、复原、焦虑、勇气、屈服、忍耐、适应、懦弱、绝望、得意——在我们的语言中，诸如此类的有力的词语，描绘了个体在应对冲突、危机和迷失时的态度。

然而，只有在最近的几十年，科学家们才对研究人类应对危机的行为模式产生兴趣，而这一新兴兴趣的产生绝非偶然。心理学家福里斯特·泰勒（Forrest Tyler）早在1970年就已阐述了推动心理学领域发展的外部及内部动因如何塑造了现代科学的独特性。这一点也同样适用于研究应对的科学兴趣。我们首先来看一下使“应对”成为我们语汇中常见词的部分社会文化动因。

外部历史动因

我回想起几年前与一个印度学生间的谈话，那时他刚刚完成一个关于为什么世界上存在不公平现象的研究。当他被问起对于这个研究的反思时，他非常礼貌地答道：“你们美国人非常关心事件发生的原因：为什么这样？为什么那样？这对我来说非常费力，因为印度人从不那样思考。”他的回答使我意识到我自身存在的文化偏见。更广泛地说，它说明了我们提问的方式、运用的语言以及世界观都微妙而深刻地嵌入到文化中，而应对这一概念本身就是与特定的时间地点紧密联结的。

在过去的几百年中，文化屡经巨变，西方文化也变得尤为复杂，出现了分化现象，并成为科技的发源地。随着社会的变迁，个体的生活也变得愈加起伏不定与不可预知。米德（Mead）于1968年描述了在文化变迁的浪潮中出生的孩子是如何成长起来的：

> 越来越多的无意识行为被取代了，他必须学会日复一日地对不同的信号指示保持警觉，学会使用装有不同冲洗系统的卫生间，学会玩那些名字相同却规则迥异的游戏，等等。更重要的是，在社会层面上，他面临着不断变化的行为道德标准，以致使自身的准则游移在拒绝与接受之间。而当他长大成人并且习惯于同时代的同龄人的生活模式后，他的孩子又将以一种令他摸不着头脑的方式生活。直到他的孙辈降生，代沟已经深到让祖辈甚至都不愿意去想象跨越了。（Mead，1968，p. 836）

规则、角色、标准、道德——这些曾经是生活背景的文化要素，很少被注意，更不用说被质疑——已经作为需要定义与重新定义的对象被移至我们面前。文化曾一度使人类变得完整，而如今却使许多人成为“空虚的自我”（Cushman，1990）。

文化的迅速变革也让一些社会机构变得混乱，尤其是那些负责建构与传播世界观的机构——宗教。宗教几乎以神圣的面目涉足了生活中的所有领域——艺术、经济、社会、心理，以此使现世的特征合乎宗教（Berger，1967）。可能只有伍迪·艾伦（Woody Allen）会去想象早期文化背景下的人们是如何焦虑地讨论死后是否**真的**有生命存在。然而，自宗教改革和非宗教性世界观出现之后，宗教的辐射范围大幅缩减，从社会的方方面面缩减到家庭与个人。而随其辐射范围的缩减，宗教兼具了新的功能，即在价值多元化的现世中为人们提供越来越多的选择。例如，仅在美国，就有200多个宗教派别（Jacquet，1989）。

伯格（Berger，1967）认为，建立一个包罗一切的、能够使全世界信服的现世观，即所谓的“可解释的结构”，变得愈加不可实现。毕竟，如果一个人看待世界的方式非常清晰明了且使人信服，那么为什么其他人不以同样的方式看待世界呢？伯格认为，失去可解释性后，现世观就是个人的观点了。在一个“不同视角”的大集市中，不断寻找产品的人们与同时也在寻求顾客的宗教擦肩而过。曾经是宇宙与文化的问题，如今则变成了个体心理学。

同时，文化的迅速变革也与意义深远的科技进步和重大的分化现象相联系。生命的期望提高了，然而，慢性疾病也愈加普及。世界范围内的交流变得迅速而容易，但随之而来的是艾滋病等疾病的迅速传播。产业效率提高了，但伴随的是裁员、失业、贫穷和家庭危机。科技发展了，但却带来了环境污染、武器发展和威胁文明本身的恐怖主义。

因此，即使科技进步了，个体仍必须面对许多关键性的问题，其中的些问题是全新的。作为防御的部分文化和可解释结构的缺失使这一问题更加沉重。少了这层防御，个体、家庭和地方团体就必须承担更大的责任来执行应对程序。人类学家威廉·考迪尔（William Caudill）于1958年阐释了上述观点。他指出，在许多社会，亲属系统会给夫妻提供一个程式化的结构来帮助他们面对其中一方的提早死亡。丈夫的兄弟或妻子的姐妹这类的近亲会被视为逝去的人的替补。相反，我们的文化并未为悲痛的寡妇与鳏夫提供大量的程式化帮助。对抗悲苦的压力会转移到更小的社会单元身上，由核心家庭承担，或者更多地由个人承担。

毫无疑问，对许多人而言，与其说文化是一个依靠不如说它是一个羁绊，并且文化的变革更多是朝着释放天性而非疏离人际的方向发展。但仍然要说的是，没有文化所提供的真实性的光环（Geertz，1966），与世界博弈的重任会更多地落在个体身上。

文化的变革为应对心理学的研究提供了背景。有些文化把其成员包裹在某一强制性的准则之中，使其遵循既定的准则来看待世界，在这样的文化中，“应对”因为含有个体选择与个性化现实构建的意义，就容易不被人所理解。更加工业化的社会虽然较少地受到文化的抗拒，但同时却给个体提出了一系列全新的问题，于是在这样的社会里，“应对”一词开始变得更有意义。

内部历史动因

科学也同样身陷于文化的脉络之中，其兴趣所在也折射出了这个世界（Tyler，1970）。也许20世纪的许多重要思想家（例如，弗洛伊德、达尔文、马克思）都将生命形容为冲突与斗争的过程并非偶然。但这些思想家之所为不仅仅折射出了文化，同时也塑造了文化。他们开创了意义深远的研究方法，在某种程度上它们各自有别，但又不约而同地折射出一个普遍的、潜在的、具有决定意义的观点——人们赶上了这样的一个时代，在这个时代里，相互冲撞的力量形成了一个巨大的旋涡，裹挟着生存于其中的人群。

对压力的潜意识反应

心理动力导向的理论家和研究者将重点放在个体应对冲突时的潜意识反应（Freud，1966）。弗洛伊德（1923/1961）对于焦虑的研究尤为感兴趣，因为它是一个能够反映"本我"的本能诉求与社会压抑之间冲突的标志。根据他的学说，"自我"武装着对抗冲突的机制：否认、压抑、投射、退化、升华和反向形成等是"自我"的一些用以减少紧张的防御工具。而尽管防御被定义为"自我"的功能机制，但其力量来源却最终要追溯到"本我"的本能能量。他认为防御机制能够让个体最大程度上实现本能的满足感，而不必承受来自良知与社会的更多痛苦。但是，防御机制同时也阻止了个体去面对他的本能，此外，还扭曲了对真实的感知。一个阻止守寡母亲再婚的儿子会去指出母亲最爱的是他自己，他通过搬出这样的事实来坚守自己的立场。这样做，他便能够和母亲保持亲密的关系，与此同时不必面对内心深处对于母亲的无意识渴望，也不必面对母亲的孤独与建立新生活的愿望。通过使个体远离不受欢迎的愿望、感觉和冲击，防御机制的确可以实现部分满足感，但同时也阻止了个体看见更深层次的自我和世界。此外，对这一有关人的本质的很可悲的描述再补充一点，弗洛伊德认为人类行为是具有持续的防御性的，因为人类本能无时无刻不与社会现实发生冲突。正如马迪（Maddy，1989）在评论弗洛伊德学说时写道："依照他的学说，我们得被迫接受这样一个观点：我们被来自内部和外部的各种力量控制着，却愚昧得毫不知情。"（p. 56）

对压力的生理反应

生理动力导向的研究者将重点从心理层面转移到有机体对于创伤经历的生物反应层面上。通过实验研究，坎农（Cannon）于1939年证明，在不考虑极端的自然不稳定性的情况下，当受到诸如饥饿、干渴或寒冷等因素侵扰时，人体总试图保持一定程度上的生理内稳态。他认为，交感神经系统能够统御有机体对抗或者逃离创伤，因此在稳定化过程中起着至关重要的作用。在该研究的基础上，谢耶（Selye，1976）发现了有机体对于有毒物质的普遍反应模式，他说：“肾上腺肿大、肠胃溃疡和胸腺淋巴结缩小是人体受到疾病侵袭时可靠的指示信号。”（Selye，1982，p. 10）他还提出，这些反应只是更为广泛的反应模式中的一部分，而这些模式又随时间而改变，他称之为“一般适应综合征”。“一般适应综合征”由三个阶段的生理反应构成：警戒反应阶段、抵制阶段和衰竭阶段。他认为这些阶段能够普遍代表人体对各种恶劣情境的反应，如过敏源、细菌、外伤、拥挤过度、过劳工作、天气变化等。尽管他意识到个体差异存在于有机体对危机的反应模式中，但他仍然将重点放在对反应模式的共同性的研究上。根据谢耶的理论，有机体的生理限制了其对困难的反应，因为它为有机体的反应设定了参数，并限制了其用以适应环境的可用的能量。

在对困境的生理斗争的研究中，谢耶的成果一如既往地具有影响力。他还有一项重大贡献，即普及了压力的概念，稍后我们将介绍这一概念。还有必要指出的是，和弗洛伊德一样，对谢耶而言，生理机能与内部心理历程都限制了人们应对危机和冲突的能力。

对压力的心理反应

在社会动荡不安、不断发生剧变的20世纪，其他一些心理健康研究者和专家对压力研究产生了更加浓厚的兴趣，并且将其研究舞台从生理学搬到了心理学。“二战”之前，战争中的士兵所出现的症状通常被归因为生理因素而非心理或社会因素。例如，“弹震症”的出现就反映了当时人们为症状做生理归因的想法，他们认为炸弹的爆炸会导致脑震荡和微血管破损。同样还有的是，与战争相关的症状诸如恐惧、战栗、噩梦等被视为大脑损坏的迹象（Marmar & Horowitz，1988）。然而，很快，战争压力所致的症状因为太过普遍而不能够再用疾病与生理性创伤来解释。格林克和施皮格尔（Grinker & Spiegel，1945）对美国战时飞行员进行询诊时发现：“战争压力导致的心理问题是极为普遍的，没有人能够对它免疫。如果压力足够大，如果它正击中人类要害，如果受压时间足够长，那么负面的心理问题将出现在每个人身上。”（p. 53）

许多研究者彼时开始着手研究人类在危急时刻的心理反应。战争、火灾、洪水、龙卷风、牢狱之灾、疾病、死亡、创伤——每一种经历都成为研究人类危机应对模式的实验平台。其中大部分研究是由心理动力导向的研究者进行的，他们将重点放在个体对于压力的反应倾向上，而其他研究者则对具有普遍意义的危机应对模式更感兴趣。例如，格林克和施皮格尔在 1945 年列出了与战争压力相关的症状表，如易怒、睡眠问题、焦虑、忧愁、酗酒等身心疾病。相似的研究还有，精神病学家埃里希·林德曼（Erich Lindemann）在 1944 年对几组人进行了研究，其中包括亲人死在波士顿一家夜店里的人、亲人死在部队里和医院里的人。他描述了这几组人所经受的痛苦高度一致的一些症状："感觉剧痛一波一波地涌来，每一次都持续 20 分钟到一个小时，喉头发紧，难以呼吸，肌肉无力，极度主观紧张，表现为主观上的紧张和痛苦。"（p. 141）如今，寻求固定而普遍的反应模式的科学兴趣依然广泛存在于对急性应激和创伤后压力症状的研究上。

社会压力源

还有一些研究者对于个体应对危机与创伤（无论是潜意识的、生理的，还是心理的）的反应模式不感兴趣，但对于研究导致生活中问题的情境因素却有着很高的兴致。在 19 世纪末期的一个经典研究中，社会学家埃米尔·迪尔凯姆于 1951 年发现自杀率与欧洲社会状况之间存在着一系列重要的联系。例如，和犹太教徒相比，自杀更容易发生在新教徒和基督徒当中；和已婚人士相比，自杀则更容易发生在单身、离异、分居和丧偶者身上。依据迪尔凯姆的解释，自杀与较低程度的社会结合相关联。犹太教徒、基督徒和已婚人士与社会有更紧密的联系，这很大程度上保护了他们远离自杀的尝试。而与社会没有密切联系的人，则更多地生活在自我封闭的世界里，他们十分脆弱，也就更容易自杀。

许多社会学家和流行病学家遵循迪尔凯姆的传统，为社会退化与高犯罪率、健康状况不良、心理障碍之间的关系提供了社会环境学的解释。霍姆斯（Holmes）和拉厄（Rahe）的研究便是秉承这一研究思路的近代例子（Holmes，1979；Holmes & Rahe，1967）。在研究过程中，他们发现，在结核病人入住医院之前，他们中的许多人都曾经历过生活的巨变：经济上的变化、健康的变化、职位的变化等。霍姆斯和拉厄又进一步地比较了医院中的两组职员：一组曾因在医院工作而染上结核病，另一组则未曾患此疾病。他们发现，患病一组的职员，在过去的两年里，普遍比未患病一组的职员经历了更多的生活变迁。相似的结果也出现在患有其他疾病的人群中——重大的生活变迁是伴随着高患病风险的。在霍姆斯和拉厄看来，任何事件的性质都没有事件的累加对个体的影响大。以该模型为基础，他们编制了《社会调适评价量表》（Social Adjustment Rating Scale，Holmes & Rahe，1967）测量生活变迁对人的影响。这个量表一经发表就成为社会科学著作中最常使用的工具之一。后来不断有人研究生活的变迁程度对心理健康、生理健康以及疾病的影响。生活变迁会提高患病风险的观念已成为现行文化的一个重要部分。

无论重点放在哪里，是潜意识的、生理的、心理的危机应对模式，还是关键情境本身的性质，这类研究都描绘出了一幅相似的图像：被危机与冲突所打击的、折磨的、铸造的人类和变革中的文化。因而，关于应对的研究呼之欲出。

研究应对理论的第一步

一些理论家和研究者对前人研究中有关人的描述有着不同的看法。在“生活即斗争”这一观点上他们并无分歧，引起他们争论的是人类是否是情境的产物这一观念，这也是研究的核心问题。有证据表明，人类并不简单地被其自身的内心、生理和心理及社会状况所影响，明白这一点是研究应对概念如何构建起来的第一步。

罗伯特·怀特（Robert White）在1963年严重质疑了心理动力学中“人的一切行为都是由性本能驱使的”这一观点。他指出，一个人从婴儿期开始，在很长的时间内都像是一个探索者，探究奇异的物体，实践新的动作，摸索发声规律，体验不同味觉，摆弄新的物件。因为这些活动中没有一项是与满足原始驱动力相关的，因此很难将之视为由性本能驱动的。然而，这些行为确实是被某种力量所驱动的，因为（正如家长们所知晓的）如果孩子的探索性行为被阻碍，他会表现出坚持或沮丧的行为。因此，怀特提出了“致效”（effectance）这一术语来描述隐藏在探索行为之下的动机。他认为孩子的动机是对周遭环境产生影响、对世界采取行动、创造结果，但令他满足的并不是结果，而是行为本身。他进而指出，本能内驱力并不适用于人类行为的全程。他提出了以下问题：

> 危险的敌军入侵领地时，哪个居民将会生存下来，是只懂得如何满足本能需要的人，还是出于好奇而探索了整片领地的人？强大的对手出现时，哪个动物将会生存下来，是只有被激怒时才会抵抗的那个，还是已经和同类充分地实践过战斗艺术的那个？致效，即额外的学习，在千钧一发之际起着重要的作用。（p. 37）

怀特认为，致效动机和由此衍生出来的竞争意识同样可以用于解释我们是如何成功地适应周遭环境的。

怀特的成果可以代表这一类理论，这些理论不仅向性本能驱动论发起挑战，同时也指出了人类的另一个核心倾向。客体关系理论家把重点放到了个体在自我形成过程中在人际交往方面所做的努力上。阿尔弗莱德·阿德勒（Alfred Adler）把个体的一生看作争取完美与优越的过程。高尔顿·奥尔波特（Gordon Allport）则把前摄性的、未来导向的自我，或自我统一体的努力，与更加“机会主义”的、有机体对环境的生物性反应区分开。埃里克·埃里克森（Erik Erikson）却更看重人类在生命周期的每个阶段所拥有的构建有意义存在的潜能。亚伯拉罕·马斯洛（Abraham Maslow）提出，一旦个体的更多基本需求被满足，他将拥有更高层次的追求，比如对于财富、爱情和自我实现的追求。也许，对精神分析思想批判最为犀利的是卡尔·罗杰斯（Carl Rogers），他断言人类最为潜在与固有的是对于成长、自我实现和发挥内在潜能的倾向。

研究与调查为这些多元化的视角提供了支持。一些研究者对于人类危机应对模式的普适性与统一性提出了质疑。欣克尔（Hinkle，1974）指出，不同有机体在应对环境时所呈现的生理指标可能会有天壤之别。

> 在有机体适应社会环境的过程中，神经系统会对脏器施以一定影响，而其所引发的体征却可能天差地别：从严重的便秘到持续的腹泻，从间歇性窦性停搏到窦性心搏过速（心率甚至可能超过每分钟180次），从难以检测到的低压到超过200毫米汞柱的高压，都有可能出现。(p. 346)

欣克尔认为有机体的危机应对方式并不具有普适性，甚至比谢耶提出的“一般适应综合征”复杂得多（Lacey，1967）。同样，流行病学的研究者们也未能从有关传染病的研究中提炼出单一的病原模型。这种无序状态并不能简单地归因为微生物因素、维生素的缺乏或其他单一因素，而是由基因、环境、情境、社会和心理等因素共同影响而形成的（Schwab & Schwab，1978）。

很多论述生活事件的著作同样强调了人们危机应对方式的多样性。尽管累积的生活事件与心理困境之间的相关关系被多次提及，然而，这两者的关联并不很大（Rabkin & Streuning，1976）。似乎许多经历过一定数量生活变革的人并不感到痛苦，反而大多是心里感到痛苦的人并未接受过生活中危急时刻的洗礼。

这些发现与一些研究的结果保持了一致性，即人们并不会因为一系列严重的问题而变得疲惫与脆弱。例如，格尔泽夫妇（Goertzel & Goertzel，1962）研究了20世纪400位著名人物的童年（如萨缪尔·克莱门斯、西奥多·德莱塞、安东·契诃夫、列夫·托尔斯泰、德拉诺·罗斯福、克拉拉·巴顿等）。他们中的四分之三经历过童年的创伤，包括贫穷、虐待、家庭破碎、肢体障碍、冷漠或专制的家长，以及疾病等。同样，在对成长于破坏性环境中的儿童的研究中，人们发现有比例很小的儿童似乎并未显示出任何预期的消极迹象（Garmezy，1975；Murphy & Moriarty，1976）。这些孩子中的一部分是乐观向上的，他们似乎不易被压力所侵害，并具有恢复力。这些发现都说明了“高压生活导致疾病”这句断言过于简单，无论如何，总有一些人在某些时刻能够应对甚至掌控重大危机。

在现实生活中，有些人似乎比其他人更懂得如何有效率地掌控自己的生活（这里的区别标准不是是否正常，而是是否有能力），一些研究者试图定义这些人的特征。例如，建立在对和平志愿者（Smith，1966）、心理健康的年轻女性（Grinker，1962）、有效率的高中生和大学生的研究基础上（Silber et al.，1961），泰勒（Tyler，1978）建构了胜任者人格的三维模型。他认为，首先，有效率的人对他们自己本身抱有积极的态度，他们肯定自己所作所为的价值，并不易被生活境况的好坏所影响。同样，他们对世界也抱有积极的态度，并对他人保持适度乐观的信任感。其次，他们更加倾向于主动解决问题。泰勒和他的同事发现，这一模型可以普适于社会中的各种群体：高中生与大学生（Tyler，1978）、穷人（Evans & Tyler，1976）、家长与他们的孩子（Mondell & Tyler，1981）、基督徒与犹太教徒（Pargament，Steele & Tyler，1979）、老年人（Tyler，Moran，Gatz & Gease，1982），并能够将胜任者与非胜任者区分开来。

几乎没有一个理论家和研究者否认内部与外部双重力量的影响，然而，他们拒绝接受“人仅是这些力量的产物”的说法。人们对于掌控环境的好奇心与积极性、存在于压力应对方式中的个体差异、劣境中的恢复力、在混乱世界中高效率生活的人等，这些都指向了一个不同的结论——人们不断忙于与周遭环境发生“交互关系”（transactions），即交互影响与共同发展。如果我们受着我们所意识不到的力量的影响是事实的话，那么我们可以意识到事实确乎如此这一点也是事实。如果我们是被大量外部力量所社会化的，那么我们也是这些社会化力量中的一部分。如果我们是被身边情境所塑造的，那么我们也在回避、选择、构造、定义与重新定义这些情境。这个交互式观点迄今一直都是心理学总体发展进程中的重要部分，对某些理论的研究大有裨益，比如，社会学习理论（Bandura，1978）、人类生态学（Bronfenbrenner，1979）、一般系统论（Von Bertalanffy，1968）、社区心理学（Rappaport，1977）。

“应对”这一概念就在外部与内部历史动因，以及大量的理论、研究与辩论中成长起来，但更直接的是，它根植于“交互关系”之中。根据这一观点，个体与世界之间存在着一种交互影响与共同发展的关系。

应对的主要性质

请阅读以下三个案例。

被迫成为社会活动家的家庭主妇

洛伊丝·吉布斯（Lois Gibbs）并不符合世人所谓的草根活动家的刻板印象。她穿着保守，讲话温文有礼，同时敢于嘲讽生活。在她的孩子们发高烧、出疹子并出现其他罕见症状之前，她一直以“典型的家庭主妇”自称。她询问了她所在社区——爱河地区——中的其他人，然后发现并不只有她的家庭中出现了这种病况。或许这些症状与城镇附近的化学废料堆有关？她联系了当地政府，但他们却态度暧昧。社区中的疾病报道有增无减，为此吉布斯感到更加惶恐。尽管天生内敛，但她仍然驱使自己向政府发起挑战，并开始在社区内活动。她的工作促进了公民消除危险废物组织的发展，这是一个旨在维护环境安全的全国性组织。回顾以往的经历，她觉得她懂得了一个重要的道理，即民众不能够盲目信任政府，政府必须迫于民众的压力而改变，当人们团结起来为共同的目的而抗争的时候，问题方能解决。听她描述自己经历的时候，很明显她的个性也随经历而发生了改变，她已经能够自信地站在100多位心理学家的面前而不显露出任何害羞的迹象。

陷入高预期困境的职员

格雷格（Greg）在被上司口头批评之后出现了以拳击墙的症状，因此他来到心理工作室寻求帮助。他的情形十分混乱：为什么不能使上司感到满意？为什么不能与管理层进行良好的交流？如果事情本身就是如此糟糕，为什么不选择离开？在他谈起自己工作之外的生活时，我了解到他在儿童期就已然面临了一个困境。他的双亲都是重度的酗酒者，并且成功地向外界隐瞒了这一不良嗜好。格雷格一直都是“家庭的骄傲”，一个不会给任何人引起任何麻烦的好孩子。他将给家庭带来福祉视为自己的责任。在接下来的日子里，一切并没有发生多大改变。他始终为对家庭的责任感所困惑，而他的家人却一直对他保持高预望而不关心他能否胜任。当被问起为什么在与上司发生冲突之后会以拳击墙时，他说：“我觉得那时我该做些什么，但除此之外我别无选择。”通过治疗，格雷格了解到他曾受过的创伤是如何持续地影响着他，同时也知道了该如何以不同的方式解决生活中的重大问题。他能够将这些领悟应用于工作中所遇到的麻烦中，但他的上司并未有所察觉。当批评与辱骂一如往常，他决定辞职。不幸的是，他所在的区域里几乎没有可供他任职的工作，最终，他以相当大的情感与经济的代价迁往别处。

被疾病困住的奔跑的犹太祭司

犹太祭司贾菲（Jaff）具有极佳的身体和充沛的精力（Rudin & Rudin，1986）。以“奔跑的犹太祭司”著称的他每天跑 6 ~ 7 英里，从不吸烟饮酒，对待自己的身体就像对待一台灵敏的乐器一样。他曾开玩笑说：“我觉得如果我坚持慢跑，就可能会长生不老。”（p. 8）他同样以精力充沛的方式投入到祭司工作，努力去帮助别人并不求回报。在他被诊断出患有白血病之前，他一直这样生活。患病后，他将与病魔的斗争形容为努力维持自身掌控感的斗争。当他面对自己难以掌控的情形时，他会有不同的反应，有时是“我会克服它”，而有时是“我最好还是放弃”（p. 54）。他的患病给他的家人及曾受惠于他而未报答他的人们一个新的任务，即照顾贾菲。最终，祭司贾菲输掉了这场斗争，并不是输给了病魔，而是输给了对于往昔生活方式的坚持。他开始以一种新的方式生活，他认为这种方式让他收获更多。他与他人的相处模式也不再是单边给予，而转变为互惠。通过这次经历，他对自身的局限性建立起了全新的认识与欣赏：“我对于永恒做了一些让步，并承认我终会死亡这一事实，那是没有人能够改变的宿命。然而，令我惊喜的是，我更加领悟了生的意义。”（p. 143）

在这些简短的案例中，我们听到了不同的故事：人物独特的性格、情节朝不同方向发展、结局均不相同，而他们共享了人类在面对经受考验情境时的戏剧时刻。作为观众，我们可以从中看到人类表达中的对立部分：恐惧与希望、失去与获得、威胁与挑战、被动性与有力行动、爱与恨。然而，这出戏并非仅由一人上演的独幕剧，在它背后，隐隐呈现的是不同年代、不同背景的人的相似的故事，而这些故事则共同捕捉了“应对”的意义。

我们该如何开始对应对概念的本质进行系统的描述呢？也许首先要做的是了解应对的几个重要性质。下面我们将一一进行介绍。

应对是个体与情境间的交会

应对的核心是一幅人与困境全力挣扎的画面：洛伊丝·吉布斯遭遇的是城镇附近威胁了家庭成员与社区公民身体健康的化学废料堆；格雷格遭遇的是包括他的老板在内的对他有过高预期的人；祭司贾菲遭遇的是与白血病的斗争。人与困境的斗争这一主题始终贯穿于近30年来人们对“应对”所下的定义中（见表4.1）。例如，弗里德曼等人（Friedman et al., 1963）将应对定义为应激机制；门宁格（Menninger，1963）将之视为管理日常紧急事件的机制；皮尔林和斯库勒（Pearlin & Schooler，1978）以及西尔沃和沃特曼（Silver & Wortman，1980）提到对压力及潜在伤害性结果的回应；拉扎勒斯和福克曼（Lazarus & Folkman，1984）则谈到了在控制内部及外部需求时所要付出的努力。尽管对应对的描述性语言千变万化，但每则定义都将重点放在个体与情境之间的碰撞上，这一点正是应对的来源。而应对的核心则是一个交互性过程，在一个更为广阔的背景之下，个体与情境之间交换和交会的过程。

应对是多维的

应对并不局限于单一维度的功能。上述三个案例中的人物都对自我与情境间的定位进行了不同角度的思考：格雷格开始意识到他不再能够再承担对他人的责任；祭司贾菲对生活中自我所不能掌控的事情有了更深的理解；洛伊丝·吉布斯则变得对政府日益不信任并愈加了解如何与之斗争。这些都不是某种抽象智力的变化，而是与强烈的情感与生理的反应相关的：沮丧、恐惧、愤怒、轻松、幸福与悲伤。它们同样伴随着行为：祭司贾菲开始更多地倾听他人的声音；洛伊丝·吉布斯将民众团结起来以呼吁安全的生存环境；当格雷格在工作中受辱的时候，他选择了保护自己。应对过程几乎涉及了人类功能的每一个维度：认知、情感、行为、生理，但并不局限于对个体内部的研究，它是在更广阔的关联与环境中发展的。

应对是多层次的前后关联的现象

没有人能够独立应对，哪怕是孤独者，因为谁都无法把自己从多层社会关系——家庭、组织、机构、社区、社会与文化等中抽离。在应对过程中，这些社会系统会时刻伴随着个体，并且有时会在应对过程中起辅助作用，而有时则会为应对过程创造重重阻碍（Thoits，1986）：洛伊丝·吉布斯以深爱家人的母亲与妻子的身份来应对，她的邻居支持她的工作，但某些机构及更为复杂的社会结构却试图阻止她；格雷格以一个家庭成员的身份来应对，但他的家庭却过度鼓励他负担起他人的需求，当他改变了应对方式时，却被排挤出了事件背景甚至更大的社区环境；在生病之前，祭司贾菲以社区一员的身份来应对，他的家庭和他所在的教会都承蒙他的照顾，生病之后，他以病人的身份来应对，如同其他病人一样被人照顾，而他所在的教会也愿意接受这种角色的转换。尽管这些社会背景因素似乎可能仅仅是应对过程中的背景而已，但设想一下，如果爱河地区的政府立即正面回应了洛伊丝·吉布斯的提议，如果格雷格的老板认同他新近形成的自信而有魄力的自我，如果祭司贾菲所在的教会在得知他病后不再有能力照顾他们的时候将他解雇，那么这三个人的生活又将如何——社会关系已然完全参与到个体应对情境的过程中去了。

表 4.1　关于应对的定义

1. “应对是被个人用来处理影响其情绪稳定性的重要威胁以及使自身更有效运行和发挥作用的所有机制总和。”（Friedman，Chodoff，Mason & Hamburg，1963，p. 161）

2. “应对是用来处理日常生活中紧急状态的常规管理调控装置或策略。”（Menninger，1963，p. 146）

3. “应对是一系列隐蔽和公开的行为模式；借助于这些行为模式，有机体能够阻止、缓和或者对压力引起的状况做出反应。”（McGrath，1970，p. 33）

4. “应对是努力解决问题的过程。它既不同于现成的适应性策略如反射，也不同于完全自动化的掌握及获得结果的能力。”（Murphy，1974，p. 76）

5. “应对涉及目的、选择和灵活转变；它要求遵守主体间的现实和逻辑条件，并且允许和增加适当的情感表达。”（Haan，1977，p. 34）

6. “应对是旨在阻止、避免或者控制情绪障碍如痛苦的所有对外在生活压力的反应。”（Pearlin & Schooler，1978，p. 3）

7 “应对是当个人遇到一个潜在有害的结果时所做出的所有任意类型的反应，它不仅包括外在的行为反应，还应当包括认知、情感和生理反应。”（Silver & Wortman，1980，p. 281）

续表

8. “应对是指用以处理具体的外部和内部需求所做出的持续变化的认知努力和行为努力。通常，这些需求被评价为费力的或者是超出了个人所拥有资源和能力范围。”（Lazarus & Folkman，1984，p. 141）
9. “应对是人们用来缓和环境中的不利因素，并将由这些不利因素诱发的潜在威胁降到最小。”（Mitchell，Cronkite & Moos，1983，p. 435）
10. “应对是人们在面对应激源时所运用的旨在减轻压力的行为。”（Hobfell，1988，p. 435）
11. “应对是人们在处理实际的和预期的问题以及相伴随的负面情感时所使用的策略。”（Aldwin，1994，p. 107）

应对即可能性与选择

现在我们可以得出“应对是由社会历史因素所决定的”这一结论吗？答案是否定的。在应对的众多特性中，最重要的是可能性：个体可在困难前畏缩，亦可预见、阻止或解决之，困境可转化为优势，巨创也可以尊严面对。当然，并非所有可能性都是积极的：如果艰难险阻可以培养镇静，同样也可以导致绝望；在火灾面前胆小鬼与英雄的可能性都是存在的；逆境使一些人坚韧，却也能毁灭一些人。关键在于，在应对过程中，个体可以做出选择：洛伊丝·吉布斯本可以选择悄悄搬出社区以应对劣境，或默默承受；格雷格可以选择辞职以逃离苦海，或殴打上司而不以拳击墙以应对受侮；祭司贾菲可以选择一蹶不振、自杀、愤怒、自我隔离或否认病情以应对疾病。然而，他们并没有这样做，因为他们做了别的选择。

与应对的其他性质相比，可能性与选择在某些情况下无疑会受到限制。某些刺激会引发反射性或无意识的应对：当一块食物卡在喉头，我们会本能地咳嗽；当交通灯变红，我们会无意识地减速。但诸如此类的情形与其所引发的反应通常不在应对的讨论范围之内。例如，墨菲（Murphy）在 1974 年将应对定义为：“一个过程，涉及努力，意在寻求解决问题的方法。其一方面与既成的诸如条件反射的适应性程式不同，另一方面与机械化的掌控及其衍生出的胜任力不同。”（p. 76）当存在有可能性而需要选择的时候，应对才有用武之地。

然而，这样的时刻也并不在少数，因为个体很少面对没有选择的时刻。亚隆（Yalom，1980）对此进行了很好的阐释：

> 我们所有人都会面临逆境，这些逆境会改变我们的生活……但那并不意味着在逆境中我们没有责任（或者选择）：我们对选择自己的障碍应对方式负有责任；对于逆境中的态度负有责任；对我们的痛苦、愤怒以及失落负有责任，而这失落与初始的“逆境系数”相协同从而确保个体能够为困难所击败……当其他一切都失败了，当逆境系数大到可怕，我们仍对我们在逆境中的态度负有责任——无论是过着痛苦而忏悔的生活，还是已然战胜了困难并开始了富有全新意义的生活。(p. 272)

应对理论排斥精神决定论和社会决定论。危机应对模式并不是完全被决定的，其至少部分是被选择的，该观点使应对与防御机制区分开来。但这并不是说人们对于自己的选择总是有意识的，即并非所有的应对行为都是完全自觉的。一些应对压力源的方式可能早已训练有素，可以不自觉地使用。同样，人们对于自身为什么会做出相应的应对，即应对的目的，可能是无意识的（Martin & Tesser，1989）。虽然如此，比起代表本能驱动论与行为无意识的防御机制，应对的概念更多地囊括了主动决策能力和压力中的自觉应对。

简而言之，可能性与选择是应对的标志。据此，个体“不可能不选择”。即使是被困难塑造了的消极性、回避性的反馈姿态，在某种程度上，也不能否定它是被选择的这一事实。从这个根本的意义上讲，应对是一个在困难之中进行艰难抉择的积极过程。

多样性是应对的特点之一

把所有特性放在一起来看，我们应该不会为应对表现出了如此多样的形态而感到惊讶，其独特的脚本已经在洛伊丝·吉布斯、格雷格和祭司贾菲的故事中上演：他们来自不同的背景，并将不同的资源与负担带到应对程序中去，他们面临不同的问题并以不同的方式解决问题。经过应对的过程，他们自己及身边人的生活朝着不同的方向发展。

然而这些例子并不特别，因为人们的压力应对方式是各自迥异的。通过对幼儿的观察，墨菲于 1974 年描述了各种情形中的、存在于婴孩之间的个体差异。例如，当大人离开房间的时候，“一些孩子通过转向关注可视性刺激物以应对该情形，而一些则去关注触觉性刺激物，诸如触碰玩具、摩擦毛毯、抓婴儿床栏杆或通过叩击与跳跃以获得触觉感”（p. 86）。

在应对困难的时候，儿童的方式也同样具有多样性。通过对处于压力环境中脆弱而具有恢复力的儿童的研究，安东尼（Anthony）于 1987 年以不同材质的玩具娃娃对儿童之间的差异做了一个生动形象的比喻：当被锤子打击的时候，玻璃娃娃会碎掉，塑料娃娃会永久变形，而钢娃娃则会发出“悦耳的金属声音”。

这一点也同样适用于青春期少年。亚当斯和林德曼（Adams & Lindemann，1974）对两个处于后青春期的男性进行了比较，他们两人来自相似的背景，并都患有瘫痪性的脊椎骨折。他们中的一个从大学退了学，依靠家人痛苦地生活，对帮助他的人挑三拣四，并过分依赖药物治疗。另一个人则完成了大学的学习，独立地生活，从事历史教学工作，虽依靠轮椅行动但仍兼任了篮球教练。

在压力性最强的事件中，即使是成年人，其应对模式也各不相同。汉伯格等（Hamburg & DeGoza，1953，引自 Silver & Wortman，1980）对一些严重烧伤的病人进行了观察：

> 一个人在痛哭、呻吟、抱怨、索取；另一个人则感到舒适并完全不在乎；有一个人精神高度集中，几乎不与观察者进行交流；还有一个人则显得悲伤苦恼却很友好，对每一个接近他的人微笑——每一个病人都显示出了不同的应对方式。

回顾关于成年人危机应对模式的文献时，西尔弗和沃特曼（Silver & Wortman，1980）找到了证实态度与情感具有多样性的证据：孩子因病夭折可能引致愤怒或歇斯底里症，也可能引致否认态度、解脱或忧愁；配偶的死亡可能带来重创，也可能衍生出对已逝配偶的敌意、对配偶复生的希望；性犯罪的受害者可能会紧张、哭泣、不安，也可能自暴自弃。更确切地说，因为人们的应对模式一直在变化，西尔弗和沃特曼并未找到任何证据能够证明这些变化的统一性与可预见性，或者说“时间将治愈一切”的不变性。实际上，研究者们相信，泛化的危机应对模式对个体具有伤害性，因其会给受害个体以“按套路出牌”的不现实的期望与压力。

结　论

在本章中，我们探索了应对理论的历史根源：文化变革与对决定论——该论点深深嵌入了几个研究人类处境的重要理论——的不满。这为应对理论研究兴趣的产生埋下了伏笔，因为根据这一理论，人不再是所处环境的被动受害者。我们已经看到，应对具有几个基本性质：它是个体与情境间的交会，是多维的，是多层次的前后关联的现象，涉及可能性与选择，并具有多样性。

然而，应对还有其他更多的性质，而这些性质可能是最难以描述的，比如，应对是一个不断变化发展的过程。问题是，我们如何捕捉这样一个千变万化的流动中的过程？静态定义与阶段模型都做不到，x 的变化导致 y 的变化，而进一步导致 z 的变化的线性模型也做不到。上述方法可以简化过程，使之易于理解与检验，但将会失掉过程本身的部分本质。我们所需要的是一个动力学的方法。在下一章中，我将阐述有关应对“流动”的观念。我们将看到，如同宗教一般，应对是对意义的寻求，是一种与众不同的寻求。

第五章

应对的流动

应对是一个过程，如同宗教一般，一个寻求意义的过程。然而，应对又并不像宗教，因其未被打上神圣的烙印。更加不同的是，应对仅发生在特定时刻的特定情境中。“应对是在压力时代寻求意义的过程”，而这一过程无论如何都不是静态的，它具有明显的时间痕迹。这一章就论述了应对的流动与节奏感，我们首先来对应对程序做一个概略的综述。

事实上，每个人一生都在寻求某些意义，而应对就是一个人们忙于参与其中以求在压力情境中获得意义的过程。压力性事件从不单纯地发生，人们会积极地参与、回避、预见并根据意义的暗示来评估它们。身处消极事件中时，人们并非无助，反之，人们会引进一个定向系统，或者说一个常规的参照系，它将指导人们渡过困难时期。应对的一个主要任务就是将这个常规的定向系统转化为应对的具体方法，而这些方法则是与特定情境中的特定需求与挑战相协同的。这些应对方法的目的是使人们所寻找到的重大意义留存下来，如若不能留存下来，则转化之。人们总是想要去寻求最有力的应对方式，因为这样的方式将使自己能够以最小的代价获取最大的意义。应对的全程无可避免地受制于一个更大的文化背景，因此，评估应对程序并不是一项简单的工作。没有一种可以适用于所有人所有情形的简单而省事的应对程序，好的应对程序被定义为特定的人于特定情形中能够使一切好转的应对模式。并且，在某种程度上，应对程序是完整而协调的。

以上综述中隐含了有关应对程序的八个假说（见表5.1），本章接下来就将“拆分”以上综述，对这八个假说一一进行论述。

表 5.1 有关应对程序的八个假说

假说 1：人们在寻求意义。
假说 2：人们根据事件对自己的意义来建构事件。
假说 3：人们将定向系统引入应对程序。
假说 4：人们将定向系统转化为特定的应对方式。
假说 5：应对过程中，人们通过保存与转化机制来寻求意义。
假说 6：人们以自己认为最有效的方式来应对。
假说 7：应对嵌入文化之中。
假说 8：好的应对的关键在于过程与结果。

假说 1：人们在寻求意义

人类的大部分行为是有意图的，我们一直在决策如何花费时间与精力。当然，部分决策是例行公事般而无需思考的，我们会感到是外力为我们做了这些决策，而致使决策这一行为本身被掩盖。然而毫无疑问，我们是有意志的、目的导向性的生物。心理学家马丁·菲什拜因（Martin Fishbein）和莱克·阿赞（Leck Ajzen）于 1975 年通过一系列非常直截了当的研究证实了意图的巨大力量。他们探究了人们在特定事件发生之前的意图，例如，学生被问到是去参加篮球比赛还是回家过圣诞节，成年人被问到 1964 年大选时会将选票投给谁。他们随即研究了被试的意图与其随后行为之间的关联，结果是，只要个体有足够的资源去实践意图，且其行为不受外力约束，意图就能高度预测实际行为（相关性范围：0.70—0.90）。菲什拜因和阿赞下结论说，通过简单地询问意图，行为往往可被高度有效而准确地预测。他们的研究和其他的调查（参见 Sappington，1990）均强调了这一基点：**人们在努力。**

我前面讲到人们在努力寻求意义。让我们对意义这一概念进行深入的解释。意义具有三个特点：主观性、目的性、动机。

意 义 感

我想起一个年轻人，他曾与抑郁斗争过几个月。一天，他喜气洋洋地来到我的办公室：他的妻子生了他们的第一个孩子，而他亲眼看见了全过程。“你知道，”他说，“很久以来，我一直在寻找有意义的东西，但没有结果，现在我儿子的诞生让我眼前一亮，我找到了意义！新生，是多么重要啊。”

意义，在某种程度上，是现象上的构建，它涵盖了与财富、重要性、价值相关的情感与信念。它体现了关爱、吸引力与依赖感。我们可以这样说，意义感是故事中的年轻父亲所发现的、意义深远的东西。用詹姆斯（James，1902）的话来讲，意义是“人类意识中最为敏感的部分”（p. 193）。

然而，意义远不仅仅是现象。“意识中最为敏感的部分”是有方向性的存在：我们“对”什么在意；我们“被”什么吸引。无论对象是什么，我们都可以称之为“意义载体”。关于意义的概念，我们不仅要关注“意义感”，同时也要关注“意义载体”。

重要的目标

被文化与经历塑造的或由更具创造性的过程造就的人们，可以无限制地评估意义（Klinger，1977；Rychlak，1981），它可以是物质性的（如金钱、食物、轿车、房产、药品或武器）、生理性的（如健康、形体或外表）、心理性的（如慰藉、含义、成长）、社会性的（如亲密关系、社会公正）或精神性的（如与上帝的亲密关系、宗教经历）。

尽管许多作者已经明确或含蓄地指出，我们都是被某一特定的意义动因所引导的（见第三章），但对于该动因究竟为何，仍有很大的争议。如果定论我们不只有一种重要的目标，一切也许会更加简单。毕竟，我们中的大部分人并不是在同时追求物质财富、健康体魄、亲密关系、心理与精神的良好状态。据此，一些理论家提出了多重意义论。1970 年，马斯洛提出需要层次理论，认为人的需要包括生理需要、安全需要、归属需要、爱的需要、自尊需要、自我实现需要等；在莫里（Murray，1938）最广泛的分类系统中，他定义了 20 种能够引导行为的需要，包括成就需要、自主需要、归属需要、命令需要、顺从需要等；埃里克森（Erikson，1980）将人生中重要目标的变化视为人生各阶段变化的特征。

这些研究文献表明，具有普遍性的重要目标并不存在，更准确地说，人们所寻求的意义是由目标系统所组成的，是一个价值集合。也许，最能使个体与群体相区分开来的是他们价值取向的模式与结构的不同（Carver & Scheier，1991）。对此，罗克什（Rokeac，1968）做了一个极佳的证明，他抽取了一些社会党人的政治性文章，如希特勒（Hitler）、巴里·戈德华特（Barry Goldwater）、列宁（Lenin）的文章，因为他们多次提到了不同的价值观。然后罗克什根据这些价值观出现频率的多寡对其进行排列，其结果是出现了两个价值终端：自由与平等。它们在社会党人所提及的 18 种价值观中分列第 1 位和第 2 位。对希特勒来说，它们分列第 17 位和第 18 位；对戈德华特来说，它们分列第 1 位和第 16 位；对列宁来说，它们分列第 17 位和第 1 位。根据罗克什的证明，人们的意义是复数的而不是单数的，即包含了各种价值的目标的集合。

关于重要的目标，仍有一点需要说明。尽管寻求意义对有效地生活来说是必要的，但并不意味着我们所寻求的一切都具有正面效应，至少，所寻求的意义要符合规范标准：我们可能对一顿美餐产生愿望，也可能对毒品有所需求；我们可能会把自尊当作意义系统的一部分去追求，也可能把它视为生命中唯一重要的东西；我们可能会从亲密关系中汲取温暖，也可能去责备、控制别人。简而言之，意义模式之间存在众多差异，其中一些也许优于其他的。[1]正如詹姆斯（James，1902）所说："他即他的价值观。"（p. 193）

获取意义的动机

无论是建设性的意义还是破坏性的意义，都具有动机性属性——人们被其所吸引。当然，也存在这样的时刻：意义的寻求受阻，或者重要的目标丢失。沮丧、痛苦或其在某些情况下所引发的精神障碍，都可视作停止了对意义的寻求。但需要注意的是，寻求可以呈现出各种形式：绝望的表面是无所事事与无所希望，在绝望的人身上，我们可以看到他们对于往昔热爱却逝去的事物的期盼，他们期盼它回来；在广场恐惧症患者返回社会后，可以发现他们在不遗余力地避免焦虑；在犯罪受害者的痛苦中，可以发现他们在不断挣扎着纠正命运对他们的不公正；甚至自杀行为也可以视为一种寻求，一种对结束苦痛经历和结束普通意识的寻求。

卡塔巴（Kotarba）于 1983 年描述了 T. Q. 的例子，他是一个膝盖患有风湿性关节炎和软骨退化的 28 岁年轻人，疾病使他经受着持续不断的疼痛，连药物治疗都难以缓和他的症状，心理咨询师与牧师的帮助也无法减轻他的痛苦。于是结束痛苦成了 T. Q. 生活的焦点，甚至成为他梦境的焦点。

> 我看见自己在午夜起床，拿起厨房里的切肉刀，然后切掉了自己的双腿。在切除时，我看见自己的身体在收缩……但我记得做梦的时候，疼痛感也从未消失。仿佛只有切掉全部的身体才能不再痛苦，我想，那大概就是自杀。（p. 686）

T. Q. 最后的“救命的稻草”，一个向他承诺会减轻痛苦的新型治疗手段，最终也宣告失败。然后自杀成了他“真正”的避难地（p. 686），他将自己的意义感同负面生活行为联结起来，在清醒时一直设想着如何自杀。几个月以后，他成功地以过量服用药物的方式结束了自己的生命。对意义的寻求不会全部是对生活有推助作用的，那些不利于人生发展的寻求的坚韧程度，丝毫不逊于那些对于人生正面意义的寻求。

我们可以这样说，人们渴求意义，无论它是什么。然而，仍有相当一部分人不再寻求任何意义，无论是建设性的意义还是破坏性的意义。他们不再关心任何事，包括结束痛苦与死亡（参见 Frankl，1984；Spitz，1945）。改写哲学家叔本华说过的话，就是：什么都不重要，但重要的是，什么都不重要根本不重要。自杀会出现并非因为自杀本身被寻求，而是因为个体自身“关机”了。

尽管这种情形既悲剧又震撼，但我相信完全“关机”的人仍是极少数。在对生活失去兴趣的人身上，我们同样可以看到，在某些事情上，他们仍有所期待：在他们不幸的表层之下，可能是对放弃某种东西的无意识的拒绝，因为这种东西对他们来说很重要；或者，也可能是对结束痛苦的强烈渴求。正如任何临床医生都可以证明的，一些人坚持无所追求，其顽固程度堪比追求正面意义的人。意义寻求过程中的自我“关机”仅仅是最后一个避难地，但却并不常见。

总结应对的第一个假说时，我们可以说，寻求意义是生活中首要的指导性动力，它引导人们走向不同的人生道路。不像心理学家们提出的其他指导性动力，这种寻求没有普适的目标，而是包含了人们所在意的一切——物质性的、生理性的、心理性的、社会性的和精神性的，无论它好坏与否。对意义的寻求是积极生活的必要条件，但并不是充分条件，这一点我们随后将讨论。意义寻求最终能否成功是许多因素共同作用的结果。

应对程序的第一假说并未提及应对，这似乎有些荒谬。然而，对意义的寻求并不局限于有压力的时候，即使如此，应对依然是我们的兴趣所在。在接下来的假说中，我们将了解到寻求意义这一人类基本特性是如何为应对程序的运行打下基础的。

假说2：人们根据事件对自己的意义来建构事件

对事件、压力及应对的讨论通常以事件的本质为出发点——它是什么？

什么使它具有压力性？这一思路是符合逻辑的，但却会留下一个令人产生误解的印象：不知事件从何而来，而我却要应对它。**事件从不单纯地发生，**人们会以增强意义的方式创造、预期事件，或为事件制订计划：我们期待同朋友交谈、工作后放松、参加聚会、读书等，为自己安排最喜欢的事情。

建构负性事件并不比建构正性事件省心。人们总是尽其所能回避与意义背道而驰的事件，同时也承担起艰难的任务、挑战与困苦。实际上，在努力实现有价值的目标时，也是在制造压力。例如，一对夫妇可能会赡养并照顾身体状况不佳的老人，因为他们爱他而不舍送他去养老院，让他老无所依。这是一个痛苦的事件？是的，但它并不是单纯地发生的，它有着之前思考与决策的过程，他们要确认该事件所带来的意义的好处值得令他们以负担与破坏的代价来承担。从建设性的一面来看，不受欢迎的压力对人生来说也是必要的。

当然，许多事件是不能够轻易预见、避免或计划的——突然死亡、事故、战争、疾病或自然灾害。然而，在诸如此类的情形发生前，我们也许会得到一些它们即将到来的暗示。例如，在弗里德曼等人于 1963 年对一些白血病患儿家长的观察中发现，许多家长在被医生告知诊断结果之前就曾怀疑他们的孩子可能患病。在事件发生前他们就构想了这一情形，预测将要发生的事，并为失去心爱的孩子做好了心理准备。从这个意义上讲，应对程序在实际事件发生之前就已启动。

甚至，纯粹突如其来的事件也不是单纯发生的，它们同样是被建构的。大量的心理学研究已经聚焦到重大生活事件中的认知建构上。

初级评估

心理学家理查德·拉扎勒斯（Richard Lazarus）和苏珊·福尔克曼（Susan Folkman）于 1984 年提出了一个清晰的认知建构的分类方法。他们使用“初级评估”这一术语，依据事件对个体福利的隐性契合程度，描述了对事件的评价。[2]一个事件可以被定义为良性的和不相关性的，即与个体价值取向不相关的。然而，某些事件与个体福利是具有负面隐性契合性的：它们伤害、威胁或挑战个体福利。其中，伤害被定义为“对人的持久性破坏”，威胁被定义为“尚未发生但在预期之中的伤害或损失”，挑战被定义为“获取成长的潜在机遇”（pp. 32-33）。这些带有特定隐含意义的事件就被称为压力性事件。

用意义的观点来阐释它时，事件的压力性就潜藏在人们寻求意义的能力之中。可以说，我们所寻找的意义越被伤害、威胁、挑战，我们的压力就越大。例如，失明老人会问：“我必须依靠别人吗？我必须放弃我的家庭吗？

我的家人和朋友还愿意和我在一起吗?”（Jacobs，1984，p. 161）再来听一下获悉自己患有癌症的人对价值感到丧失所说的话，“我已经老了”，“我活不了多久了”，“我那患有多发性硬化症的妻子还需要我呢”（Kesselring，Dodd，Lindsey & Strauss，1986，p. 80）。

当事件直指价值核心，就会形成压力。然而，由于价值取向各不相同，人们对于同一事件的应对也随之不同。一个强有力的例子就是，杰出的物理学家史蒂芬·霍金（Stephen Hawking）对于他所患的“肌萎缩性脊髓侧索硬化症”（葛雷克氏症）的应对方式。这种难以治愈的运动神经系统疾病会导致全身瘫痪，最终死亡。我们中的大部分人会视之为对自身福利的极大损伤与威胁，然而霍金则以另一种视角看待它：“从另一个角度看，我是幸运的，”他说，“我的病还给我保留了一样可以让我继续工作的器官——大脑。”尽管这种疾病是毁灭性的，但它并未损毁对于理论物理学家来说最重要的目标，他仍能继续对宇宙起源的探索。

很明显，感知在“评价事件是否具有压力性”的过程中扮演了重要的角色，无论一个事件具有多大的伤害性、威胁性，会引致多大的损失，在某种程度上，只要它不被评价为“重要的”，就不会被视为压力性的。这种评价并不需要经过完全意识性的或深思熟虑的思考（Aldwin，1994），它可能从“某些事情失常了”的模糊的不安感中衍生出来，或者说它是机械化的，正如一个士兵听到枪声之后马上就会冲锋陷阵一样。但无论它是否是完全有意识的，感知对于评价事件的压力性是具有决定性作用的。正如阿尔德温（Aldwin）于1994年所说：“在应对问题之前，一个人必须先意识到什么是问题，不管这意识是如何定义或出现的。”（p. 42）

当然，我们对于压力的感知并不总与客观危险相符。例如，1965年11月10日，《纽约时报》（*New York Times*）的头条写道：“断电袭击东北部。”（1986，p. 1）而在同一页的最底部则写有一个小故事，描述了美国一个反越战者的牺牲，这是恐怖冲突的早期警告。

对于危险、伤害与缺失的评估同样也可以在表面良性的情形中出现。亚隆（Yalom，1980）解释了奢侈、余暇与自由是如何在日常生活的基本关注点中生成自身的危机的。尽管家财万贯，列夫·托尔斯泰（Leo Tolstoy）仍经历了一次使他差点自杀的危机：“为什么而活呢？我已在萨马拉有六千顷地，三百匹马——然后呢?”（摘自 Yalom，1980，p. 420）

如果最严重的情形可以镇静看待，如果看似积极的情形可以被视为压力性的，那么压力性事件仍须涵盖超越事件本质的东西，某种程度上说，这

"超越事件本质的东西"即依据个体价值取向的对于情形的初级评估。

次级评估

"超越事件本质的东西"涉及了另一种感知——对个体带到应对程序中去的资源与负担的感知：个体相信自己有解决问题的能力吗？他认为解决问题是他的责任吗？他察觉到可供解决问题的外部资源——社会性的、财政性的、物质性的了吗？他感到被负担——使掌控危机形势变得不可能的负担——所压迫了吗？拉扎勒斯和福克曼于1984年为这一类评估做了标注——次级评估。

次级评估与初级评估相互作用，共同决定了情形的压力性。以小汽车坏了为例，对我们中的大部分而言，小汽车坏了可能会导致可怕的初级评估：担忧如何修车、修配价格以及坏车对我们安全的威胁。然而，次级评估也可能影响到对情形压力的感知：在营业的汽车服务中心门前坏掉的车和在午夜的荒郊野外坏掉的车，会被给予不同的评价；车坏掉时，遇见手头上有一套工具并有足够时间的汽修工，和遇见被吊销执照的甚至不知道发动机是在前还是后的汽修工，会被给予不同的评价。简而言之，以个体价值取向为根据的对事件的评价，受制于对处理事件所需资源与所带来负担的感知。稍后，本章将对其进行论述。

评估的重要性

许多实证研究证实了评估在应对程序中的重要性。拉扎勒斯和他的同事通过一系列经典的观察，为这方面的研究做了先导（Lazarus，1968）。在一项研究中，他们给控制组放映了一个无声电影，电影内容是作为宗教仪式，一个澳大利亚土著男孩被进行性器官切割的故事（Speisman，Lazarus，Mordkoff & Davison，1964）。研究者将实验组分成三组，给不同的组放映带有不同版本解说的电影，以操纵其认知评估。在第一个解说版本中，事件的创伤本质被强调；在第二个解说版本中，该宗教仪式被描述为对青少年有伤害性的经历；在第三个解说版本中，陈述者以置身事外的立场对电影加以描述。结果是：创伤性解说的一组比其他解说的两组和控制组表现出了更多的主观压力与自主反应。

依据上述实验，弗瑞基达（Frijda，1988）于1988年提出了基本情绪法则，即"情境意义定律"。他认为，情绪是应给定情形的意义结构而产生的；不同的意义结构会衍生出不同的情绪（p. 349）。更近一些的是，1991年，拉扎勒斯对评估与情绪之间的关系做了详述。他提出，显著的情绪反应可以追溯到几个因素：特定目标的濒灭或消失、对事件起因的归因、对情形的责任。例如，当自我认同感被恶意威胁、破坏，而对方又未对其行为负责时，愤怒的情绪就会从对该事件的评估中生发出来。另外，当重人的无可挽回的损失无法归因为外部因素时，评估会衍生出悲伤。当个体做了有悖于道德标准的事时，评估则会衍生出罪恶感。因此，评估过程对于情绪的产生具有重要的暗示性意义。其他研究者也同样阐明了评估与紧随其后的应对之间的关联（Folkman，Chesney，Pollack & Coates，1993；Folkman，Lazarus，Dunkel-Schetter，DeLongis & Gruen，1986；McCrae，1984）。

该讨论强调了感知在压力评估过程中的重要性。前面已经提到，事件本身的性质对于压力评估并非充分条件，而这并不是说事件性质不重要。几乎没有人能够避开对恐怖主义、使人衰弱的疾病、突如其来的死亡威胁的感知。并且，众多事件定义了它们本身共同的属性：它们会将应对程序塑造成特定的形式，即使并不完全决定其具体样式（Cook & Oltjenbruns，1989；Mattlin，Wethington & Kessler，1990）。[3]

事件的某些属性会决定其是否为压力性的，对这些属性的研究是十分重要的。然而，仍然存在这样的情况：对于如何建构事件，人们有相当大的自主权，可以创造与预设之，亦可阻止与回避之，甚至无法回避的事件在认知上也会以不同的方式被建构。因而，事件本身的性质、直指价值核心的初级评估、涉及资源与负担的次级评估，共同决定了某一生活经历是否具有压力性。

假说3：人们将定向系统引入应对程序

我们的生活并不完全受压力性事件的摆布，面对危机，我们还受定向系统的引导，那是一种用于看待与应对世界的普遍方式，囊括了习惯、价值、关系、大众化信仰、个性等。定向系统是一个参考系，一个有关自我与世界的蓝图，用于预期事件或与生活事件达成妥协，还引导我们参与或远离某些事件（Bolger & Zuckerman，1955）。定向系统还是艰难时期我们用以提取能量的储藏室。根据定向系统的性质，在应对过程中它可能会给我们一定的帮助或阻碍，因为它是由资源与负担双方共同构成的。在大部分情形中，资源是有利因素，而负担则是不利因素。定向系统还具有一些属性，这些属性的价值在不同情形中也不尽相同。人们将资源与负担作为他们定向系统的一部分引入应对程序中去，下面我们将重点谈这个问题。

应对的资源

心理学家认同了一些资源并高度评价了它们在应对压力时的作用（见Antonovsky，1987；Hobfoll，1988；Lazarus & Folkman，1984）。压力性的经历被证明是一种资源，正如诺里斯和穆瑞尔（Norris & Murrell，1988）对“自然灾害之后，老年人比年轻人更具恢复力”这一命题进行了解释：老年人曾经历过更为广泛的悲剧性事件，因而能够比年轻人更容易与创伤经历达成妥协。为了验证该假设，他们研究了肯塔基州东南部从1981年到1984的洪水对200多位成年人的影响，其结果证实了他们的假设。那些在1981年以前经历过洪水的人在后来的洪水时期并未表现出更多的焦虑；相反，之前没有经历过的人后来则表现出了更高程度的焦虑。有趣的是，先前的悲剧性经历，除洪水以外，诸如战争、火灾、严重的车祸等，都同样可以降低洪水对精神的冲击程度。

其他一些有价值的资源也已被认同。从班杜拉（1989）的研究与著作中可以总结出这样的结论：生活中积极的自我效能有利于促成积极的结果，比如艰苦条件下的坚忍、与应对过程保持情感一致性的能力，以及回避难以驾驭的情形的窍门。科恩与威尔斯（Cohen & Wills，1985）对关于“社会支持在压力时期所担任的角色”的研究文献做了深入分析，得出这样的结论：“面对压力，与人的及时沟通能够促进个体的抗压能力，但在非压力性情形中，则不一定。”（p. 349）杜博和蒂萨克（Dubow & Tisak，1989）报告说，在经历了一定数量的生活事件的孩子中，那些具有极佳解决问题能力的孩子，比缺乏解决问题能力的孩子出现了更少的行为问题，并有更好的学习成绩。布兰德斯塔特和伦纳（Brandstadter & Renner，1990）则发现，持久追求目标与必要时有弹性地调整目标的素质，是与低水平的失落与高水平的个人福利相关的。

这些只是人们带到应对程序中去的一部分资源。同目标一样，资源也以多种面貌出现：物质性的（如交通、食物、避难地、金钱）、生理性的（如生命力、健康）、心理性的（如胜任力、世界观）、社会性的（如人际交往能力、社会支持系统）、精神性的（如与上帝的亲近感、教会活动的参与）。这些都是人们携带以辅助应对的工具。然而，仅仅关注人们带到应对程序中去的资源，这是片面的，因为人们同样也给应对程序带去了负担。

应对的负担

我们都担负了负担，这些负担在不同程度上干扰了我们对意义的探索。像资源一样，这些负担可能是物质的、生理的、心理的、社会的，或者是精神上的。它们的形式可以多种多样，如失败的经历、身体的缺陷、破碎的家庭、人格障碍、经济困难，或者是关于自己或他人的不正确看法。

虽然理论学家和研究者们通常都喜欢以谈论资源的缺乏来取代谈论负担，但负担不仅仅是资源的缺失。就像欠债和缺钱不同，离婚与未婚不同，觉得人们是危险和敌意不同于觉得人们是不愿意提供帮助的。负担包含了真正的债务和赤字。

就像资源通常有利于应对一样，负担通常不利于应对。彼得森、塞利格曼、瓦扬（Peterson，Seligman & Vaillant，1988）进行了一项有关悲观与健康的跟踪研究，以 25 岁的哈佛学生为对象，观察他们今后的身体健康水平。悲观被定义为具有以下倾向：将不良事件看作稳定的（如“它从来就不放过我”）、影响全局的（“它会毁了一切”），以及归咎于内因的（如“因我而起”）（p. 22），即使控制了他们生理和心理健康的初级水平，对事件习惯于做出悲观解释的人在 45 ~ 60 岁时往往身体的健康水平较为低下。

研究者们还对其他的负担做出了定义。通过与墨西哥人和美国人的合作研究，惠顿（Wheaton）在 1983 年提出，尽管存在差异，在应对的过程中，宿命论和固执己见加重了压力对于焦虑和精神分裂症状的影响。同样，虽然作用范围和严重程度并未被确定下来，较低的生理和心理健康水平被发现与照顾所爱的痴呆病人的负担有关（Schulz & Williamson，1994）。而且，免疫功能下降也与之有关（Kiecolt-Glaser & Glaser，1994）。

总之，人们把资源和负担引向应对。它们一起组成了一个定向系统（参见 Kohn，1972），一个物质的、生理的、心理的、社会的以及精神上思考和解决生活问题的参考框架。当然，某些定向系统要比另一些强大且全面，但是任何系统都会有其薄弱和局限。

在这里我并不是说定向系统是静态的。与其他的应对因素类似，定向系统会随时间而变。有人把资源比作银行账户，在压力来临的时候，可以从中提取现金。

资源与负担的账户

这个比喻强调了我们资源和负担的有限性和不稳定性。在应对压力事件中，人们必须注意不要过快地减少自己的资产或是招惹过多的债务。

这就引向了为什么应对可以如此困难的另一个原因。在生活中的压力事件威胁、挑战、危害我们所关心事物的同时，它们也在攻击我们的资源，增加我们的负担，让追求意义的努力变得更加困难。例如，艾滋病患者在与增加的医疗负担、中断的事业以及来自家庭、朋友、社区的羞辱做斗争的同时，必须面对身体、情感、经济资源上的大量消耗。在任何危机中，失去更多的人更容易遭受更多的痛苦（Freedy，Shaw，Jarrell & Masters，1992）。人们在面对危机的同时，为了获取意义，利用他们余下的资源、解决累积的负担的方式，是应对最重要的任务之一。

这个例子只针对那些从应对的账户里"提款"和"赊账"的情况。一些理论家声称这是我们面对压力时所能期望的唯一方式——消耗我们的储备直到筋疲力尽。谢耶（Selye，1976）写道："虽然每个个体在出生时都获得了一定数量的适应能量……他可以节俭地利用这笔财富，平淡无奇地度过乏味、冗长的一生；也可以挥霍它，虽然过程充满压力、紧张，但可能是一种刺激、丰富多彩的生活。在任何情况下，适应能量都是一定的，个体必须相应地为自己有限的适应能量做出预算。"（p. 82）

有关通过应对寻求发展、成长的可能性的研究才刚刚开始（见 Aldwin，1994；Tedeschi & Calhoun，1995）。但我们的银行式的比喻表明，扩充资源是有可能的。毕竟，大多数人不只是靠继承原有的财富就够了。他们找到了存储的方法，并且从账户里提取资源和负担。

一项对"二战"和朝鲜战争老兵的研究（Elder & Clipp，1989）为此提供了恰到好处的例证。他们通过描述两种老兵中常见的战争后遗症来引入他们的研究：一种是"没有任何遗留问题，战争已经完全结束"，包括对战争经历的感受或反应的完全否认；另一种是"致病后遗症"，包括与压力经历有关的症状，即在恢复正常平民生活一段时间后，仍会由周围环境触发未解决的与战争有关的矛盾。研究者们并不否认这两个后遗症的作用，但他们断言，有第三种可能性被忽略，即"发展的后遗症"。他们写道：

> 战斗促使人们将生存技能发挥到极致，比如在极度痛苦或恐惧中对情绪的控制。经由对领导能力和战争经验的需求，人们学会了管理技巧。对于在战争的创伤中生存下来的人们而言，无论生活将变得如何困难，过去和现在的经历都将成为他们应对的资源。（p. 317）

埃尔德（Elder）和克里普（Clipp）通过对三组老兵的访谈检验他们的假设：一组没经历过战斗，一组经历了轻微的战斗，一组经历过激烈的战斗。在访谈中他们要求老兵描述他们的从军经历对其的积极和消极影响。经历过激烈战斗的老兵报告了更多的战争带来的匮乏和创伤，包括战斗的焦虑、痛苦、不幸的记忆、死亡或毁灭，以及失去朋友。尽管参与战斗与更大的痛苦和丧失联系在一起，但它同样与更大的收获密不可分。相比于较少参与战斗的老兵，经历过激烈战斗的老兵更容易报告自己学到了如何应对逆境以及更珍惜生活。当然，这些自我报告也可能被解释为：为了将战争经历的痛苦最小化而产生的扭曲回忆。

幸运的是，这些老兵同时是一项从 1928 年开始至今的对人格进行跟踪研究的部分对象。加州人格 *Q* 分类法的数据可以有效地证明上述访谈结果是否真实。分析结果显示，经历过激烈战斗的老兵的确比较少经历战斗的老兵目标明确，有较少的无助，而且在从青年期过渡到中年的过程中适应力也更强。如同埃尔德和克里普总结的那样，战争遗留的不仅是否认和病症，同样包含了成长。

埃尔德和克里普的研究结果（Elder & Clipp，1989）已经被更多的新近研究所支持，这些研究表明，在危机下，人们不仅能够找到避免耗尽精力的方法，更能够在心理、社交、身体上强壮自己（Aldwin，Levenson & Spiro，1994；Dienstbier，1989；Park，Cohen & Murch，1996）。在应对过程中，资源不仅被利用了，而且被发展了；负担在被担负的同时也被减轻了。好比一个银行账户，人们带入应对的资源和负担，在个人与情境进行交易的市场中积累或减少。

假说 4：人们将定向系统转化为特定的应对方式

定向系统具有以多种方式推进、塑造、限制应对过程的潜能。我强调“潜能”这个词是因为定向系统是一个只包含可能性的系统。这个世界上一般的支持、知识、能力都是有用的，但当我们遇到新的挑战的时候，我们不禁还是要问：“我该做什么？”答案就在应对的活动中。应对方法是在压力事件面前获取意义的实践方法，包括发生在特定困境中具体的思想、感情、行为以及交流互动。在应对过程中，定向系统必须被转化为特定的应对方式。

纳坦·莎朗斯基（Natan Sharansky，1988）的叙述为我们提供了适当的例证。当他在苏联因支持亲犹太活动被恐吓、逮捕、投入监狱的时候，他奋力寻找维护自己同一性的方法。在恐怖的环境中，他不得不转变自己的一般信念和原则以应对特定条件。根据他的棋手经历，他设计了一个对策。他详细解释了他的一系列特定方法，这些方法不仅被用来应对磨难带来的压力，也让他得以保全自己的诚实正直和投身人权的品质。例如，他抓住每个机会与外界世界交流，与克格勃说话小心谨慎却又不失诚实。莎朗斯基的对策帮助他从多年的囚禁中幸存下来，同时保全了自己的同一性。

卡弗等研究者（Carver et al.，1993）进行了一项实验研究，解释了乐观性格——定向系统的其中一个因素，如何被转化为特定的应对方式，进而成为心理适应的过程。研究者们研究了患有乳腺癌的妇女在手术前及手术后四个时间段的情况。他们发现，术前及术后每个时间段的较少忧虑都与整体上对生活的乐观态度有关。同时，应对乳腺癌的三种方式也与乐观有关：较大程度地接受这个疾病、较少地拒绝承认，以及较少行为上的脱离。随着时间的推移，这些应对方式也相应地表现出较低程度的悲伤和焦虑。应对癌症的特定方式似乎揭示了乐观性格和心理感受的联系。其他一些研究者得出了一些相似的结果（例如，Bolger & Zuckerman，1995），这些研究结果阐明了一个重要的观点：对人格或者定向系统其他方面的认识并不能有效地解释一个人如何处理特定事件。我们必须以特定的应对方式将注意力投向相应的情境中。

从定向系统向特定应对活动的转换或过渡的人物并不一定是简单、直观的。并非每个人都如纳坦·莎朗斯基一般具有科学分析精神。在行动之前，定向系统必然要先被评估。但是，评估可能受到许多阻碍（Lazarus & Folkman，1984），注意的缺失就是其中一个阻碍。实质上，这是次级评估的一个问题。我们大多数拥有自己所不知道的资源（及负担），对资源的无知可能造成严重的问题。

我记得一个来访者曾描述自己为“窝囊废”。作为一个中层银行经理，他觉得自己被呼来喝去，被胁迫，经常是软弱无能的。当谈论自己的工作时，他眼神呆滞，语调越发平淡，肩膀低垂。在治疗的过程中，我感到十分的疲惫。为了寻找他生活的热情，我将注意的焦点转到他早年的生活经历中去，发现学生时期的他不仅打两份工，是大学拳击队的成员，而且在周末驾驶飞机——这些都不像是一个窝囊废所能做出的行为。当谈论到飞行，他立即充满了生气和精力。当我谈到他的工作作风和操控飞机显示出来的能力很不一样时，他显得十分惊讶。这时，治疗中最关键的时刻来临了，他意识到他的问题所在，不是长期懦弱的个性，而是没有认识到并且没有发掘自己所具有的资源。他一针见血地指出解决方法："我觉得我该学习怎样在工作上飞翔了，是吧?"我的顾客阐明了一个要点：人们不可能用自己认为自己没有的工具来应对。对资源和负担进行准确的次级评估对于产生成功的应对方法是必要的。

总之，从一般到特殊、从定向系统到特定的应对危机的方法的转化，是应对过程的另一项重要部分。重要的是我们应该认识到，定向系统并没有完全决定一个人如何处理压力情境。对于个人来说，某些应对方法比另一些更有效。但是，就像我们后面将要看到的，一个人仍须在若干可能的应对方法中做出抉择。如果所有有效的选择都无法提供一个令人信服的解决方法，那么个体可以选择用一个完全不同的方法来应对，即改变定向系统本身。

假说5：应对过程中，人们通过保存与转化机制来寻求意义

在寻求意义的过程中，人们可能说、做、感受任何事情。思想、情感、行为、交流都可以成为应对的方式。显然，我们需要一些方法来处置、理解应对活动的巨大范畴。传统上，应对方式依据各种结构上的特点来划分。

其中一种方式是**描述性**的。例如，一组研究者们所做的文献综述表明有12种应对方式：认知重组、问题解决、缓解紧张、社交技能、自我揭露、构造、信息检索、压力监管、自信、逃避或退缩、压抑或否认，以及自我治疗（Matheny，Aycock，Pugh，Curlette & Cannella，1986）。虽然类似这些的描述方法给散乱的文献以组织性，但它们仍然缺乏一个概念的基础。所以，其对理解各种应对行为如何发展、彼此的异同点并没有很大的帮助。

另一种对应对方法进行分类的结构性方法是序列性的，它更多地基于概念。心理学家艾瑞克·柯灵格（Eric Klinger，1977）描述了由失去珍爱的东西而引起的一个刺激—脱离序列的应对活动。精力充沛是这一序列的第一阶段。当被激励和被挑战的时候，个体用更大的努力争取刺激，这时刺激可能呈现出对个体而言比原来更大的价值，因为这个刺激已经变得"难以获得"了。下一个阶段，即侵犯行为，个人转而采取原始简单的方式来达到目的。如柯灵格所言，敌意、报复、虐待可能提供了一种减少进一步的威胁并且恢

复效能感及控制力的方式。但是，在这一过程中会出现个体主动放弃的时候，即第三阶段——沮丧，以失去刺激带来的悲伤、渴望、难过为特点。但是最终，人们重新振作了起来。在序列的最后部分——痊愈，一个人成功脱离了价值的丧失感，重新建立起生活的乐趣。

柯灵格通过许多人都可能遇到的一件烦心事——汽水机吞下了钱却没有吐出任何东西来阐释刺激—脱离序列的这些阶段。

> 现在，你掏出你的另一些零钱并重复你的动作……你特别用心地重新阅读了说明，按下正确的按钮，此时你的动作可能越来越僵硬，情绪越来越波涛起伏。起初，可能是脸上的一小圈红晕。原先的“按”钮现在成了使劲“捶”钮，然后你再一边猛击自动售货机一两次。终于，在对这个机器又实施了一次攻击之后，你离开了，愤怒融化成了沮丧，喉咙里好像塞了一块什么似的。原本希望恢复精力，现在已经是失望，也许还夹杂着自怜和挥之不去的愤怒。但是，过了一会儿，当你产生了其他的令人满意的事的想法时，那些负面的感觉渐渐淡去并最终被遗忘。(p. 138)

后续的几个类似研究，比如柯灵格的研究，为理解应对活动如何随时间进化提供了方法。即便如此，回顾我们之前提到的那些研究（例如，Silver & Wortman，1980），我们并不清楚人们是否一贯地并且一致地经历一系列的应对阶段。应对汽水机的结果对我们大多数人来说是熟悉的，但是，就像柯灵格认识到的，这个结果并不具有普遍性：一些人径直离开汽水机，不带任何异议；一些人长时间地保持悲伤和失望的状态；还有一些人则会更进一步，诉诸公堂。

类型学方法提供了另一个方法：将应对活动的多样性归入更加可操作的及理论上相关的范畴内，比如趋近或逃避应对（Roth & Cohen，1986）。但是，批评意见指出，这种差异过于简单化。在任一应对片段中，趋近和逃避应对的努力都可能出现在各个时间点上（例如，Schneirla，1959；Shontz，1975）。而且，在这些宽泛的应对种类中，许多重要的差异需要被体现出来。例如，体育锻炼和酗酒同样可以逃避问题，但是站在健康的角度，它们两个是完全不同的。

基于这些思考，一些研究者发展出能极好地体现差异的分类系统：将类型学与其他的应对方案合并（Carver，Scheier & Weintraub，1990）。例如，泰勒（Tyler）在 1978 年定义了从主动应对的努力（个体趋向于用强有力的、自动引导的、有计划的方式解决问题）到被动应对的努力（个体坐等事件显现、依赖外界力量处理出现的问题）这一连续体。他所做的测量应对活动的方法混合了类型和后果。应对中主动的计划性，根据解决问题的不同阶段来评估，包括从看待问题到解决问题。另外，这一维度可以通过生活的各个方面来测量应对，包括个人的、任务的、社交的。在这一方案中，应对的心理学本质特别值得关注。

以上三个方案分别为描述的、序列的、类型的方法，其为组织和理解应对结构的重要性提供了不同方法。每一项方案都有自己的优缺点，在本书中，我将采用不同方案。但是，这些方案没有一个是直接针对应对的基本作用的——如前所述，即对意义的寻求。因此，我们必须从一个不同的角度——功用，来考察应对活动。

正如我所强调的，解决一个充满压力的生活事件，并不意味着寻求意义的结束。我们还会在不时的麻烦中寻找意义。诚然，我们应对压力事件，同样，向着对我们最重要的价值观方向进行应对。但是如何实现呢？我们有两种功能性的途径指导应对过程：对话及转化。应对的对话形式旨在保存意义，而转化的形式旨在改变它。

意义的保存

保存，经常是应对的首要趋向。当一个情境将某个有意义的对象置于危险之中，第一反应即是把它挽留住。以面对危机时的否认过程为例。为什么龙卷风的声音就该理所当然地被视为火车过去的隆隆声呢？为什么胸口持续的疼痛经常被解读为消化不良？尽管这些形式的否认看起来有害，实际上它们恰好反映了个体对事关重要的事物的坚持。对龙卷风声音的不假思索是维持家园不受恶劣天气影响的幻想，忽略胸口的疼痛是逃避与死亡的对峙。在上述情况中，压力事件均被以有利于保护个体珍视的事物的方向进行解读。

保存，不仅是一种初级的趋势。人们试图不屈不挠地保存意义，即便是在最具危险性的时刻。这就是阿尔波特、布鲁纳、詹多尔夫（Allport, Bruner & Jandorf，1956）在研究了96名幸存于“二战”的反纳粹者的书面传记资料后下的结论。这些资料记录了当面对即将到来的灾难时，他们以异乎寻常的幻想坚持不懈地试图坚持对他们意义重要的事物。其中一个作家在国外没能将自己的作品成功销售，尽管危险临近，他还是回到了1933年的德国。他是怎样解释自己这个看起来愚蠢的行为的呢？“我有需要照顾的母亲，我的全部亲戚和全部的朋友，他们中的很多人不是犹太人，而且忠诚于

我，我有舒适的家园。”（p. 441）

即使是在最令人绝望的境况里，我们也坚持保存自己的价值观，这说明了我们的价值观的深度及人性的坚忍。但是，如果加以务实的考虑，它同样说明了以下事实：与陌生、全新的环境相比，人们经常安于熟悉所带来的安全感。这似乎是人类的基本特征。在描述智力发展的过程时，心理学家让·皮亚杰（Jean Piaget，1954）特别提到，小孩的最初努力是相当保守的——同化或调节环境以适应自己看待世界的方式，“拒绝任何新的调节”（p. 353）。只有当同化的努力失败了，小孩才会通过改变自己的心智结构来适应世界。

应对过程反映了人们对保存的基本倾向。许多应对可以依据维持意义的努力来划分，不管是否如拉扎鲁斯和福克曼所强调的，包含问题和情绪管理，还是保存其他物品，如健康、地位、自尊、财产、工作、家庭、世界观、习以为常的生活方式等。实际上，霍布福（Hobfoll，1988）认为，保存是支撑对压力的应对过程的核心机制。

意义的转化

重要的是，应对比保存更为经常。让我们来回顾一下怀特（White）在1963年所做的观察：婴幼儿如何被驱动，从而探索新情境。通过人类行为的倾向性，他建立起新奇、兴奋及生活中的改变。保存机制无法完全解释人们为何倾向于“重组事物”这一特征。

当然，在许多情况下，与其说是“重组者”不如说是“重组的对象”。通过压力事件，资源被攻击，负担被承担，于是，应对活动被约束，阻碍了意义的取得。在破坏性较大的情况下，压力事件动摇并破坏的，不仅是取得意义的方式，而且是意义的本质。我记得有一个20岁出头的女孩儿来到我的治疗诊所，她刚刚经历了一场车祸，失去了几个家庭成员，自己也几乎丧命，难以摆脱的悲痛几乎将她击垮。灾难之前，她是一个充满活力的女孩，外向、开朗，对大学、婚姻、多姿多彩的生活充满期待。这场意外结束了她所有的梦。实际上，她受的伤来自失去了许多她曾最深切看重的东西：朋友、家人、工作、活力以及自立。简而言之，她失去了她生活的方式。

改变，总是充满了痛苦。试图努力改变生活的主要方面会导致焦虑和不满，但是，当旧有的载着意义的事物已经消逝，保存无法再起作用，除了改变，我们没有其他选择。的确，寻求保留一种再也行不通的生活方式，预示着麻烦的降临。之前案例里的那位年轻姑娘，试图找回车祸前的生活，这却加重了她的麻烦。与医生的建议相反，她执意与朋友跳舞，保有一份正常的工作，像一个20多岁的健康女孩那样生活。不幸的是，她再也不是一个20多岁的健康人了，所有的试图保存旧有生活方式的努力只能让情况更糟。

有时候，在类似的情况下，寻求意义更多的是需要改变，而不是保存。转变应对形式的内容是试图改变意义本身——放弃旧有的价值观，发现新的价值观，并且围绕这一新的中心建立起新的生活。转变的努力可以是创造性的、富有成效的，甚至是英雄式的。的确，大部分英雄式的神话冒险是讲述个体在困境中努力、接受检验并最终获得改变的故事（Campbell，1988）。但是，并非所有对改变的尝试都是有生命力的。有些尝试根本没有取得改变，有些尝试甚至以失败告终。神话中的英雄和现实中的英雄都面对同样的考验，他们中的一些人以自我摧毁来回应，另一些人则以摧毁别人来回应。转变和保存的应对活动反映了不同的努力：改变意义抑或保存意义。这些努力可能成功，也可能不能。

应对中方法和目标的保留和转变

保留和转变的本质可以适当地加以扩展。在应对中，人们试图保留或改变的不仅是具有最大意义的对象，而且是取得意义的通常方式，即资源、负担、看待和处理世界的一般方法。换句话说，保留和改变的方式适用于意义的重点（即目标）以及获取意义的途径（即方法）。就像图5.1所显示的，任何应对的方案都包含方式和目标的保留或转变。让我们仔细看一下表格中的四种可能性。

保留。遇到生活中的压力时，我们的第一反应几乎是自动化的，我们尝试着抓住世界和我们重视的事物。否认现实威胁，寻求他人的情感支持，坚持生活方式，这些是人们遇到困难时试图保留意义的方式和目标时所做的努力。就像其他发挥作用的应对机制，保留有利有弊。纳尔逊·曼德拉在漫长的牢狱生活中对信念和价值观的坚定不移，是勇气和正直的典范。与之相反，（美国）国家航空航天局（NASA）由于固守老办法解决问题，陷入了麻烦。面对保护巨大的太空火箭免遭恶劣天气影响的挑战，NASA只是将飞机库的原有设计增强了十几个系数（Watzlawick，1988）。专家们惊讶地发现，如此规模的机库产生了自己的气象，包括云、雨、静电等，“于是从内部产生了本该能避免的现象”（p. 29）。这种“只增加数量”的解决方式适得其反，弄巧成拙。

获取意义的途径 \ 意义的终点	保留目标	转变目标
保留方式	保留	重新评估
转变方式	重新构建	重新创造

图 5.1　应对的四种方式：方式与目标的保留或改变

重新建构。当通常获取意义的途径被阻碍，旧的解决方法又没有效果时，我们可能回过头去重新寻找其他的方法。一个没有特殊技能的工人，出于失去工作的威胁，会回到学校拓宽他的技能，增加自己的市场能力。为了弄清楚为什么他与女人的关系总是失败，怎样才能建立更持久的关系，一个男人加入了自信心训练小组。作为一项犯罪行为的受害者，曾经自信不会受悲剧事件伤害的一位女士，奋力重建自己的“假设性世界”（参见 Janoff-Bulman，1989）；她的任务是，建立新的对于自己和世界的信念，维持自己的效能感和生活的意义。在这些案例中，原有的技能、习惯、信念对于寻求意义都不再有效。相反，为了实现目标，个体试图改变定向系统的方方面面，寻找新的资源，减轻旧的负担，改变惯性思维和感情。在每一项中，目标不变，但是取得目标的新方式已被采纳。这就是重构应对。

重新评估。当意义的获取变得太难，就可能需要改变目标、保留方式。重新评估经常出现在转换阶段，即旧价值丧失，个体面对维持自我与寻找价值的新资源的双重任务的时候。重新评估隐含在我的兄长——一个医生给他的垂死病人的应对建议里，他回答了这名病人提出的问题：“为什么我要费力地活着呢？我活着到底是为了什么？”我的兄长告诉他的病人，他现在活着是为了做全新的、完全不同的事情：一天里偶尔没有痛苦的时候，与妻子意味深长地谈话，抓住与在乎的人告别的机会，还有些时间来反思自己的生活。他的建议并不要求对生活进行大规模的改变，只是寻找新的意义对象。对遭遇生活威胁情境的人们的研究表明，许多人经历了“估算时刻”（Tedeschi & Calhoun，1995）——根据重要性重新排序：试图从当下获得乐趣，发展更深的亲密关系，更多地注意令人快乐的活动（例如，Collins，Taylor & Skokan，1990）。重新评估一般是有时间限制的应对机制，因为寻找新目标的努力常常意味着实现目标途径的改变。如果这个病人活下来了，在重新评估后，他可能会努力重构自己的生活，以适应新的优先事项。

重新创造。当生活压力足够严重时，它会分裂意义的方式和终点。那位因事故而瘫痪的年轻女孩认识到，她原来的梦想和为之的努力已经破灭。她必须创造一个几乎全新的生活方式来应对。酗酒之人发现，清醒状态只能通过彻底的改变来实现。他以加入嗜酒者互戒会来应对，这是一个不仅鼓励节制酒精——他曾经最重要的意义对象，而且鼓励人们寻求完全不同的生活方式。成员们被要求对自己进行总结反思，并做出大量改变：建立新的更能提供鼓励、帮助的关系，改正之前的错误，远离与酒有关的情境和老朋友，把生活当成每一天，承认自己对酒精的无能为力，认识到比自己更强大的力量的存在（Robertson，1988）。

应对机制，类似物理机制，具有目的性。就像熨斗被设计时是蕴含其功用的，应对机制也有自己的设计想法。功能性集中于这些目的的识别。一些方法在本质上是保留式的，另一些是转换式的。当对实质改变的抵制被嵌入否认的行为中，对重大改变的坚持就成为应对活动的固有部分，并辅以"12步程序"治疗。甚至，成员面向团队的常规介绍也包含挑战，他们需要正视自己的情况："你好，我叫比尔，我是一个酒鬼。"

辨别一项应对活动是保留式的还是转换式的并不简单。有些应对方式具有有效的嵌入弹性，可以同时满足这两个目的。两个大学新生在第一年考试不及格后可能寻求专业咨询。但是，第一个可能只为了寻求症状缓解，之后并不做实质改变（即保留）；第二个可能试图决定自己是否想待在大学里（即转变）。如这个例子所显现的，应对的功能不仅取决于机制的设定，而且取决于应对之人的意愿。即使是一个专门为某种目的设计良好的机制，也可能被用于其他目的。熨斗可能最适于熨衣服，可是它也可以被用作铁锤、镇纸或者武器。

一种应对方式是保留式或是转换式的，也基于个体的个人经历。对于一个对独立解决问题总是充满自信的大学生，寻求咨询可能是转换式的；而一个一遇到困难就经常求助咨询的大学生，同样的应对方式可能是保留式的。简而言之，应对的功能分析可以指向一般的保留式方法，也可以指向一般的转换式方法。更精确的决定不仅需要评估应对方法，而且需要评估方法背后的动机及个体的生活情境。在接下来的几章中，当检视保留和转变的宗教应对方式时，我将回到这些问题上来。

这一应对假说已经突出展现了应对活动形式和规模的多样性。为了将这些活动秩序化，我们根据多维结构，从功用性的角度描述它们。保留和转变被描绘成指导意义追寻的功能机制。但是，我们依然困惑：是什么决定了应对活动的形式和功能？什么时候我们倾向于采用应对的一些方法，而摒弃其他方法？为什么会这样？在特定的情境里，我们该如何选择特定的应对模式？

假说6：人们以自己认为最有效的方式来应对

在压力状态下寻求意义可能会非常困难。应对的选择受事件压力、定向系统特征、内外约束条件的限制。另外，也被次级评估，即我们对有效资源的知觉所限制。简而言之，面对压力情境的时候，我们可以掌控的事物是非常有限的。当然，我们并不经常失去所有的选择权。新的选择在应对中又会产生。但是，即使选择很多，应对仍是困难的。由于我们不得不放弃有价值的资源，累积不良负担，以获取有价值的目标；由于我们在生活里获得的意义是有限的，我们经常要面对应对的权衡。

我们该如何处理这些潜在的权衡以及伴随选择的利弊？为了选出最好的方式，我相信我们形成了一个最终的评估样式。[4]通过**三级评估**，我们挑选出了最具**强制性的选项**，这个策略被期望以利用最有限的资源和积累最小负担的方式，获得最多、失去最少的意义。看待三级评估有两个要点：第一个要点是我们试图将意义最大化，增加对我们所关注事物的获得并减少其丧失。第二个要点是在选择应对方式的过程中，我们衡量它的涉入程度，不仅以我们希望获取的目标为尺度，而且以我们为达到目标所必经的途径为尺度。一般在获取目标的旅途中，我们试图节省能量，并承担最少的负担。换句话说，我们更喜欢最少阻力的道路。这并不意味着应对必然是简单的。当道路阻塞或目标高远，最少阻力的道路仍旧险峻、弯曲。

其他一些作家描述了与之相似的过程。以霍布福（Hobfoll，1988）为例，他描述了应对压力事件的一种“最小—最大”决策，“最小化损失，最大化收益”是其中之一（p. 26）。与之相似，在情绪理论中，弗瑞基达（Frijda，1988）提出“最小负荷及最大收益法则”：“无论一个情境可以以什么样的其他方式看待，总有这样一种趋势，将其看成负面情绪负担的最小化，……和情绪收益的最大化。”（p. 356）

让我们来看看三级评估的一个例子。一对已婚夫妇决定要个孩子，他们期待着怀孕和为人父母的挑战。尽管在前6个月，怀孕的努力失败了，但他们并没太注意。但是，在接下来的6个月里，他们的努力仍旧失败，渐渐地他们开始感到焦虑。他们开始怀疑自己的身体是否有问题，但又该如何是好呢？明显地，他们的选择将受他们的资源、负担、局限、次级评估的系统所限。他们没怎么读过不孕的资料，其他的家庭成员"第一次尝试怀孕就成功了"。他们并不富裕，最近的医疗中心离他们30英里远。但是，他们并非一遇到麻烦就轻易放弃的人。

哪一种选择会将意义最大化呢？这是三级评估进入画面的时候。在所有类似的情况中，重大改变绝不会是第一反应。在他们看来，放弃对自己意义重大的目标的企图看起来会是激烈的、不成熟的、前后矛盾的。在这一节骨眼上，寻求一个医学专家也显得过于费时、费钱。尽管知道在他们的小社区里有一个不孕支援小组，他们也不愿意参加，因为他们不喜欢将自己视为"不孕"。保留式的应对方式可能被评价为更有效的方式之一。起先，他们开一些有关性的玩笑，试图避免考虑太多怀孕的事。他们确实和一些关系亲密的朋友、家人谈起了自己的不安，朋友、家人们安慰他们不要担心。接着他们有意地增加性行为的频率。所有这些应对努力都是为实现为人父母的目标而做的保留式策略——以最小的资源损失和对世界的一般定向。

不幸的是，如果他们还是没能怀孕，那么保留式的方法就可能不再以相同的方式被看待。为了继续轻描淡写，情境的威胁可能维持意义的其中一个对象——他们觉得自己是"正常"的夫妇，却把另一个意义对象——要小孩，当作过于冒险。更具可能的方式是重新构造的方式——重新调整自己和自己的生活方式以试图保护他们为人父母的梦想。这对夫妇与他们的家庭医生谈话，家庭医生让他们去找一位不孕专家。他们决定投时间、金钱于一系列的不孕检测和治疗中，从最便宜的和最不具入侵性的治疗开始。当这些治疗失败，他们勉强决定向家人借贷以支付更为昂贵的不孕治疗。在这一过程中，他们开始将自己视为真的不孕并且开始参加当地的不孕支援小组。

经过两年的失败、沮丧以及如山的债务，这对夫妇进入了一个重新评估的应对阶段。他们仍然尝试怀孕，但是，他们第一次开始严肃地重新评估为人父母这个目标。一月接一月的经济负担，时间损失，希望、沮丧的跌宕起伏，这些是否值得？他们可以想象没有孩子的生活吗？他们感觉到这个世界带给他们生活意义的其他可关注的事物吗？过了这一重新评估的阶段，这对夫妇也许决定，他们情愿付出任何代价以拥有一个孩子，从而回到重新构造应对的一个新形式。或许他们会接受治疗不孕的一个新的试验性的方式，也许他们会决定领养。

另一方面，曾经是不可想象的，没有孩子的生活也许变得比另一可能更具重要性，尤其当这另一可能耗费如此多的经济、心理、人际的代价。这对夫妇可能决定，要孩子的努力几乎没有希望成功，而且不再值得为之付出代价。对于这对夫妇的生活来说，重新创造是一种完全的转变，一种包含了新途径和新目的的转变，变得更具有吸引力。他们一起哀伤于为人父母梦想的破灭，逐渐地将他们的注意力转变到新的方向上去。也许，妻子回到大学攻读音乐学位，丈夫开始活跃于社区的志愿工作。也许，他们决定改变他们的朋友圈子，从那些分享他们不孕问题的朋友身边走开，到那些拥有共同的教育、共同的兴趣的朋友那里。

展现这些三级评估基本的过程可能看上去冷淡、审慎，甚至呆板。但是，当面对压力时，我们很少去拿张纸坐下来有条理、冷静地衡量，比较我们的应对选择，使得一个选择所具有的强制性对情感造成的影响与其对思想造成的影响一样深远。应对时的大部分决定是由分析、直觉、逻辑、情绪、意识以及无意识的过程而形成的一些措施来实现的。三级评估是心灵与思想双重作用的结果。

总之，三级评估指导特定应对方式的选择。它们包含应对活动的比较评估，最可能将意义的获得最大化而将其损失最小化，并且在资源和负担上耗费最少。那么，为了理解一个人如何应对逆境，我们不仅要知道与情境有关的情况，而且要了解个体的意义系统及他的资源和负担系统。就像应对过程中的每种关键因素，三级评估通过许多力量的相互作用而进化发展。

假说 7：应对嵌入文化之中

描述应对的流动，个体占据了中心舞台。他们如何构造、面对、屈服于生活的考验和磨难代表了应对的戏剧性。当我们看着这场戏剧拉开帷幕时，很容易忽视它的背景。随着更大文化力量的幕布的下落，应对结束了自己的演出。此背景自有其重要性。依赖文化给予的“灯光”，应对过程即将呈现焕然一新的色调。我说的文化指的是超越个体身边微社交系统的力量（Bronfenbrenner，1979）。文化影响一个社会的潜在蓝图，这些蓝图影响并塑造了社会生活的“复合体”——它的机构、法律、知识、习俗、道德以及生活方式（Tylor，1968）。在应对的语言中，文化塑造事件、评估、定向系统、应对活动、结果及意义的对象。让我举些例子吧。

社会学家莱昂纳多·皮尔林（Leonard Pearlin，1982）呼吁关注以下事实：文化和社会本身会制造压力，方式之一即是通过价值观、信念、成就机会的斗争来实现。以罗伯特·莫顿（Robert Merton）的研究为例，他提出，我们的社会鼓励社会经济学的成功，却对取得成功的构成做出限制："价值观系统刺激动机朝向取得货币和功成名就，却没有提供足够多的机会来容纳这么多的人。于是，我们有许多人将文化称许的成功目标内化，却注定失败。"（p. 371）皮尔林继续指出，急剧的文化变革期由于制造了目标、抱负、价值观以及包含它们制度结构的非持续性，使身处其中的人们充满了压力。这里我们遇到了文化定义的意义目标与文化限定的获得意义的方式之间的矛盾。

重大的文化变革同样促成了更直接的事件。在20世纪的最后25年，一个文化的重大碰撞发生在世界主要的石油生产者和消费者之间。在70年代，这些石油生产者组成了一个垄断联盟，有效地限制了石油的供应。起先，这一泛文化事件似乎与我们的日常生活无关，但是，很快地，以长汽油链和日常生活的混乱为表现形式，它引发了十分现实的问题。而且，石油短缺引发了几乎所有消费品和服务的价格上涨，反过来，又刺激了通胀和经济萧条。经济的困境又引发了更多更直接的决定性的生活事件，如失业、离婚、犯罪、自杀、死亡（例如，Dooley & Catalano，1980）。尽管看起来毫无关系，但文化变革却直接影响了个体生活。

资源、负担、应对活动同样是更广泛意义上的文化组成部分。例如，布来兹尼兹（Breznitz，1980）探讨了很早就处于死亡、暴力、战争威胁下的以色列的孩子们，如何承受比其他国家孩子多得多的对恐怖主义更大的关注负担。他叙述了一个孩子参加创造力研究的故事。当被问及"你能用一只鞋干什么"时，这个孩子立刻答道："我可以用它来砸恐怖主义者!"布来兹尼兹同时指出，以色列的孩子们比美国孩子们对死亡具有更高层次的理解。

考迪尔（Caudill，1958）描述了当遇到压力时，个体、微系统以及更大的文化宏系统如何联系在一起。在一些情境中，危机的影响力极大地受限于个体与其直接系统。在这些例子中，宏系统能够支持个体并且保存自己。在其他情境中，比如公共灾难中，危机使个体及直接的社会系统陷于混乱；许多的应对责任退回到更大的文化宏系统中。在20世纪，我们已经见证了危机事件不仅攻击个体生命及他们的直系家人、朋友、社区，而且会攻击他们的文化。这些事件的毁灭性本质与个人、社会、文化的全部丧失紧密联系。评价"二战"的种族灭绝时，班纳等人（Benner et al.，1980）写道：

> 我们的文化教会我们如何思考、应对一个小孩的死亡，如何应对甚至是我们自己的丧失能力或不合时宜降临的死亡。但是，没有任何一种文化框架提供应对种族灭绝的方式。所以，当一个个体经历了这些创伤性的事件后，他不仅要面对个体价值观、信念的丧失，而且要面对整体文化无法为这些事件提供一个合理解释的现实。(p. 253)

没有文化支持的帮助，我们回到自己如何面对应对上来。但是，我们想要“单干”接近难以逾越的挑战，因为我们的未来视角，我们的历史感，我们解读、学习过去经验的能力，我们对自己的定义，我们已经赋予生活的意义，都已经植入了一个更大的文化中去。文化，简而言之，为寻求意义提供了基础。

当我们考虑个体穿越应对过程的“图式”时，这个应对假说强调了“背景”的重要性。上述例子解释了文化塑造应对的一些方式。但是，同样正确的是，文化也被应对所塑造。通过应对努力，我们能够支持文化背景。但是偶尔，我们会将这一背景撕开，并以其他形式重造它。历史不时地被应对压力的人们打断，好也罢，坏也罢，他们改变了社会生活的蓝图。简而言之，个体与更大的应对文化之间存在着互相的影响。

假说8：好的应对的关键在于过程与结果

心理学家和其他帮助者们不仅致力于理解应对，而且旨在对其进行评估。人们在咨询时提出的问题可以被看作应对障碍：至爱之人的去世、与自然灾害有关的创伤后压力、一个孩子进入青春期的家庭矛盾，等等。我们如何评价一个应对过程是丰富多彩、前后关联、流畅的？有两种评估方法：结果评估法和过程评估法（Foldman，1992）。

结果方法

结果可以说十分实用。应对的“好处”“坏处”被积极或消极的最终结果所划分。但是，要分辨出有效无效来可不是一项简单的任务。一方面，我们怎样定义“有效”。定义应对结果很困难。应对本身的实质——一个不提供简单的成功要领的过程，使得评估应对结果变得更加困难。

评估应对的结果

在理想的情况下，对应对结果的评估应当满足一些条件。第一，结果应当与特定压力情境所提出的要求和挑战有关。第二，结果应当为个体的意义对象量身定做。第三，结果应当对应对的失败和成功具有敏感性。第四，结果应当警惕下列事实：随时间流逝，应对可能发挥不同的作用。第五，结果应当敏感于应对中发生的权衡及可能意想不到的结果。

1. 为了解应对的作用，福克曼（Folkman，1992）指出，识别出与特定压力情境有关的结果是十分重要的。例如，焦虑的调整在不可控的具有威胁性的情境中可能尤其重要，比如等待活检结果的时候。但是，在有关丧失的情境下，考虑个体是否能够修复自己的精神状态并且发展新的意义对象变得更为重要。

2. 即使我们将注意力集中于特定情境，仍要牢记，人们会力争各种各样的目标。对于丧失配偶的一些人来说，首要关切的可能就是寻找活下去的意义，另一些人可能希望尽快地重新建立新的关系。仍旧有些人全心希望获得别人切实的情感支持。应对计划的成功，部分上应以个体自己的目标来评估。这种高度个体化的评估可能很难实现，而问个体自己感觉对情境的应对如何（应对效能），或者问个体觉得自己是否解决了逆境（问题解决）则要容易得多（Menaghan，1983）。研究者们经常通过情绪测量来寻找应对过程中的成功指标。如果个体已经获得某种程度的意义而不过度损耗自己的资源，常常被认为情绪的改善将随之而来。但是，这些衡量尺度并不能说明什么东西被保留了或被改变了（除非更佳的情绪状态是应对的目标）。相反，它们是情况如何好转的指示器。

3. 追寻意义并不能总获得成功。人们追寻意义的行动并不意味着他们能找到意义，或者抓住曾经找到的意义。在某些时候，应对活动弊会大于利。例如，在关于三里岛核事故对55英里区域内居民的心理影响的研究中，克莱瑞和侯兹（Cleary & Houts，1984）发现，无论以回避的策略还是以主动的策略应对危机，3个月后都会出现更大程度上的情绪失落。人们试图做点什么似乎让情况变得更糟，而不是更好。

另一方面，应对象征成就的机会。不幸的是，应对中成功的潜质可能被与情绪相关的测量结果的手段所低估，这些手段多半聚焦于消极的方面（例如，情绪低下、焦虑状态、沮丧状态、负面效应）。单以这些标准评判结果，应对中可能最好的情况是沮丧的消失或“情绪中立”。但是，其他人已经开始评估应对中获益、成长的潜质（例如，Collins et al.，1990；Pargament，

Ensing et al.，1999；Tedeschi & Calhoun，1995）。比如，帕克和她的同事们（Park，Cohen & Murch，1996）开发了一项与压力成长有关的测量方法。他们的量表评估了人际关系竞技场上的成长（如“我和他人建立了意义深远的关系”）；在个人领域的成长（如“我重新思索自己希望怎样生活”），以及应对技巧方面的成长（如“我学到了表达自己感情的更好方法”）。这些项目在这里尤其重要，因为它们证明了应对中的转换和保存的可能性。领会应对中各种各样的潜在结果——失败与丧失、成功与成长，以及完全没有变化，是十分重要的。

4. 各种应对方式的含义可能随时间而变。一些应对方式在短期内可能是有用的，但是从长远来看，是有问题的。比如，一项应对的后续研究表明，逃避式应对在消减悲痛方面，短期内比主动应对有效，但是长期看不如主动应对（Mullen & Suls，1982）。另一方面，某些应对方法可能与即时的不适联系在一起，但是可以获得长期的效益。比如，潘尼贝克和比尔（Pennebaker & Beall，1986）发现，将创伤性事件写下来会有增加紧张和悲痛的即时效果，但是与接下来6个月较好的身体健康水平有关。

5. 最后，重要的是注意到应对的最后结果不必全是好的或全是坏的。应对时常导致“大杂烩”，但又仅仅反映面对现实时不得不做出的艰难抉择及其局限。[5]某些权衡发生于各种各样的意义对象之间。面对是否要接受化疗，一个癌症患者可能选择放弃，他知道自己将缩短生命，但是他却获得了质量较高的生命。其他形式的权衡适用于个体与社会系统的关系上。在关于心脏病对病人及其妻子影响的一系列研究中，否认自己病情严重的病人表现出较少的忧虑、沮丧、失能，而且更可能重新开始工作和性行为（Stern，Pascale & Ackerman，1977；Stern & Pascale，1979）。尽管如此，病人的否认与妻子的沮丧相关。“面对不可能从一面墙里寻求支持的情境，而且无法像以前一样打破阻碍以获得支持，她自己在焦虑、沮丧、疑惑的翻滚中濒于崩溃”。（Stern & Pascale，1979，p. 86）这些研究提醒我们注意从应对中不时而来的意料之外的结果。在压力情况下，寻求意义可能最终将人们引向起点处难以预料的方向。

好的应对没有简单的答案

某些人认为，好的应对的关键存在于特别的应对活动中，就像我们普遍听到的应对建议，如：“如果你还没成功，要勇于尝试，继续试吧！”“好好想想！”“不要被你的情感所左右！”在许多生活场景中，一些处理问题的方法可能确实比另一些有效，但这并不意味着某些应对方法总比其他一些好。

应对策略的有效性可能依赖于个体面对的特殊问题、从事应对的主体，以及策略本身。

例如，在心理学中几乎众所周知，强调个体掌控压力情境的主动应对远比被动努力要可取（例如，Lefcourt，1976）。一些研究支持了这一见解。比如，有证据表明，主动应对有助于免疫功能及癌症患者更长时间的生存（Fawzy et al.，1993），并对关节炎患者有长期的心理调节作用（例如，Brown，Nicassio & Wallston，1989）。但是，也有其他证据表明，主动应对可能有其消极面。研究者们发现，在社会及非社会的情境中，主动应对努力会导致血压升高、心跳加速（Smith，Allred，Morrison & Carlson，1989）。主动的警戒方式也已经被发现与对高血压及心脏病人的不利影响有关（Seeman，1991）。应该注意，同样的应对方法在不同时间点也可能具有不同的含义。在心脏病发作的前期，否认具有毁灭性的影响。但是，在冠状动脉血栓形成以后，否认即与低焦虑、少住院，甚至是发病及死亡的低危险相关。

寻找这样一种应对方法——它有助于所有人，所有目的，解决所有问题，这即使有可能，也是十分困难的。这并不是说我们不能也不该评估应对活动，更不意味着某些应对方法不能比其他方法更有助于许多人摆脱困境。其中心思想是，所有对于应对影响结果的评估都应该敏感于个体、情境、社会环境的特殊性。任何简单、单一的应对方法都不可能成为掌握成功的钥匙。

结果评估法的局限性

结果评估法是目前最被广泛使用的应对效果评估方式。实用主义的确很有吸引力：应对的价值及其产出判定。不幸的是，以应对自身的结果来判定应对，经常是误导人的。对于那些面对英勇奋斗却不公正地遭遇失败的人们，或是那些尽力而为，仍不能为自己挚爱的人去世找寻意义的人们，我们将怎样评估？在某些情况下，意义可能很难追寻，无论个体多么努力。李曼、沃特曼、威廉姆斯（Lehman，Wortman & Williams，1987）调查了在4～7年前车祸中丧失配偶或孩子的人们。大多数被调查对象明显地表现出仍旧在为亲人的去世追寻意义的尝试。超过半数的配偶和父母报告了他们的想法："如果我当时做了和现实不一样的行动，我的配偶（或孩子）现在就还活着。"（p. 226）32%失去配偶的人和52%失去孩子的父母报告，在过去的一个月里，他们曾试图让挚爱的去世有意义。不幸的是，对于许多人而言，追寻意义的努力没能成功。在失去亲人的数年后，68%的配偶和59%的父母报告，他们没能从死亡中找寻出任何意义。这是不是说，这些失去挚爱的人们应对无效？

另一方面，我们如何评价那些不靠自己努力或通过不正当方式却成功获取正面结果的人们呢？如那个学生的案例，如果他通过雇别人替他写期中论文的方式而摆脱不及格的恐惧。如果结果是好的应对的条件，那么那些为挚爱的死奋力找寻意义却失败的人们，其应对就是相当失败；而那个不诚实地取得好成绩的学生却应对得很好？显然，什么地方出错了。

就像本章先前讨论的，结果只是过程的一个部分。在应对中，人们所做的和所获得的之间的联系可能是脆弱的。这个看法与另一个观点，也许只是积极的幻想——我们能够完全掌控自己的生活——相抵触。但是，回想“二战”集中营生活严酷的现实，只有六百分之一的人生存下来。是否能生存下来取决于几乎不受受害者控制的因素，人们如何应对几乎与这个最根本的结果——生存——没有关系（Benner et al.，1980）。除了个体的力量，还有许多力量发生作用，因此，不能保证好的应对一定能产生好的结果，同样，坏的应对也不一定就产生坏的结果。自身的结果并不是好的应对的唯一关键因素。评估应对也必须考虑到过程。

过程评估法

充满压力的生活经历、意义、评估、定向系统、资源、负担、应对方式、结果及文化，都是应对过程的影响因素，但单独的任一项都不能决定它的流向。从过程的视角来看，好的应对的关键是“应对体”的整个运作模式。这又留给了我们一个难题：是什么促成了一个或好或坏的应对过程。在本书后面（第十一章），当应对过程在宗教领域里被评估的时候，我们会更详细地重提这个问题。

这里，请让我简要提请注意：有效的应对过程是整体和谐的。每个部分都和其他部分恰当配合，并且整个系统以一种协调的方式运作。不起作用的应对过程组合得十分勉强。应对的因素松散，或者毫无秩序，系统自身就会失去平衡。问题出在系统本身，而不是应对的任一简单因素。

个体与压力情境的任一遭遇都可以根据三个过程维度来评估：方式、目标、个体—系统一致性。至于应对方式，重要的是评估特定情况下不同的评估系统和应对方式适合情境要求及个体目标的程度。在有效的应对中，个体评估适应情境现实（初级评估），以及应对中个体自身的资源、负担（次级评估）（Folkman，1992）。应对方式的选择（三级评估）同样被恰当地调适，以适应情境、个体能力、局限及个体的意义对象。例如，从过程视角看，无法在一个要求直接行动的情境中采取适当行动是很有问题的。一个决定忽视乳房肿块的女人，不论最后结果肿块是否是恶性的，她的应对都十分差劲。而一个个体坚持解决一个无法解决的问题，就会陷入一个非常困难且同样具有功能障碍的应对形式。

评估应对同样应当考虑个体争取的意义目标。并不是一个目标对所有人都是好的，或都是坏的。但是，当各种促成个体意义模式形成的目标失调时，有关应对的问题就可能出现。当目标被僵化地定义，或者当其他意义对象引起目标失调时，专注于这一目标就可能引起问题（James，1902；May，1970）。与独立需要相对的对亲密关系的渴望，可能导致最令人绝望的依赖。热衷没有痛苦的生活，可能会完全瘫痪，因为避免痛苦的唯一方式就是避免活着。只追寻意义可能会陷入痴迷之中。

最后，考虑应对中个体与社会体系的配合程度是非常重要的。社会体系，类似于个体，具有关于最合适的生活目标及其最好实现方式的观点。当应对进展顺利，人们可能会忽视自己实际上是受家人、朋友、组织机构的支持和培养的。但是，也有个体与社会系统经历“应对矛盾”的时候。这时候，个体的需要与社会系统所愿意提供的相冲突，就像遭遇家暴的妻子，当她提出要离开家庭时，几乎得不到自己家人的支持。当两方都不愿意忍耐或共同设法克服彼此的异见时，这些个体—系统配合的问题就可能变得非常麻烦。

过程评估法不主张有一个所有人都能拿来应对的最佳方式，但也不认为所有的应对方法都是同样有价值的。有效的应对是以应对过程的各种因素协调及顺畅运行的程度来定义的。从这个角度上说，存在着许多有效的应对方式（同样，也存在许多无效的应对方式）。

尽管我以结果法和过程法来分别对应对进行评价，但这两个方法并非对立。每一种方法都增加了一个重要的视角，并且在许多情况下，两者趋于会合。毕竟，有效的应对过程应当指向较好的结果。的确，一些研究显示，更适应压力情境要求的应对策略更可能导致积极的结果（例如，Vitaliano，DeWolfe，Maiuro，Russo & Katon，1990）。总之，结果法和过程法均为我们提供了研究应对过程的重要的洞察力。在后面的章节中，我们将利用这两种方法评估宗教在应对中的作用。

结　论

本章将应对理论的实质作为一个过程来研究，而不是将这个过程细化成更小的部分。我尝试通过对应对理论的一些假设来进行研究，以对这个流动过程有进一步的了解。在这样做的过程中，我依赖于许多理论家和研究者所做的巨大贡献。尽管它基于思考和研究的传统，但这些对于应对的描述都有其自身的特点。

1. 关于应对是被指引而非简单地被驱使的观点，强调了应对的前摄性和互动性。人们不仅对压力事件做出应对，也对意义重大的事情做出应对。

2. 关于人们将定向系统带入应对的观点，即纳入资源和负担，是另一个具有特殊关注点的视角。

3. 关于人们不但放大重要事件的后果，也放大重要事件意义的假设，对解释应对的细节以及妥协有一定的帮助。

4. 关于人们不但有潜力通过应对来保护他们在乎的事物，也可以改变它们的观点，是另一个独特点。它指出了伴随应对出现的价值观和生活方式根本的，有时是重大的变化。

5. 对于应对方法和结果之间不完全的联系和重新审视，强调了评估应对过程及结果的必要性。这个关于过程的看法尤其与精神健康领域和其他经常与简化应对有关的帮助相关。

6. 对于应对本身的强调，代表了一个更关注压力事件本身的特点，而非这些事件如何被解决的转换。研究多元性的过程可以提供一个通向人类特性，如力量、弱点等的窗口。

我相信，这些关于应对的不同观点为有关宗教的研究奠定了基础。在阅读之后的章节时，你自然会体会到这一点。

介绍完本书的两个重点——宗教和应对之后，我将要把这两者结合起来。

第三编

宗教与应对的联结

第六章

何时转向宗教，何时背离宗教

虽然在介绍宗教的部分很少谈及应对，在阐述应对的部分也很少提及宗教，但本书讲述的是心理学中的宗教和应对。为什么花大量的篇幅定义区分它们呢？我认为宗教与应对的关系不会被人领会，除非它们各自的概念能被理解。通过对这两个概念界限的详细描述，我们减少了扭曲现象或混淆两者的可能。

有趣的是，单词“cope”的一个意思是基督教会的制服。这个定义暗含了宗教与应对之间的重要联系。宗教和应对都不是毫无价值的，它们各自关涉生活中具有很大价值和重要性的事件，并各自都与人们选择达到意义的路径有关，也和意义的属性有关。

尽管宗教和应对之间有着重要的相似性，但是它们在关键面上却不同——它们的参考点。应对的过程是以充满压力的生活经历为导向的，它可能涉及宗教信念、习俗、感觉、关系和一些重要的事物，但这些并不是必需的。另一方面，宗教信仰是以神为导向，它可能是人们受考验的时代的一部分，但它并不受制于这些时代。

必须强调的是，宗教并不单纯是一种应对方式。精神健康专家和社会科学家特别受到这个错误概念的影响，因为当人格、精神健康和适应在一个人的世界观中显得重要的时候，宗教信仰很容易地被缩减成这个世界的很小一部分，即人们许多全套应对问题机制中的一种。但是，这是对忽略宗教其他重要特征的一个不幸的讽刺（Geertz，1966）。当然，宗教可以完全与应对有关，但更多的是它可以为生活提供一个总体的框架，适用于人们经验的最大范畴。

也就是说，不是所有的应对都与宗教有关，并且不是所有的宗教都是应对，也不是一个过程完全包含另一个。宗教和应对的轨迹可能从不相交，它们可能大部分重叠或者在生活的不同点上汇集和分开。

在本章中，我开始宗教与应对联系的探究。首先，我看重这句古语，“在私下没有无神论者”，并考虑在压力情形下宗教应对的内容。然后我更多关注一些决定宗教和应对交会在一起的因素。在学习应对理论的基础上，考察为什么宗教会介入到应对之中。通过介绍它的另一面——为什么一些人在困难的时候远离宗教，来总结这章。

私下真没有无神论者吗？

宗教、危机和应对，看上去彼此间有着某种联系。我们发现这个观念存在于众多古语和格言中。“逆境是上帝考验人的良机”（James，1902，p. 206），“在私下没有无神论者”，或是我最喜欢的一条：“亲爱的上帝，帮助我站起来吧。我被自己绊倒了。”（Roaten，1972，p. 250）我们人类的智慧有多少是真实的？

一些实例

从对生活中一些饶有兴趣的重要时刻的叙述中可以找到这些古语的论据。我们来看看列夫·托尔斯泰在中年时体验到的关于意义危机的叙述：

> 在今年的整个过程中，我几乎不停地问我自己怎样去结束这个事情，是用绳子还是用枪弹，在这些时间里，伴随着我所有想法和观察的进行，我的心因其他奢望的情感而变得憔悴。我除了能称这是对上帝的渴望而别无他称了。这种对上帝的渴望跟我思维的运行毫无关系——事实上，它是思维运行的直接对立面——但是它来自我的内心。（James，1902，p. 153）

看一下第二次世界大战中在入侵诺曼底之前的这天一个国家的心情和反应：

> 6月6日，全国都知道极糟糕的、悲惨的事将要发生……在布鲁克林的一个造船厂中，焊工们都跪在自由之船的甲板上祷告上帝。在纽约证券交易所上班的时候，也进行了两分钟的祈祷。全美国教堂的钟声都敲响了，费城的自由之钟也敲响了。在俄亥俄州的哥伦布，在晚上7点半的时候，当人们在街道上祈祷的时候，所有的交通工具都停运5分钟。（Fussell，1994，p. 37）

危机和应对在具有突出宗教色彩的生活故事中扮演着一个重要的角色。佛教创始人释迦牟尼（Siddhartha Gautama）在遭遇三种令人震惊的景象后走上了成为救世主（和佛陀）之路而不是世界的统治者：看到一个老者因年老而驼背和衰弱（衰老），看到一个满是病痛的身体（疾病），看到一具尸体（死亡）。在战争中军队残杀成千上万人的社会混乱中，孔子强调社会和宇宙秩序的教学得以发展。上帝与亚伯拉罕及他孩子的契约　牺牲亚伯拉罕唯一的儿子艾萨克的神的要求和用信仰与忠实回应的亚伯拉罕的意愿，是在危机和应对中产生的。最大的危机是耶稣受难，这是为他成功地复活做准备。穆罕默德关于上帝的启示是在混乱的社会背景和他双亲惨死的情形下产生的。从以赛亚（Isaiah）、保罗（Paul）、圣奥古斯丁（Saint Augustine）以及路德（Luther）到乔治·福克斯（George Fox）、约翰·卫斯理（John Wesley）、玛丽·贝克（Mary Baker）、艾迪（Eddy）、马尔科姆（Malcolm），这些重要宗教人物的经历和洞见都与个人和社会的动乱和压迫有联系。

总而言之，关于宗教领袖生活的生动叙事显示了宗教与时代问题的联系（其他实例可见 Koenig，1994）。但这种联系有多紧密呢？

一些相反的实例

尽管普遍的认识是宗教是人生最困难时期恒定不变的一部分，但是不难找到人们在危机时并没有转向宗教的叙述。一些人在面对危机时没有带有宗教感情并且在他们的困难时刻一直如此。在与白血病做斗争的时期，专栏作家斯图尔特·艾尔索普（Stewart Alsop）曾写道："我希望关于白血病的经历给予我深刻的宗教洞察力，但是它没有。我童年时期的模糊现实对我已经不再是了…… 从十八岁起我就是一个不可知论者，我现在仍是一个不可知论者。"（引自 Fichter，1981，p. 56）一个布痕瓦尔德集中营的幸免者说："我从不信仰上帝。在大屠杀之前没有，在集中营过程中没有，在以后也不会有。我不需要把大屠杀作为上帝不存在的证据。我从不怀疑他并不存在。"（Brenner，1980，p. 96）

另外一些人可能在面对困难时带有宗教信仰、习俗和感情的背景，但面对困难的时候他们会转向其他资源或者发现他们的信仰已不再对他们适用了。回顾自己做医生的 25 年的实践，可瓦特（Covalt，1960）写道："据回忆，没有人在知道他即将死去的时候还大声地叫上帝或祈祷出声来。通常，这些人会用每一点能量去争取活着。我相信我的经验和其他的医生是相同的。"（p. 663）一个经历几个集中营的幸存者回忆道：

我以前和上帝有着紧密的关系。我想上帝知道我的一切并且他是客观存在的……上帝就在上面看着我，警告我，并且用“啧啧啧”声道出我可能有的内心的想法……后来，纳粹来了，他去哪儿了呢？上帝不再在我身边了。他消失了。我已经不再是以前的我了。(Brenner, 1980, p. 67-68)

就像第一节中所说的，如果宗教、应对和危机之间有关系，那后来的论述显示它远非完美。很明显，对于一些人，宗教从来就不是他们生活中的一个重要部分，一个危机并不会改变这个基本情况。对于另一些人，宗教是他们适应机制中的一部分；但奇怪的是，它在有压力的时候没有涉及应对的过程。

在我们得出许多结论之前，注意到这些实例描述既有说服力又有问题是很重要的。它们是基于个人经历，这可能是非典型的；它们并没有谈到人们是否会在危机时把转向宗教作为一种应对方式的问题。在这里实证研究就更有必要了。

实证研究视角

如何评价宗教应对的程度？从表面上看，这是一个有着简单答案且相当容易的问题，即看人们在应对危机时转向宗教的人数就好。但是这些看上去很容易的问题，当细究的时候，答案就变得复杂了。对宗教应对的研究提供了必要的基线资料，但是它们很难评估。在何种程度上我们才可以说宗教是应对中的一个重要部分——是30%的人、50%的人，还是80%的人求助于宗教？必须要考虑以下论点。比起其他应对措施来说，人们在困难的情境中会更多地利用宗教吗？知道人们在危机时期比在人生的其他时期更多可能地求助于宗教也是非常重要的。也有可能人们是在遭遇比日常挫折更困难的时候求助于宗教的。说他们在危机时求助于宗教而不笼统地说宗教是他们生活中的一部分，描绘了一幅对他们信念具有误导性的画面。在这一章中，将仔细考察以下实证研究的问题：宗教应对的盛行、宗教和非宗教应对方法的对比、宗教应对在较多压力情形和较少压力情形中的对比。

在考察这些研究文献时，需要记住四点。

第一，我们是在总结不同研究的发现。它们涵盖了完全不同的人群，面对各种各样的困难情形。他们也用不同的方法衡量宗教应对——从不同宗教应对的复杂程度到总体应用宗教应对的一些简单的方法。为简化我们的工作，我们会稍微推迟对宗教应对种类的分析，该分析将在后面进行。

第二，因为很多宗教应对是个人化的经历，大多数是通过个体的自我报告而被衡量。因此这些自我报告很可能是有偏差的（尽管一些研究者尽量控制这些潜在的误差）。

第三，这些研究着重于宗教应对的程度而不是宗教应对结果的问题上。关于在应对中宗教的有效性会在后面的章节中有所探讨。例如，虽然斯托弗（Stouffer，1965）和他的同事对第二次世界大战中美国士兵的经典研究经常被文献引用来强调宗教与应对的关系，但是该研究并没有包含在这个章节中，因为他们的研究更多地基于宗教应对的功效问题而不是宗教应对的普遍性。斯托弗等人问被试："当生活变得艰难时，祈祷在多大程度上帮到你?"（p. 174）而不是"当生活变得艰难时，你会祈祷吗?"，虽然一些在充满压力的情形下求助于宗教的人可能会发现它是有用的，但我们会在随后的几章中看到宗教应对的一些结果，有积极的，也有消极的。

第四，在这里，区分人们在应对中多大程度上涉及宗教这个中心问题和另一个重要的问题——是否充满压力的情形造成了个体对生活中的一般宗教应对的深刻的、长久的变化，也是很重要的。后面的这个问题会在以后的章节中谈及。这些研究考察的重点是在充满压力的情形下对宗教应对的衡量，而不是对宗教作为一个倾向过程的衡量（例如，去教堂或祷告的平均频率、宗教倾向）。

宗教应对的普遍性

一些调查者报告了在应对充满压力经历时求助于宗教的人的比例。附录A中有这些研究结果的总结。可能最惊人的发现是不同研究显示的宗教应对的大范围的盛行。一些研究者，如康韦（Conway，1985—1986）、吉尔伯特（Gilbert，1989）、格雷尔（Greil）、波特（Porte）、雷特克（Leitko）和瑞斯里（Riscilli，1989）、帕格门特（Pargament）、厄施恩等（Ensing et al.，1990），发现他们大部分的被试在应对中用到宗教，并且数据最高达91%。而另一些研究者，如拉格坦德（LaGrand，1985）表示，只有4%～35%的人在应对困难事件时会运用宗教。

怎样解释这些巨大的差别呢？部分可归因于研究方法的不同。例如，古林等（Gurin et al.，1960）的研究认为，在应对中涉及宗教的人的相对较小的百分比可能反映了他们严格的衡量方法，他们只将那些把宗教应对作为处理困难的自发的首要反应的人算作运用宗教应对的人。用检核表或是调查评定宗教应对的研究中得出的百分比比用开放问题衡量宗教应对的研究中得出的百分比更高。哪种衡量方法提供了更准确的评估是不清楚的。调查或检核表可能会了解到被试的错误回答，他们会把自己陈述得比实际更笃信宗教。开放问卷的方法则可能引起其他问题，比如人们是否愿意谈及像宗教这样敏感的话题。

与方法一样重要的问题是在这些研究和样本中表明的宗教应对的大范围盛行可能反映了一个更错误的观点——**事实上宗教应对是多种多样的**。附录 A 中的一些研究表明这就是问题。例如，尽管一个样本中 78% 的教堂公众表示他们求助于宗教是为了了解和/或者处理一个极消极的事件（Pargament, Ensing et al., 1990），但是另一个群体的样本中只有 58% 的人以相同的方式回答这个问题（Wicks, 1990）。同样，92% 的埃及癌症患者声称他们具有这样的信念，即上帝会帮助他们的，相反，瑞士患有同样疾病的人只有 37% 的人这样回答（Kesselring et al., 1986）。此外，看一下附录就会发现某些类型的宗教应对的普遍性看上去比其他类型低。

我们从这些文献中可以得到什么结论呢？可以得出两种对比鲜明的观点。有大量的人会在生活中的危机时刻求助于宗教。对于一些面临同样困难情形的群体，一般会应用宗教进行应对。但反面的事实看上去也是对的。很多人在处理危机中明显没有求助于宗教。总之，这些数据并没有为宗教不再是现代生活的一个重要部分的观点提供足够的证据。但是，它们也没有为常见的古语“私下没有无神论者”提供证据。

宗教应对与非宗教应对

“找到宗教是达到合一的众多方法之一。”（James, 1902, p. 172）充满压力的情境可能会调动许多应对方式——宗教的和非宗教的。在评价宗教与应对的过程中，只有这样才是合乎逻辑的：在与其他应对方式的比较中，宗教是否占有重要作用，或者它只是人们在尽力解决困难情境时众多方式中的一种。

许多研究比较了宗教和非宗教的应对方式的使用频率，发现宗教似乎很重要。例如，麦克雷（McCrae, 1984）报告研究了一个群体样本中男性和女性面对丧失、威胁或挑战事件所采用的应对机制。在 28 种应对机制中，“信念”在应对威胁时是位于第二位的应对方式（72%），在应对丧失中则为第三位（75%）。在应对挑战时，信念则较少应用（34%）。康韦（Conway, 1985—1986）采访了在过去经历了严重健康医治问题的白人和黑人城市老年妇女。当问及怎样应对她们的健康医治问题时，样本中 91% 的人选择了祈祷，它是在所有包括寻找信息、休息、治疗、处方药以及看医生在内的应对机制中被报告得最多的。西格尔和威克尔（Segall & Wykle, 1988—1989）研究了看护黑人痴呆患者的家属。他们被问道：“如果你必须找到一种你已经采用的照顾你的患病亲人的方法，那会是什么?”目前最常见的答案是与宗教有关的，祷告或是信仰上帝。这个群体中有65%提及宗教应对。布尔曼和沃特曼（Bulman & Wortman，1977）问在严重事故中瘫痪的人怎样解释他们的不幸。在回答“为什么是我?”这个问题时，最常见的答案是：认为上帝让这些事故发生是有理由的。另外一些研究者也发现宗教应对即使不是最常见的但也应该是常见的应对健康疾病（Baldree，Murphy & Powers，1982；Jalowiec & Powers，1981；Thompson，Sobolew-Shubin，Galbraith，Schwankovsky & Cruzen，1993）、残疾儿童（Leyser，1994）和配偶监禁（Carlson & Cervera，1991）压力的方法之一。

但一些研究也得出不同的结论。在他们对美国人怎样看待精神健康的经典研究中，古林等（Gurin et al.，1960）发现祷告（16%）比“消极反应”如拒绝或不做事用得要少。康帕斯、福斯泽、瓦格纳（Conpas，Forsythe & Wagner，1988）研究了大学生在一个月内应对学术与人际交往压力的8种方式。宗教应对在他们应对学术上的压力（29%）和人际交往中的压力（21%）中是被采用得最少的。

与宗教应对普遍性的研究一样，对比研究的结果也不尽相同。与其他应对方式的衡量标准相比，在一些研究中宗教看上去在应对过程中的作用更大。但是在另一些研究中，宗教应对则显得不那么重要。

在较大压力情形和较少压力情形中的宗教应对

哲学家亚伯拉罕·约书亚·海斯希尔（Abraham Joshua Heschel，1986）写过：“祷告是注意到奇迹，重新获得赋予所有人能力的神的掌控感。”（p. 205）对于海斯希尔和其他人，信仰不仅仅限于极度悲苦和痛苦的时期；与运用于动荡时一样，它也可以运用于日常生活经验中。人们一定程度上生活在信仰的世界里，我们期望在大的范围内获得可比较的层面，平常或每天的，重要的或不那么重要的，消极的或积极的。

另一方面，很多人认为宗教是在危机中被调动的。正如心理学家保罗·约翰逊（Paul Johnson，1959）所说：“当生活价值出现危机时，就有理由诚实了。危机时，宗教就凸显出来。需要越急切，人就越需要应对。”（p. 82）后者指出我们在危机中比在其他情形中发现更多宗教的迹象。我们可以再一次从研究文献中找到解释。

有很多证据表明，投入宗教不仅仅局限于生活中的困难时期。例如，在美国的一项国家调查中，麦克里迪和格里利（McReady & Greeley，1976）发现神秘体验是相对常见的事。当问到什么引发了神秘体验，被试提到很多原因：听音乐、祈祷、自然之美、片刻的静寂、做礼拜和照看小孩。而这里面并没有压力体验。

同样，伯金（Bergin）和他的同事做了一个杨百翰大学基督耶稣圣徒教堂的 60 名成员关于宗教生活和体验的深入研究（Bergin，Stinchfield，Gaskin，Masters & Sullivan，1988）。他们的研究方法包括访谈、小组讨论和问卷调查。60 名被试中有 44 名描述了“连续的”宗教发展形势，没有明显的起伏或明显的困难生活经验联结。只有 7 名被试报告了“不连续的—补偿的”宗教发展模式，也就是有波动特征以及对痛苦经历和生活中缺失的回应。

很难想象很大一部分多年来每天都祷告和每周都去教堂做礼拜的人正在应对生活中无穷尽的危机（Gallup & Castelli，1989）。这些数据显示了构成宗教生活众多的习俗、信念、交流和感情并没有与困难事件有直接的联系。宗教体验并不只是发生于困难时期；宗教也不是简单的应对方式的一种。但如果它不是应对压力的独一无二的方式，宗教是在更困难的时刻被表现还是在较不严重的时刻被表现就是问题了。

一些研究者调查了这个问题。例如，韦尔福德（Welford，1947）对人们祷告是出于释放情感上的紧张还是出于困难情形的窘迫进行了研究。对新教徒学校或神学院的学生呈现六种愉快和不愉快的可能发生的事件的简单叙述，如严重疾病、失业和春天惬意的一次散步。被试根据该事件“引发情感”（情感唤起）、超出他们应对的能力（焦虑）和引发祷告愿望的程度对每个简述进行排序。韦尔福德发现，情感唤起和焦虑都与祷告有高相关。其中一个被试评论说：“普通不紧急的情形需要更少的祷告。”另外一位说：“我更喜欢在像死亡这样的时刻祷告，因为只有祷告才能带你度过这样的时刻。”（p. 317）韦尔福德总结说，祷告是对情绪紧张和焦虑的应对，是对不寻常而非日常的情境，特别是那些人们的行为不太受影响的情境的应对。

韦尔福德的研究指出了焦虑在祷告中的重要性，还指出了唤起的重要性。但是，他没有验证祷告是不是更可能出现在消极情绪的情境中而不是积极情绪的情境中。我和哈恩（Pargament & Hahn，1986）做了一个关于这方面的研究。我们调查了四种与健康有关的情境的宗教应对：（1）负责行为下的积极结果（例如，好的健康行为导致积极的身体状况）；（2）负责行为下的消极结果（例如，好的个人健康行为但有肺炎的案例）；（3）不负责任行为下的积极结果（例如，在聚会饮酒后的莽撞驾驶没有导致车祸）；（4）不负责任行为下的消极结果（例如，因聚会在饮酒后的莽撞驾驶导致了车祸）。在读了这些情境的描述后，大学生们被问及几个关于在这些情境下有可能转向上帝或宗教应对的问题。有几个结果是可能的。比如与公平的条件相比（负责行为—积极结果、不负责行为—消极结果），这些学生更多地在不公平的情形下（负责行为—消极结果、不负责行为—积极结果）运用宗教应对。不管他们行为的结果是积极的还是消极的，比起在回应负责行为中，这些学生在回应他们不负责任行为时会更多地运用宗教应对。不管他们在这些情境中怎样表现，相较于积极结果，他们会更多地在消极结果中运用到宗教应对。最后，在四种情境中同等程度上应用到了宗教应对。我们的分析显示，相较于积极结果，他们更多地在消极结果中用到宗教应对，不管他们表现得多么负责。对于他们，宗教一般提供困难时期的支持资源而不是不公平世界的缓解剂、道德指引或是幸福时刻的感激物。

比约克和科恩（Bjork & Cohen，1993）也发现大学生在应对涉及威胁（例如，在海上遭遇暴风雨而且没有救生衣）和丧失（例如，失业）的假定事件中比在涉及更积极的挑战事件（例如，获得奖学金的机会）中更多地运用了预期的宗教应对。此外，在威胁情境中比在丧失情境中更多地运用到宗教应对，这表明害怕和不确定是可能对宗教应对产生重要后果的压力成分。这些结果在一个更多的不同民族文化样本的研究中也得到证明（Bjork & Klewicki，待发表）。

关于研究中设定的假想情境（包括我们自己的研究）提出了一个重要问题。在想象的情境中，多大程度上反映了我们在困难时期的真实应对？一些研究对比了人们在面对更多困难和不那么难对付的情境中的宗教应对水平。在一个对历经各种生活事件的成人研究中，应对较严重的问题（例如，健康危机和灾难时），比应对不那么严重的问题（例如，关于工作的问题）时，更经常提到祈祷（Lindenthal，Myers，Pepper & Stern 1970）。波基、波兰耐克、德斯尼（Poggie，Pollnac & Gersuny，1976）访谈了新西兰南部的渔民关于习俗和忌讳在他们工作中的角色。他们发现渔民们更多地涉入与宗教有关的习俗，并在较长的捕鱼出航期而不是较短出航中更敬畏这些神圣的忌讳，这表明这些行为是对较长的出航中危险和焦虑环境的应对。在宗教与应对的项目中（Pargament & Olsen et al.，1992a），我和我的同事要求中西部教堂会众描述他们过去经历过的最消极的事件。他们在几个维度上评估了这些事件，并且特别指出了在多大程度上转向宗教来努力了解和处理这个事件。他们在把这些事件评估为有害的、难处理的、对幸福感的威胁、对其他人幸福感的威胁以及挑战时更可能转向宗教应对。最后，毕尔森和克尼克（Bearon & Keonig，1990）问社区的年老者可以做些什么使他们的身体症状

“消失或者较少麻烦”时，这些被试会对特定的症状进行祷告。一个为她关节疼痛和肿块而不是大趾囊肿祷告的老太太说：“我想上帝不想听到关于我脚趾囊肿囊炎的事。我想他有更重要像艾滋病和波斯湾的事要考虑。”(p. 252)。最严重的症状——心脏房颤、喘气和健忘——是最“普遍祷告”的问题。

这些研究为在特别困难的情境转向宗教活动提供了清晰的证据。这并不是说在不那么困难的情境中就不涉及宗教。一些人也报告说在日常生活中的混乱和焦虑中会用到宗教应对（Belavich & Pargament，1995；Hathaway，1992）。但一般来说，人们更多地在生活中困难的情境中用到宗教应对，而不是在生活中不那么困难的时刻。这意味着宗教倾向的根本改变吗？对一些人是这样的，但并不是大部分人。在本书的后面部分，我们可以看到大部分人会以他们不变的基本宗教信仰和实践来应对危机。在危机中，激活的宗教应对不仅可以保护个体的心理和社会世界，还可以保护宗教世界。

结　　论

案例、生活故事和经验主义研究同样强调了宗教和生活苦难的联系，但这种联系不简单也不容易。宗教不仅仅是应对压力的一种方式。它潜在地与大范围的人类经验有关，而不仅是消极的经历。但是，我们清楚地发现当情况的严重性上升时，会出现更多宗教应对的现象。这个基本的发现适用于所有的人和所有的情况吗？当然不是。对一些人和一些情境，宗教是应对危机的一部分，它经常或更经常地被运用。对另一些人和问题，宗教看上去相对无联系，是应对过程中背景的一部分而不是主题。

关于无神论者和“私下没有无神论”的古语是不准确的，因为其过于简化了人们处理危机的多种多样的方法。这里回顾的证据表明这个问题极为复杂。回答人们在应对过程中是否转向宗教这个问题的答案是“是”和“否”，更好的答案是“得看情况”。更好的问题是：在应对过程中，谁，在什么样的情况下，在哪里转向宗教？

宗教和应对何时交会

在1985年的一个重要的理论论文中，斯派卡、谢弗、柯克帕特里克（Spilka，Shaver & Kirkpatrick）表明宗教的贡献远不是随意的。他们声称，一个事件是从宗教机制或是从非宗教机制被理解和阐释取决于三个方面的考虑：人的属性、事件的属性，以及与人和情境相联系的脉络的属性。他们建构的框架看上去对应对很适用。

附录 B 涵盖了描述应对中“谁，什么时候，哪里”的实证研究。在斯派卡等（Spilka et al.，1985）后来的众多研究都是根据这三大维度来组织的：个人的、情境的和脉络的。需要记住的是，这些文献着重于对宗教应对的预测，而不是对与充满压力的生活经验有不明确关系的一般宗教信念、实践和方向的预测。另外，关于宗教应对有效性的研究未收在附录中。

附录 B 中的研究涵盖了大范围的变量、人群和方法。作为一类研究，它们显示宗教应对并不是随机事件。我们更可能会在一些人、一些情境和一定社会脉络中发现它。

1. 在个人层面上，一致的发现是那些更虔诚和介入的个体有更多宗教应对。研究也表明宗教应对在黑人、更贫穷的人、年长者、女性和那些更易有麻烦的人中更常见（这些群体中的很多人也显示出更高的宗教投入）。

2. 在情境层面上，附录 B 呈现了支持前面一节理论的论据：宗教应对在更具有威胁性、更严重和更有伤害性的情境中更常见。这个一般规律的例外来自宗教归因的研究。我们发现，与积极的事件相比，人们很少将消极事件归因为上帝。后面我们将讨论为什么会这样。

3. 最后，在脉络层面上，证据就更显不足了。相对较少的研究考虑到了社会脉络对宗教应对的影响。尽管有一些证据，但它显示宗教应对在一定教堂会众和文化以及那些更多涉及他们宗教背景的人中更常见。

当然，并不是所有的结果都是清楚和一致的。有些发现需要进行反复研究。可能也有其他的宗教应对预测，特别是在还未被检验的脉络层面上。此外，我也淡化了不同宗教应对类型的重要区别。然而，当前的证据显示了重要的一点：为了知道宗教和应对这两条线在什么时候最可能交会，我们还得了解更多关于人、情境以及脉络的知识。

我们已经进行了大量关于宗教应对中谁、什么时候和什么地方的讨论。现在还有一个问题，也可能是最有趣的问题没有解决。为什么一些人会在某些时候和某些地方在应对中转向宗教？

为什么宗教与应对会交会?

要回答这个问题，并使附录B中的研究得到更好理解，让我们回到应对的理论上。这个视角指出了宗教和应对有关联的两点原因：一、因为它是定位系统中**相对**可获得的一部分，二、它是应对中**相对有力量**的一种方式。

宗教在定位系统中的可获得性

人们“转向宗教”的观点在本章中出现了很多次，它可能在一定程度上有误导性，宗教是人们应对压力事件的一种反应。让我们回想一个重要的应对设想：人们将一种定位系统带到应对过程中。某种宗教倾向（如宗教信仰、习俗、感情和关系）是这个定位系统的一部分。在不同人身上有多大的不同呢？作为定位系统中的一部分，宗教可以说是**先于**危机的，它决定着在危机情境中的期望、解释和应对。

当个人更能接触到宗教的情况下，也就是说宗教在个体有关世界的定位系统中占据较大部分时，它更有可能在应对中被运用。附录B中的几个研究很好地解释了这点。让我们更仔细地看些实例。

里奇马（Ritzama，1979）预测笃信宗教的人更有可能将他们生活中的事件归因于超自然的因素。和他的预测一致，将生活事件归因于神的介入的人报告有更正统的宗教信仰，更经常祈祷，感觉上帝更近，以及更看重宗教想法与感觉。我们在宗教和应对项目中发现了相似的结论（Pargament，Olsen，et al.，1992a）。在应对中涉入宗教的教堂会众在很多方面更虔诚。他们更频繁地祷告和去教堂做礼拜；他们感觉更接近上帝，对神有更生动的图景。此外，他们更拥护宗教献身和正统性。约翰逊和斯派卡（Johnson & Spilka，1991）提出了同样的观点。他们在一个女性获得和恢复项目中研究了宗教在应对乳腺癌的作用。固有的宗教信奉与其他一些具体的宗教应对活动有关，包括与牧师一起祷告，相信上帝在癌症中有其角色，并相信上帝掌控了癌症的结果。

一般来说，我们会用我们最方便得到的工具去应对。就像这些研究所显示的，对那些把宗教信仰、感情、实践和人际关系作为定向系统一部分的人来说，宗教是更方便可得的工具。这是那些最有可能把宗教信奉变成在特殊情境下行动的人。为什么？可能是因为宗教更多地嵌入在其生活引导机制中，它就更快也更容易地能运用到应对中。斯潘塞和麦金托什（Spenser & McIntosh，1990）做了一个有关这方面的研究，尽管其没有直接着重在应对的过程中。他们在电脑显示屏上向大学生们呈现一些宗教的和非宗教的形容词，并要求他们判定这些形容词是否在描述他们自己，然后将把宗教作为生活重心的人的反应与那些没有把宗教看得不可缺少或很重要的人的反应进行了比较。虽然他们在非宗教形容词加工的速度上没有多大区别，但是对宗教更虔诚的被试对与宗教有关的形容词的反应比其他被试更快。斯潘塞和麦金托什的研究强调了我们的定位系统使我们对特定类型的信息更敏感（也可见Hill，1994）。当宗教变成这个机制的一部分时，与宗教观点有关的信息就会加工得更有效。

可获得性作为一个相对概念

宗教只是定向系统中的一部分，其他资源可能更重要和更容易获得。要知道宗教和应对什么时候交会，宗教资源的可获得性就必须和其他选择的可获得性做比较。对于那些只有有限方式和没有什么选择的人，宗教作为一种生活中有限的资源可能会有更大的作用。这可能就是为什么我们更易在社会弱势群体——黑人、妇女、老人、穷人和容易有困难的人中看到宗教应对的原因。

例如，穆尔（Moore，1992）详细解释了黑人教堂的出现是黑人反对种族歧视和为他们的尊严做斗争的唯一有效的资源。尽管美裔非洲人从他们的文化、习俗和对神崇拜的传承中被分离了，但他们对身体和灵性世界和谐的信念是不容易被抹去的。白人社会对奴隶中宗教的含糊矛盾态度为有组织的灵性生活的再度出现提供了“缝隙”。为避免担心他们密谋自己的自由时遭到奴隶主的惩罚，奴隶们的会议在小木屋或露天田间的“寂静港湾”秘密地进行。这里，人们可以表达自己的感情、他们作为一个群体的团结和认同以及他们精神更新的需要。战争过后，有组织的宗教继续在黑人团体中扮演重要作用。独立的黑人教堂提供了唯一应对压迫的方法和唯一通向更大力量和控制的道路。例如，圣化教堂发展了一种通过白人用“名”（first name）来称呼黑人成人的让人领情的有效应对方法。而在公共讨论会和不同种族间的情形中，教堂会众用他们的“姓”去称呼其他人。现在，穆尔表示黑人教堂依然为它的会众维持着核心的资源——力量和希望的象征、社会变动和政治领袖的上升平台，以及物质的、个人的和精神力量的来源。

另一方面，因为其他重要的非宗教因素，宗教也可能在应对中较少被涉及，特别是那些信念只是他们定位机制一个因素的个体。几乎所有的宗教群体会承认可获得性的“相对性”，并且在他们成员的定向系统中尽力提升宗教的重要性。从每天的生活事件到对灵性本质的关切，促进必要的改变。宗教信仰和习俗更多地被鼓励作为一种生活方式，而不是作为生活的一部分。人们间的关系在共同信仰群体中得到促进，然而和“外人”的关系却受阻了。对受罪、痛苦和不公平的宗教解释得到了赞同。

宗教的相对可获得性是个人的、情境的和社会因素形成的。当宗教在定向机制中变为更大的以及更为整合的一部分时，它在应对中就更为重要了。当宗教在定向机制中变得不太重要，与其他资源的链接更少，与个体的生活经历范畴的相关更少时，它在应对中的重要性就将逐渐减低。

宗教应对不是毫无根据的

我已经提及过人们在应对的时候很可能会转向宗教求助，因为它已经成为人们定位系统中的很大一部分，并且比起其他方法，它对人们而言更加容易获得。我希望人们能够清楚地意识到“在应对时转向宗教”这个概念，它不是指一个宗教从真空中自发产生。自发产生理论在宗教上的失败正如它在生物学上的失败一样。即使宗教看上去毫无来由，但是相关分析可以表明宗教的可获得性。

举一个例子，蒂姆，40 岁，是两个孩子的离异父亲（Pargament & Royster et al.，1990，pp. 6-7）。蒂姆看上去像是一个 20 世纪 60 年代的人：他留着长发，穿着鹿皮背心，带着手工珠宝饰品。他有一个艰苦的童年，是一对酗酒父母的儿子。小的时候，他曾遭受虐待和忽视。蒂姆十几岁时，父母离异了，然后他开始吸毒。有四年的时间，他是大麻和迷幻药的重度嗜好者，并且活在“狂野的生活”里。同时，他越来越感觉到沮丧并试图自杀。在讲述这段过去的时候，蒂姆说：“我再也不能控制毒品，我再也不想使自己兴奋，不过我无法以其他的方式活下去……为了能够度过一周的工作，我一直都是麻木的，并且在任何时间，我都可能或将犯错误。”对蒂姆而言，关键的时刻是在他尝试自杀后的一个星期。他与朋友们参加舞会和吃迷幻药。蒂姆讲述了这时候一个令他转变的经历——一个改变了他的人生和将他从毒品中解救出来的经历。

一开始，这个故事似乎表明了危机造就了宗教。毕竟，这里我们有这么一个例子，一个年轻人在他人生的最后时刻，绝望地寻找能改变他人生的道路。宗教看上去不知道是从何出现，来帮助他找回自己的人生。但是通过访谈，我们慢慢清晰地了解到蒂姆在这重要的时刻不是一无所获的，并且他的转变不是空无的。他有着一系列宗教资源、负担和先天的倾向性，并且这些在他的经历中起到关键的作用。小的时候，蒂姆曾参加了星期天学校课程，讲述他灵性上的感受。他说："我总是相信有些东西比我们自己重要。"同样，蒂姆也回想起许多与亲戚和家庭关于宗教的谈话："在我的一生中，我从成长的经历中了解到上帝。我的兄弟和家庭是重生的信仰者，他们一周去教堂三四次，他们会和我聊天，我也会和他们聊天。因此，我就这样听到并了解了上帝和拯救的事情。"

这样的早期经历成为蒂姆宗教转换的背景预示。在和他的朋友过着糜烂生活的时候，蒂姆去了浴室，然后有了以下这段经历。

> 我在想，这真是一个漂亮的浴室，你知道，马桶、浴缸……然后我看着镜子。当我看着它的时候，就像是我们坐在那里说话，我听到……有一个有影响力的、有抱负的、神气十足的人和我说话，我反应说，天啊，你想要什么？我看着镜子，然后它说："你的一生将信仰我。"我说："是，我信上帝。"有太多的事情为我证明了。（p. 7）

之后，蒂姆讲述他在孩童时候对教堂和宗教诫令的记忆，在他的转换期间，

> 经文开始渗透进我的头脑，我无法记住是什么。我无法识别它，但我现在可以。是关于《约翰福音 3：16》，这也是从孩童时候起我能够记住的部分……"神爱世人……叫一切信他的，不至灭亡，反得永生……这是光，我可以看到……也就是说从现在起，我可以得到永生。"然后我说："哇，真酷！"（p. 7）

蒂姆同样回想他和兄弟的宗教对话。通过与镜中上帝的对话，蒂姆听到上帝说："你的一生都将信奉我的儿子，耶稣。"蒂姆回答说："是的。我记得我的兄弟曾经这样告诉我。"

在这里，关键的是蒂姆对危机的宗教回答并不是虚无的。他拥有一个能够影响他应对的资源、负担和先前经验的系统。尽管蒂姆没有利用宗教，但他始终都可以用宗教的方式来应对他所处的情境。蒂姆不是一个无神论者，他是一个等待转变发生的人。这并不是说蒂姆对危机的反应没有创造性。我相信他有，但他的创造性解决方式是从一个有潜力和可能性的定向系统中产生的，并且他自身有能力建构这个系统。

人们在应对中寻找一些根基。他们会转向一个定向系统来帮助自己感知和应对世界，这个定向系统在一定程度上包含宗教。人们之所以在应对时转向宗教，是因为宗教对他们而言是可用的。但是如果我们就此停止解释，那么这种解释就是不完整的，会造成人们在应对时选择宗教是因为宗教很方便的歪曲解释。宗教是有效的、方便的和可获得的，这些是人们转向宗教应对的重要原因，但它们不是唯一解释人们在应对时转向宗教的原因。另外一个原因可以从蒂姆的例子中看到。他并没有中立地回应他和上帝的相遇。那是一个“啊哈”体验。宗教对蒂姆而言，不仅仅是可获得的，还是有力量的。

宗教应对方式的力量特征

格尔茨（Geertz，1996）这么评价宗教体验：“它通常以一种彻底的方式，将整个图景转换为一种常识，其方式是，由实验实践所诱发的情绪和动机看似是极为实际的，我们只能根据事实这种‘本来’的面目来接受它。”（p. 38）他的话很好地说明了蒂姆的例子，新的信仰不是给予了蒂姆一种新的参照系统，而是一种有力的、有说服力的关于世界的体验。不仅仅如此，它还提供了一个有信服力的解决方式来解决表面上看似无法解决的问题，而这个问题阻碍了他对生命意义的寻求。蒂姆已经达到人生最坏的地步了。他想要创造一个更满意的生活的念头已经失败了。他感到无助和沮丧，在试图有一个激进变化的过程中，他没有失去什么，反而得到更多。但是，蒂姆的转变不是一个冷静分析后的决定。他的解决方式是有用的，但它同样感觉是对的。简括地说，这解释了有力量的解决方式的意义。这有着一个情绪上和认知上的联系。它关系到感觉和信仰。再有，它体现了宗教体验的一部分，即反应和活跃的特征。用马丁·布伯（Martin Buber，1951）的话来概括，蒂姆感到自己由上帝支配。他感到力量。但是在某种程度上，蒂姆选择了这样的体验，他选择了一种他相信能够在最少的付出上最大化重要性的应对方式。

不是每一个人在身处蒂姆这样的情境时都会做出同样的决定。三级评估（Tertiary appraisals）表明，在决定一个有力量的解决方式时，是客观的和有个性的，这些解决方式对于旁观者而言并不总是令人信服的。相反，一些宗教选择可能会显得彻底“疯狂”。但是，当我们更加接近他们的个人世界时，行为会变得更易理解。一个预测世界末日的宗教膜拜的经典见证清晰地说明了这一点。

末日敬拜中有力量的应对方式

费斯廷格、里肯和斯坎特（Festinger, Riecken & Schachter, 1956）描述了一类人，他们相信世界将要面临一次自然界的剧变，“埃及将在一次洪水中重新建造，沙漠将会变成肥沃的山谷……大西洋底部的上升将淹没大西洋沿海地区的土地，法国和英国将淹没在大西洋海底，俄国将变成一个汪洋大海”（p. 57）。但是通过守护者——那些来自外部空间帮助人类灵性成长的人的帮助，这一组织的成员将被留存下来。

> （这些人）将可能在这次洪水中存活，并且存留在地球上，直到下一年的圣诞节，他们的身体和精神将被带到号角行星系统（Clarion）、金星或者其他行星。在那里，他们的精神层面将被重新灌输，以准备好重新送回地球，送回到一个净化的、无罪的地球，使地球上居住的是“在光中行走”的人类。（p. 62）

即使在剧变来临或平安无事之后，许多人们依然乐于献身于这个组织和其信仰。

从外因来看，这些人的行为似乎很难解释。毕竟，世界性的剧变不是每天都会发生。为什么这些人会加入这样一个抱有不寻常信念的群体呢？为什么人们脱离实际并做出了这如此可怕的预言呢？这些问题仍然很令人迷惑。为什么这些人在预言被明确证明是不成立之后，还如此坚定他们的信仰？

首先，了解这些人的应对方式是极为重要的。这些人加入这个群体的原因并不是费斯廷格等人需要探讨的，他们更想要知道的是这些人在获知预言不成立时为什么仍然坚持信仰。因此，作者只是简单地描述了人们在卷入末日敬拜前的生活。显然，很多人曾经尝试用其他的方法来解决问题，但是，最终都是不满意或者没有效果的。有一个女人，黛西，常做噩梦，幻想所爱的人被刺杀或者被肢解。她的丈夫尝试消除她的这些困惑，改变她的活动，去度假，运用意愿和祈祷，但最终都以失败而告终。还有一个女人，柏莎，在结婚 20 年间不曾怀孕。她不再信仰罗马天主教，她不断地换工作直到后来成为一位美容师。对这些女人和她们的同伴而言，信仰和敬拜给她们提供了一种达到各种重要性的路径：对未来的希望，自我价值与重要性，人生的意义与灵性上的连通。举个例子，黛西开始相信她的噩梦和不安是因为对为她带来光明的守护者的“视而不见和不接受”的结果（p. 42）。同样，柏莎在经历了假孕的快乐之后，宣称她将孕育出基督。

为了解这类人的应对行为，了解否定他们的信念对他们意味着什么同样是很重要的。一些人已经放弃了工作，搬了家，并遭受亲朋好友对他们成为这类人中一员的嘲笑。离开这个群体意味着投资上的巨大损失。正如一个成员所说："我不得不相信在21世纪洪水将会来临，因为我已经花费了几乎所有的钱。我辞去了工作，放弃了计算机学校，我的公寓每月花费100美元。我不得不去相信信仰。"（p. 80）信仰的改变将同样意味着失去群体的扶持，而这个群体是依靠成员们对他们独特世界观的献身。实际上，费斯廷格和他的同事发现，在预言失败之后，那些没有完全融入群体的人比其他人更不能坚持他们的信仰。

但是，坚持这些不寻常的信仰所付出的代价如何呢？12月21日，宇宙飞船并没有出现，与组织的预言不符。事实不容否认，并且这个预言失败显然干扰着这个群体的许多人。但实际上，通过合理化，他们减少了预言失败所带来的不协调，即群体误解了预言，剧变将被推迟到另外一个时间，或者上帝因这群体的活动而消除了末日剧变。他们通过努力让别人信服他们信念的真实性，在一定程度上减少了代价。"如果越来越多的人被说服相信这信仰是正确的，那么它就必须是正确的。"（p. 28）因此，在12月21日之后，该群体揭开了秘密的面纱，公之于世他们的活动，然后开始劝说他人入教。

这个群体中的一位医生，很清晰地描述了自己的评价过程——在预言失败之后，他对是否继续信仰这个群体的利与弊进行了分析。

> 我已经放弃了一切。我断开了所有的联系：我断了我的后路。我背道而驰。我不能去怀疑。我必须相信。没有其他真理可言。传教士和牧师也没有真理，甚至你必须很认真地看《圣经》才能找到真理。在过去的几个月里，我接受了一个可怕的打击。但是我知道我是谁，我知道我将要做什么……这是一个艰难的时候，路不好走。我们都必须受到打击。我已经受到一个可怕的打击了，但是我并没有疑惑。

从局外人不同的、近距离的角度来看，这是无法理解的，甚至是可笑的。对实证的忽略成为扩大重要性的战略的一部分。从外部来看，与更多其他"合理"的应对方式比较，为了成为这古怪群体的一部分付出的代价似乎是不同寻常得多。但值得注意的是，很多成员过去在使用"尝试和真实"的应对问题的方式中所获甚少。并且，加入这个群体的代价由于成员们努力试图说服他人入教和将他们的信仰合理地解释给人们听而减少了。从他们的立场来看，重新回到主流信仰、关系和经验这些根本变化上的花费是不值得的。在这种情况下，他们的成员采取的行动没有什么不合理，这些行动是保护对于他们来说重要意义的必要步骤。从他们的观点来看，这些过程是完全合理的。不仅如此，他们所做的还是很有力量的。

正如费斯廷格等人的研究表明，一个有力量的活动的概念，正如宗教应对的另一概念——可获得性——一样，是一个相对的概念（Ritzema & Young，1983）。通过第三级评估过程，最有力量的解决方式是从各种可能性中选择出来的。人们以宗教的形式应对，从某种程度上来说，是因为比起其他选择，宗教提供了更有力量的解决方式。

不可否认，末日膜拜这个案例并不是你日常的宗教应对方式。但是，如果这种看上去无法理解的宗教经验可以被理解为在最小的代价中试图扩大意义，那么以后更多的宗教应对方式将同样被理解为是真正可以做到的。一些心理健康专家和社会科学家很容易将宗教信仰和经验剔除，认为其是疯狂的（Iannaccone，1994）。从个人观点来看，古怪的宗教应对方式根本不是荒谬的，而是明智的。

此外，很重要的是，有力量的选择并不一定是有效的选择。在个人参照体系中形成的那些完全合理的决定可以从个人和社会的错误概念中生长出来。再有，正如在伊朗和伊拉克战争中生命的消失所体现的那样，这些决定可以有毁灭性的后果。为了更完整地评估选择的有效性，应当对内在和外在的参照体系进行判定。我将在第十章和第十一章对这一点有更多的阐述。

对于人类局限的意识

是什么造成宗教信仰成为一种应对危机的方式？我认为，宗教对于那些更清楚地意识到人类局限性的个体更具有说服力。有两种人对人类的脆弱和局限特别敏感：那些面对存在的边界状况的人以及那些在生活中与宗教有更多整合的人。

边界情境

哲学家和神学家约翰·斯密斯（Smith，1968）清晰地描述了一种危机和神圣的关系。他提出，在所有的文化中，生命的主要转变和转折点，包含出生、青春期、选择度假、婚姻和死亡，这些都不同于日常情景。这些不同寻常的时刻会通过宗教仪式和习俗来凸显和庆祝，它们是——不仅仅是简单的度假——神圣的日子。是什么赋予了这些时刻神圣的品质？斯密斯认为出于两种因素。第一，它们触及存在最基本的事情。“危机时刻……引导我们的思维以敬畏和适当的严肃性去思考平凡生活，思考生活的神秘之处……危机时刻就如同打开了一个门，可以窥见生活的深层、本质、目的和有限特征。”（p. 59）第二，它们以更大更强的力量揭露了个人的脆弱性。“危机时刻使我们充满人类局限性和脆弱性的意识，充满人类特质的意识，充满超越自身的资源依赖性的意识和需要找一个极度可贵的、愿意毫无保留地奉献自己的现实的意识。”（p. 59）

当人们处于困扰之时，当意义遭到人们远离他们个人和社会资源的挑战时，这种神圣的意识将呈现在人们面前。超越宗教的门槛将导致人们面临更为引人注目的问题。利特尔和特威斯（Little & Twiss，1973）描述了边界局限这样的境况，在这些境况下，会引起人们面对令人费解的事情、无法解决的事情和生活的局限性。

伍德（Hood，1977，1978）在一个有趣的研究中考察了边界情境。他提出由个人和情境之间的不协调而引发出来的神秘宗教体验，即人们感受到和上帝联系的体验。这种不协调可能有两种形式：一是当有压力的情境被预期的时候，或者相反，在面对一个没有压力的情境时，突然又面对一个有压力的情境。对于两者之中的任何一种情境，伍德（1977）说，都“促使一个对自我的敏锐意识”和“对局限性的敏锐意识”出现（p. 156）。但正是这种个人局限的意识使得神秘的经验更加有力量，因为通过与终极现实的神秘性联结，个人局限性将被超越。伍德（Hood，1978）邀请那些将在森林中度过一个孤独夜晚的高中学生来对他们那晚将有怎样的紧张度进行评估。晚上的真正紧张度是由偶然的天气操控的，某些晚上会下很大的雨，某些晚上又会很干燥。在他们回到露营的第二天，伍德问学生他们那天晚上是否有宗教神秘体验。与他的预期相一致，那些预期会有压力的夜晚，但并未遇到暴雨的学生，以及那些未预期到有压力的夜晚却遭受暴雨的学生都表示他们体验到了宗教神秘体验。两种情境下面临的都是不协调的，尤其是学生适应环境能力和环境本身的差距。伍德提出，神秘体验提供了一个对不协调的解决方式：“局限被超越，人在经典的灵性状态中相对地、突然地意识到自我的特殊部分。”（p. 285）

为什么宗教通常在让人惊慌的情境中显得更重要？这些情境促使我们更接近我们的局限或者超越我们的局限。这里，在某个临界点，对什么是问题的最有说服力的解决方式可以发生急剧的变化。个人的、社会的和技术的战略不再能对危机问题提供有效的解决方式，但我们继续寻找某种生命的意义。超出了这个边界，宗教解决方式就成为有力量的方式。精神病学家安东·博依森（Anton Boisen）对生活中的临界点一点儿都不陌生，他写道

（1955）：

> 当一个人终将面对生死这一最终现实时，宗教和神学开始苏醒。意义超越象征，我们不得不寻找新的词汇去描绘涌现的新的想法。在这些新的想法中，我们经常会发现与我们称之为“上帝”的最终现实进行联结的意义。（p. 3）

从边界到生活的中心

人们在人生边界情况下才发现宗教的力量这一观点可能会使有宗教信仰的读者感觉不好。这似乎表明宗教只是个权宜之计，它是在所有其他应对的方法用尽了之后最后一个被使用的方法。我们在这章提及的实证研究表明了人们在面对更为困难的情况下确实更可能转向宗教，但这些研究并没有阐明整个领域的全貌。

研究同样表明了宗教化的人更有可能用宗教的方式来应对。我们之前提及过，这种结果可以用宗教信仰者对宗教应对方式有更多的可获得性来解释。但这只是部分解释。宗教应对方式对宗教信徒而言同样是很有力量的。宗教更核心的是精神信仰和感受，感受到在宇宙中有更大的力量，这种力量超越人类力量，甚至超越了人类的理解能力。宗教化的思维敏锐地意识到自我脱离神圣的有限性。那些献身宗教的人奉献给对精神的探索、努力寻找和维持与上帝的关系的生活中。一点儿也不奇怪的是，他们经常将宗教应对方式评价为在压力时最令人信服的路径。但对于几乎每一个人，平凡的和不平凡的，有压力的和没有压力的，都要在心中具有神圣性的情况下去明白和体验更为深入的宗教。对于他们而言，宗教从边界移到了生活的中心。

基督教神学家迪特里西·朋霍费尔（Dietrich Bonhoeffer，1971）因为反对纳粹而被囚禁在集中营两年多，在他去世的一年前，表明了以下观点：

> 我已经对谈及任何人类边界的话题产生怀疑……我们似乎在不安地以这样的方式尝试保留上帝的位置；我宁愿这么说，上帝应该在中心，而不是在边界，是以力量的方式存在，不是软弱的方式；所以，是在人们的生活和善中，不是在死亡和罪恶中……上帝存在于我们的生活之上。教堂并不存在于人类力量无能的边界，它存在于生活之中。（p. 282）

对于朋霍费尔和其他献身宗教的人而言，宗教成为绝大多数人生活命运中重要的一部分。

总而言之，两种人对人类境遇的局限性具有特别的敏感度：那些面对存在的边界情境的人和那些在极大的精神力量中看到自己和别人的人。谁是这样的人呢？他们并不局限于哪个特定群体，他们很可能是社会底层阶级中的一部分——穷人、老人、少数民族、妇女和被剥削者。这些人中，有许多人会面对主要的生活危机、事件，如重病、所爱的人过早死亡和面临人类局限导致的不公平。同样，与其他人相比，这些人更倾向于过一种献身于神圣的生活（参见 Spilka，Hood et al.，1985）。或许，在底层阶级的人们中找到更高水平的宗教应对方式这点没有什么可奇怪的。对他们来说，宗教在人生重大的问题上提供了一个特别有力量的解决方式。

宗教可获得性和宗教应对方式的力量特征的关系

在区分为什么宗教成为应对的方式的两种原因时可能会有些困难。宗教可获得性和宗教应对方式的力量特征在很多情况下有助于选择宗教方式应对。另外，它们彼此相互促进对方。由于宗教解决方式成为更有力量的方式，个体可能会一步步地继续采用宗教成为更有效的定位系统的一部分。让我们重新提及蒂姆的例子，这个沉溺于毒品并在浴室的镜子里遇到上帝的人，他的经历不仅帮助他从毒品中脱离了出来，还彻底地改变了他的生活方式。宗教成为蒂姆生活的重心。他开始热衷于学习《圣经》和福音传道，最终他进入了神学院。他对宗教定位系统的最新阐述就成为其他宗教应对活动的基础，反过来，这些活动又将导致他对宗教定位有更深远的变化。

同样，由于宗教似乎成为人生方向定位系统的绝大部分，宗教应对就可以慢慢地变得更有力量。普劳德福特和沙威尔（Proudfoot & Shaver，1975）举了美国的日莲宗（Nichiren Shoshu）为例，这个快速发展的佛教教派在包含着代表佛教世界观曼陀罗的黑匣子前不断地诵读佛经时表明了它救赎上的信仰。念诵“Nam myyoho renge kyo”（“对佛教莲花的美妙律法的崇敬”），对美国人或日本人而言是没有意义的。但其意义对于可能的皈依者来说是鼓励其通过参与到念诵仪式中，使其不要去试图了解教派的信仰。宗教导师会邀请新人们在早上和傍晚的时候念诵一小时的圣歌，坚持一百天。他们说：“尝试一下，将会改变你的人生。”（p. 326）从自我知觉理论的视角来说，导师是正确的，坚持一种行为方式，新人们必然可以在他们的行为中找到正当理由。“在一百天之后，潜在的转变将因信仰而发生，赋予无意义的活动以意义，人们参与了这些活动中并重新梳理他们的生活。”（P. 326）用应对的术语说，当成为了个人定位系统重要组成部分时，日莲宗的信仰和仪式就具备了潜在的、有力量的特征。

有时候宗教无法为问题提供有力量的解决方式，但宗教依然成为应对的方式是因为很少有其他选择可以成为应对方式。比如，在所爱的人死后，人们在没有宗教信仰或者没有根本的信仰体系的情况下可能参与宗教仪式，因为文化不能提供应对丧亲的其他机制（Loveland，1968）。在一个应对方式被抛弃的时候，另一个成功的应对方式一定就在不远处（Toch，1955）。但另一种方式没有必要悲观地等待。有力量的解决方式的缺乏可以促进“不能定位”的定位系统有更好的解决方式并对定位系统进行改善。我们可以看到，这是在人们积极参与寻找到或创造出一种新的宗教体系的过程中实现的，这个宗教体系将作为更具有力量的解决方式的基础，但这并不是应对方式中唯一的可能。人们还可以脱离宗教。

为什么宗教和应对出现分离？

本章很多内容着重在讨论什么时候和为什么宗教会成为应对方式。但是在没有看到其他方面的基础上谈论这两种概念，是不全面的。为什么一些人在困难的时候会脱离宗教呢？那些可能用来解释宗教应对方式的原因同样可以用来解释脱离宗教应对方式。如果宗教在应对中扮演重要的角色是真实的，其原因在于它是更具可获得性的方式以及它提供了更有力量的选择。宗教在应对中的重要性会削减这一事实也可能是存在的，这是因为它不是可获得的、有力量的选择。让我们看一些例子吧。

离开修道院

以往，天主教修女离开修道院的情况很少见，但在20世纪60年代，这种情况司空见惯。海伦·罗斯·富克斯·伊博（Helen Rose Fuchs Ebaugh），一位社会学家和前修女花费了几年的时间研究天主教修女离开的过程——为什么她们离开以及她们怎么处理这种转变。伊博在她的研究中提供了一些重要背景。一直以来，修女是全心信仰上帝的，在修道院里，她们从生理和心理上脱离社会。除了一些特殊情况，修女与外界的联系，包括家庭和朋友，是不被允许的。当修女们从修道院里出来时，她们都结伴而行，从不会是单独一人。这一过程限制了非宗教体验的可获得性。

第二届梵蒂冈会议对教堂有巨大的影响，特别是对修道院。会议要求宗教团体重新审视他们的生活方式和在更多的个人和社会社区中做出更大的奉献，“从与世界的封闭和孤立的强调转为对于世界的接触和见证”（Ebaugh，1988，p. 104）。但是，在开启了自省和更广阔的世界之门的同时，修道院也开始了对其封闭生活功效的怀疑。许多修女开始更深入地审视非宗教选择——与世俗的人们建立人际关系，想象自己在世俗世界中的角色以及对时尚和外表给予更多的关注。社会支持鼓励对选择做更为深远的探索。同时，修女们进行着对于离开修道院的代价和利益的评估。

对许多修女来说，她们意识到宗教生活提供了安全感、朋友圈和无须费力维持的友情。修女有工作和经济上的保证。另外，许多例子表明，保持有序的生活意味着违背个人的需要、欲望和自我满足感。换句话说就是，意味着对自己不忠诚。（p. 113）

离开修道院的最终决定常常是发生在某个关键时刻之后，这是一个象征意义上的转折点，离开的相对好处变得清晰和令人信服。有一位女士，是一位深受全国人民尊重的博士，由于工资增长的问题与宗教长老发生冲突之后，离开了她的宗教。

我反对整个体制，感觉它使依赖和幼稚长存。但问题不仅如此。我对禁欲和整个宗教生活的价值都存有疑虑。薪水这件事恰好出现在我已经差不多觉得要离开的时候。对我而言，它只是将事情都聚集在一起了，像是一个成熟的粉刺。（p. 112）

离开修道院对绝大部分修女而言，并不意味着完全脱离教堂。伊博描述说，只有30%的修女彻底离开天主教教堂，但她们只是脱离了一个全身心投入的角色和一个独立的生活方式。为什么？修道院成了一个不太具有挑战的生活方式，并且成为众多生活方式选择中的一种。在对这些选择的评价中，她们认为修道院的封闭生活方式比其他世俗的选择具有更小的力量。

地狱里有上帝吗？

战争经常被人们描述的是其毁灭性的、自然的、心理的和社会的影响，但战争也可以引起精神上的巨大威胁。威廉·麦赫迪（William Mahedy，1986），一个在越南工作的主教牧师，认为战争呈现出了一种道德危机和心理危机。一个士兵曾问他："牧师，为何和一个妓女上床是罪恶，但枪杀外国佬却是合理的?"他提出了一些关于罪和无罪的问题，整体来说，这是他的宗教参照构架。很多人尝试在他们的宗教定位系统中使战争和行为相统一。"一位士兵在战争中杀了垂死的敌人士兵后背诵忏悔录和圣母玛利亚……恳求上帝的原谅。"（p. 84）另一位步兵军官"请求上帝不要使他成为一个懦夫"（p. 109）。一些人在他们的努力下成功了，特别是那些能够把战争看成宗教和上帝在他们身边的人。但是，麦赫迪认为，很多人失败了。

他提到，基督教传统为战争提供了一些正义的理由，如果战争符合以下标准：如果没有其他办法从一个不公平的侵略中保护自己和社会；如果达到军事目标的手段是与结果相称的。但是，越南战争并不符合这些标准。在这场战争里，谁是不公义的侵略者？在拥护越共的许多当地居民眼中，答案并不是清晰可见的。并且，当市民慢慢地卷入战争，伤亡人数增加且破坏性水平增强时，用于战争的手段符合结果的事实确实越来越不清晰。"为了挽救村落，毁坏它们是很有必要的"（p. 94），这种说法对许多士兵来说越来越不可信。

不公义战争的信念会导致巨大的个人后果，它使士兵们被强迫进入这个冲突之中。很多人感觉到个人罪恶感、不道德感和邪恶感。麦赫迪说，"黑夜临近灵魂"，在这种"精神黑暗"中，宗教变得不可接近（p. 98）。他们坚信上帝不再与他们一起，努力去证实上帝，否则只会将他们推得离宗教生活越来越远。"在祈求保佑军队、他们的任务、他们的枪支和他们的杀人行为时，士兵们愤慨地提及牧师：'不管我们在做什么——谋杀、暴行——上帝总是在我们这一边。'"（Lifton，1973，引自 Mahedy，1986，p. 117）在越南，上帝创造一切的信念最终被粉碎了。那些努力面对新的和可怕的战争规模的牧师总是无法为士兵提供切实有效的宗教选择。

宗教信仰和体验不再给这些士兵提供一个有力量的意义的路径。正如麦赫迪所说，上帝不在你身边，但他也不曾离开。他们和宗教的分离很少被认为是被动的或冷酷的："相反，他们对上帝的拒绝是主动的、热情的，几乎是自然的，并且，有着很好的理由。他们背叛了上帝。在某种程度上，他们相信上帝承诺了一些东西但却不能实现这些承诺。"（p. 106）一个士兵以这样的方式来总结："在我去越南之前，我相信耶稣基督和约翰·韦恩（John Wayne），但在越南这些信念都被埋葬了。"（p. 108）对他们而言，最沉重的任务是在战争的风暴和余震中建构新的价值观和路线。

无神论者的诞生

50多年前，菲特尔和格林（Vetter & Green，1932—1933）做了一项“无神论者诞生中的个性和群体因素”（Personality and Group Factors in The Making of Athesits）的研究。研究调查了美国无神论促进协会中的350名人员，他们发现在所有年轻的无神论者中，有一半的人在20岁之前失去了其中一位亲人或者失去双亲，这个比率远高于在这个年龄段的人的父母死亡平均率。在这项调查中，并不惊奇的是，他们中很大一部分人表示在童年时期和青年时期都很不开心。

菲特尔和格林的研究以及其他第一手实验、观察和实证研究似乎都反驳之前在本章里提及的观点，即反驳一般来说在有压力的情况下人们会倾向于宗教这个观点。这里，我们看到在危机和转变之后，出现了对宗教的失信和宗教脱离。我们如何理解这个矛盾呢？当我们回顾应对的文献中关于事件本身不是行为有力的预测者这一现象时，这种矛盾就开始解决了。宗教行为同样如此。当生活危机可以使人们走向或脱离宗教时，生活方向将不再仅仅依赖于事情本身，还要依赖事情和人们在事情中所带来的之间的关系。一般来说，生活中最具破坏性的问题强化了存在的不稳定性和人们个人与社会世界的局限性。在这个时代，比起其他非宗教选择，宗教可能成为更有效的选择，它提供了更有力量的解决方式。所以，我们发现，总体来说，宗教成为人们在最具破坏性的情况中的重要部分。但是，对少数人而言，宗教对于生活中的边界情境的应对可能是不足够的。对于无神论者而言，在个人的信仰中，可能爱上帝和年幼时父母去世的事情是不可能等同的。他们的丧失并不是会质问自然世界，而是去质问所参照的宗教构架。并且，这是一种世俗的体系，他们在寻找意义中肩负起更大、更有力量的角色。

结　论

宗教和应对是可分开的概念，不能将两者混淆。我在本章分析了两者的关系，着重解决一些重要的和最基本的问题：宗教和应对的关联程度有多少？两者什么时候会联合在一起，为什么会联合在一起？我们知道，宗教并不总在生活里起到重要的作用，但它的作用不能被消除或是极大地削弱。实际上，宗教总是在危机情况中成为中心。它不是空穴来风，至少在某种程度上，它以可预言的、合情理的方式存在。人们以宗教来应对，是因为宗教对人们而言是相对有效的和可接触的，并且因为与其他非宗教选择相比，宗教为意义提供了一个更为令人信服的路径。当人类资源面临局限时，宗教很可能在边界情况中变得特别有力量。但对于那些始终意识到他们自身局限，更投入地寻求与超越物质世界的力量得到联结的人，可能会认为在任何情况下，对普通的和不寻常的情况，灵性都是非常有力量的。最后，有一点很重要，在有些情况下，以宗教方式解决生活中的问题要比非宗教的方式更受欢迎。在这些情况下，宗教应对很可能面临挑战。显然，这里有很多复杂的因素。宗教和应对的联系不能只在个人、情境和事件背景上被理解。这些力量是相互影响的，它们决定了什么时候宗教和应对联系在一起，什么时候宗教和应对分开。

在考虑到什么时候和为什么宗教与应对相联系时，我们可以思考当两者联系在一起时发生了什么。宗教在应对中又是作为怎样的角色？接下来，我们将更深入了解这种关系的特性。

第七章

宗教在应对中的多面性

在本章中，我们将探究人们是如何在苦难中介入宗教来寻找意义的。首先，我会探讨将宗教信仰和仪式应用到解决生活具体问题时会面临困难的原因；之后，我们将考察宗教是如何在与传统观念不同的诸多层面上影响应对的；最后，我们会讨论影响宗教应对的个人、环境及文化推动力。

从天堂到人间

“黑暗的王子可能是一位绅士，就像我们被告知的那样；然而无论天堂和人间的上帝是谁，他绝不会是绅士。人类行进道路上的尘土需要他卑微的服务，更甚于九天之上需要他的尊严。”（James，1975，p. 40）詹姆斯 19 世纪和 20 世纪之交的深入观察在今天仍然适用。我们看到许多人在困难时刻寻求信仰的支持与慰藉。然而，也有许多人发现，由于古老的宗教信条十分抽象并与现代社会脱节，将其具体化并用以解释当下所处的困境是十分困难的。请看一对面临婚姻危机的夫妇的描述：

在一次争吵中，丈夫问妻子她认为他们到底该怎么办，他们的婚姻将走向何方。妻子拿起《圣经》并翻到《以弗所书》（*Ephesians*）。“我知道保罗（Paul）和耶稣对于婚姻说了什么，”丈夫说，“但我想知道的是，你怎么想？”妻子呆住了，她无话可说。像我们大多数人一样，她可以背诵经文，但却无法将其应用于现实生活中。在那年年底，他们协议离婚了。（Jones，1991，p. 4）

这样的案例还有很多。在人们对于教会的众多抱怨中，最常见的一种即为无法将宗教仪式与教育和日常生活中遇到的问题关联起来（Pargament et al.，1991）。即使是最虔诚的教徒也不能例外。在对神职人员的心理治疗中，我们经常能发现牧师、神父或犹太教士无法将自己的信仰与具体问题联系到一起。

当宗教与应用分离时，便很难起到实际作用。在一项罗马天主教区内关于训诫的研究中我们发现，布道内容与实际生活的关联性是布道内容对教徒影响的最佳预测因子（Pargament & Silverman，1982）。

我记得曾有一位因为事故而瘫痪的神职人员怀着巨大的悲痛之情来做心理咨询。那起事故令他思考了一些根本性问题。事故为什么会发生？他是否曾经可以做某些事而让它不发生？他怎样才能带着残疾继续生活？在发现生命是多么脆弱后，他怎样才能再次找到生活的快乐？在探讨这些关于意义、责任、界限等生命的基本问题时，他从未提及宗教信仰。或许他只是不情愿在心理学家面前提及自己在宗教信仰层面的担心，但当我主动提及信仰在他的诸多挣扎中的位置时，他沉默了。虽然他曾为很多像他一样陷入困境的人们做心理顾问，却无法将空泛的宗教理论应用于自己的具体情况。

将宗教理论应用于实际为何如此困难？在某种程度上，这一问题是因宗教系统而产生的。宗教极度关注人类生命的进程和危机，包括出生、成长、婚姻、疾病、事故、不公、死亡等。绝大多数宗教派别对于上述人生重大事件有自己的解释体系与仪式。然而，没有任何一种宗教可以解释所有可能出现的死亡，或者为所有类别的丧失提供仪式。

宗教无法做到如此详尽是有原因的。如果某种信仰与特定时代、环境和背景联系过于紧密，那么其必会随着时代发展而消失。在宗教中，处于核心地位的符号、仪式与隐喻等必须拥有随时间和环境而变化与拓展的能力。此外，宗教的不完整性也使其在精神求索的道路上不断注入新鲜活力（Bakan，1968）。

任何特定时代与环境下的宗教都会陷入一种两难境地：若过于具体，其灵活性、神秘性与活力则会丧失；若过于抽象，则无法对信徒面临的具体、实际问题起到指导意义。神学家们非常理解这种两难境地。蒂利克（Tillich，1951）说过，神学的最根本职能是在两极间建立一种平衡，“最基础的永恒真理与真理存在于其中的世俗环境”（p. 3）。将瞬时与永恒的真理混淆的神学和与世俗现实脱离的神学一样，将无法维持。

宗教团体中的领袖也在具体实践中面临着这种两难境地。事实上，他们最主要的任务或许就是建立起神秘天国与世俗人间的桥梁。在众多布道、传道和宗教故事中，我们发现了宗教传统中最基本真理与当下情境之间的联结。举例如下。

当一位被虐待的妇女问牧师她是否应当被如此对待时，牧师答道：在上帝的眼中，你是受尊重的。你的自身就像一座庙宇，是一个神圣的领地。就像上帝不希望庙宇被暴力所玷污一样，他也不希望你受到伤害。上帝的灵魂居住在你的身体内，并使你圣洁。你值得过上没有恐惧与虐待的生活。(Fortune，1987，p. 7)

一位拉比（犹太法师）将当今世界的灾祸比作古老埃及的十大灾难：

最终的灾难（十大灾难的最后一难，杀头生之灾）使得头胎出生的婴儿死亡，并引出了对于埃及未来发展的责问。随着犹太团体与低新生儿率、异族通婚、种族间分离与同化、犹太文盲等问题的不断挣扎，我们必须铭记的是那最后的、将犹太团体的未来摧毁的灾祸。(Berkowitz，1989，p. 14)

在任何时代的任何团体中，宗教传统的基础教学都会面临当前时代、环境与人群的特殊要求。在瞬息万变的环境中不断调整自己，保存自身的世界观与准则是每个宗教团体面临的挑战。这便是所谓的“宗教生活的尖端”(Parden，1988，p. 89)。

宗教心理学家对于“宗教生活的尖端”没有太多可说。就像我们之前提到的那样，社会科学家们倾向于将宗教视为一种基本定向。宗教通常被以整体的、具倾向性的以及末端的指标进行常量分析评估：某人参加宗教仪式和祈祷的频率即反映了宗教对此人的重要程度。然而，宗教对于实际生活的指导作用却一直未被探究，因而我们对宗教作用的理解也留下了缺口。

以一项关于老年痴呆症和癌转移患者的照料者的研究举例（Rabins，Fitting，Eastham & Zabora，1990），意识到慢性病患者的照料者自身存在着产生心理及身体问题的风险，研究者们希望探究影响这些人适应照料过程的因素。宗教作为其中一个重要影响变量被提出。更确切地说，通过测量积极/消极的情感指数，研究者们发现，照料者自身报告的宗教信仰强度与两年后更积极的情感状态有相关性。虽然这一研究证实了宗教信仰对照料者的有益作用，但仍有一些重要问题未被探究。例如，宗教信仰如何具体起到了有益作用？它增强了照料者们相信自己的亲人会好转的信心吗？它使照料者们用一种更为乐观的眼光看待病症吗？它为照料者们自身的内心斗争提供了指导方向吗？它引领照料者们在这种看似无意义的病症中寻找到了意义吗？仅仅发现了宗教信仰和行为的一般测量与适应性和幸福感的相关是远远不够的，最重要的问题是，宗教是如何介入当前的环境的？

应对模型为这一从天堂到人间的过渡过程提供了一扇窗口。当关注应对时，我们观察到，人们在困难时刻从信仰的一般理论转换到具体宗教行为上。下面，我们将会讨论宗教在我们“行进道路的尘埃中”表现自身的一些方式。

超越成见

当心理学家们谈及应对时，宗教问题并不经常被提及，偶尔被提及时，也往往是负面的和被简单化的。弗洛伊德（Freud，1927/1961）多年前提出的关于宗教仅仅是逃避现实的一种防御机制的说法仍然被社会科学家们和精神健康专家们所广泛接受。举例来说，一篇探讨压力的论文曾用一页的篇幅讨论宗教，并且仅仅关注了宗教在个人评估所处形势中的防御角色。

> 宗教将人们的感知扭曲成“可接受的”处理问题的方式，在很大程度上，这与运用药物改变认知评估的情况是一致的。尽管拥有宗教信仰毫无疑问地会令人获得更多情感补偿，但宗教所推荐的心理防御策略极有可能对实际行为造成负面影响，并且以个人的身心健康为代价而延续。
>
> 我们应如何理解宗教作为防御机制？“防御”一词在这里特指为达到某种特定结果而选择的特定途径（Freud，1966）。通过扭曲威胁本身或避开威胁（即防御途径），个人希望达到缓和恐惧与忧虑的目的（即防御目标或结果）。为减轻紧张而服务的逃避是这一概念的核心。防御被认为是部分成功、部分适应不良。其可能减轻了焦虑，但是由于没有直面真正的问题，问题仍然无法得到解决。

宗教作为防御这一观点中暗含了三种假设：（1）从结果来讲，宗教的基本目标是减轻焦虑；（2）从对情境的建构来讲，宗教是否定的一种形式；（3）从对情境的处理方式来讲，宗教是消极和回避的。我和帕克（Pargament & Park，1995）认为，这些关于宗教作为防御的假设是陈旧的刻板观念。就像其他刻板观念一样，这一观点有一定程度的正确性，但也仅此而已。宗教可以减轻焦虑，扭曲事实，可以是消极和回避的，但还有更多的方面。在前言部分中，我将宗教定义为一种复杂的多面现象。而在讨论到应对时，宗教的作用也仍然是复杂而多面的。在下面的章节中，我将通过呈现宗教在应对行为中的多面性来挑战大众关于宗教的成见，包括我们期望达到的目标、情境建构的方式，以及在探索意义的过程中使用的一些特定应对方法。

仅仅是减轻焦虑吗？宗教应对的多种目的

在众多精神健康专家眼中，安慰、抚慰、慰藉等是宗教的基本功能。与之相似，一些应对的研究者将宗教定义为以情绪为中心的应对的一种形式。为这一观点提供支持并不难。就像我们在前一章中看到的那样，人们在困难时刻更容易去寻求上帝的帮助。在第十章中我们也将提到，参与宗教活动有助于缓解危机中人群的焦虑与悲痛。然而，认为人们在危机时寻求宗教的情感抚慰与认为这就是宗教的全部目的是截然不同的两件事。

前文中我们描述了常与宗教有关的一些目标。我们寻求宗教信仰不仅仅是为了安慰，也包括其他目的，如神圣、意义、自我、身体的健康、亲密、更好的世界等。在压力应对过程中，每一种目的都拥有其特定性。

人们可能会努力探求他们的精神实质。

"宗教与应对"课题中的受访者之一，41岁的女士简，向我们描述了她一生在困境与挣扎中寻求上帝的故事。当她还是个孩子时，曾有过一次深度的精神感应："记得在我四五岁的时候，有一次我坐在房子后面的空地上，夕阳下沉，我感受到上帝用他的臂膀环绕着我。我可以清楚地记得在那片空地上、在夕阳中看到了他。"青少年时期，简有了一次重生的经历，但那是一次"逆向成功"。"我以为，当我成为一个基督徒，当我让主进入我的心时，我将不会再做任何错事。我会变成一个完美的人……所以当我第一次搞砸了事情时，我想，完了，我把一切都搞砸了，而身边没有任何人告诉我事实并不是这样。"简的生活从此进入了恶性循环。她吸食海洛因，有了一系列不成功的婚姻，并且参加了巫术和邪教。所有这些她认为是被误导了的行为都是为了重新找回上帝。

她母亲的去世是一个转折点。在母亲的葬礼上，她朋友的一番话深深地影响了她：

当耶稣说"我永远不会离开你或放弃你"的时候，他会说到做到。当你迈出了这一步，越过这条线并让我进来时，我会永远和你在一起……你知道，那深深触动了我。我觉得那些话就是为我而写的。当她（朋友）告诉我这些时，我就想，我的上帝，他一直和我在一起，从未离开。自从1972年我让他进入我的生活，他一直在我的身边。(Pargament, Royster et al., 1990)

虽然简感觉自己已经找回了上帝，但她相信自己会通过在日常生活中努力感受上帝的方式继续她的精神探求，并且彻底改变了她的生活方式。据简反映，在过去的十年当中她已经回到了家乡，戒掉了海洛因，建立了新的朋友圈，成功地再婚，并且投入到个人宗教信仰与教会活动中。

回顾简的生活，她显然经历了与众多危机的抗争。然而，仅仅说她消极应对了自己的问题是不对的，因为她的应对是非常积极而有目的性的。她在应对过程中重新发现了儿时曾感受过的上帝的存在。

宗教也经常在应对人类归宿意义的探求中被涉及。安慰代表了目的之一，但绝不代表所有。举例来说，在1995年美国俄克拉荷马州导致100多人丧生的爆炸案的幸存者的多种描述中（见表7.1），我们看到，人们在经历了同一事件后会为了不同目的和意义而寻求帮助。

非常重要的是，我们需要意识到区分寻求安慰与寻求人类和精神归宿的界限并不十分清晰。许多个人、社会和精神的目标可能会互相交织在一起。举例来说，在一位罗马天主教牧师关于他母亲葬礼的描述中，我们很难将那一时刻的灵性与亲密感觉、联结性与对家庭和朋友的安慰感区分开。

葬礼是令人惊叹的，是我人生中的最高点之一。整个教堂都被挤满了，所有人，很多朋友都在那里。礼拜仪式是一次真实的重生经历。非常棒。我失明的外甥演奏了钢琴。我永远不会忘记那些赞美诗。我最好的朋友大卫做了布道，非常恰到好处的布道……非常多的宗教表达以及家庭表达。

表7.1 俄克拉荷马州爆炸案幸存者关于宗教意义的描述

灵性 “失去了太多，所以我更加坚定地坚持住我的信仰、宗教仪式、我的上帝。对我来讲，如果失去了信仰，我就失去了一切。”
意义 “我们都曾经茫然，曾经失去勇气，曾经问过为什么，然而有很多问题我无法回答。但是有无所不知的上帝在。我确信主并没有在天堂思考怎样处理问题，他早已掌握一切。”

续表

安慰
“我们不知道她是否还活着。我们不知道她发生了什么。然而我们知道她与上帝同在。”（女儿在爆炸中失踪的父母）
自我
“你必须要依靠精神的力量才能战胜自己。在风暴尚未平息的艰难时刻，主是我们唯一的力量。”（对于继承坚忍强大的“愤怒的葡萄”传统的俄克拉荷马州爆炸案幸存者的评论）
身体健康
“人们并不一定要为我们祈祷，这里已经可以帮助我们好转。”（一位代表自己在爆炸中失明的朋友而来参加祈祷活动的男士）
亲密
“有一种精神将人们联系到一起——不是人的精神，而是神的精神。”
更好的世界
“我正在试图宽恕那些（应对爆炸事件）负责的人。我们为了和平和正义而奋斗，我发誓不会向仇恨妥协。”

注：爆炸案幸存者的叙述取材于电视采访和新闻报道。

我们看到的上述叙述来自于自述报告或个案报道。一些人认为人们不可能知道或正确报告出自己的应对动机，也有人认为这些报告仅仅是描述同一基本防御动机的不同形式。然而，如果这些个人陈述是可信的，那么我们对于宗教应对仅仅具有一种特定意义的看法也许应该做出改变。我们应注意到，人们在面对生命中的起伏时通过宗教寻求到多种结果。减轻焦虑是宗教应对的其中一项重要结果，但不是唯一的。下面，我们将会对宗教目的与途径的多样性提供更多数据支持。

仅仅是否认吗？宗教对于情境的多种建构

一种广泛的成见认为，宗教只是一种否认的形式，一种通过否定现实来减轻焦虑的途径。然而，这只是宗教对于情境的一种解释方式。宗教可以对关键事件的评估产生其他方面的影响，并影响到人们希望回避而不直面的生活事件。

生活事件评估

我们总能为类似于“宗教应对只是否认”的成见找到证据。让我们来看一个因多次盗窃和抢劫而被判刑的32岁男子的例子。当被问到过去时，他说：

"因为找到了耶稣，我已经没有过去的记忆了。"（Peck，1988，p. 201）另一个例子是早产儿威廉姆，他自出生起便疾病不断，最后发展到肝脏衰竭，不得不靠机器维持生命，并承受着巨大痛苦。但他的父母却拒绝接受这一现实，认为"上帝会拯救小威廉姆的，会证明医生的诊断是错的……上帝比任何医生都聪明，他一定会拯救我们的儿子"（p. 38）。在威廉姆病情急速恶化期间，他的父母拒绝到医院看望他，直到最后濒临死亡时才勉强来到医院，并仍坚持认为"奇迹会出现的"。威廉姆死后，父母将他的遗体放在太平间几个星期不管，直到葬礼安排确定下来。

一些实证研究也发现了特定群体中宗教信仰与否认的相关性。在一项关于癌症晚期的基本教义派教徒的研究中发现，在教会中得到更多支持的人更容易否认自己患病并即将死亡的现实（Gibbs & Achterberg-Lawlis，1978）。

类似的例子还有很多。然而，发现宗教否认的事例是一回事，得出宗教只是否认的一种形式的结论就是另一回事了。一些证据支持相反观点。在一些个案的叙述中描述了上帝帮助人们面对失去这一现实。一个失明孩子的母亲这样说道："我希望我的儿子可以看见，可他不能。上帝教会了我接受并带着这一事实继续活下去。"（Erin，Rudin & Njoroge，1991，p. 161）

众多实证研究发现也与"宗教只是否认"这一成见不符。在一项研究中，贝尔曼（Berman，1974）发现，在报告了至少曾有一次"一致认可"的危及生命经历的人群中，有宗教信仰组与无宗教信仰组表述了相同程度的焦虑、恐慌及恐惧感。一些其他研究也发现了相同结果（例如，Acklin，Brown & Mauger，1983；Pargament，Olsen et al.，1992b）。

一些特定的宗教信仰可能会增强而非减弱对于危险和伤害的评估。举例来说，在一项针对波斯湾战争引发的压力反应的研究中发现，拥有宗教信仰与产生更多闯入性思维和梦境相关（Plante & Manuel，1992）。

神经科学家奥利弗·萨克斯（Oliver Sacks，1988）在他关于大卫·詹森的描述中表达了相同的观点。大卫自15岁起开始有自残、毁坏物品和冲动骂人等行为，而这些行为，特别是骂人，是不被他所在的保守的门诺派教区所接受的。由于无法解释自己的行为，大卫得出了魔鬼进入了他内心的结论。每当他无法控制地骂人时，便会说道："恶魔，快滚开！离我远点儿。"（p. 97）随着年龄的增长，大卫的症状逐渐恶化。终于，他在38岁时被医生诊断为图雷特综合征。这一正式的诊断对于大卫来讲是一种解脱。"我高兴得简直要跳起来……他将我骂人的罪恶感解除了。恶魔并没有占据我的心——这是我最害怕的——也不是医学厄运。我只是生了病，这种病是有病名的，还是个好听的名字。我总是会重复这个名字。”（p. 98）

这一事例使我们再一次回忆起克利福德·格尔兹（Clifford Geerz，1966）曾说过的话：“在漫长的人生旅途中，宗教给人们的鼓励与困扰大致是相等的。”（p. 18）

关于宗教与评估之间联系的研究仍然很少。但据我们所知的事实来说，宗教并不总会减少对危险与伤害的感知度。否认是宗教在负面事件评估中的角色之一，但并非所有。

宗教的力量很大程度上在于其将负面事件的评估赋予正面意义的能力。危机为人们提供了亲近上帝的机会。痛苦的经历成为磨砺勇气的一种形式，失败与痛苦使人们有了赎罪并得到救赎的机会。从宗教的角度讲，即使是最令人绝望的井底也可能被评估为有积极意义的。请看福音传道者比利·格雷厄姆（Billy Graham）给一位男子的建议。这位男子抱怨，长期忍受疼痛使他很难想到上帝。比利说道：“自古以来有无数上帝的圣徒发现，痛苦和疾病是一种赐福而非阻碍。他们发现那些痛苦的经历帮助他们发现了生活的真谛……为你所受的苦难而感谢上帝貌似很难，但上帝通过这些教会你他想让你懂得的事情。”（Kotarba，1983，p. 683）

实证研究也发现了宗教信仰与对事件的正面评估之间的联系。怀特、普拉特和斯摩尔（Wright，Pratt & Schmall，1985）研究了宗教在阿尔兹海默症患者的看护者的压力应对行为中的作用。这一研究的重要发现之一是，在应对过程中，寻找宗教方面精神支持的看护者们更有可能将他们所处的境况定义为正面的。一位看护者这样说道：“这是我一生中最受益的经历。我不会放弃对我父母的照顾。这一过程中有挣扎、犹豫及挫折，但我第一次学会了珍惜生命中的每一天。疾病教会了我从主那里获得力量。”（p. 34）其他一些研究也发现了宗教信仰与在负面境况下“从困难中看见光明”的评估间的联系（Carver et al.，1989；Weisner，Belzer & Stolze，1991）。

当然，一些人会争论到，所谓对情境的正面评估可能仅仅是更高级的否认痛苦的伪装而已。然而，一些实证研究证明，对负面事件的积极解释与否认并不等同。在一项关于癌症患者的研究中，叶茨、查麦士、圣詹姆斯、福兰斯比和麦克柯尼（Yates，Chalmer，St. James，Follansbee & McKegney，1981）发现宗教信仰与患者对是否存在痛苦的报告并无相关性，但与较轻程度的痛苦的报告相关。与之相似，在“宗教与应对”课题研究中，尽管宗教信仰的综合评分与对环境是否危险或有害的评估无相关性，却与是否将环境视为一次成长的机会相关（见 Pargament，Olsen et al.，1992b）。这些发现证实，宗教为负面事件赋予正面而神圣的意义，但却并没有否认或扭曲环境正在发生根本性变化这一事实。

创造与规避生活事件

"宗教即为否认"这一传统观念建立在宗教只有在发生问题后做出反应时才产生作用这一假设上，即宗教被认为会对压力源做出否认或扭曲反应，而这一观念忽视了宗教在创造事件与规避事件中的作用。

在对灵性的探寻中，各种宗教都对人生中最重要的几个结合点做出了解释，为其披上了信仰的外衣，并与其他生活事件区分开。奥登（Oden，1983）捕捉到了"宗教节日"对于基督教徒的特殊意义。

> 在信徒的一生中，有最无可比拟的五天。他出生的那天，意味着生命被赋予；他受洗的那天，意味着他进入到信仰的集体中；他确信主的那天，意味着他再次确定自己的受洗，自愿进入集体并享受这一神圣的联结所带来的喜悦；他结婚的那天，意味着他选择签订一份关于爱与忠诚的终身契约；以及他离去的那天，意味着生命又重新回到了上帝手中。(p. 85)

通过与宗教建立联结，事件的意义被从根本上改变了。犹太教仪式下的婴儿出生不再仅是一个医学过程，圣公会教堂中举行的婚礼也不会与世俗婚礼相混淆。如此，仪式与信仰将不仅仅是外部的粉饰，它们为事件增添了分量，赋予了更深的意义，从而改变了事件的本质。这也许可以被用来解释艾德勒与卡斯尔（Idler & Kasl，1992）的一些有趣发现。他们发现，在复活节或圣诞节前的一个月内，老年基督教徒的死亡率明显降低；相同情况也体现在逾越节和赎罪日前一个月内的老年男性犹太教徒身上。显而易见，对上述这些宗教仪式和节日的预期对于信徒的生存意义产生了影响。

宗教在赋予这些必然的、普遍的生活事件以不同意义时，也产生了新的要求与压力。拥有宗教信仰的个体很可能会面对一些特殊问题，其中之一便是怀疑自己信仰的真实性。克伊斯特拉（Kooistra，1990）研究了罗马天主教会学校和荷兰革新教会学校的高中生对于信仰的怀疑。研究发现，这些怀疑为他们自身带来了痛苦。积极的信仰怀疑（通过在怀疑基本宗教教义上花费的时间和精力来测量）与更多负面情感和焦虑状态有相关性。

信仰怀疑仅仅是宗教领域中众多问题与困境的一种。有人苦恼于如何找到一个男女被平等对待的宗教圣会；有人挣扎于宗教领袖持续破坏教义的行为；有人在与想要和教外人士结婚的儿子争吵；有人遭到丈夫虐待却不被教会允许离婚……类似的例子举不胜举，而其核心问题都在于，被认为是解决危机而不是制造危机的宗教自身可能会为其信徒带来极大困扰。

然而，宗教在制造一些问题的同时也规避了另一些问题。在描绘宗教指引道路的地图上，应规避的道路比应追寻的道路更为清晰。这些道路都会被以醒目的警示牌标记出来，譬如“亵渎”“不洁”“有罪”“憎恶”“禁忌”“污秽”等。这些标志显著地揭示出了这些道路在宗教意义上的负面性。

谋杀、通奸、谎言、偷盗、残忍、异教崇拜——这些是传统意义上离经叛道的行为。现代社会下又产生了一些新的可能让人迷失的歧途，如酗酒、滥用药物、家暴、离婚、无家可归、社会和政治压迫等。在宗教层面上，这些都是我们这个时代的罪。

宗教鼓励人们远离歧途。这种鼓励一定程度上来自于针对多种形式罪恶的禁令。《圣经》中的一段这样说道：“你不可折磨寡妇与孤儿。若你做了，我的愤怒将会爆发。我会用我的剑刺死你，使你的妻子成为寡妇，子女成为孤儿。”（《出埃及记》，22：21–23）《新约全书》中则说：“来自天堂的上帝的愤怒将会处罚那些不道德的人。”（《罗马书》1：18）《可兰经》中也说道：“看啊，邪恶之人将入地狱。他们将在审判之日被烧死，并永远消失。”（《撒拉 LXXXII》，pp. 14–16）

宗教对于避免人们误入歧途的鼓励也体现在社会层面上。有些时候，有组织的宗教可以伸出援手，抓住迷失之人的臂膀并把他拽出死亡之荫。让我们来看其中一个例子，罗伯特·史密斯牧师与新伯特利的浸会教徒杰罗姆——一个有毒瘾、失业、与妻子分居并独居在废弃楼房里的 38 岁男子的会面。

> 七月的一个早晨，史密斯神父带领了杰罗姆……史密斯的做法很简单，他邀请杰罗姆吃晚餐，并来参加布道会，杰罗姆同意了……
>
> 但这只是杰罗姆旅途的开始。拯救他的并不是为他施洗礼的圣水，而是在那之后收留了他的两个宗教团体……
>
> “这个教堂很安全，这里的人们对我伸出了援手，”史密斯说道，“我很高兴，因为在我以前住的那条街上，没有人会为你做任何事——除了虐待你和利用你。”……
>
> 在新伯特教会和戒毒互助所的帮助下，仅在施洗的四个月后，杰罗姆便

回到了家人的身边。他不再吸毒，不再犯罪。就像蓝皮书中宣扬的那样，他慢慢开始了新的生活。（Crumm，1991，pp. 8A–9A）

除了这种非正式的会面，很多宗教团体还组织一些正式活动来帮助人们解决困难，帮助他们回到正常的生活轨道上。基督教会和犹太教会都支持一些有针对性的预防互助计划，比如药物滥用和酒瘾、婚姻危机、无家可归、高血压等。这些计划与心理健康计划有很大不同，都有很明确的宗教指向。这些计划的目的是保护人们不受当今社会下的罪的污染，并指引他们走向圣洁之道，而它们的作用在于改变人们在生活中常会遇到的境遇的特性。实证研究发现，当人们信奉宗教时，他们面对诸如药物滥用、婚姻不忠、自杀（Payne，Bergin，Bielema & Jenkins，1992）以及高风险性行为等问题的概率会降低（Folkman，Chesney，Pollack & Phillips，1992）。

然而，我们也应该认识到，宗教在规避一些问题的同时也创造了另一些问题。例如，尽管摩门教徒的饮酒率是所有宗教团体中最低的，那些饮酒教徒的酒精滥用率却极高（Strauss & Bacon，1953）。那些破坏饮酒禁令的教徒可能缺乏合理饮酒的知识，或认为他们已经无法回头。因而，虽然对大多数人来说宗教禁令可以避免酗酒的发生，但同样的禁令也可能会变成那些已越界之人的问题来源。在这一层面上，佩恩等人（Payne et al.，1992）指出，宗教变成了"一把双刃剑，它在很大程度上避免了酗酒和酒精滥用的发生，但当禁令被破坏时，它将带来更高程度的酗酒及滥用现象"（p. 70）。

让我们来总结一下。虽然宗教常被认为是否认生活苦难的一种方式，我却认为宗教对于情境的解释是多面的。宗教既能提高也能减弱人们对于危险和丧失的认知程度，其作用也并不仅限于对事件的反应。宗教可以重塑我们的生活经历，创造一些事件并抹去另一些。再次重申的是，传统观念中对于宗教在情境解释中作用的认识是不全面且不公平的，这也同样体现在具体的应对方法上。

仅仅是逃避吗？宗教应对的多种方法

在面对压力时，人们运用多种方法来寻求宗教的帮助。例如，人们在医院等待做心脏手术的亲人时，会运用多种宗教方式以减轻等待的煎熬（Vande Creek et al.，1995）。人们可能会阅读《圣经》，观看宗教电视节目，背诵宗教篇章，进行安静的祈祷，与牧师交流，或进行宗教仪式。宗教为其信徒提供了众多可供选择的应对方式清单，然而，这一清单仅体现了宗教应对的不同来源，却没有对各个方式本身做出解释。举例来说，人们是如何祈祷的？他们在为了什么而祈祷？毕竟，祈祷的形式有很多种（Poloma & Gallup，1991）。同样，人们观看什么宗教节目？阅读《圣经》的哪一部分？想在与牧师的交谈或宗教仪式中获得什么？仅知道宗教活动的基本框架是不足以了解其在应对过程中的意义的。因此，我们必须从对宗教应对的基本描述提升到功能分析层面。

在这里我们将遇到另一个传统观念。传统观念认为，在减轻压力的尝试中，宗教总会诉诸不恰当的应对方式。这一领域的一位评论家观察道："心理学研究反映了这一共识……宗教是与一系列被叫作绝望以及不适应的防御策略相关的。"（Dittes，1969，p. 636）更确切地说，宗教在压力面前被认为是默从而无力的。这一观点正确吗？宗教仅仅是一种被动、逃避的解决问题的策略吗？

就像我们可以找到以宗教为依据的否认案例，我们也可以找到以宗教为依据的被动、逃避的应对行为的案例。

我记得一位年轻女性，艾伦，在发现丈夫与自己最好的朋友有了外遇后来做心理咨询。作为四个孩子的母亲，没有工作，远离家人，艾伦已经对她的婚姻和未来有了足够多的不确定。雪上加霜的是，她的丈夫希望她能回家，却拒绝承诺不再见另外一个女人。首次咨询结束后，艾伦同意继续咨询并尝试理清自身的问题与冲突。然而在那之后的第二周，艾伦高兴地给我打电话说奇迹发生了。她说，上帝在梦中告诉她应该回到丈夫身边。第二天艾伦便回家与丈夫重聚了。虽然丈夫仍然没有做出任何保证会结束这段外遇，但艾伦却坚信上帝会改变他。因此，虽然我极力鼓励艾伦继续心理咨询，她还是停止了。被动与逃避是艾伦解决这一问题的核心方法。这些方法并非全无是处，但通过将问题推给上帝，艾伦将不再需要为自己的决定负责。并且，回到丈夫身边并坚信上帝会改变他的做法也使艾伦回避了成为单身母亲以及从第三者而来的潜在威胁。然而，被动—逃避这一应对方式所带来的短期回报是建立在她对自我能力评价的下降以及丧失拯救婚姻的机会基础之上的。

类似的实例还有许多。一些研究也将宗教的多种维度与逃避型应对方式联系在一起，支持了类似上文的临床案例。然而，接受、顺从、逃避、忍耐等可能是宗教应对的重要成分，却并非全部。

宗教并不仅是对于痛苦的逃避。洛夫和卢因（Rofe & Lewin，1980）调查了以色列两个镇上犹太教高中学生的幻想。其中一个镇是一系列恐怖袭击的目标，另一个镇则不是。在两个镇上，受正统宗教影响较多的学生与非信徒学生相比有更多关于救世主的幻想（如幻想圣殿被重建），然而他们没有经历不愉快程度更低的幻想。信徒学生与非信徒学生同样会想象以色列人民再一次被流放，自己或父母死亡，或者自己掐死别人的景象。与非信徒对照组相比，这些信徒并未体现出更大程度上的对于所处环境中痛苦的回避。但在压力环境下，他们似乎的确获得了从另一源泉而来的支持与安慰。

宗教并不仅是被动与服从，也可以表现在主动与被动的应对方式中。举例来说，霍尔顿、威尔金斯和怀特（Horton，Wilkins & Wright，1988）用问卷形式比较了认为自己没有宗教信仰的遭受丈夫家暴的受害者与认为自己有宗教信仰的受害者的应对行为。他们发现，虽然有信仰的女性维持婚姻的时间更长，她们并非只是顺从暴力。事实上这些女性更努力地用行动拯救自己的婚姻，并在解决困境的尝试中运用了更多资源（如心理咨询师、宗教领袖等）。霍尔顿等人总结道："拥有宗教信仰的女性不再被认为是赤脚的、怀孕的、柔弱而不能改变的。她们在面对针对自己和家庭的暴力时体现出了不同的特质，采取了积极的方式。她们不再是处于弱势地位的，应该被以受害者而非过分虔诚者来对待。"（p. 245）

这一研究并非特例。在对相关研究的回顾中，我和帕克（Pargament & Park，1995）得出如下结论：（1）宗教与内控点并不矛盾；（2）在面对社会压迫时，宗教并不与被动性等同；（3）宗教性常与积极而非消极应对方式相联系。这些结论不应该令人吃惊。我们可以找到宗教信仰中关于积极应对方式的基础理论。比如，自然神教承认上帝的存在，但认为上帝不会干预宇宙的自然法则。从这一角度来讲，上帝赋予了人类推理以及解决问题的能力。伽利略（Galileo，1614/1988）在17世纪就表达过这一观点：

> 我不认为神给予我们感觉、理性和智慧，是为了让我们弃之不用。他不会要求我们否认在经验和实证后摆在眼前的事实，以及脑海中的感觉与理性。

新教伦理也鼓励人们在世俗世界中去行动并获得成就，不是因为上帝使人们自由，而是因为获得成功是信徒收到上帝呼召的证明。

宗教应对行为涵盖了人力与神力这一条线上的两个极端——从自治、

勤劳、努力到顺从、被动与放弃。当然，这些只是极端情况，其他可能性也是存在的。当人们描述宗教在应对行为中的作用时，往往指向第三种可能：既非主动也非被动，而是与上帝的互动。在这一类别的宗教应对中，上帝与个人在解决问题中是合作关系。双方平摊责任并且在过程中积极扮演各自的角色。赫歇儿（Heschel，1986）这样说道："在人类为平等、和平与神圣而斗争的过程中，上帝是合作者与队员。因为被人类所需要，上帝与人类订立了长期盟约，并且双方而并非只是上帝一方做出了承诺。"（p. 172）

在"宗教与应对"课题（Pargament，Royster et al.，1990）中，我们的一位受访者阐述了这一合作关系。65 岁的乔面临着一项选择：进行有生命风险的心脏手术或者变成残疾者。当被问到宗教在他的应对行为中扮演的角色时，乔说他向上帝进行了祈祷，但并非以被动或服从的方式。在他的祷告中，上帝是一位积极的聆听者，帮助他思考自己的处境并做出最好的决定。他们一致认为乔不会成为一个好的残疾人，于是乔决定进行手术。

自主、转介和合作：控制应对的三种宗教路径

在前面的讨论中，我提到了在应对的控制与责任上三种截然不同的方式：（1）自主方式，人们在应对中依靠自己而非上帝；（2）转介方式，人们将应对中的责任推给上帝；（3）合作方式，人们与上帝在应对中是积极的合作者。几年以前，我和我的学生（Pargament et al.，1988）尝试测量了这三种宗教应对风格。量表的简要版见表 7.2。我们让一些长老教会员以及密苏里信义会的会员完成量表并做了因素分析。在分析中得到了三类不同因素，并分别与三种宗教应对方式相一致。并且，每种方式与宗教性的其他维度以及心理和社会能力的维度的关系都不同。

表 7.2 宗教应对的三种方式量表

自主

1. 当我经历过一段困难时期时，我会不依靠上帝而努力寻找其意义。
2. 当我面对困难时，我会自己决定其意义，而不会寻求上帝的帮助。
3. 当我面对麻烦时，我会不依靠上帝自己处理自己的情感。
4. 当做决定时，我不会受上帝影响，自己独立做出决定。
5. 当面对困难时，我会不依靠上帝自己思考解决方案。
6. 我会自己解决问题，不会寻求上帝的帮助。

续表

转介
1. 与其自己尝试想出解决问题的方案，我会让上帝决定如何处理。 2. 当实施解决问题的方案时，我会等待上帝的引领，并知道无论怎样他都会解决的。 3. 我不会去想解决问题的不同方案，因为上帝会为我提供。 4. 当麻烦出现时，我会让上帝来决定其对于我的意义。 5. 当环境让我焦虑时，我会等上帝将那些不好的情绪带走。 6. 我不会花太多时间思考曾遇到过的困难，上帝会赋予它们意义。
合作
1. 当需要决定解决问题的方式时，上帝会和我在一起合作。 2. 当思考困难问题时，上帝会和我一起合作想出解决方案。 3. 我和上帝一起将我的计划付诸行动。 4. 当我面对问题感到紧张和焦虑时，我与上帝一起寻找减轻焦虑的方式。 5. 解决问题后，我与上帝一起了解其意义。 6. 当我有困难时，我会与上帝商量，然后我们一起决定其意味着什么。

注：宗教应对三种方式的完整量表见 Pargament et al.（1988）。The Society for The Scientific Study of Religion（1988）版权所有。经允许改编。

1. 自主方式与宗教性的大多数维度呈负相关。然而，这并非意味着自主方式是一种非宗教方式。在我们的被试中，即使是自主性非常高的人也是教会成员。此外，自主方式分数与宗教探寻维度的分数呈正相关。

2. 转介方式与较高程度的被上帝、正统教义以及外部宗教的控制感相关。这一方式的重点在于为满足特定需要而依靠外在权威、教条和信念。

3. 与之相对，合作方式与较高的祷告频率、宗教特点以及内在宗教性相关，是承诺更深的宗教关系的指标。

这三种应对方式也与不同水平的个人及社会能力相联系。

1. 自主方式与生活中的高自我控制感及自尊心相关。这一发现与其他关于主动性与自主性在解决问题中的价值的研究结果相符。

2. 转介方式与一些低能力的指标相关，如低自我控制感、高机会控制感、自尊心低、解决问题技巧低以及对人与人之间不同的低容忍度。这些发现并不令人惊异，因为转介方式对于外部权威的依赖包含了被很多心理学家严重批评的被动及无助型的宗教性。

3. 与转介方式相对，包含了个人与上帝之间积极合作的应对方式似乎很好地预示了个人能力。合作方式与高自我控制感、低机会控制感以及高自尊心相关。[1]

一些学者将这些宗教应对方式维度运用在其他样本上，也发现了这些维度与不同种类的宗教信仰和行为、不同程度的生理心理健康水平以及不同方式的卫生保健和宗教服务相关（Bransfield，Ivy，Rutledge & Wallston，1991；Casebolt，1990；Hathaway & Pargament，1990；Kaiser，1991；McIntosh & Spilka，1990；Pargament，Ensing et al.，1990；Schaefer & Gorsuch，1991；Sears & Greene，1994；Winger & Hunsberger，1988）。[2]

上述三种宗教应对方式也许并不能涵盖所有对于责任与控制的宗教介入方法。向上帝恳求得到神助代表了另外一种值得深层研究的方式。恳求神助的行为并不罕见。在一项国家调查中，42%的受访者提到曾经向上帝祈祷物质上的所求（Poloma & Gallup，1991）。一家医药公司近期建立了一个祷告网络，供医生们为了病人的健康提出祷告要求（Wall，1994）。对于神助的请求，既有积极因素又有消极因素。对于结果的最终责任和控制权看似掌握在上帝手中，然而请求神助的个人在积极地——尽管是间接地——尝试改变结果。在自主应对方式中，个人寻求控制；在转介方式中，寻求上帝控制；在合作方式中，个人协同上帝一起寻求控制。而在请求方式上，个人通过上帝寻求控制。在第十章中我们会回顾一些证明请求应对对于适应行为有混合意义的证据。

我们的目的并不在于评鉴出一些好的或不好的宗教应对方式。（之后我们会讨论到这些应对方式是如何与其他个人及社会幸福维度相联系，以及在不同情境下每种应对方式的利弊。）我也并非认为这些控制方式是仅有的宗教应对方式。我们只是鉴别了一些人们整合神力与人力概念的不同方式。将宗教应对行为定义为被动或消极的观点并非是错误的，而是不全面的。顺服与遵从于上帝仅仅是宗教多面性中的两个方面。

对于远观者来说，宗教在应对行为中的角色可能是单一的。然而，近距离观察与剖析之后我们发现，宗教是多面的，是一种可以以多种方式介入生活，影响应对过程中每一部分的力量：在我们希望获得的结果中、对生活事件的解释中、为应对压力而采取的各个具体步骤中。希望我们的讨论可以促使读者们用积极的怀疑态度看待对于宗教生活的简单化描述以及旧有观念。

测量宗教应对的多面性

一些研究者开发出了测量人们在应对负面事件时寻求宗教帮助的程度量表（Carver，Scheier & Weintraub，1989；Koenig，George & Siegler，1988）。这些量表可以帮助描述宗教在多大程度上参与了应对过程，却无法详细指明宗教是如何参与应对过程的。因此，我们需要一种不同的方法。

在“宗教与应对”课题中，我与我的同事（Pargament，Ensing et al.，1990）具体评估了宗教应对多面性中的一些方面。与从控制的理论概念衍生出的三种宗教应对方式的维度不同，我们开发《宗教应对活动量表》的方法并非纯粹是理论性的。量表中的问题是从对基督教徒和犹太教徒的采访中、宗教应对的个人事件中以及相关文献综述中整合而来。我们评估了尽量大范围的，包含了思想、感受、行为以及关系的各种宗教应对方法。这些问题之后被分发给部分教会成员，并要求他们就自己在过去一年中遇到的最严重的负面事件所采取的应对方式回答问题。我们的问题集中在三个维度：受访者希望通过宗教应对达成的目标或意义、受访者对于事件的评定以及采取的应对方式。为了将关于应对活动及目的的众多问题减少成更易控制的一组量表，我们进行了因素分析（Pargament，Ensing et al.，1990）。有关基督徒的详细量表（表7.3）及其简要描述如下。

表7.3　宗教应对项目及量表

应对中宗教的目的[a]

- *精神的*
  - 与上帝间的个人亲密
  - 生活的意义感和目的感
  - 对于未来的希望感
- *自我发展*
  - 对于良好自我感觉的帮助
  - 对生活更有控制感
  - 对于个人自我提高的帮助
- *解决*
  - 对于解决问题的帮助
  - 和平与舒适感
- *分享*
  - 对于表达个人情感的帮助
  - 与他人之间的亲近与归属感

续表

抑制 对于控制个人情感与行为的帮助
对于事件的宗教评定[b] 这一事件是上帝的意愿 这一事件是上帝的惩罚 我的精神安宁受到威胁
宗教应对活动[c] *精神基础上的* 上帝向我展示了如何处理这一状况 在这一事件中寻找上帝给的教训 做我能做的，把剩下的交给上帝 寻求上帝的爱与关怀 认识到上帝正在锻炼我，使我变得更强大 认识到我无须遭受痛苦，因为耶稣已经代我受苦 在处理问题的过程中，我受到上帝的带领 相信上帝不会让任何可怕的事情发生在我身上 以基督作为该如何生活的榜样 我的信仰向我展示了处理问题的不同方法 接受了控制权不在我而在上帝手中的这一事实 用信仰帮助自己决定该如何渡过难关 *善事* 努力减少罪 为教会中其他成员提供帮助 承认我的罪性 努力使生活变得更有爱 参加宗教集会或仪式 参加教会群体活动（支援群体、祷告群体、研读《圣经》群体） *不满* 表达对于上帝的愤怒或距离感 表达对于教会其他成员的愤怒或距离感 对自己的宗教信仰产生怀疑 *宗教支持* 向牧师寻求帮助 向其他教会成员寻求帮助

续表

恳求
恳求上帝让情况好转
恳求奇迹出现
与上帝谈判让情况好转
问上帝事情为何会发生
祈求上帝的帮助
宗教回避
关注来世，回避现世的问题
让上帝为我解决问题
用祈祷或读《圣经》的方式避免思考自己的问题
让上帝为我的问题操心

a 指导语："在解决这一事件时，你希望从上帝和你的教会的关系中以及你的宗教信仰和宗教活动中寻找到或者获得什么?"

b 指导语："当事件发生时，你在多大程度上对事件有如下反应?"

c 指导语："在处理事件的过程中，下述方法在多大程度上被使用?"在宗教应对活动中的部分项目被修订并添加到 Pargament 等 1994 年的著作中。

1. 宗教目的项目描述了教会成员在处理自己的特定事件中希望通过宗教找寻的结果。"精神的"因素带来了与上帝亲密的渴望以及对于意义与希望的探索。"自我发展"由对自尊、控制和自我实现的探索构成。"解决"因素关注宗教帮助解决问题以及获得情感安慰的作用。"分享"结合了通过宗教对于亲密的探索以及对其他人的情感表达。最后，"抑制"反映了成员对控制情感和行为的宗教帮助的渴望。

2. 评定项目包含了从宗教角度（上帝的意志）出发，对于境况的正面评估以及负面评估（上帝的惩罚；灵性威胁）。

3. 宗教应对活动项目反映了应对过程中宗教的不同应用。"精神基础上的"因素强调了应对中个人与上帝的关系。通过这种关系，问题被重新建构为积极的，个人控制上的限制被接受，引导与保证也被提供。"善事"因素反映了行为上的重点，具体为更好、与宗教结合更紧密的生活。在"不满"中，我们听到愤怒、距离感以及对于上帝和教会的怀疑。"宗教支持"包含了对寻求牧师与其他教会成员协助的尝试。"恳求"由与上帝协议、祈愿奇迹发生以及对事件为何发生的疑问组成。而"宗教回避"项目则包含了通过祈祷、阅读《圣经》以及相信来世等方式转移对负面事件的注意力。

《宗教应对活动量表》并非是对宗教应对测量和概念化的定论。量表不是纯粹理论性的，也没有测量一些重要的应对方法（如宗教宽恕、宗教转变）。在下面的章节中，我会更细致地从理论和目的性的角度讨论宗教应对方法。我与我的同事们也正在开发更为全面、更具功能性的宗教应对量表以及宗教应对的积极和消极模式的简化量表（见第十章；Pargament，Smith & Koenig，1996）。对主流基督教群体之外的宗教应对量表也需建立。我们的量表所捕捉到的是基督徒们众多宗教应对方式中的一部分（犹太教徒量表见Zerowin，1996）。我们将会看到，这些量表已经被证明会在理解影响宗教应对的因素、预测人们如何适应危机以及促成宗教应对的有益及有害方法中提供帮助。现在，让我们关注其中一个问题。

如果宗教在应对中具有多面性是正确的，那么是什么因素决定了其表达？举例来说，为什么患有同样重病的人中，有些人觉得这是上帝的惩罚，而有些人觉得这是一次获得精神成长的机会？为什么死亡的威胁使一些人更加积极地参加犹太教活动而使另一些人选择隐居、独自祷告？为什么一些失业者向上帝祈求奇迹发生，而另一些向上帝恳求渡过难关的力量？

宗教应对表达的形成

在上一章中，我提到了个人、社会及环境是如何综合影响人们在应对中是否介入宗教的决定的。然而，这些推力并不仅仅影响人们是否进行宗教应对。通过将一些特定宗教应对方式变得更为可用和引人注目，这些推力还可以影响人们怎样将宗教介入应对。

影响宗教应对的环境推力

生活事件有自己的特性。正如在上一章中提到的，当环境突出了人类的脆弱以及非人力可控的力量时，宗教回应便会彰显。然而，危机状态有很多种，正像我们看到的，宗教应对的方式也有很多种。特定宗教表达在一定程度上取决于在每种环境下凸显出的特定种类的丧失、威胁以及挑战。

举例来说，每当我们遇到生命中的重要过渡事件时，通常都会有针对这一特定事件的宗教仪式或信念。割礼、洗礼以及命名仪式等是标志生命诞生的仪式，并且都促进了新成员进入群体的融合过程。圣餐、坚信礼、受戒礼和成年礼等是标志着孩子成年的仪式，并且都强调了儿童到成年的角色转变以及责任承担。葬礼、戴孝和纪念仪式等是标志死亡的仪式，每种都提供了对于丧失的宣泄场合、对悲痛之人提供支持的讨论会以及重新整合分裂了的群体的机制。

其他危机事件也分别对应着不同的宗教回应，正像宗教领袖和牧师们所意识到的那样。让我们来比较基督教牧师对于面对三种不同境遇的人——入狱、离婚、身体残疾——提供的宗教建议。在对罪犯的安慰中，我们听到了对减轻内疚的尝试：

> 你可能会对自己导致的这一生活现状感到内疚，但这并不能阻止你体验快乐。当以色列人的子孙在多年囚禁生活后返回耶路撒冷时，他们感到内疚，因为他们知道自己没有遵从摩西的戒律。然而尼赫迈亚对他们说："不要哀伤，因为主的快乐是你的力量。"（Singer，1983，p. 20）

在对于离婚者的祷告词中，回答则更着重于分离和孤独问题：

> 在我孤独的床上没有人向我伸出手。我是多么渴望有一个人可以被我碰触和握紧，可以和我一起谈笑，可以争吵和拥抱。我伸手过去，然而你不在那里。是你带给我这种孤独，好能让我把一切奉献与你吗？我知道，我需要你的爱。来吧，耶稣，来吧。阿门。（Payne，1982，p. 13）

而对身体残疾者的话中则特别针对公平以及痛苦的意义问题：

> 上帝并不是任意决定谁应该承受痛苦而谁不应该，或者谁应生谁应死。上帝也并不想惩罚我们……要知道苦难是生活的一部分，上帝并非特地将苦难送给我们，而是要我们从"为什么是我"前进到"如何处理"问题——"我怎样渡过难关？我怎样应对现在的形势？我怎样在这一经历中获得成长？"（Biegert，1985，pp. 5-6）

如这些片段中显示的，宗教世界可以是"因情境而变"的（摘自 Oden，1983），根据具体问题而调整回应。

然而，个人是否会在选择自己的宗教应对方式时因情境不同而做出类似调整又是另一回事。宗教通常被认为是一个稳定的性格特质，一种持续不变地应用于不同时间和地点的生活倾向。在"宗教与应对"课题中，我们测试了不同生活事件是否与不同宗教或非宗教应对策略相关联（Pargament, Olsen et al., 1992a）。宗教应对方法在上文中已描述过。《非宗教应对问卷》则着重于：（1）事件被评估为威胁、挑战/机遇或危害/丧失的程度；（2）个人处理事件时，关注积极问题解决、回避问题或人际支持的程度（McCrae, 1984；Moos, Cronkite, Billings & Finney, 1984；Stone & Neale, 1984）。

我们将样本再分成四组，这些人分别在去年一年中经历了四种负面事件之一：（1）亲人或挚友死亡；（2）工作相关问题，如失业、解雇或下岗；（3）人际冲突，如离婚或分居；（4）健康问题。接着我们比较了四组人的应对方式。如果宗教是不随情境而变的，那么我们预计四组人员对于各自问题的应对方式会基本相同。无论何种负面事件宗教都会做相似表达。如果宗教会随情境而变，我们则预计每组人员处理自己的问题的应对方式会不同。我们发现了什么呢？

我们的结果在一定程度上支持了宗教随情境而变的观点（Pargament, Olsen et al., 1992a）。四组人员的应对方法不同：他们对于情境进行了不同评估，运用了不同的宗教和非宗教应对活动，应用宗教的目的也不同。四组中有最显著差异的是对于死亡的宗教反应。相较于其他情境，失去了亲友的人更多地将情境评估为上帝的意愿。他们运用了更多宗教回避的方式帮助自己转移注意力，并且在宗教中寻求更多分享与亲密。与面临健康问题的人一样，他们更多地参与了精神基础的应对，并且更多地从牧师和其他教会成员那里得到支持。有趣的是，亲友死亡的一组比其他组更少运用了非宗教应对方法，如问题解决或关注积极面等。很明显，死亡与宗教紧密缠绕在一起。然而需要强调的是，面临亲友死亡的人并非仅仅为自己的丧失盖上了一层“宗教被子”，他们的宗教应对方法是有选择性的。举例来说，他们像其他人一样会做善事，向上帝恳求和表达应对中的不满。总而言之，对于死亡的宗教反应是有所区别的，是根据人们对情感、人际以及精神支持的需求加以调整的。

“宗教与应对”课题为我们提供了另一个深入了解宗教对情境敏感程度的机会。通过在一年以后进行跟进研究并让被试填写同样的量表，我们可以测量同一被试在不同时间和情境下宗教应对的一致程度。教会成员被分为两组：在一年中面临相似情境组以及面临不同情境组。与预测一致，一年后面临相似情境的被试运用的宗教应对方法与一年前相似度极高，相似的情境导致了相似的应对方式。那些遭遇了不同情境的人呢？他们会将同样的宗教解决方案应用到新的或不同的情境上吗？我们的结果显示，这一组成员的宗教应对方法的相关性要低得多。当情境改变时，人们不太可能会以原来的方式应用宗教。换句话说，不同的情境似乎导致了不同的宗教解决方法。哈撒韦（Hathaway，1992）也描述了在90天周期中人们面对不同日常困难所采取的一些宗教应对类型的不同变化。这些困难包括准备食物、过多干扰、睡眠不足以及工作上的困难。

不同情境会影响我们的生活形态是显而易见的。然而，不同情境也影响了我们生活中的宗教本质的说法似乎并不那么显而易见。宗教通常被认为是性格中的一个稳定部分，因而宗教体验中情境的力量以及信仰在不同场合中的适应能力可能被低估了。然而，我们回顾的这些有限的证据显示，不同情境的确会影响宗教在应对中的表达。当然，情境并非唯一的决定力量。正像我们一样，人们不会独自应对，也不会空手应对。

影响宗教应对的文化推力

文化使得一些思考和处理问题的方式比另一些更易被这一文化下的人所用。这一点也体现在宗教上。文化有选择地鼓励一些应对中的宗教表达并抑制另一些。

斯蒂芬森（Stephenson，1983—1984）描述了一个患淋巴肉瘤并在第一次发病后两周去世的48岁男性的案例。他的家人非常沮丧。在葬礼之后，死者的一位兄弟对另一位愤怒地说道：“他走得太突然了，太突然了……他曾那么有活力。我见过更惨的例子……早上出去工作的人再也没能回到家！但他走得实在太突然了。”（p. 131）他的死亡在社区中造成了极大的惊骇与内心冲突。

对于西方文化下的人来说，这些反应可能显得有些特殊。这样的死亡的确会带来惊愕与悲伤，但是意识到逝者走得很快并没有经受很大痛苦可能使痛苦得到缓解。然而，斯蒂芬森描述的这一死亡发生在哈特派信徒社区中。在这一文化中，理想的死亡是缓慢的。缓慢的死亡使得哈特派信徒可以有时间弥补自己的罪过，原谅别人并被别人原谅，以及做好进入永生的准备。像一个信徒说到的那样：“我们倾向于缓慢而非突然的死亡，我们希望有足够的时间考虑来世，忏悔和修正错误。我们不希望看到一个成人突然死去。”（Hostetler，1974，引自 Stephenson，1983—1984，p. 128）这里我们看到了文化影响宗教这个对情境影响的例子。对于哈特派信徒来说，快速而无痛苦的死亡是精神上的不幸。

文化影响宗教应对方法和宗教评估。多年来，人种学家乌尼·威坎（Unni Wikan，1998）工作并生活在埃及和巴厘岛两种文化中。威坎发现，尽管两地都是伊斯兰教派，但两地人应对死亡的方式却截然不同。在埃及，儿童的死亡会使人们陷入极大的痛苦与煎熬中："他们会像要把心脏掏出来一样哭泣。女人们会尖叫、大喊，击打自己的胸膛，在各自怀抱中崩溃，并且几天甚至几周处于错乱状态。"（p. 452）

巴厘岛人对于儿童的死亡反应则极为不同："他们会努力让自己表现得平静和沉着，特别是在面对最亲近的家人和朋友之外的时候。然而即使是面对亲近之人的时候他们也会表现得温和，在笑声、玩笑和欢快中混入无声的悲伤。"（p. 452）

为什么相同信仰的人们对死亡的反应会如此不同？威坎认为，宗教是被文化所过滤的。埃及人与巴厘岛人吸收了伊斯兰教中与自己民族精神最为相符的部分。在埃及人的世界中，对死亡的情感表达是非常重要的。"不幸必须以某种方式被排出体外，否则他将会增加灵魂的负重。"（p. 458）文化规范鼓励所有情感的外部表达——悲伤、愤怒和冲突，而伊斯兰教中仁慈而怜悯的上帝形象鼓励埃及人的这种情感表达。

情感表达对于巴厘岛人的意义则不同，它代表了对于自我、他人以及死者的威胁。负面情绪被认为会干扰判断，会传播给社区里的其他人并带来危险。同样重要的是，悲伤的情感可能会危害到死者的灵魂。根据巴厘岛穆斯林的说法，生者的行为决定死者的命运。一位男性说道："如果我们哭泣、不快乐，灵魂也会不快乐，并不能自由地到上帝那里。我们必须抑制悲伤，使灵魂能够被解放，飞向天堂。"（p. 458）与埃及人一样，伊斯兰教也支持巴厘岛人对待丧亲的方式。然而对于后者来说，最关键的伊斯兰教义是相信死亡是由上帝决定的，而人必须遵从上帝的意愿。"巴厘岛人经常提醒自己，放纵自己的悲伤是在违背上帝的意愿。"（p. 458）

威坎总结道，文化在塑造埃及人和巴厘岛人对丧失的反应中起到了关键作用。伊斯兰宗教在这其中并非不重要，但在不同的文化中，伊斯兰教的形态也不同："……尽管拥有包罗万象和严厉的特质，（伊斯兰教）却总会被以不同的、特定的和当地化的方式所解释，其戒律、规则以及普遍教义也因此被赋予了不同的特质。"（p. 451）尽管威坎关注于伊斯兰教，但她的结论却可以被普遍应用于其他信仰。

即使在被称为"文化熔炉"的美国，每个人的出身文化也持续影响着生活中对于终极意义问题的回答。麦克雷迪和格里利（McReady & Greeley,

1976）询问了大样本美国人，问他们在四种假设情境下的反应：自己患了绝症、儿子被征兵去参战、父亲或母亲缓慢而痛苦地死亡、一个患有痴呆的孩子诞生。他们将回答分成五类：（1）宗教乐观主义者（“上帝会处理好一切，所以没必要担心”）；（2）抱有希望者（“我们承认不幸发生了，但是一切还没有定论”）；（3）世俗乐观主义者（“事情会以某种方式变好的”）；（4）悲观主义者（“我们无能为力，该发生的总会发生”）；（5）漫射（“不清楚，不知道”）（p. 19）。

在众多比较中，麦克雷迪和格里利对比了不同种族传统的人对于这些痛苦情境的回答。即使是在拥有相同宗教信仰的群体中，不同的出身文化也与不同应对方法相联系。举例来说，拥有波兰和西班牙背景的天主教徒比拥有爱尔兰、德国或意大利背景的天主教徒更倾向于成为宗教乐观主义者或抱有希望者，而不是悲观主义者。斯堪的纳维亚后裔的新教徒与英国或德国后裔的新教徒相比，更可能做出宗教乐观主义式的回答而非世俗乐观主义式回答。研究者们没有能够排除其他可能影响结论的因素，如社会经济地位等。然而，他们的结果显示，美国民众仍然继承着各自祖先的文化，而这些文化影响着他们对于生命基本问题的宗教或世俗回答。

影响宗教应对的个人推力：一个定位系统

情境与文化的作用固然重要，却并不能代表宗教应对多样性的全部。库克和温伯利（Cook & Wimberly，1983）在对遭受了丧子之痛的家长的宗教应对研究中强调了这一点。这些家长样本有很多共通点：大部分是白人，已婚，在职，新教徒，拥有高中以上学历，并且生活在同一地理区域。更重要的是，所有家长都是因为癌症或血液病而失去了自己的一个孩子。然而，尽管情境与社会背景相似，他们的宗教反应却不同。很多家长表达了某一天会与自己的孩子在天堂重聚的信念。一位因白血病而去世的 14 岁男孩的父亲说道：“我想上帝给了我 14 年与贾里相处的时光，而这 14 年真的太棒了。他是个好孩子，而我有了美好而难忘的经历。如果处理得当，我想我们会再相遇的。”（p. 229）也有些家长认为这是对自己罪孽的惩罚。一位在孩子生病期间酗酒并有婚外情的父亲说：“（上帝）把他从我这里带走，是因为我活得太堕落了。我想是该清醒的时候了，这就是（上帝）如此做的原因。”（p. 228）另有一部分家长认为孩子的去世是为了高尚而神圣的目的。如同一位家长说的：“我相信他是因为某种原因来到这个世界的。他达成了目的然后被召回了。他坚信上帝，那种信仰……他接触了如此多的生命。”（p. 229）

如果这些家长并不因为文化或情境而不同，那么是什么导致了他们不同的回答？库克和温伯利并没有关注这一问题。然而，一个合理的假设是，这些家长对情境的定位不同。每一个人都以自己特定的方式思考、感受和与世界建立联系，每一种方式都有各自用以应对的资源与负担。被他们各自的宗教或世俗的定位系统所引导，这些家长以不同方式与丧失斗争。那些通常将宗教作为生活中的安慰源泉的家长可能会发现，在来世会与孩子重聚的信念最使人信服。那些通常将信仰融入生活之中的家长可能会寻找将宗教目的融入丧失的方法。那些依赖于上帝寻求公平与正义的家长可能会觉得，相对于认为神不存在或反复无常，将死亡看作神的惩罚反而没那么令人恐惧。

作为定位系统的一部分，宗教影响了人们如何看待和解释情境。在这一分支中，库什纳（Kushner，1989）写道："宗教并不仅仅是一套信念、一群祷告的集合或者一系列仪式。宗教最初并且最重要的是一种看待事物的方式。它不能改变我们生活中的事实，但可以改变我们对这些事实的看法，而这本身就有重要意义。"（p. 27）用更心理学的语言来讲，宗教在某种程度上是一种认知图式（McIntosh，1995），一种帮助我们过滤并了解生活中遇到的大量刺激的意义的心理表征。

然而，从宗教角度看待世界的方式有很多种。将同样的信息呈现给定位不同的人，信息被加工的方式也会不同。牧师们充分意识到了这一点。每周他们都会做一次布道，然后从参加的教徒身上得到各种反应——从打哈欠、礼貌地点头、"不错的布道，牧师先生"，到皱眉、露出不解的表情以及渴望在布道后与牧师有更多交流。虽然大家同属一个教会、聆听了同一场布道，他们却透过不同的宗教眼镜看待这个世界，因而同样的布道对于每个人的意义也不同（举例详见 Pargament & DeRosa，1985）。

定位系统不仅影响着人们看待和理解情境的方式，也影响着人们处理情境的方式。根据定位系统的不同类型，一些宗教应对方式会变得比其他更易被想起和使用。举例来说，伊博、里奇曼和查菲茨（Ebaugh，Richman & Chafetz，1984）就应对方式对天主教教派、基督教科学派以及巴哈伊教派教徒进行了采访。尽管伊博等人预料到了几组人员会报告不同类型和频率的生活危机事件，组间差别却相对较小，并可以被人口统计学上的不同所解释。真正区别这几组成员的是应对方法的不同，且不能被人口统计学上的不同所解释。与其宗教理论相符，基督教科学派教徒最先并且最常使用的是积极思维，而其他几组则很少会用积极思维应对危机事件。与基督教科学派教徒相比，巴哈伊教派教徒和天主教派教徒更倾向于寻求外部支持，但这两组人似乎寻求的是不同种类的支持。天主教派教徒向其他成员寻求情感上的安慰，而巴哈伊教派教徒向他人寻求对于宗教经典的解释。与其他两组相比，天主教派教徒更倾向于选择消极顺从的宗教回应，如等待主的回答或将问题交到上帝手中。伊博等人将上述宗教应对的不同与各个宗教组织的不同宗教理论相联系。

在“宗教与应对”课题中，我与我的同事们（Pargament，Olsen et al.，1992b）更详细地分析了宗教定位系统的类型以及其与具体危机应对方法的关系。让我们回想一下，宗教定位被定义为用特定方式寻求特定目的的一种综合处理方式。作为一种综合处理方式，宗教定位与具体情境细节无关，并且只有在被转化成一种适用于当前问题的具体语言时才可以被使用。我们猜想，这三种普遍被运用的宗教定位——内在的、外在的和探索的——会被转化成为极其不同的危机应对方法。为测试这一假设，我们将这三种定位的测量分数与宗教团体成员在面对过去一年中最严重的生活事件时采取的应对方法进行了相关性分析。结果证实我们的假设是正确的。每一种定位都与一种独特的宗教或非宗教的应对方法相联系。

1. 内在定位与精神形式的应对紧密相联。内在定位的人在宗教中更多地寻找应对的精神目的而较少关注于应对的自我成长。他们也更经常使用精神基础上的应对方式，如在问题解决过程中追寻上帝的引领。虽然内在定位的人更经常用阅读《圣经》和思考来世的方法来转移对问题的注意力，但这一类定位并非都是回避和被动的。事实上，内在定位与较低的非宗教回避式应对分数和较高的问题解决分数相关。与内在宗教定位相关的评估也十分有趣：更倾向于内在的宗教组织成员把事件既看作精神上的威胁，也看作成长的机会。但与其他组相比，他们并不会将危机有害性的评估降低。很显然，内在宗教性仅强调了危机事件精神层面的风险，而这一风险与将情境看作成长机会和希望的评估相抵消。

2. 外在定位的人在很大程度上通过宗教寻求个人成长，在应对中采取更为防御性的甚至拼死的方式。在对情境的评估中，外在定位与较低水平的自责、较高的对于自我健康威胁的认知力、认为问题非人力所能及的倾向和不认为事件提供了个人成长机会的倾向相关。有趣的是，倾向于外在定位的人更经常回答他们可以改变情境，但不是通过自己的行动。外在定位与非宗教回避以及关注于积极面相联系。在宗教领域中，外在定位与恳求上帝和做善事相关，而这两种宗教应对可能都反映对于请求上帝以帮助自己而做出的努力。

3. 探索定位在应对中的表达又有不同。与内在宗教性相似，探索定位与在应对中通过宗教对精神性的寻求相关。然而，对精神性维度中的项目进行更细致的分析后，结果显示探索定位只与关于寻求意义的项目相关。与贝特森等人（Batson et al.，1993）对这一概念的描述相符，探索定位是以积极斗争为标志的。与内在宗教性一样，探索定位也与将事件看作精神上的威胁和成长机会的评估相关。与探索定位相关的宗教应对方法着眼于行动，关注通过做善事和表达对上帝和教会的不满足而获得自我提升的努力。

很明显，个人定位系统对于宗教在具体情境中的表达有重要意义。然而，被研究过的仅仅是定位系统的一小层面。在众多可能性之中，宗教应对还受到其他定位变量的影响，如性别、种族、社会经济地位、人生成长阶段、性格、心理健康以及其他宗教倾向等。

结　论

"1975 年我的儿子被杀时，我的信仰才第一次受到事实的检验。在那之前，一切只是理论而已。"（Cobble，1985，p. 140）将宗教独立于当前问题与忧虑来考虑，与将其应用于真正的灾难与悲剧是截然不同的两件事。大多数宗教心理学研究仅仅关注于前者——着眼于一般信仰、实践与导向，而与现实生活中的困境几乎无关的宗教。然而，宗教与应对的心理学研究将我们的注意力从天堂转向人间，转向困境中的具体宗教表达。

在本章中我们发现，宗教并不仅是应对中的"一个方面"，而是在不同的时间和地点衍化出不同形式。宗教影响着我们追寻的最终目的、对事件的解释以及使用的应对方法自身。宗教是一种影响着应对过程的推动力，而这一过程影响着宗教本身。认为宗教仅仅是一种缓解压力、否认以及消极—回避应对的方式的固有观念忽略了宗教在应对危机时的多面作用。

然而，当我们不再仅仅关注于简单的描述和固有观念，由常量分析转向微量分析、由关注末端转向关注主体时，宗教研究的任务也就变得更加复杂了。一些读者可能会怀疑这些研究的必要性。这些研究对于宗教在具体问题上的表达到底起了什么不同作用？了解个人生活中的基本宗教方式难道不足够吗？又或者，我们真的需要知道应对中的宗教层面吗？了解人们的一般应对方法还不够吗？这些问题切中了宗教与应对心理学研究的核心。它们对于宗教在生活中的危机时刻是如何产生作用的这一设想发起挑战与怀疑，而这是十分重要的。在第十章中，我会用实例证明，这些宗教的具体表现是特定情境会如何展开的重要预测因素。事实上，我们将会看到，与一般宗教导向的标准维度（例如，祈祷的频率、参加教堂集会的频率、内在宗教性）相比，这些宗教应对维度可以更好地预测负面事件的结果。我们还会看到，宗教应对维度将会在我们从非宗教应对研究中得出的关于危机的已知事实上增添一笔。当宗教被输入应对方程式时，我们预测非宗教应对方法影响之外的结果的能力将得到提升。我们得出的主要结论是：当我们忽视了从天堂到人间的转变以及宗教在“尘世的尘埃中”的作用时，任何对宗教或应对的理解都将是不全面的。

在本章中，我描述了宗教在应对中的多面作用，以及影响这一作用的推力。然而，若我们停在这里，便会给人留下错误印象，让人认为宗教应对完全取决于大环境、事件以及个人带入事件之中的因素。虽然这些推力对于刺激或抑制一些应对方法产生了影响，却并不能支配对危机的回应。在应对中，既有推力，又有拉力，而拉力来源于意义的性质。人们通常会在可选方案中选择一种应对方式以达到意义最大化。然而当方案不能被选择时，人们可以创造出新的方案或者改变意义本身。在接下来的两章中，我会从这一更具目的性和意志的观点分析应对中对于意义的宗教探寻。我将会关注宗教在应对的两个核心机制——坚持与转化中的作用。

第八章

宗教和应对机制：意义的保护

1942年，一对犹太夫妇在科夫诺犹太人区违抗了德国人禁止生小孩的规定。当新生孩子的割礼将要进行的时候，盖世太保（纳粹秘密警察）来到他们家。这位母亲喊道："快点！请给孩子行割礼。你难道没看到吗？他们将要杀掉我们。至少让我的孩子像犹太人一样死去。"

——伯克维茨（Berkovits，1979，p. 45）

每一种宗教应对的尝试，相应地代表着由于生活事件的发生，对有疑问的价值观、被检验的价值观、受到威胁的或失去的价值观的反应。同时，每一种宗教应对尝试都有一个共同的目标，就是意义的增加。当然，增加意义的方式还有很多种，但是从功能的观点来看，它可以归类到两种应对策略中的一种：努力保持最重要的，或者放弃原有价值观并进行改变。换句话说，应对中的选择就是保存或者改变。在保存的过程中，重点就是尝试去保护或者维持意义的内涵。这常常是首要的也是较为受欢迎的应对处理策略。然而也有当旧的价值观再也不能够被维持的情况，比如假如生命要延续就要抛弃旧的愿望和梦想的情况，还有为新的重要的东西就要开始寻求的情况。在改变过程中，通过改变意义本身的性质，意义将最大限度地增加。

虽然保存和改变都是意义研究当中的关键机制，然而在应对中它们是非常不同的选择。宗教词汇会提供一套毫无歧义、清晰的、与众不同的符号，去描述那些坚定认同信仰的人（信奉正统派基督教的人、传统主义者、保守党员、正统的人）和那些相信总有更好的方式的人（改革者、现代主义者、宗教复兴者）。此外，每一个群体都不缺乏贬损其他群体的称呼（持异端者、异教徒、不信教的人、非基督教徒）。世界宗教的历史由维持现状的人们和大变革的拥护者之间的斗争而清晰地分为不同阶段。由于印度教、佛教、犹太教、基督教和穆斯林的碰撞，文明被撕裂和变革。在主要宗教团体中，新旧之间的冲突也有相同的效果。美国社会的、政治的和经济的历史就是被每一个大的宗教觉醒而塑造的，从清教徒从英国国教会中的分离开始到新世纪对保守基督教的反应（McLoughlin，1978）。

而保护和改革之间的矛盾并不局限于有组织的宗教团体当中，它也存在于个体的宗教世界当中。面对威胁生命的事件时，个体必须在大变动与维持现状当中做出选择。在本章及接下来的一章中，我们将会看到宗教是怎样在应对这枚硬币的两面上被印刻的——一面是尝试让世界永存，一面是尝试去摧毁旧世界和创造新世界。我们将要检验表面上看是拥有内置保护的或者改变意图的宗教应对方式。但事先说明的是，将焦点集中在这些应对的机制会让我们超出描述应对活动的范围，而达到对于这些机制服务于众多目的的功能分析上去。因此，我们将不会只是泛泛地讨论关于祈祷者、信仰或者公理教会的参与；相反，我们将要考虑特别地服务于特别目的的宗教语言。在这个从应对的"是什么"到"为什么"的功能转变当中，我们将要依靠更少的实证研究，而更多地依靠许多"软"数据——这类许多社会科学家因容易被提出质疑而不喜欢的推理和解释。然而假如要去理解这个过程，我们不得不潜入到更黑暗的水域当中，去感受引导应对流动的重要水流。

从开始我就应该让自己在保护和改变的道德方面的观点更清晰。一个机制在内部或其本身没有必要分清是好的还是坏的。尝试去保护或者去改变意义也许会成功，也许不会成功（在第十章我们将要检验宗教应对方法和结果的关系）。此外，保护不应该与病理学的防御等同，改变也不应与成长等同。在第十一章，我将论述关于两个机制的价值取决于被保护和改变的东西以及保护和改变是怎样发生的这些问题。

宗教和意义的保存

改变是个令人恐惧的事物。"从本性上来说，我们喜欢熟悉的而不喜欢陌生的东西。"麦门奈德斯（Maimaonides）曾经这么说（Minkin，1987），这就是为什么新事物总是不受欢迎的一个原因。但这并不是唯一的原因，毕竟熟悉的事物可以变得令人生厌，而陌生的事物可以是新奇的和刺激的。相对于改变的代价，改变所引起的恐惧可能并不大，随着改变而来的是耗尽的资源、增加的负担和削弱的意义。当然，改变也可以导向新的资源和新的价值，通常改变带来的损失会比利益更多。因此，一般来说人们会更喜欢去保护和坚持他们的价值观。在压力之下，这个倾向可能变得更强。前面，我们注意到人们是如何坚持奋斗以维持他们的生活方式的，甚至是在最坏的情况下。这里我们将注意转移到宗教参与在保护意义的努力中的作用。

在很多人的观念当中，宗教是最重要的也是最早的保护工具。“宗教的核心”，哲学家哈罗德·哈夫丁（Harald Hoffding，1914）写道，“在于对没有任何价值会从世界上消失的坚定的信仰当中”（p. 6），“最内部的宗教的倾向，是保护价值的公理”（p. 209）。社会学家也有相同的观点（Berger，1961；Yinger，1970）。比如，伯格（Berger，1961），一位符号、实践和神学的融合论者而非革命者，把宗教看作一个社会的和心理现状维持的保护者：“当危机威胁到个体日常生活的规律，对于其存在直接产生巨大的威胁时，社会将会提供一种规矩，通过此规矩使其逐渐回到‘常规的世界’。”（pp. 121-122）很多心理学家与这个情绪都有共鸣——宗教是一种在面对剥夺、非意愿的冲动、关乎生死的恐惧和罪恶时维护个人稳定的方式（Argle & Beit-Hallahmi，1975）。

下面，我们来考察在两个一般的保护机制中的宗教参与：保留和重建（见图 5.1）。我们还记得这两种方法都尝试去保存对个人最大意义的目标。在保存方面，个体尝试去坚持不仅仅有意义的目标，还有获得它的方式。这种努力是去保存一个完整的生活方式。在重建应对当中，个体尝试保护意义的目标是通过获得目标方式的改变而达到的，而不是通过意义本身的改变。不难发现，宗教在意义的保存和获得意义方式的重建方面都有作用。

坚守：宗教和意义的保存

人们会运用很多机制去维持意义的方式和目标。在这一部分，我们将会考察这些方法中的三个：制定界限、宗教保存和宗教支持。

制定界限

保护处于威胁之下的生活方式的一种方法是，在自己的世界与外界力量之间划分一条准确清晰的界限。建立在这条线上的堡垒将会保护自己不受外界因素的入侵，把民众聚集起来，不让他们走出保护。走出那堵墙就会面对危险，站在墙后面就可以保护自己的安全。

在一些细节上，宗教机构运作起来就像是“界限分割者”，鼓励他们的成员去维护一套明显的有区别的价值观和生活方式，特别是在有麻烦的时候。移民者的教堂是一个恰当的例子。在传统上，这样的机构就像一个组织中的锚，一个给成员们从熟悉到不熟悉的文化的紧要关头抓住的锚。教堂以一套能够提醒成员他们自己是谁，以及同样重要的、他们不是谁的完整的有界限的心理机制对这个转折做出回应。帕灵卡斯（Palinkas，1982）描述了中国移民的基督教教堂帮助他们的成员在混乱的环境中维持认同和凝聚力所使用的一些心理机制。在宗教服务中，中国的俗语被用来举例说明基督教规则。成员们认定彼此为“弟兄，姊妹，阿姨，叔叔”去强调他们特殊的亲密性。在教堂的布道有两种功能。他们着重于成员与更大文化的不同点：与非基督教徒的中国人相比，教堂成员有更少的罪恶和自我放纵。与非基督教徒相比，教堂成员更多关注家庭价值，更少关注社会收益。而与非中国人相比，教堂成员不会被其他人歧视。这个布道也强调在众多成员当中共同的价值观和做法：对上帝的爱，对传统价值观和习俗的尊敬，共同的语言，孝顺的观念，还有每个中国基督教徒都会最终从生命挣扎当中被解救的事实。通过这种划分界限的心理机制，教堂成员们的联系就被加强，旧世界当中的一些东西就会在新的东西里被保存下来。

有时候并不是个人或者社会的世界被挑战，而是宗教世界本身被挑战。根据帕顿（Paden，1988）的观点，这些威胁是最危险的和最具颠覆性的。“假如神圣者是世界的根基，那么否定神圣的事物都将不能被忍受。”当安全处于险境当中，宗教世界就会以划分界限来反应。奇德斯特（Chidester，1988）在描述美国人对琼斯镇惨案的反应时举例说明了这一点。很多人对于为什么“人民圣殿教”的领导者会离开美国，在圭亚那的丛林里建立一个不同的宗教集团感到很难理解，而这个团体里的913个男人、女人和小孩用氰化物的集体自杀就更不被理解。它冲击了大多数美国人所保有的宗教价值观核心：生命的神圣，绝地会逢生的信仰，还有个人自由的承诺。

奇德斯特相信，大多数美国人把琼斯镇惨案看成恶魔的或者不正常的事情，它是一个超出理性和适宜界限之外的反常现象。很多阻拦被建立起来去隔离这个偏离了民族意识的悲剧。特别要指出的是，一些人做出了保护琼斯镇死者的遗体不返回美国的努力。尽管事实上很多殡仪工作者已经用极端的方式去消毒尸体（用了十倍于常用量的消毒和芳香剂），但顾虑又被重新提起，因为这些尸体的有毒物质会污染土地。其他人则担忧这个公墓会变成一个不稳定的宗教异教团体的祭拜地。正如丹佛市长所说：“我不需要一群古怪的人在丹佛。”（Chidester，1988，p. 17）很多人写信给州和联邦政府表达他们的精神警示——这些琼斯镇的尸体将会玷污神圣的美国土壤，并会不断困扰社区。最后，这些遗体没有举行宗教仪式，埋葬在了旧金山的一个无标记的公墓。而吉姆·琼斯的遗体则被火化（无宗教仪式），骨灰被撒进了大西洋。

这些界限不可能被划得更清楚了。在保存宗教和社会秩序的尝试和努力中，一个物理之墙建立起来，将社区与深深扰乱其的事件中最为显著的符号分开。在这个案件当中，秩序被维护了。奇德斯特（Chidester，1990）写道，显而易见，以美国人的方式理解的信念将不会被琼斯镇死者所撼动。相反，美国的信念反而被这个琼斯镇惨案加强了（pp. 286-287）。

在宗教的周围划分这么清晰的界限并不总是这么容易的。在我们的多元社会，多数人的宗教和其他有非常不同的观点与做法的信仰比肩存在着。这很可能是一个不容易的并存，因为这么多宗教的存在可能会威胁有关信仰的基本假设——只有一个信仰掌握着真理。如同一个小镇的邻里之间，宗教经常通过建立一个栅栏来标记他们的地盘以保护自己的财产。有关什么让一个人成为一个基督教徒、天主教徒、穆斯林、印度或者犹太教徒的规则被定义下来。与别的宗教或者现世的文化联系可能会被阻碍。神和渎神的界限，以及制定一些约束来限制那些想越界的人——从惊讶、不认同、批评、疏远到逐出教会。不过，甚至这些规则和禁令，可能都不足以在一个多元信仰、高度联系的世界中维持一个宗教系统，在这样的世界中不可避免地有人会说，“你看世界的方式不是我的方式”。

然而，也有很多个体的界限机制可以巩固和加强宗教社会系统所标示的分割线。一些忠于宗教的人们会远离世俗的污染，无论是真实的或者隐喻的。这些宗教信徒“可能会发现外面的世界充满过多的惊奇而不能参与其中，只有通过远离世界以保持自己生活的统一并没有污秽”（James，1902，p. 290）。

界限可以在心理上或者在自然中标示出来。人们能够有选择地过滤或者阻碍威胁宗教信仰、做法和价值观的信息。根据这一看法，布洛克和巴伦（Brock & Balloun，1967）让不同宗教信仰程度的人听一个攻击基督教组织中的虚假情况的信息。这个信息被故意用大量背景噪音干扰以造成听力困难。与宗教程度较低的人相比，那些经常去教堂和经常祷告的人更少会通过按压“噪音消除按钮”使自己听到“基督教是邪恶的”这个信息。这些发现被四个独立的实验反复证明。这些研究表明，面对危险，人们利用了一个保护屏障来过滤掉一些有威胁的信息（见 Pargament & DeRosa，1985）。

心理界限分明的反应是为了加强自己对宗教世界的忠诚，而心理的“曲线救国”则是用来对抗某种威胁。百森（Batson，1975）的研究检验了这个增强过程。在一个由女高中生参加的实验室研究中，这些学生被要求对她们的信仰做一个公开的承诺，学生分为两组：一组认为她们可以确认耶稣是上帝的儿子，而另外一组则不可以。两组学生需要每组各有一人共同待在一起。之后给这些学生呈现一段文章，内容包括关于《新约》的写作是完全虚假的和耶稣的身体事实上是被他的追随者偷去作为证实他复活的“决定性证据”。百森预测那些对自己宗教做出公开承诺并且也接受了这个不协调事实的学生会更有可能加强他们的信仰，因为这是“她们仅有的依靠……来保卫她们现有的认知整合来对抗攻击”。事实上，在信息被证明不成立之后，这组学生确实增强了自己的信仰。百森用边界的概念解释了他的结果：“从防御角度来说，它（认知动员）会帮助边界的增强……从攻击角度来说，它必然将会包含复仇的威胁，既对抗信息，也对抗来源。”（例如，“我仍然相信耶稣。我认为无论谁写的这篇文章都应该被关起来，并且扔掉牢门的钥匙”。）

这看起来几乎是本能的；我们当中很多人会很快地建立起一个屏障来把自己保护起来，免受外面存在的危险力量的影响。帕顿（Paden，1988）总结说：“主要问题是：世界排外，亵渎躲避，堡垒树立，界限不可跨越，拒绝遵从人类法则是上帝法则。结果是：存在被整合，神圣未被触动，正直被维持。”帕顿可能在这里夸张了他的例子。划分界限的动机看起来像是保护性的——为了保护和保存一个拥有某种价值观、信念和做法的世界——但这个结果并不都是成功的。尽管个人和团体付出了最大努力，威胁不可能经常被回避。然而，尽管受到了威胁，世界的边界被破坏，他们仍然会以其他的宗教方式来应对。

宗教的坚持

坚持是一种应对逆境的方式。历史上有很多有决心的和不屈服的人，在可怕的压力之下，拒绝放弃他们的宗教信仰。以阿米什人（Amish）为例。阿米什人是瑞士再洗礼派的后裔，16 世纪时他们加入了欧洲国家教会，这些阿米什教派的人在 250 年前来到了美国。从那以后，他们就一直坚持一种独特的家庭和集体生活方式。与社会在物理上分隔，家庭自己制作颜色朴素的衣服，拒绝使用现代设施，按照基于宗教的农业生活方式生活，说明显不同的语言——这些都是区分阿米什宗保存与别的宗教的标志，并且让他们自己更加紧密地联系彼此。但是，在当今世界要保存这个历史悠久的生活方式则日益困难。强制的公众学校教育的法律法规，农业技术方面的发展，旅游，日益缺乏的农田，还有政府的入侵，都对阿米什社区构成了严重的问题。

汤姆森（Thompson，1981）描述了一个小的旧秩序的阿米什社区怎样在俄克拉荷马州应对现代社会的这些侵蚀。尽管年轻的阿米什人都必须接受公共学校教育直到16岁，但是他们的衣服仍然与众不同；在家里继续使用原生语言，阿米什的学生们英语会话也一直不好。当很多旅游者把一些交通问题、垃圾、不文明和增长的犯罪带入社区时，这个社区很典型地以忽略外人和继续他们的日常生活来应对。当前有两个建设计划：一个靠近他们土地的核工厂和一个四道的高速公路都会将他们的社区分为两半，让阿米什社区面临了严重的威胁。在每一个回应当中，他们的努力都是通过一直坚持传统的价值观、信念和做法来减少外界入侵的侵害。

但这不能准确地说明阿米什社区抵抗了所有的变化。即使禁止和抵抗现代设施，阿米什社区的农民们也会利用拖拉机和现代电动挤奶机器。在引进任何现代设施到社区里面之前，教堂长者都要考虑这些设施是否对于他们的“靠地生活”永存是必要的。拖拉机和挤奶器被认为是两个对维持团体重要的现代设施，因此，阿米什社区不是静态的，但变化是缓慢发生的，而且要根据它们对传统生活方式的影响来评价。最有前途的应对威胁和伤害的方法或者途径，是坚持一种生活方式的决心。

这种坚持可以看作一种对外部压力的回应，来自宗教自由的威胁会遭遇更大的对宗教世界的承诺的心理回应（Brehm，1966）。然而，宗教承诺的增强（心理的“曲线救国”）和宗教坚持之间是有重要区别的。前者是一种对威胁的回应，后者是一种预防行为——一种尽管有障碍但仍坚持一种生活方式的努力。

这是伯克维茨（Berkovits，1979）在他关于犹太人在犹太人区和欧洲纳粹集中营存活的一篇很有力量的文章中提出的观点。“在大屠杀以后永远被信仰的问题所占据，”他写道，“我们当中总有很多人经常无视一些事实，即在犹太人区和纳粹集中营有多少犹太人是作为一名犹太人生活到最后直至死去。”（p. ix）伯克维茨为了支持这个论点，用了大量悲惨的例子——关于那些人在最绝望的条件下仍忠贞于自己的信仰和习俗的例子。例如，一个犹太人尽全力在集中营里找到一个可以祷告的地方。“在他待着的集中营中，有一个很大的开阔的坑用来埋葬那些被杀的人。在这个坑里，他找到了一个角落来做常规祷告。从那以后，他的朋友都叫那个死亡之坑为 Das Beitmedreshei，一个小的 Bet haMidrash（学习的房子）。”

对于真正的犹太人，伯克维茨认为，精神性不是一个对集中营恐惧的回应。它也不是一种逃避的形式。“之前对的仍旧对，错的仍然一直都是错，尽管在经历了犹太人区和纳粹集中营的黑暗时期之后……他没有必要去找一个新的内在重心。”（p. 54）因此，那些一直坚持自己宗教信仰的人不会是被动的“被屠宰的羔羊”。他们不断忠于信念的实践给了他们最基础的价值观一个最有力的表达。伯克维茨抓住了存在于坚持精神信仰后面的力量：

> 如果我想要，我总是可以逃避流放的痛苦——正如很多人所做的那样——通过对占统治地位的大多数人投降，对他们的文化和他们的宗教屈服。宗教的手朝着我伸了出来，邀请我进入到它们的怀抱里，但是我全力对抗。我仍然真诚地对待自己并拒绝了。我仍然是我心灵的船长。真的，我为这个对抗付出了惨重的代价。但没有人逼我去做。我一次又一次地选择它。这是被动、无作为吗？当然不是！这是最强烈的活动的形式。你手里有一支枪，有一个你自己的国家，有一个政府在你身后，这会容易一些。但是如果没有这些，还要反抗的话，要选择你自己的路就需要力量和奉献。（p. 148）

坚持一种宗教表达是一个选择。正如伯克维茨指出的，对犹太人来说还有别的选择。同样，在任何时候，阿米什人本可以决定与主流社会同化的。但为什么当信仰的代价巨大时，人们仍选择坚持他们的信仰呢？从我们的应对观点得出的答案是，因改变而耗费的要比为宗教坚持付出得更大。尽管要付出的代价是一个人的生存，但信仰的坚持要比其他选择更加有力量。伯克维茨这样说道：“这些真正的犹太人想要像别人一样生存，但并不是以一切为代价；不是以背叛他们自己生活的意义为代价。我们也看到了尝试去付出代价而活着的后果有多么大的毁灭性。这意味着他们要背叛所有人类的价值观而最终……导致囚禁者自己接受了 SS（纳粹党卫军）的价值观。”（p. 96）

实证研究的证据表明，很多人在面临压力的时候坚持他们的宗教信仰和习惯。经历过危机后，大部分人会报告他们的宗教信仰被增强了或者没有改变。这个发现对于很多群体都是一致的：在大火中丧生的矿工的遗孀们（Bahr & Harvey，1979b）、战争退伍军人（Allport，Gillespie & Young，1948）和经历了亲人离世的青少年、成人（Balk，1983；Loveland，1968）。

例如，在对心肌梗死病人的研究中，格鲁格和莱文（Groog & Levine，1972）考察了疾病发作后一年内患者在宗教重要性评价上的改变，将近三分之二的人不会改变他们的评价和看法。在这个时间段里，73%的人参与宗教服务的频率没有改变。根据大多数经过大变动幸存的人的情况来看，即使像大屠杀这样的灾难性事件都不会导致大规模的宗教信仰和习俗的改变。布瑞纳（Brenner，1980）调查了708个犹太幸存者后发现，61%的人在大屠杀之前、之后还有今天没有宗教行为上的改变，只有29%的人报告他们对上帝的信仰在大屠杀中或者之后改变了。然而，那些报告改变了的人说自己减弱而不是增强了宗教的奉行和信仰。宗教的稳定性看起来是大多数幸存者的特征。

那些一开始就更具宗教性的人会表现得特别坚持。麦克因托什、希尔沃和沃特曼（McIntosh，Silver & Wortman，1989）在他们对最近失去婴儿母亲的研究中举例说明了这点。相比于其他母亲来说，那些认为宗教对自己极其重要的母亲们，在厄运发生三周之后改变她们对宗教依赖的可能性更少。同样，那些在第一次调查当中更多运用宗教应对的母亲，在第二次调查时比其他母亲更少可能改变她们的宗教重要等级和宗教应对方式。

大量实证研究的证据表明，大部分人特别是高度信仰宗教的人，“保持信仰”和坚守宗教的倾向会贯穿他们经历重大问题的全过程。人们到底是怎样在困难面前站稳的呢？那单纯是一个个体意志问题还是有更多的原因呢？

宗教支持

意志的力量有助于解释孜孜不倦地对信仰的献身。然而，意志力量只是部分原因。那些坚守自己宗教的人不是自给自足（self-contained）的个体，他们也卷入到了更大的力量。当事件威胁扰乱了他们的平衡时，他们常常会超越自己来寻求平衡，或者会发现有援手伸向他们而不用自己去寻找。在两种情况中的任何一种，支持的功能都是一样的，就是支持和维持这个人渡过难关——为了生存。宗教支持有很多来源。

精神支持

很多人直接从神那里寻求帮助。我们来听听我们所做的宗教应对项目中的一个受访者是如何说的。苏艾伦，一位40岁的罗马天主教徒，一天冲往医院去陪伴自己十几岁的儿子，她的儿子在篮球练习中晕倒在场上了。

到达急诊室后，苏艾伦看见了这样的场景：吉姆的朋友和队友们在医院大厅里擦拭着眼泪，而在房间里，吉姆毫无知觉地躺在床上，全身上下都插着管子。苏艾伦的想法是："这并没有发生，我只是在做一个梦。"一个医生走来告诉她，他们认为吉姆中风了。

她回忆到自己呼唤上帝帮忙并快速获得了回应："如果这是你对我的期望，请帮助我。我不能自己一个人做这个……很快地我便发现好像有人来了并帮了我。"迟些的那天晚上，当她与昏迷的吉姆在一起时，苏艾伦安静地站在床边，第一次单独和儿子在一起。她又描述了另外一个掌控了她的神秘感觉："好像有一个人把柔软的毛毯扔给我……我感觉到了巨大的宁静……我告诉人们我感受到了主的宁静。"

第二天她的儿子死了。紧接着，苏艾伦感受并看见一个存在物在他床的右边。我不知道这是否是天使或者吉姆，但是这个存在告诉我"没关系"。从医院驾车回家，苏艾伦感受到了在急诊室的那个温暖的毛毯，"这是一个温暖的洗涤，就像爱……这太难以解释了"。

在这个例子里，灾难被"神圣的临在"所消解。这种精神的存在，在悲剧最为痛苦的时刻给这位母亲一种精神的安慰和宽抚。不仅仅这样，这种精神还给了她力量让她渡过难关。就这个意义而言，她寻求的精神支持不仅仅能够安慰她，还能够使她有力量。

库什纳（Kushner，1989）对后一个功能解释道："我们寻求上帝的帮助，他能够使我们的力量复原以致我们能够奔跑而不会疲倦，以致我们能够行走而不会感到无力……寻求上帝帮助的男人和女人就像一棵长在泉水旁的树。他们和世界共享之物会不断地被他们之外的来源补充，所以他们从来不会干涸。"（p137，p. 139）对于那些感受到上帝存在的人们来说，最糟糕的生命危机都会遇到无限的资源力量。被上帝充满了能量，实际上任何情况都能够被看作成功地掌控并经过了第二个评估阶段。例如，一个在自然灾害里失去了家庭成员的父亲仍然能够在之后很快地说道："我失去了三个孩子中的两个，我还失去了我的妻子，在那天晚上我几乎要自杀了，真的。但是主说他不会让我们去承受我们所不能承受的更多的灾难了。如果我们不能够承受，他将会坐在我们右边给我们所不知道的力量。"（Yancey，1977，p. 127）

很多人在有压力的时候寻求的就是这个意义上的精神支持：安慰和力量。什玛丽和布鲁塔（Shrimali & Broota，1987）的一个实证研究可用来举例说明。这些研究者考察了新德里的一家养老院中接受手术的患者对上帝信念的改变和焦虑状况。这个研究对30个将动大的外科手术的病人和相同数量将动小的外科手术的病人以及控制组进行比较。在手术之前，那些将动大手术的病人的焦虑程度和对上帝的信仰程度都比其他两组人更高；在手术以后，那些动大手术的病人焦虑程度和对上帝的信仰程度降低到了那些动小手术的或者控制组的那些患者的水平。其本来是一个“钝的习性”，什玛丽和布鲁塔总结道，在有压力时变成了“急性发作”，这个时刻度过之后，精神支持的需要也会随之而去。他们认为信仰上帝会帮助那些动大外科手术的病人成功管理自己的恐惧并且“忍受他们的负担”。他们还认为这些病人也希望能够得到来自外部的力量以应对自己所面临的问题。对运气和占星术的迷信想法与对上帝的信仰一样都会随着大手术的进展起伏。因此，这些病人寻求的支持可能是功利的，也可能是情绪性的，还可能是赋予力量的。

宗教信仰和对神的直接经验的感知，只是支持的一种来源。在困难时，有些人会寻求宗教文学的帮助，总是在那里获得安慰和支持，博爱的、支持性的上帝形象，充满于诗集、信仰文学和经书之中。事实上，《圣经》经常被描述为“抚慰之书”（Oates，1953）。也许没有任何一部分能够比《诗篇》更适合这个目标了，《诗篇》，特别是哀伤的那种诗歌，有一个结构是特地设计用来帮助苦难者坚持下去的（Cappas，1981）。让我们看一下这个例子：

> 耶和华啊，我要求告你！我的磐石啊，不要向我缄默！倘若你向我闭口，我就如将死的人一样。我呼求你，向你至圣所举手的时候，求你重新听我恳求的声音！
>
> 耶和华是应当称颂的，因为他听了我恳求的声音……
>
> 耶和华是我的力量，是我的盾牌，我心里倚靠他就得帮助。
>
> 所以我心中欢乐，我必用诗歌颂赞他。

在这节《诗篇》中，我们会首先听到说话者在痛苦地呼求上帝的帮助。接下来，我们看到了语气由祈祷变为了坚定，这里个人是被支持的，而且神明也是被赞美的，个人和上帝之间的立约被重新确认。这个困境也许是疾病、一次不公平、个人的罪、敌人的威胁或者死亡的威胁，但是具体的问题或者是具体的解决方法都没有说明。因此，《诗篇》可以应用于不同的时间和情况。与各种问题进行挣扎的读者能够体会到《诗篇》作者的痛苦和祈求，也可以从同样受苦的同伴的经验中寻求安慰和希望，尽管这些人痛苦但是都触及过上帝的临在。

人际间的宗教支持

宗教支持有水平的维度也有垂直的维度。在进行研究时，传统的信仰者不仅会被问到有关他们自己与神的关系问题，也要表达他们与他人的关系。人际支持在两个方向上起作用：被寻求和被提供。很多人会通过寻求宗教团体的帮助来度过有压力的那段时间。对于心理健康学者来说，这可能不可理解，但是一般的民众会更愿意寻求牧师的帮助而不是其他专家（Chalfant et al.，1990；Veroff，Kulka & Douvan，1981）。例如，在随机抽样的团体成员中，41%的人报告他们会让牧师来帮助解决个人问题。相比较之下，29%的人会寻求医生，29%的人会寻求精神病医生和心理学家，18%的人会寻求社会服务机构，13%的人寻求的是律师，12%的人寻求的是婚姻顾问（Chalfant et al.，1990）。有一些团体的成员也会寻求会众伙伴的非正式帮助。在美国黑人的一些样本当中，泰勒和查特斯（Taylor & Chatters，1988）发现只有18%的人报告他们从来没有寻求过教堂成员的帮助。

所提供的帮助也与帮助的寻求有关。有很多人通过让自己为别人奉献作为应对压力的方式。这些行为的动机也许部分跟宗教意义有关。我们来听听一个重病的人同意接受痛苦测试和过程的理由，尽管这些对他一点治疗价值都没有："我希望我对实验的顺从能够保证人们在将来有正常的生活……如果确实能达到这个目的，我就促进了科学的进步和报答了那些帮助过我的人，以上帝希望的方式。"（Fichter，1981）保持看起来像是一个目标，不是自我保持而是对别人幸福的保持。这并不是说个人不会从这个过程中得到什么，帮助别人的尝试可以在情感上和精神上支持自己。这个案例无独有偶。在一个对肿瘤科护士的研究中，40%的护士报告说他们的病人会为他们提供精神支持（Taylor & Amanta，1994a）。

宗教支持既可以由团体提供，也可以由个人提供。事实上，教会成员会经常聚在一起去辅助同伴们的需要。"minister"（辅助）这个词很重要，服务他人不是世俗的任务，而是精神的服务——一种与别的在痛苦中的人分享上帝临在的方式。从这个意义上，在身体、物质和心理上支持他人的努力，就完全与更大的教会会众的精神使命相一致：认识和服务上帝。事实上，宗教机构给成员提供了一个广阔的支持活动，有时候甚至提供了一个更大的团体（Pargament，1982）。这个支持在本质上是正式的，很多教会由教会同工或者牧师为他们的成员提供教牧咨询，很多教会和犹太教堂赞助者会支持一些挣扎在个人问题当中的成员们的项目：婚姻促进、家长能力、离婚康复和探望因病而自闭人群。这些支持可能是从参加常规的信仰服务延续而来，或者来自非正式的成员日常交流。

牧师和教会处在一个特殊地位来支持人们渡过难关（Taylor & Amanta，1988）。在家庭以外，没有其他机构可提供这种终身的支持和联系的可能性了。从出生到重要的生命转折，直至死亡，这些教会成员可以一直与“护送队”——朋友和拥有同样经历以及对别人也关心的人——为伴。尽管这些护卫队的成员们会随着时间而改变，但是护卫队本身会保持完好无缺，而且每个成员会随时出现在彼此需要的时候，并心存期待。

寻求和提供宗教的支持在保存意义上都具有重要作用。事实上，证据表明在帮助的这两个方面上都对人们的心理有益。马顿（Maton，1987）让与教派无关的基督徒去完成每日日志，记录他们超过九个月的时间里提供给同伴或从他们的同伴处得到的物质帮助。他把样本分成了几组：一组人既是帮助的提供者也是获得者（双向者），一组人是最初的提供者或者获得者（单向支持者），一组既不是提供者也不是获得帮助者（无帮助者）。比起那些单向支持者和无帮助者来说，双向支持者报道自己有更大的生活满意感和更积极的态度。马顿总结道，单向支持有它的代价。因为单向支持获得者可能会感受到一种负债感和低下感，单向给予者则可能会出现一种怨恨、筋疲力尽和需要不满足的挣扎。因此，双向支持者能够在给予和获得之间获得一种平衡，结果是对人际关系和生活更大的满足感。

总而言之，我们已经看到多种宗教应对中安慰和力量的来源。灵性的体验、宗教的信仰、宗教的经文和教堂会众在一起聚成了一个宗教支持系统，从中个体可以在纷繁变化的世界中得到保护自己和他人的力量。在接下来的一章，我们将会看到人们也可以为转变目的而寻求这些宗教来源的帮助。

在这一节，我们回顾了宗教在三大保存心理机制上的介入——划分界限、宗教保存和宗教支持。这些都是宗教用来保存意义和目标的部分应对方式。它们常常是在应对中的第一选择策略，因为人们在感受到压力时自我保存的愿望可能是最基础的本能。

然而，保存不总是可能的，也不总是明智的。好走的路会被阻挡，危机也可能暴露旧的熟悉的看待和应对世界方式的弱点。宗教系统本身可以是被需要的。很多人在经历了悲剧后报告了怀疑和不满。在一个研究当中，33%经历丧子之痛的人在丧子之后的第一年怀疑了上帝（Cook & Wimberly，1983）。在另一个研究中，90%生了一个严重智力落后儿童的母亲说到了她们对上帝存在的怀疑（Childs，1985）。当旧的系统再也无法应对新的需要的时候，宗教和非宗教的痛苦的迷惑，都会出现。在这个时候，保存就无法提供缓解，因为旧的解决方式再也不起作用，或者更严重的是，它可能会变成问题的一部分。这个时候就要求路径的改变，不是转换意义，而是保存它。

到达原有目标的另一种方式：宗教和意义之路的重建

大多数人不会把改变的观点和宗教联系起来。相反，我们倾向于认为宗教是一个永久的、可以促进稳定和持续的力量。然而，通过更进一步观察，我们会发现定位（reorientation）和改变是宗教经验不可或缺的重要组成部分。为了更新和维持个人与上帝的关系，世界的各种宗教会尽力去将身体的、世俗的和心理的图景，从亵渎神圣的转变为神圣的。从身体进入宗教背景那一刻，帕顿（1988）指出，个体将会被鼓励去重建在灵性宇宙中人类的位置，例如，“一个大教堂”，“在上帝圣殿的神圣高贵之中，人是渺小的”。

时间和地点都会在宗教世界里经历变形。某些特定的日子会和一般的时间流分开，神圣的日子是“圣明恢复”的时间。赫斯彻（Heschel，1986）通过犹太教说明了这一点。

> 安息日是我们最大的圣殿……在一周的六天中我们生活在具体空间事物的统治里，在安息日我们将努力去与**时间中的神圣**相和谐。在这个日子，我们被呼召去分享时间里永恒的事物，从创造的结果变成创造奥秘的日子，从创造的世界到世界的创造。（pp. 302-303）

在这些特别的时间和空间里，将举行仪式来重现和创造宗教团队对世界的看法。“每一次天主教做弥撒的时候，”帕顿说道（1988）：“都会重现基督为人类的牺牲……每一个圣诞日基督都会重生。每一个逾越节，都会重新忆起《出埃及记》。”（p. 101）这些纪念都是不平凡的。在时间、地点和活动上，它们与我们每天生活中的任何事情都是不一样的。然而它们的目的并不激进，它们的目的是用来恢复和维持与意义的关系。

因此，改变对宗教世界并不陌生。这是经常被鼓励和实践的。然而，在压力时刻，个体并不只是依靠常规的宗教仪式，而是寻求重建其一种应对心理机制。在这里就会寻求改变——在宗教观念、行动、关系或者感受上的改变。然而，值得着重提出的是，在重建应对的改变当中，最终的目的还是保存意义（在接下来的一章，应对方法是用来改变意义本身的特点）。我们现在就考虑三种重建应对心理机制：宗教转换、宗教净化和宗教再构。

宗 教 转 换

转换神灵

在我们的宗教和应对的研究项目当中，有一个受访者描述了自己的危急时刻，以及她对主和上帝的概念的变化。

劳拉，一个22岁的研究生，从小就被当成一个罗马天主教徒来养育。作为一个小孩，她和父亲的关系是矛盾的。尽管她知道父亲也很关心她，她还是感受到相比于她和母亲来说，价值观、秩序和天主教堂对他来说更重要。他“爱你，但是你最好非常听话，不然他会对你发火”。在青少年时期，劳拉开始经历一些问题：她父母的婚姻失败了，她超重了，还有其他小孩在学校里招惹她。劳拉感受到她已经偏离了“听话”，并觉得呼救无门。宗教不是安慰。“去问上帝?”她问道：“好的！上帝给予了我这一切。”在几次自杀未遂后，劳拉向父亲求助，但什么也没得到。“父亲告诉我，用一种很差的语气，他再也不想听到任何这类的事情，还有……我最好忘记它。”

在接下来的几年，劳拉开始改变了。她变得被她母亲的卫理公会教堂吸引，它描述神明时用一种更个性的不那么令人恐惧的术语。随着时间的流逝，上帝承担了她想要的却从来没有过的父亲的角色，一个无条件爱她的父亲。事实上，她现在称上帝为“爸爸”，她的新“爸爸”，她说：“从来就没有让期待落空。他填满了我生活的空隙，而这是我的家庭和朋友所不能做到的……这很好。即使搞糟了，上帝还是会爱你的。”劳拉的精神联系现在在她的生活中已经永久存在了。当她的宗教信仰改变很多次以后，她再也不质疑上帝对她的爱了。

在她对抚育和安慰的寻找中，劳拉做出了宗教的转变。这个转变不会与任何宗教皈依混淆（正如我们后面所看到的，也包括一些在意义的目标上的改变）。劳拉的目标，她对爱和抚育的愿望，一直是持久的，改变的只是她达成目标的方式而已。在她青少年时期的挣扎当中，劳拉的父亲、她的教堂和她的上帝的概念都被证实是不充分的。她的反应只是改变宗教信仰——去改变，在本质上，从一个“爸爸”到另外一个更适合她目标的爸爸。

劳拉的案例并不是唯一的。这种宗教转变可以提供一个勉强的、不足的、丧失的关系的替代。

……我们的造物主成为我们最完美双亲的想法……是一个对每个人都有意义的想法，不管我们是怎样得到这个结论的："我有一个很棒的父亲，他和我看见的上帝是一样的。"或者，"我的父亲在一些方面让我失望了，但是上帝，称赞他的名，将会非常不同"。或者甚至说，"我从来就不知道在人世间有一个父亲意味着什么，但是谢谢上帝，在天堂我已经拥有了一个父亲"。(Packer，引自 Carlson，1988，p. 194)

科克帕特里特和什尔沃（Kirkpatrick & Shaver，1990）提供了一个关于这个应对过程的实证研究的例子。根据依恋理论，他们认为和父母亲没有安全的依恋关系的孩子，很有可能会转向一个"有爱的、个人化的、可利用的上帝"作为一个代替补偿。为了证明这个"补偿假设"，他们对 200 个成人进行调查。这个结果和假设是一致的。那些把自己的母亲描述为在自己青少年时期非宗教的、冷漠的、疏远的和对他们没有反应的个体，比其他人更有可能去相信一个个人化的上帝，并感受到他们与上帝有个人的关系。那些有回避反应的母亲的孩子在青少年时期或者成人时期也更有可能报告面临一个突然的宗教改变。在这些突然做出宗教转变的人中，大多数会提起一个突然降临的危机，通常包括重要关系的崩溃或者丧失，例如离婚，或者婚姻和家庭问题。对于很多人来说，拥有一个不良关系的过去，上帝会变成一个理想的替代性依恋人物，一个在骚动时刻安全的天堂，一个探索世界时安全的基础。

转换宗教团体

宗教转换不仅仅局限于新的或者不同的神明。人们也会改变宗教团体，但应对方式并不都是从宗教到宗教或者从某个教会到某个教会的转变。很多人还会转移到另一个社区当中，向社会经济的阶梯再上一层，或者和属于另外一个教堂的人结婚（Newport，1979）。但是转换到另外一个宗教团体作为一个问题的解决方法是常见的。实证研究显示，宗教的转换经常发生在压力事件之后和短暂或延续的不幸福的时间之后（例如，Sales，1972；Tamburrino et al.，1990；Ullman，1982）。例如，吴曼（Ullman，1982）比较了那些转换到犹太教、罗马天主教、印度教克利希那派，或者巴哈教的人，与仍旧是犹太教徒或者基督教徒的人（克利希那和巴哈教徒的控制组没有找到)。转换者报告了比控制组更多的与父母亲之间的问题关系。此外，前一组描述了在童年和青少年时候更多的骚乱、创伤和不幸。最重要的是，比起控制组，这些问题仅仅就发生在他们的转换之前。80% 的转换者报告过某种情绪的创伤。同样有 80% 的人报告他们感受到在转换后从痛苦中解脱出来［“我再也不感觉到绝望了”“我认为他（基督）会更好地照顾我”］(Ullman，1982，p. 190)。[1]

从应对理论的观点来看，当生活压力导致对宗教团体在问题解决上能力不足产生怀疑，而另外一个团体是可供利用的并提供了有效解决方案的时候，宗教转换会更有可能。格特尔和香农（Gartrell & Shannon，1985）提供了一组数据来证明这个观点。他们听了 25 个人怎么样被深深地卷入到圣光使命这个团体的故事。在卷入圣光使命之前，他们都明确对主流宗教机构的拒绝。该群体的人 100% 报告说主流教堂是虚伪的，80% 说那些主流教堂不能解决他们的个人或社会问题。对于这些宗教机构来说，传统的非宗教的选择途径也被拒绝当作帮助的来源。100% 的皈依者感受到大学、政治和改革团体以及心理疗法都不能够解决个人和社会问题。然而，这些个体中的大多数有一个可选择的方案。73% 的人都体验过东方宗教信仰和练习，在他们加入圣光使命之前。全部的参与者都感受到圣光使命能够提供一个可行的解决个人或社会问题的方案。

旧的宗教结构可能会崩溃，但并不意味着宗教将要被全部否定和拒绝，还有很多精神家园。当上帝或者宗教团体不能足够应对任务的时候，当他们自己变得更有压力的时候，个体可以做出改变。转换一个新的神或者一个新的团体，这个宗教转换代表着方式的转换，一条新的通往一个旧意义的目的地的道路。然而，转换只是一个重建应对的方法而已。宗教也牵涉要求更多的内部改变的重建方法。

宗教净化

几乎每一种信仰都认识到人们常常会偏离其轨道，但是他们不会轻松地解决和对待这个问题。远离或对抗一个宗教信念，不要和简单的失误或者错误混淆。对于很多宗教来说，这就是一个罪。过犯的罪如此重要是因为它削弱了个体和神明的关系（Tillich，1951）。与词语“邪恶”（evil）和“罪”（Sin）最接近的三个希伯来词语——“ht”（错过了标志）、psh'（一个关系的断裂）、awon（勾住的，扭紧的，错误的），都指的是违背了上帝和犹太人之间契约。撒旦本人，宗教中魔鬼的拟人化，被希伯来人最初描述为上帝和人类关系的阻碍者和检验者及干扰者。后来，在基督教里面，撒旦变成了一个与上帝对抗力量的存在集合。在佛教里面也有一个类似的对魔（Mara）的描述，其向释迦牟尼呈现了很多不同的诱惑去引诱他离开所追寻的启示。这里违背圣者和个人之间的关系同样也是最为受到斥责的。

什么可以称为对一个关系的破坏，在传统与传统之间、人与人之间都是不同的。罪恶的形式与对神圣的解释一样多。“对于那些把权威当作最高神圣之物的人，不忠诚和背叛是绝对的威胁。对于那些开启是最高目标的人来说，无知是最大的不洁。对于过着僧侣生活的个体来说，圣洁是他们对上帝至高的礼物，性欲是他们最大的诱惑和罪。”（Paden，1988，p. 143）

但宗教不仅仅是对违规做出规定，它们还提供了一个再定位的心理机制、一个通向正途的回归方式。通过净化的意识，罪、邪恶或者与宗教违背有关的不洁净将会被移除，然后个体就会与上帝和好。净化的方法各种各样，包括牺牲、孤立、驱邪、悔过、惩罚和道歉。物质因素也在仪式里起了重要作用——如水、火、雨、灰、太阳、油和血液（Paden，1988）。

净化仪式可以在每一种信仰和每一个生命的阶段找到。例如，在罗马天主教徒中，洗礼仪式被说成是洗掉人们最初带到这个世界的罪。在生命循环的另一端，那些没有认罪就死去的人在被允许进天堂之前将会被提供在炼狱中最后的洁净。在穆斯林教徒中，净化被描述为信仰的一部分。在阅读《古兰经》之前，进入一个清真寺或者祈祷的地方，穆斯林都要求通过一个清洗的仪式，例如沐浴以清除物质的和精神的污染，“有信仰的人！当你起来祈祷时，洗脸，将你的手抬到肘部，然后用你的手轻轻擦拭，并清洗双足直到关节。假如你是不洁净的，就净化自己”（Sarah，V：6）。每年在赎罪日（Yom Kippur），犹太人被要求坦承自己对神的罪过，并且通过禁食、禁喝、禁洗澡和性来进行悔过。

有意或者无意的犯罪，个人或者集体的犯罪，都在赎罪的礼拜仪式中坦白了出来。尽管上帝总是在接受悔过，但赎罪日是一个非常重要的忏悔时间，因为在那一天将会决定一个人下一年的命运。

净化在仪式上也有不同，但是它们拥有一个共同的功能，就是再次将个人引向神。让我们看一个罗马天主教徒对牧师忏悔的片段：

悔过者：……看起来过去的日子里我一直工作没有时间陪家人。在过去的时间里，我太忙而没有关注孩子。我真的很后悔我对他们的冷漠和我这周对他们的大吼大叫。我很糟糕，打了乔伊。他真的是一个听话的好男孩，他只是在我失去理智时正好最靠近我的人。我很后悔我给孩子们带来的伤害，特别是乔伊……他们看起来都有一种感觉就是我不爱他们。我想他们没有像我在刚听到的诵读当中感受上帝那样感受我……

牧师：我听到你的遗憾了。我也听到你想象你所认识的仁爱的主一直在你身边。你在告诉我在你的生活当中爱已经变得冷淡了，因为你变得被自己的成就所束缚。

悔过者：是的，我对工作的投入已经开始毁坏我对生活和对家庭的爱。我怎样才能去改变呢？

牧师：假如要治愈和再恢复你的家庭，你就需要检视你的生活重点，在你的生活中创造一些空间。你该怎么去做才能够让你的孩子知道你爱他们并且你的工作不总是优先呢？

悔过者：我需要给他们一些时间，并关注这方面，是我们一起去玩儿的时候了。

牧师：听起来是个好主意……让我们一起花点时间一起祈祷，你用一种最舒适的方式来做祈祷，我将会以我的名义为你祈祷，然后在我把手放在你的上面之时再以教堂的名义去保佑你的祈祷实现。（Gula，1984，pp. 276–277）

这个例子的重点不在于价值观的完全改变。悔过者和牧师都认识到这位父亲爱他的孩子们。问题被定义为拥有这些问题的生活是失败的。在他的忏悔里，这位父亲承认了自己的罪，牧师鼓励他去重新安排他的习惯来和他的宗教价值观相适应——更像他所认识的仁爱的主一直在身边。

这不是一个孤立的例子。实证研究在这个领域中是罕见的。然而在宗教中，可以找到很多这种再协调的例子。李利斯顿和克雷因（Lilliston & Klein，1989）比较了一批大学生的宗教应对做法，一组学生报告了在真实的自己和他们所认为的自己之间具有差异，另一批大学生没有这个差异。虽然研究者的重点没有着重在净化的仪式上，然而他们发现了拥有“实际—应该”差异的学生更有可能报告他们会用宗教来解决。“对于这些人”，李利斯顿和克雷因总结道，他们对危机的反应是“与选择的宗教更充分一致地活着”（pp. 8–9）。

宗教净化仪式看起来不仅仅是精神目的，还有心理目的。通过鼓励人们承认自己的个人失败，仪式增加了当时的紧张感。压力的加剧为决心的到来提供了舞台。缺点的坦白遇到接受和原谅而不是侮辱，信念和安慰也可能会跟随而来。潘尼倍克和比尔（Pennebaker & Beall，1986）进行的一个研究就跟这个很有关系，尽管它没有着重于宗教认罪。超过连续的四天，两组健康的本科生或是回答他们经历过的最痛苦的事件或是写一些不重要的话题。被要求写自己痛苦经历的学生又分成三组：一组人仅仅描述他们痛苦经历的事实而不是自己的感受（创伤—事实）；一组人仅仅写关于痛苦经历的感受而不是事实（创伤—感受）；一组人被要求同时写出他们痛苦经历的事实和在这个事件中的感受（创伤—结合）。在创伤—感受和创伤—结合两组的成员报告中，他们在写完这个痛苦经历以后最为难受。然而，接下来的数据显示，六个月后，创伤—结合组的人比另外两组的人更少去学生健康中心看病。而与另外一组相比，在创伤—结合和创伤—感受两组中的学生更少报告疾病和因为疾病而受到活动限制。"看起来，坦白在短时间里增加了紧张和不适，但增加了长远的生理健康。"

当然我们不知道这些发现与宗教认罪的效果是否一样。给个体提供坚定性的宗教领导在场可以增加个体通过坦白而产生的放松体验，但另一方面，这个人的在场只会阻止人们做更富感情的和更完全的坦白。事实上，潘尼倍克、休斯和欧何仁（Pennebaker，Hughes & O'Heeron 1987）发现，当人们被要求在一个人（一个学生不认识的教师职员）面前去表达个人痛苦经历并且是有罪恶感的经历时，人们会袒露得更少。此外，与独自说话相比，他们在与他人说话的时候，有更少的生理唤起。对一个心理系的陌生人坦白，和对一个有名的可信任的宗教领导坦白，是很不同的。进一步的研究需要区分心理动机和众多的宗教净化仪式的影响。

需要指出的是，当净化被寻求用于减轻罪恶和痛苦的时候，也就是当它伴随着一个改变的意愿的时候，这个仪式不再被看作重建的心理机制了。相反，它变成了一个保存的方法，允许个人继续舒服地在同一条道路上而不是促进人们去寻找一条更新的道路或者回到旧的道路上。显然，这不是净化仪式背后的宗教意图。例如罗马天主教的牧师可能拒绝对那些不对自己犯的错表示悲伤的，不计划去修复自己罪过的，没有意图去避免将来犯同样错的人给予宽恕。只宽恕真诚悔过的人，告解（忏悔）的圣礼保证了在生命和意义之路上一个新的开始。

宗教再构

在对爪哇人的研究当中，格尔茨（Geertz，1966）目击了一个不寻常的事件。一个大的、奇形怪状的毒菌在一个木匠的家门口被发现，尽管这个蘑菇对这个团体并没有什么特别的社会价值，但它却引起了一个麻烦。远近的村民都来看这个蘑菇。为什么小题大做？“因为这个毒菌奇怪，陌生，不寻常，”格尔茨解释道，“这个奇怪、陌生、不寻常的东西必须要被考虑……没有人能够对一个比一般蘑菇拥有五倍的生长速度的毒菌有无所谓的态度。”在这个意义上，这个蘑菇不再是普通的蘑菇了，因为它如此不寻常而且不能够被很容易地解释，这个蘑菇威胁了他们对世界的理解。

这个例子可能看起来是奇异的，但是西方文化有他们自己的毒蘑菇。我们也会对世界做出一些基础假设来引导和定位我们，在碰到一些寻常事和不太寻常事的时候。它们形成了我们“假设的世界”（p. 16）。像这样的事件就要求通过信仰的重建来保存我们发现的有意义的事。

宗教经常牵涉痛苦经历事件的重建上。格尔茨认为，宗教一个重要的任务就是应对“判断危机”：阻碍、痛苦，还有难以解决的伦理矛盾的全部感觉，假如足够激烈或者保持很久，都是对处理问题的挑战，例如生命是可以被理解的，我们可以通过思考在其中有效地定位我们这些假设的强大挑战。无论多么“原始”的宗教，只要它希望持久，就要对其应战。（p. 14）

对于看起来最没有意义的事情，最难以忍受的痛苦，或者最不公正的结果，宗教都有它们的回应。大多数人提供了一个关于人们或者关于神圣的感知苦难的不同看法。对于事件的信念、个人和世界会彼此协调并且被摆在一个新的视角上。在这个再构过程里，痛苦可能会变成一种可以解释，可以忍受，甚至是有价值的东西。再构是用来保存意义的：为了减缓危机的打击，为了重新确认生命，尽管有痛苦但它是有意义的，为了保护神圣，它将会被再定义。

让我们再靠近地看三个常见的宗教再构：对事件、个人和神圣的重新构建。这三个方面，在许多人的信仰系统里形成了三足鼎立。这个信念系统的中心部分是一个观念——**一个仁慈的上帝参与到我们的生活中，来保证坏事不会发生在好人的身上**（Kushner，1981）。这个世界是公平的，很多人说，上帝是其中一个原因。但是当悲伤事件袭击时，这个信念将会被威胁。严重的问题可能出现，并且动摇三大要素在这个概念上的平衡，即事件、个人，还有神圣：“如果我是一个好人，而上帝也真的在保卫我，坏事怎么能够发生呢？当这些坏事发生的时候，我作为一个好人，而上帝怎么又允许它发生呢？上帝怎样才能真的在保卫我，假如我是个好人而这样的坏事又在发生呢？”

灾难性经历带来的问题可能导致对信念系统完全的拒绝。更经常的，一个或者更多的元素会为了在信念系统里重新建立起一个新的平衡而再建构，以保证一个会保持世界最终是公平的想法的平衡，一个人是有价值的和安全的，还有，这里有一个仁爱的上帝。

事件的宗教再构

一个精神机会

再构一个被动摇了的信仰系统的一个途径是重新对痛苦的经历下定义，使其不再那么无意义。对神的归因可以在这个过程里起一定的作用。拿一个受害者的反应来考虑，他在事故中脊髓受到伤害而瘫痪了，对于“为什么是我?”这个问题，他说：“嗯，我被放进这个情况里来学一些东西，因为没有别的人在这个情境里。这是一个学习的经历，我看见上帝正试着让我处于这个情境中，帮我好好地理解他和我自己，还有我怎么去帮助别人。”（Bulman & Wortman，1977，p. 358）再听听一个家长是怎样照这个方式去使第一个婴儿的死有意义的，“他们说上帝总有理由做那些事情。我认为这非常对，因为我想现在我更爱他了，比我们的第一个孩子还在的时候（第二个孩子在第一个孩子死后出生）”（Gilbert，1989，p. 10）。

这样的宗教归因不是不寻常的。在瘫痪者研究当中，对开放性问题“为什么是我?”最常见的回答，是上帝总有他的理由。同样，在宗教和应对项目当中（Bulman & Wortman，1977），教堂成员在遇到一个严重的消极事件后更有可能归因为上帝的意志而不是自己或者偶然。在另外一个研究中，来自州立大学的一群学生被呈现一组假设的生活事件，并被问到什么会引起这些事件。就有关健康的项目中的几个问题（例如我得了脑瘤，我很长寿），一般的学生们会把更大的责任归因于上帝，而不是其他的控制源，如，自然力量、重要他人、偶然或者自己（Pargament & Sullivan，1981）。

对于人们可能大部分会把某些生活事件归因于神明，我们并不会惊奇了。上帝对个人有所安排，比那些外部可选择的解释——那些关于生命被机会，有能力的其他人或者自然决定的信念，这可能提供了一个更好的有益的解释（Pargament & Hahn，1986）。当事件被看作仁慈的上帝的意志，它就被投上了一个新的柔和的光。痛苦不是一个神圣的惩罚；这是上帝撞到了我的“改变的重置按钮”的方式，一个人这样说（Siegel，1986）。我知道上帝不会给予超出我能控制范围的东西，另一个说道。死亡不是最后的出口，而是上帝打开门到另外一个更大的王国的方式。当神圣被看作在生活实践中起作用时，一开始看起来随机的、无厘头的、悲剧的事情就会变成一个别的东西——一个更全面的欣赏生活的机会，和上帝在一起的机会，帮助人成长的挑战，或者一个为了阻止更坏的事情发生的爱的做法。在任何情况下，这个不可理解变得可以解释，这个不能忍受变成了“可以忍受”（Geertz，1966）。

这并不是说每个人都会把消极事件归因于上帝。这样做以后则会把不幸更加归咎于神明，后面我们会看到很多人是不愿意这样做的。然而，消极事件可以在积极的精神术语中再构，甚至是上帝的旨意的看法被否定的时候。以上帝不是痛苦的制造者这种方式思考，痛苦就仍然可以提供获得精神意义的机会。

对这些事件的宗教再构只是看起来很可怕，但事实上没有这么可怕。尽管这件事会伤害或者威胁，但它总有另外的更重要的维度。在情境的表面之下，可以看到上帝在执行他的旨意，可以发现一个精神伴侣让痛苦事件更加可控，也可以发现精神成长的机会和挑战。这是一个有力量的应对策略。通过将消极情形重新定义得更加积极，上帝、自己和世界的关系会保持平衡。神明的仁慈、世界的公平和个人的基本价值与安全可以被保存。

尽管这个应对方式会很有力量，但不是每一个人都能将痛苦事件的情境看得这么积极。例如，库舍（Kushner，1981）描绘了一个人从再构他的危机情境的努力当中就没有寻求到安慰和意义，这个情境是他 14 岁残疾儿子的死亡。对于上帝计划让自己从这件事情中得到益处的观点，库舍反驳说：“如果一个人类的艺术家或者雇佣者让孩子们受折磨以致一些很感人的或者有价值的东西流逝了，我们可以送他进监狱。为什么我们会原谅上帝造成这么多不值得的痛苦，无论最后的结果有多好？”（p. 19）对于上帝在考验我们而且永远不会给予超出我们可控的观点，库舍回应道：“假如上帝在考验我们，他应该知道到现在为止有多少人没有通过考验。如果他真的是给予我们能够承受的负担，我应该看见他经常不会算错。”（p. 36）对于认为他儿子的死是个祝福的观念，库舍说道：“我们尝试去说服自己我们所遇到的邪恶不是真的，并不存在，那只是不够好的一种情况，就像对于冷意味着不够热，或者黑暗是我们给予光的缺失的一个名字……但是人们会因为黑暗跌跌撞撞并伤害自己，也会因为暴露在寒冷中死亡。”（pp. 27–28）

与库舍相似，很多人可能发现以更积极的方式去再构造消极事件的宗教尝试是很难信服的。然而，还有很多能够改变我们在世界中和我们身处位置的观念的方式存在。

人物的宗教再构造

人类的罪孽

面对灾难时，更有可能改变我们思考身处这一情境的**人们**的看法，而不是改变对于上帝和情境本身的思考。麦荷迪（Mahedy，1986），一位越南的随军教士，就是用这种方式来忍受战争。在本书前面的章节，我们注意到很多原以为上帝会在他们身边的士兵感受到了背叛感。然而，麦荷迪得出不同的结论。这个问题不是上帝背叛了士兵，而是这些士兵背对着上帝参加进了罪恶的战争中。当罪在实施的时候，期待神明的帮助是不可理喻的，“一个人不能够沉浸在罪恶当中，同时期待能够感受到上帝爱的存在”（p. 131）。麦荷迪非常清楚战争仅存的责任在哪儿，还有随之而来的精神的独立：上帝事实上检验了我们在越南的生活，因为我们也对他进行检验。尽管上帝很喜欢人们去追寻一条不同的道路，但他并不想干扰人们选择的自由。是人，而不是神应为越南灾难负责。以这种方式，麦荷迪尝试着去保存神的善良。

这种消极情境中人类归因在宗教信仰者中并不罕见。例如，麦圭尔（McGuire，1988）考察了在替代医疗群体中的中产阶级居民。当治愈中有失败出现时，人类的限制就会作为一个替罪羊而被意识到。一位女性解释说，她没有被治愈是因为不得不去“变得值得被治愈”。另一个人说：“一些人不知道怎样去接受治愈，他们全力以赴地做着完全错误的事情。绝大多数时候，人们制造自己的错误是因为没有每天感谢上帝。”（p. 75）在印度教徒心中，印度教的信仰是以另一个一般的控制方式去保持人们为自己的命运负责。根据这一教义，在生命中所发生的事情包括早期典型的行为，不是上帝所安排而是命中注定的，是由过去的行为造成的。此外，在这种信仰的国家，生命中的所作所为最终将会受到奖励或惩罚。通过延长个人责任的暂存界限，甚至最不公平的经历也能通过一种方法被解释。这种方法是宽恕上帝的责备和提供世界上最后的公正的信心。纳若亚南、莫汉和瑞德哈克瑞斯南（Narayanan，Mohan & Radhakrishnan，1986）认为印度教的教义也许有助于解释在印度常人中痛苦的相对缺乏。“当任何不幸降临到他们身上的时候，他们没有抱怨上帝和邻居，只是责备自己。”（p. 63）

这种再构的代价看起来比较高。一个善良的神和一个正义的世界或许以第三元素（个人价值意识）的代价出现。但是一个人犯错或违背宗教原则，并不能说明他没有个人价值或是不可饶恕。很多宗教理论通过弥补、宽恕、恩泽、善事提供赎罪的可能性。正如我们所看到的，宗教也提供净化仪式使人回归正途。通过这种方式，麦荷迪通过一种和好的仪式对旧的有关越战的书中做了总结，在这种和好仪式上，参加者忏悔了他的罪行。这样，当问题被重构为人类失败的结果后，个人的价值和神的善良与世界是公平的意识就可以被保存。

有限的理解能力

另一种个人中心的再构造较少关注于个体对痛苦的责任，而更多强调人类的有限了解能力上。

这种观念的重塑具有矛盾的特性，在这种观点里我们知道对一些事情我们不能解释我们通过认识到很多事情远远超出了我们的理解来让这些事情可以理解。举柯丽·邓·波姆（Corrie Ten Boom，1971）于“二战”期间在集中营时的经历的例子，在她的父亲死在德国监狱之后，一名军官问她：“什么样的上帝会让这样一位老人死在斯海弗宁恩？”她用她父亲曾再三重复的话答道：“有一些学问太过沉重了，那是你所无法承担的……你的父亲将承担这些，直到你能够承担。”她必须承认她无法理解父亲的死，即没有反映出上帝的怜悯及其他情况。柯丽·邓·波姆始终相信世界万物都存在着神圣的设计，即使大多数的设计是可怕的，但始终维持不变，改变的是她对这些注定的事物的理解能力的评估。

从这个角度看，一些问题必须保持永远不被看透的神秘感和永远不被解决的困惑，这并不意味着最终没有答案（就像痛失亲人的父母所说的那样：“这就是上帝。”而这样的解释又不成解释）。但这就意味着，任何人都没有看穿神的计划的能力，努力地去理解我们为什么要忍受这些必然会徒劳无功，事实上当这种问题被重新定义，“为什么是我？”这个问题将成为一种错误；最好是注意力集中在对好事情和坏事情的反应上。克劳斯（Krauss & Goldfischer，1988）说明了这一点，在他妻子的葬礼上，一位伤心的教会青年问他：“为什么神带走了作为圣会成员的她？”克劳斯解释道：“你知道我从未问过这样的问题，这是一个令人心碎的问题。应该问的问题是：她的生命是丰富的吗？她曾经触及过多少的生命？……她谦卑而感恩地人领受她的快乐了吗？她能勇敢地面对伤痛吗？上帝存在吗？谁能质疑这点呢？”

神圣的宗教重塑

严厉的上帝

最终的重塑形式集中于神本身，通常这是最后的手段，大多数人是不愿意改变神的观点的，尤其在他们遭遇不好的事情后，对神的抱怨是十分谨慎的，有时负面事情的发生是由于上帝的惩罚，这样惩罚通常是被看作理所当然的，不是随意的也不是恶意的。从这个意义上说，神的惩罚最终是由人发展的，可能严厉但并不是不公平的。

> 天花板上装饰着生动的描绘着在地狱由大祭司惩罚可能是犯错的人的场景。除了更明显的犯罪，场景描述了被堕胎的胎儿把他们的母亲从摇摇晃晃的桥梁推进燃烧的火焰；死去的动物把屠夫的头颅锯开；忙碌的人把懒惰的人埋进泥凝土中用大锤击打；私通者的生殖器被烧上烙印。（Hobart，1985，p. 182）

这些都生动地描述了神的复仇行动。而在一个不公平的世界，人们宁可去信任上帝。即使这意味着神是如此的可怕，而痛苦和折磨的过错在于自己或他人。这后一种观点在研究中得到证实，我们发现一些大学生参与者拒绝接受一些不公正的事件可能发生在自己身上（Pargament & Hahn，1986）。当这些学生得知一种由于个体的行为导致的消极结果后（例如，在结冰的一天，走在上课的路上跌倒摔断了手臂），一个学生说她将告诉上帝："如果我有什么地方冒犯了您非常抱歉，我会尽量做得更好。"另一个人说："上帝从不无缘无故地惩罚一个人，我做错什么了吗？"（p. 202）。同样，一位女士把这种忠告讲给一位患癌症的朋友："可以肯定的是，在你生命中有一些事冒犯了上帝，你必须改过，这并不是偶然发生的。"（Yancey，1977，p. 13）这些人尽管为自己和朋友付出情感代价仍守护着他们的信仰，相信世界是公平的。他们坚称上帝不会让人受苦，除非他罪有应得。

由于有仇必报的神所做的不仅仅是纠正正义的尺度上的不平衡。对于会惩罚不义的神的信仰伴随而来的是安全和控制感。因为犯罪是可以避免的，惩罚也是可以避免的，只有当道德秩序被违反，个人就要冒被神处罚的风险。那些生活在这样秩序中的人没有什么可害怕的，但那些以外的人会冒更大的风险。一个人在南美洲地震之后发表评论说："你知道在地震中基督教徒死亡的百分比相对非基督教徒死亡的百分比低吗?"（Yancey，1977，p. 63）。从这句话中推断，神的愤怒更容易被其他成员而不是自己的群体（如果自己的群体成员是虔诚的教徒）接受。

将负面事件重构为罪有应得的上天的惩罚可以给予人们安全、控制和公正的意识。可是，正如我们所知道的，这种代价是相当大的，因为重新构建事件可以通过自我贬低、贬低别人，或只是列出上帝的一些限制就可以实现。也许，这就是为什么我们不会经常发现以惩罚性的语言对上帝的重新构建。事实上，在生活中把做错了的事归因于严厉的上帝的人只是一小部分

（Bearon & Koenig，1990；Croog & Levine，1972；Pargament & Hahn，1986；Pargament & Sullivan，1981；Pargament Ensing et al.，1990）。例如，克鲁普和莱文（Croog & Levine，1972）的研究让一些心脏病患者解释引发他们疾病的原因。其中认为这种疾病是一种宗教性的惩罚排在 16 个病原学可能因素的最后，只有 13% 的患者认为他们的病是"自己罪恶的代价"或"生命中犯错的惩罚"。有趣的是，40% 的人感觉心脏病发作是"上帝的意愿"。在宗教信仰和应对研究项目中（Pargament，Ensing et al.，1990），教会人员更可能将一个严重的负面事件归因于上帝的意愿，归因于自己或者偶然，而不是上帝的惩罚（Bearon & Koenig，1990）。

神的惩罚确实存在的感觉常发生在一个悲剧刚发生的时候（Cook & Wimberly，1983；Gilbert，1989）。即使 C. S 路易斯（Lewis，1961）这位非常著名的基督教护教论者，在他的妻子死后不久也不能避免宗教上的牺牲的感觉。"让所有祈祷者和每一个梦想窒息的是所有祈祷者的记忆、所有错误的希望。一步一步地我们被'引上花园之路'，一次又一次地，当他（上帝）看起来是最高尚的时候，他实际上是在准备下一个折磨。"（p. 27）但这种感觉是短暂的。第二天 C. S 路易斯开始公开认错："我昨晚写的那个，那是呐喊而不是思考，让我再写一次。"（p. 27）同样，在克鲁普和莱文（Croog & Levine，1972）的研究中，1/3 的人认为他们的疾病是上帝惩罚的延续，到一年以后他们的心脏病发作，他们依旧这么认为。相反，那些超过 2/3 的认为他们的疾病是上帝的意愿的人，在之后的一年中仍然做着更多的宗教善良的归因。

总之，人们在认为上帝的惩罚是他们痛苦的原因所在上是很犹豫的。他们通常倾向于运用积极的宗教术语再定义这种情况，或者仅仅责备自己或者其他人而不是归因于神的旨意。甚至认为没有任何信仰都比信仰不友好的神更可取，就像我们听到一个大屠杀的幸存者这样解释他信仰的丧失："也许不信仰上帝的人的存在是无意义的，我宁愿毫无意义地活着，也不愿信仰允许对无辜者肆意屠杀的上帝。我拒绝相信上帝是一个可怕的虐待狂。"（Brenner，1989，p. 111）

恶魔的行为

重新认识神圣通常不会将上帝改变为愤怒的、报复的、恶意的。[2] 神圣可以通过其他方式被认识。一种方法是把神圣分化成两种对抗的力量——善与恶。对于"黑暗势力"的信仰是常见的。盖洛普和盖斯特利（Gallup & Gastelli，1989）发现 37% 的美国人相信魔鬼。多年来，撒旦和其追随者的形象被援引用来解释很多困惑和悲惨的情况。一位祖父在他的两个于美国俄克拉荷马州炸弹爆炸中丧生的外孙的周年纪念上曾说：“一年前的今天，撒旦驾驶莱德卡车来到第五大街。他炸毁了我的孩子。他看上去是一个平常人，但他是撒旦。”（《周年……》1996，p. 19）。关于撒旦教信仰者的谣言和惊恐也是一个例子。这些惊慌的谣言经常被一些不寻常以及令人不安的事件所引发，例如一场地方暴力犯罪，墓地打砸抢事件，或者是“邪恶的”涂鸦（Victor，1991）。

巴尔奇和吉列姆（Balch & Gilliam）对于1974年席卷西方蒙泰纳镇的邪恶统治的谣言进行了描述。一位39岁妇女被残忍地谋杀引发了这场谣言。这个妇女遭受到性侵犯、捆绑，嘴被堵住，头部被射穿五次。在床柱上和浴室里找到的小绳子增加了谋杀犯的异乎寻常。几天后，这位妇女是被撒旦崇拜者献祭的谣言开始流传。在此谣言传播的时候，新的详情被阐述。撒旦的标志被报道说植入了妇女的身体内并且彩绘到他们家的墙上。绳子则被认为是在礼拜堂绞死巫师用的那条。这些相同的邪恶势力当时被用来解释另外一件无法解释的案件——一位五岁的女孩两个月之前被绑架刺死。最终，可以预测未来的死亡事件。据说邪恶的崇拜者要求送上三个牺牲品：“一位基督教妇女、一名处女和一个叛徒。”（p. 249）这些都是有力的谣言。

甚至这篇文章的第一作者都承认有些害怕，在他的床附近，他和一把装了子弹的枪睡在一起。谣言慢慢被证实是不真实的。在妇女的身上和家里，并没有找到魔鬼的印记。进一步，杀人犯最后被逮捕，但是并没有证据证明他参与了谋杀。然而，直到今日，很多人仍然认为撒旦应对这些死负责。

为什么很多人会接受这些古怪的故事呢？除了其他的因素之外，对于这些麻烦恐怖的环境，谣言给予了合理简单的解释（Balch & Gilliam，1991）。降临在小城镇最糟糕的是恶魔的出现。但是撒旦并不完全是神秘的，小城镇的人从电影、电视、书、故事、家庭、教堂里对撒旦有很深的了解。它不仅仅是一个熟悉的威胁，也是人们可以面对的威胁。在公众场合反对邪教，从高中的课程中消除邪教课程，在摇滚音乐上反对撒旦抒情诗。回归到教堂，这是人们所能做的减少更多的悲剧的方式。为了与恶魔对抗，小镇的人找到了方法来抚慰和控制他们的生活。另外，将事件重构为撒旦的行为，就可以保留上帝是慈善的及在世界上仍存在着公平的希望。真实的、糟糕的事发生在好人的身上，这是恶魔干的，而不是神，上帝被期盼为能够战胜黑暗的力量。

能力有限的上帝

有另一种方法重塑神圣，这种方法不是通过从神圣中找出邪恶的撒旦来解释伤痛和遭遇。在这种意念中，神的干涉世界的遭遇的职能是被界定的，但是，上帝的无限力量是被质疑的，不是上帝的爱和同情之心，他的好心和关心是持续的。上帝也许不能阻止我们的伤痛或是消除它，但是他与我们同在，并且他的存在使我们对于苦难更有容忍性。

前面我提到库什纳在精神层面上怎样拒绝重塑他年轻儿子的死。从他的丧失之中，你不能看出宗教机会和目的。既不是他也不是他的儿子能对他的儿子负责。就像是圣经中的约伯，库什纳拒绝相信他是罪恶的，因而可以证实他的苦难，但是另一种选择放弃爱上帝的信仰是站不住脚的。库什纳的解决方案融入了上帝能力的重塑。

> 我相信上帝，但是我不相信我以前对他所做的同样的事。当我长大或是当我是神学学生时，我认识到了他被局限在自然法则下能做什么以及人类自然的演变和人类道德自由。我从不认为上帝应对疾病、事故、自然灾害负责任，因为我意识到当我因为这些事情而责备上帝的时候我没有得到什么，反而失去很多。我信仰一个讨厌苦难却不能消除它的上帝比信仰一个选择让孩子遭受苦难和死亡的上帝来得容易，无论悲剧是什么高尚的原因。因为悲剧不是上帝的意愿，当我们遭受悲剧时，我们不需要感到受伤或是背叛，我们可以向他寻求帮助来克服它，因为我们可以告诉自己上帝像我们一样愤慨。

按照基督教的传统，无限能力是人们对于上帝概念的一个重要部分（Foster & Keating，1992）。因此，人们对于库什纳的诠释投入有多深是不清晰的，他的解释是对上帝权威的限制。这种重塑方法的优势是，当悲剧发生的时候，抚慰能够从信仰中获得，不幸并不是上帝的惩罚，而是从信仰中能够增长的力量和勇气，以此来共同承担人类的苦难。然而，剥夺上帝阻止灾难的这种能力，个人就被迫要从其他方面来寻找不公平的根源及方法。完全的公平是神所不能给予的。一个少占优势的上帝会对人类遭受的苦难感到同情，但是他并不能保证好的事情会发生在好人的身上。

我已经回顾了很多方法，宗教能被融进负性事件的重塑之中。焦点可能是事、人、神，或是三者的结合，但是每一种形式的重塑都需要对于这个世界以及身处这个世界之中的人与神位置的各种信仰的重建。每一种形式的目的都在于保存世界上一定的公平、抚慰、控制和神的仁慈。

一旦重塑发生，新的定向系统就变成审视和处理生活事件的过滤器，注意到这一点是非常重要的。重塑的人、事件和上帝变成了个人新的世界观的一部分，随之而来的经验被形成而不是改变。同样，宗教转换的人通过新上帝和新圣会的定向系统来渡过困难时期。重塑之后，保存现已改变的观点又开始形成压力。通过宗教净化的更新，个人在宗教路途中又面临着新的挑战。同样，找到新上帝的人试着保护新的神，像以前保护旧神一样。因此，一旦重塑发生，焦点从创建定向系统转向维持它。这是从重建到保护的转变。从这个角度来看，两种保存的技巧来自彼此。当我们没有保护好，跟随而来的就是重建，重建之后往往跟随而来的是保护新道路所做的努力。

结　论

如果说一些人去祈祷或是做礼拜去处理危机，对于宗教在个体寻找全文中所起的作用并不能说明什么。人们祈祷或是参加教会有很多原因和很多的方式。在这一章，我从功能性的观点来考虑宗教，一种能把我们带出一般宗教信仰的描述和实践到深层次的分析。我的焦点一直在宗教的应对方法上，宗教应对似乎是一种自然的设计，通常适用于重要性的保持。不幸的是，在这里我不能涵盖宗教保持的每一种方法。例如，在宗教治愈的领域，需要更多的关注。作为一种保持的方法，包括宗教的重塑、纯化和支持（见 McGuire，1988）。关于儿童的宗教应对方法，或是非传统，产生的宗教集体，还有其他的文化也需要进一步研究（见 Grzymala-Moszczynska & Beit-Hallahmi，1996）。我这里是简单列举了一些在应对中通过宗教来保存最重要意义的常见方式。

不可否认，了解宗教应对的机制是一个很主观的事情。我认为是重构应对可能被别人看作保存，或相反。而且不是所有人会因为我这里所介绍的目的使用这些宗教应对方式。（就像我所说的熨斗除了可以用来熨衣服外还可以用来做很多其他事情。）为了了解宗教在个体应对中的功能，需要仔细考察这个人的经验历史、动机、生活环境，以及他的宗教应对方式。

最后，记住宗教应对方法不仅仅是心理上的，它同样可被用于保存精神层面上的如心理学的、社会、物理学的目的。它们帮助解释宗教在抵抗、同化，适应很多消极经验上的复原力（Calhoun & Tedeschi，1992）。因此，宗教不仅仅是保存的机制，他们也是保存世界的一部分。

一些心理学家也许会说宗教的故事就在这结束了，很明显宗教是一种保存方法，我不同意。保存是一部分，甚至是故事的一大部分，但是并不是整个故事。有时候，宗教与我们最关心的事情的动荡和改变联系在一起，这是经常发生的。也许现在应该考虑一下在应对过程中宗教的一些转换角色。

第九章

宗教与应对的机制：意义的转化

一位年迈的摩门教徒如此描述那场夺取他妻子生命的车祸：我知道她死了。她的手腕上有一道很深的伤口，但却没有流血，也没有脉搏。我觉得我能把手按在她的头上让她活过来（一种耶稣基督后期圣徒教会的治疗方式）。但是一个声音在我耳畔响起："你想让她回来做一个植物人吗？她很好，她没事……让她去吧。"

——帕格蒙特，罗伊斯特（Pargament & Royster et al.，1990，p. 9）

自我保护（conservation），往往是应对的第一反应，但这并不总是可能的。有时梦想必须被延迟，甚至被放弃。一些事件的发生会阻挡我们的圆梦之路，或使得梦想就此破灭。也有时候一些事件会显示出我们梦想的愚昧。一些经历会启发新的价值观，并使其他观念相形失色。也有一些经历会无情地击碎我们最珍爱的事物。每当此时，生命的意义便会受到质疑。我们也就无可避免价值观的改变以及意义的转化。

转化（transformation）是艰难的，因它要求人们做出方向上的调整，从原本的、已不再合适的目的地，迈向一个新的、较具吸引力的方向。但是，改变根深蒂固的价值观往往是一个痛苦的经历。这或许就是为什么只有在所有其他的、可想见的保存原有意义的方法全部失效以后，人们才会尝试着转化。尽管过程痛苦，转化仍然是应对形式中必要的一项，因为在某些时候，转化是将意义最大化的唯一方法。

在转化的过程中，我们时常能发觉宗教的身影。每一种宗教文化传统都有其自己的范例群体，这些人发觉自身正在经受考验，或者正迷失于或真实的或象征性的蛮荒（Ratliff，1989）。以色列人游荡于西奈沙漠 **40 年**，不时地疑惑着，究竟是应该回到埃及，崇拜偶像，还是应该继续追寻那应许之地。耶稣基督在蛮荒之中生活 **40 天**，面对撒旦的诸般诱惑。在这些处于蛮荒的时刻，他们邂逅了神，并从苦难中得到新的方向及意义。

宗教转化的故事并不是明日黄花。不幸的是，只有少数的系统化研究关注到宗教转化的本质，这或许是因为关于转变的研究过于困难，或许是因为社会科学家们多数把宗教视为应对中一种**自保**的应对机制。无论何种原因，我们必须更多地依赖个案研究、个人故事以及诠释，而不是僵化于“定量”的数据。我认为，个案研究和故事诠释虽“软”，但却对宗教涉及在梦想上弃旧图新的尝试有重要的描绘。

在这一章中，我们会检视在应对中所产生的宗教转化，尤其针对图 5.1 中描述的两种宗教在转化中所扮演的角色：（1）再评价（revaluation）——尝试在改变意义的目的地之时，保存通往意义之路的完整性，以及（2）再创造（recreation）——尝试同时改变意义的目的地以及通往目的地的路径。

心的改变：宗教与意义的再评价

再评价有一种矛盾的特质。在一个层面上，改变是主要的焦点；具有陈旧意义与象征性的事物必须被放弃以及替换。在另一个层面上，连续性是主题的核心；在丧失与改变之中，生活的形式必须被延续下去。

同时兼顾到改变与延续的需要并不是一件容易的事。数千年来，当经历到意义必须转变的情况时，许多人们寻求宗教来引领他们。在这一节中，我们会详细介绍两种与宗教有关的再评价应对方法：寻求宗教性目的（religious purpose）及过渡仪式（rite of passage）。

寻求宗教性目的

在生活中有一些事件的破坏性可以彻底动摇一整套价值观。自我保存与重建不再可行，因为原来意义的目的地再也无法到达。应对的决策于是变成了寻求新的目标。此行为的焦点并不在于生命彻底的改变（尽管最后往往会变成这样），而是在于价值观的改变。这种应对过程具有再评价性——过程，至少在当下的时刻被保留下来，而结局则经历了转换。同时，寻找新目的之探索也开始了。

有些个体在经历的过程中会仰望宗教来帮助他们。

凯西·休斯（Kathy Hughes，1990）就是一个很好的例子。刚刚从大学毕业并与男朋友开始了一段恋情的她，对自己及对生命的方向都信心十足。结婚，生子，做一名社工便是她未来的全部。然而，所有的计划都因为一场几乎使其丧命的车祸而动摇了。严重的脑外伤导致了表达性失语症，使她无法成为一名社工。而身体其他部分的损伤又使她再也无法生育。当她的男朋友离开她而与另一个女人在一起时，她甚至怀疑自己再也不会结婚。在经历这种种不幸中，凯西不断思考一个问题：该用这余下的生命做些什么？在失去了所有具有最重要意义的事物之后，她在寻找新的生命意义上经历了许多挣扎。

在这个过程中，她向上帝祈求新的生命意义。当她得知她的男朋友已与另一女人交往，她问上帝："我知道，我再也做不了母亲了。我甚至再也做不了妻子了，至少现在看来如此。那么，上帝啊，你究竟想让我做什么呢？"（p. 83）她从上帝那里感受到的回答就具有再评价性："她感受到了一股温暖融贯全身，照亮了她的心灵。似乎有一个细微的声音在低吟着，'好好养病，只要你好起来，其他一切都会没事的'。"（p. 83）由此看来，上帝似乎是在鼓励凯西保存自己，同时又承诺她会找到一个新的生命方向。随着后来她的身体渐渐康复，她从上帝那里收到了答案："于是，在她的心灵深处，凯西感受到了一股悸动，并体验到了一种开放的感觉。一个熟悉的声音响起，'凯西，发起一个互助小组吧。把你的书写完。剩下的交给我。'"（p. 113）对于自己对宗教性方向的寻求，她这样总结道："一种使命感浸染了她的一举一动。她终于明白了自己存活下来的理由。她是一个计划的一部分，她已决定要不遗余力地去完成自己的角色。"（p. 114）

在追寻宗教目的感的探索下，是生命必有终极意义的信念。而给予这种探索具有宗教性质的来源，是对于目的本质具有超越性（transcendental）的认知，超越了个人对目的的信念。从大多数的宗教视角来看，我们每一个人都有一个存在的理由；无论我们的处境如何恶劣，每个人都承担着特殊的任务，或是生命的呼唤。这些任务并不是**由**人所建构的；而是**为**这个个体（for the individual）所建构的。当原有的目的已不再适合，个人并不需要为生存创造一个新的理由——应对的方式在于领悟这种超越性的计划。

这就是弗兰克尔（Frankl，1984，1988）所说的生命的意义。他说，每个个体，在每种情境下，都有一个"正确的"且"真实的"意义，它存在于个体"封闭的系统"之外。当身处混乱与绝望之中，个体必须找到这个意义。弗兰克尔相信，我们不应该叩问我们希望生命能给予我们什么，而应当思考生命希望我们回赠其什么。“有人会在艰难的时刻从上面看护着我们每一人，”弗兰克尔在集中营里对他的狱友们说，“朋友，妻子，活着或死去的人，又或者是哪个神——他不会希望我们令他失望。他希望看到我们骄傲的——而不是痛苦的——受难，知晓如何死去。”（Frankl，1984，p. 104）对于弗兰克尔来说，意义显然是一个超越现象，“它是寻得之物而非领受之物，是发现之物而非发明之物”（Frankl，1988，p. 62）。如此看来，弗兰克尔的理论在根本上具有宗教性。

一旦成功，对宗教性目的的寻求会将个体的生命置于一个完全不同的背景中。关注的焦点从即时的、个体的目标转换为较长期、崇高的结局，目的于是成为终点（Johnson，1959）。在凯西·休斯的个案中，我们了解了对个体受苦经验的关注是如何被一项神圣的职业所取代——帮助那些罹患着相似残障的人们。

上帝究竟是否确实向个体展示了一线关于他或她的命运之光，是另外一个问题，一个科学家们无法回答的问题。诚然，获得了神灵指引的认知，可能是满足个人欲望而同时又不必为此负责的一种方法。由于投射到了上帝的身上，人类的种种欲望因而被盖上了属灵的章而被准许存在。在宗教界里，这种投射经常受到质疑，教徒们更被提倡要明辨这种投射的虚假，以及理解真正的宗教性呼召（Ratliff，1989）。

尽管宗教灵感的真实性无法经由科学的方法确证，其他关于宗教性目标的寻求过程确实是可以检验的。譬如，我们可以询问一个人在应对的时候超越自身而欲从宗教中获得目的的频率是多少？凯西·休斯所描述的经验典型性如何？我们可以找到相似的轶事记录，但在这一领域中的实证研究却十分鲜少。考博（Cobbler，1985）的一项研究认为，事情似乎并没有多么不寻常。他采样调查了一组年龄介于18～81岁的成年基督教徒对上帝表达信仰的方法。“向上帝寻求方向”是一个最为突出的主题。而信仰方向的寻求在转化的历程中最为常见。大多数男性和女性在从青春期过渡到成年期（18～23岁）时都会寻求信仰方向。30～40岁的男性会更频繁地向上帝寻求方向。而女性则在25岁左右以及35～45岁时更可能寻求宗教性指引——考博认为此结果投射出女性在面临养育儿女和职业定向时所感受到的不安。

更有意思的问题是，人们为什么想要寻求灵性指引。从一个世俗的角度看，在危难中向上帝寻求目的是一个颇为古怪的理念。如果丧失了意义，像凯西·休斯这样的人们为什么不去为自己发展出一套新的目标呢？为什么反而要超越自身去寻求灵性上的指引呢？在缺乏足够的实证研究的当下，我们只能以我们应对的架构为指引，加以推测。首先，个体必须觉察到其自身并无足够的资格作为意义的唯一仲裁者。在自我评估之后，判定自身有不足之处。或许，质疑个人在界定价值观上的权柄。或许，现在还不曾成功地找到一个能令自己满意的方向；或许，已进入一个完全不同于以前的人生阶段，超越现有资源以及所能发展的方向。又或许对自己价值观的脆弱性有了一种新的、令人忧心的认知，了解到很多带着意义的事物——包括生命本身——是多么脆弱。

作为对这种缺陷感的回应，宗教性的指引资源必须向人们开放，提供具有吸引力的选择。当然，宗教组织尝试让自己既可用又有吸引力。对于那些已经变得对自己的梦想不再执着期望的人，教堂提供了一个不同的视野。一个市郊教堂的告示牌上写道："厌倦了金钱、性和权利吗？来向上帝报到吧。"另一个告示牌对觉得不满足的人呼召说："如果你走错了方向，上帝欢迎你转身。"对于那些感到困惑迷茫和处于人生转折点上的人，牧师提供他们教牧的方向。最后，对于那些质疑自身价值观的合理性或觉得它们太过脆弱的人们，宗教提供了权威与永恒之源。基于世俗的价值终将来来去去，但根植于宗教的意义有着长久而有力的存在潜质（参见 Klinger，1997）。凯西·休斯想要帮助面临着相似残障的人们的愿望，一旦转化成神圣的任务，即使在未来经历到困难与失望，仍将可以延续。

简而言之，我们可以预期，当宗教目标可用且提供比其他目标更具吸引力的方向时，人们在应对时就会去寻求一种宗教性的目的。不幸的是，研究者们尚未确证宗教如何在压力时影响价值观。我们还需要系统化的研究［Schoenrade & Leavitt，1989，（for a promising start）一部分］。

对于宗教目的的寻求牵涉延续与改变。个体在寻求宗教方向的同时也会尝试维持原本的生活方式。但这种应对方法往往受到时间的限制。最终，对宗教目的的寻求会导向对个体生活方式的再确认。但事情并不总是如此。对宗教方向的寻求往往是一系列改变的第一步。当新的生命目的被发掘时，生命就必须被重塑以适应这个新的任务。以应对的语言来讲，继再评价（结果的转化与意义的保持）之后便是重建（方法的转化与结果的保持），以至于过程与结果之间建立起更密切的联结。

过渡仪式

在生命的历程中，我们会经历一些具有"特殊意义"的时刻（Smith，1968）。这些时刻与生命之中重要的过渡时期一致——出生、成年、结婚，以及死亡。它们往往带来神秘、敬畏与战栗之感。似乎有某种看不见但可以感受得到的强大力量，潜藏在日常生活的表面下。在某些时候，个体从一个人生阶段跨入（或被推进）另一个阶段的转换过程也给人们带来了不安。

每一种宗教都为其信徒提供了与转化相伴随的仪式。肉体穿刺，分离，斋戒，交换礼品，水或牛奶的洗浴，礼节餐，特殊的语言、歌曲和舞蹈，都只是一小部分独特的例子，用来表达这些场合的特别性（van Gennep，1960）。尽管这些仪式采用了不同的形式，但它们有着共同的功能和架构；它们旨在标记并促进被弗里德曼（Friedman，1985）称为“时间之铰链”（p. 164）的转化。从这个意义上来讲，它们都是过渡仪式。

值得注意的是，过渡仪式与目前其他所有讨论过的宗教应对方法的不同之处在于过渡仪式从某种意义上讲，是由外部强加的。它们的功能与架构大致上是社会建构的产物。个体可以选择是否参加过渡仪式，并决定其投入的程度。有时甚至可能为适应个体的需要及偏好而修改仪式内容。尽管如此，过渡仪式依然能明确地向参与转化的个体传达要求与期望。

过渡仪式有着再评价应对的独特两重性。它既鼓励改变，也鼓励延续。它们在象征转化的同时也保持了个体和群体在危机中的稳定性。在这些仪式中，人们被要求放弃旧有的价值观并接受新的价值观。同时，他们也被鼓励在情绪上保持稳定，并继续作为历史、社会和灵性群体的一部分。神圣的力量常被依赖来协助这两种功能——促进价值观的转换，并确保延续性能够在这些巨大的改变过程中不被流失。生命之海潮起潮落，上帝始终是永恒的。

过渡仪式还有另一种架构，其中包含了不仅是宗教的仪式。诚然，仪式是代表重要改变之产生的显著记号；但是，转化本身并非始于斯，亦不终于斯。正如拉比及家庭治疗师埃德温·弗里德曼（Edwin Friedman，1985）所说：“（在情感上）有些人在仪式未完成之前就早已结了婚，但有些人的情感就算在仪式以后还是未离开过家；有些人虽活着但已被‘埋葬’，而有些人却虽死犹生。”（p. 167）人类学家阿诺德·范·根内普（Arnold van Gennep，1960）在20世纪初做了关于原始与现代仪式的研究，总结认为过渡仪式主要有三个阶段，每个阶段都有其独特的仪式：分离、转化、合并。其他的学者也归纳出相似的结论（如Roberts，1988）。我会以人生终点的过渡仪式为焦点来描述这些观点。

从生到死

死亡使意义的架构出现空缺和新的需求：一个人死了，他所扮演的角色也就丧失了，关系终结了，原有的计划放弃了，严峻的挑战出现了。这些损失要如何被承认和接受？遗属们要如何在哀悼的同时保持自身与生活方式的完整性？那些失去的角色、地位身份和责任该如何被新的意义根源所替代？死亡引发了对延续与改变的双重需要。很多时候，死亡被囊括在宗教的过渡仪式中，旨在回应这些需要。

如果我们关注美国那些与死亡相关的信念和传统，我们可能会总结道：宗教仪式往往是否认，而不是推动这种过渡仪式。在这个国家（以及其他西方国家），第一手与死亡接触的经验已经变得不同寻常。过去在家中及亲人之间发生的事现在发生在医院及医护人员的包围中。从那里，遗体被迅速地转移到殡仪馆，由专业人员进行防腐处理，借着诸如“生命蛋白”（Nature-Glo）一类的化妆品和整容技术的帮助（如分开嘴唇以使死者看上去仍在呼吸），重新恢复到一种“栩栩如生”的样子，并放在一具不透水的棺椁中（Chidester，1990）。葬礼本身的过程较为短暂。那些曾经使行人驻足、车辆停驶的长长的送葬队伍已被快速移动的车队所替代，淹没于其他的车辆之中而几乎无法识别（Griffin & Tobin，1982）。过去曾经近距离目睹死亡的孩子们现在被庇护着，与这种经验隔离。悲伤的人们被要求坚强地面对死亡，并在一周内回去工作。

死亡照此看来似乎被封锁于美国人的意识之外。但问题的根本可能不仅在于宗教，而是在于这个曾为极度宗教性的仪式的世俗化。如果我们转而关注美国与世界各地的宗教性过渡仪式，我们可以发现，它们并不是否认这种情况，而是明确地显示出重要改变的发生。不仅如此，它们还鼓励其追随者接受并诠释这个新的现实，保护他们远离死亡带来的威胁，并且，随着时间的流逝，引领他们重回群体。需要补充的是，从宗教的视角来看，过渡仪式关注逝去者之际也关注其遗属。当遗属进入哀悼者的角色时，帮助他们经历忧伤并重新回归于群体，而逝去者则被引导着由生到死，被转化为进入超然之境。在接下来的部分，我将从不同的宗教视角来考察这个过渡仪式中的每一个阶段。

准备与分离

即使在死亡发生以前，我们仍可找到这些宗教仪式，旨在帮助个人、家庭与朋友为此做好准备，使过渡的过程变得容易一些。举例来说，现在所流行的佛教信仰认为，个体死亡的那一刻所持的心态决定了他死后的归宿。濒死的人如果灵魂仍被尘世的欲望所累，则会有堕入三恶道的危险（修罗、畜生、恶鬼）（Long，1975）。但是，通过将自身从尘世的牵挂中解脱出来，个体可以顺利地往生。冥想是一种提升意识的技术，并且在为死亡做准备时具有重要的作用。这就是《西藏生死书》(*The Tibetan Book of the Dead*)——世界上最畅销的书之一的重点。面临死亡时，人们被指导去凝聚意识于“明亮无色的空灵之光”(Long，1975，p. 69)。事实上，西藏佛教徒学习用来冥想的最高咒语，是将死之人最后听到的声音。

圣公会教徒们同样依靠宗教仪式来帮助濒死者完成从生到死的转化，就如我们听到的圣公会送终礼文一样：“基督徒的灵魂，从这世界离去吧，因那创造你的全能圣父上帝之圣名；因那救赎你的主耶稣基督之圣名；因那使你成圣的圣灵之圣名。愿你今天得到平安的休息，愿上帝的乐园为你的居所。”[《公祷书》(*Book of the Common Prayer*)，引自 Oden，1983，p. 306]。

死亡发生的时刻过后，紧跟着的就是许多的宗教仪式，用来显示此事件的神圣性以及宣告群体中新的分离。第一种类型的分离是关于死者的离去：在许多文化中，遗体会很快地依据宗教仪式的规定被搬离住所，以加速死者与生者的分离，并防止死者“回来”作祟或者诱惑亲友随他而去(Bendann，1930)。窗子被敞开，以方便死者的灵魂离开；或者遗体会从一个特殊的出口脚朝外搬出去，以至于灵魂无法回来。仪式强调了另一种类型的分离——生者与死者的分离：在一些文化中，在哀悼中的家庭会搬离原址；与死者有关的纪念物会被销毁、抛弃或者放进棺材陪葬；提及死者的名字成为禁忌(Rosenblatt，Walsh & Jackson，1976)。仪式也标志哀悼者与群体里其他人的分离：特殊的着装、理发、不清洁、隔离或者其他方法来显示遗属的特殊身份。

转变

这些所有重要的改变都在葬礼仪式上被正式地认同。对那些相信死亡与来世之间有一段转化时期的族群来说，葬礼整合了祈祷和仪式来缓和从死亡迈向新生的过程。例如，在为死亡的祈祷中，罗马天主教徒会为死者向上帝祈求仁慈的宽恕，让他们不为其罪孽所累，以至于能够享有好的来世。穆斯林教徒会在死者的耳边耳语，帮助死者回答天使可能提出的有关死者生时所为的问题答案。据说，这种“阴间审判”会决定死者进乐园或是下地狱(Chidester，1990)。依据印度传统，死者的灵魂可借着繁复冗长的葬礼仪式，在祖先的世界中重生。为了避免我们轻易地把人们对天堂的关注归为不寻常，在此必须指出，71% 的美国人声称相信来世(Gallup & Castelli，1989)。这种信念对于即使是信仰最不虔诚的人来说也是很平常的。58% 的不参加任何教会活动的人也相信来世。[1]

葬礼不仅为帮助活着的人，对死者也有意义。它挑战丧亲者，促使他们面对丧失了亲人的现实，并且鼓励他们接受这一根本的改变。罗森布拉特等（Rosenblatt et al.，1976）详细阐述了这一点。他们认为，从旧有的关系转向新的关系是一个非常困难的转变，以至于丧亲者会自然产生一种自我保护的倾向——拒绝改变，执着于熟知的事物。然而，葬礼仪式迫使他们面对现实。在仪式中，在一群充满关爱的见证人面前，丧亲者瞻仰棺木中的遗体，入土，埋葬。这些都是哀悼者公开的、自愿的以及花费精力的行为（Bem，1972），不断地挑战任何试图否认现实的倾向。毕竟，在参加了这最为基本的哀悼仪式之人，怎么可能再去否认此重大事件已发生的现实呢?

葬礼的设计一方面是保护丧亲者，另一方面是鼓励他们接受死亡。表达哀痛情绪的行为是被支持的，甚至是被要求的，但是须在一定的范围之内。倒在先夫棺木上的遗孀会被温柔地带走。伤痛的父母会有其他人陪同以防止自残。朋友和家人试着安抚情绪激动的鳏夫，帮助他平静下来。神父帮助哀悼者控制情绪，尤其是愤怒、罪恶感以及受挫感。

葬礼提供的保护超越了丧亲者而延伸至更大的群体。正如同许多社会学家指出的那样，死亡是一种社会上的丧失，而不仅仅是个体的丧失（Riley，1968）。每一次死亡的发生都伴随着群体中一个重要社会角色的丧失。死亡，从这个意义上讲，削弱了社会的结构。葬礼仪式提供了一种回应。在面对这种威胁的时候，群体内的成员会聚在一起，重申群体的团结性，并通过哀悼仪式来更新自己。德克凯姆（Durkheim，1915）曾写道：“因着一同悲伤，他们彼此依赖，而群体并未削弱，即便遭到打击……群体会感到力量正在逐渐回归；于是希望再生，生命继续。”（pp. 447-448）

融合

在西方文化中，葬礼通常标示着这种过渡的终结。尽管葬礼帮助丧亲者管理最初的震惊和伤痛，这些人日后可能并无足够的外来支持来帮助他们面对漫长的哀悼期（Gorer，1965）。许多宗教团体为成员们提供最后的哀悼仪式。他们为死者祈祷，燃烧纪念的蜡烛，在墓地举行仪式，或者在逝世的周年举办弥撒。这些仪式从许多角度来看具有整合性。其一，它们象征着逝者在来世中的融入（Van Gennep，1960），并让丧亲者想象他们爱着的人安详无忧。就像一位父亲如此描述天堂中的女儿一样：

> 我在脑海里有关于神的想象是，我觉得我的女儿就在那里，在花丛里跑来跑去摘着花。基督坐在一块石头上。她正在为他采集花朵。我觉得她就伏

在他的膝上。我觉得即使我仍然在哀悼，并感到忧伤及痛苦，我总能看到这个画面，基督坐在石头上，膝上伏着一个小女孩儿。其他的小孩子们也在那里，听他讲着故事。(Klass，1988，p. 143)

其二，这些终结的仪式借着限定哀悼期的长度——日期一满就表示哀悼者必须准备好肩负起他们的新角色——来帮助哀悼者重新融入社会之中。比如，在第一年的哀悼期结束之前，犹太人需要参加一项“揭幕”仪式，其中包括祈祷、拜访墓穴以及祭奠墓碑。哀悼者的衣服，之前被撕裂以象征自己的悲伤；现在则可以重新缝好，以象征伤痛已被治愈，即使伤疤犹存，生活还要继续。

在对78种文化的民族志实证分析中，罗森布拉特等（Rosenblatt et al.，1976）发现生活在拥有终结仪式的文化之中的人们体验到较少的抑郁症状，比如自杀行为、工作上的问题、噩梦、精神与生理疾病。他们解释说，如同葬礼本身，终结仪式鼓励丧亲者放下哀悼的标记，重新投入公共的地位与角色，全心参与社区生活。

终结仪式同时也象征着生与死的整合。尽管他们会提醒生者他们的丧失，缅怀的动作却将生者与死者紧密地联系在一起。以下是犹太教改革派在纪念仪式上的颂词：

在日升日落之中，
我们想起他们……
当我们迷失方向，心生忧愁，
我们想起他们。
当我们快乐开怀，欲与人分享，
我们想起他们。
只要我们活着，他们就不会死去，
因为只要我们想起他们，
他们就成了我们的一部分。
(《祈祷之门：新祈祷书合集》(*Gates of Prayer*：*The New Union Prayerbook*，1975，p. 552)

在这种祈祷和仪式中，逝世者被提及，但不是具有肉体的实体，而是给生者留下回忆、画面和情感遗产的离去者。从这个意义上看，这种终结仪式帮助生者对逝者形成新的意象。也就是说，终结仪式象征了逝者的转化，从物理存在转向灵性存在，并且其精神被纳入了生者的内在经验。

这种功能性分析横跨多种宗教，突破了不同信仰与文化体系之间的重要差异。宗教团体对由生至死的过渡仪式中的不同阶段，在着重的程度上有很大的差异（例如：准备、分离、过渡、整合）。他们对于回应死者、丧亲者或者社区团体的需求上，也有差异。尽管存在着这些差异，这种最后的过渡仪式有一个根本的共同目的：同时鼓励延续和改变。在经历重大的丧失中，个体与社区得以维持。在世上已成之事与将成之事之间、生与死之间、丧亲者与余下的社区成员之间，形成了有意义的联结。死亡成为个人与社会生活的一部分，保持了所有经验的延续。然而，如此的稳定并不能借着否认事实而获得。过渡仪式强迫参与者去面对某件重大事情确实发生了的事实。它将丧亲者从悲伤和混乱中推向新的身份与角色。丧亲者重新走进现实生活，但是已不同以往，而是因着经历过意义的转化而在根本上有了改变。

再评价中包含的转化并不完整。在生命中寻找新的意义的尝试往往会伴随着其他的改变。要想达到新的目的，就需要新的方法。于是，再评价应对之后往往是重建性应对。然而，并不是所有的应对都遵循这一原则。在某些情况下，意义与结局的转化并不依次出现，而是同时出现。这些是充满了激烈改变的时期。在这里，我们再次发现了宗教的作用。现在，我们将会把注意力转向第四种，也是最后一种应对的类型。

激烈的改变：宗教与重塑意义

29 岁的布兰达已是山穷水尽了［案例来自宗教与应对计划（Project on Religion and Coping）］。身为一个暴力父亲的女儿，布兰达尽快结了婚，以便逃离原来的家。当她的丈夫离开她的时候，她用酗酒来麻痹自己：“我想要让别人知道，这事儿对我来说不算什么，”她说，“我喜欢这样，挺好的。”布兰达在一间酒吧遇见了她的第二任丈夫，虽然在怀孕期间戒了酒，但在孩子很小的时候又开始喝酒。在她的第二任丈夫离开她之后，她停止了进食，掉了很多体重，并整夜酗酒：“我会在把儿子哄睡后，自己坐在外边的楼梯上，不断地自问为什么我没有朋友，没有生活，没有钱，不知道自己应该做什么，为什么是我应该如此?”此后的数年间，她游弋于各种关系之中，并持续酗酒。她的第三次婚姻从一开始就充满了暴力：“第一周我开始和他一起出去，他把我推来推去。每个周末，我们都会重复同样的事情，我们会一起喝醉，他会跟我生气，之后会发生一些事情。然后到了第二天，经常是星期天，他又会说他很抱歉，今后不会再发生这样的事情了。”但这种暴力的循环一直持续着，在几年前终于达到了顶峰：“我们打了有史以来最大的一架，我最后住院了。我坐在桌边让他们为所有的伤痕和瘀青拍照存证，我在等着听我的头骨有没有破断。他们说我的鼓膜破了。我坐在那里想着我的身体有多么疼痛。我觉得我就快昏倒了，但我知道，坐在那张桌子旁边，有些东西必须要有所不同，一定会有一种更好的方法，一定不止于此。”

布兰达正处在转折点上。她对生命的绝望为彻底地改变提供了条件。她并不是希望对当下的处境做出部分的调适。她不只是在寻找抵达意义转化之路（如重建）或结果的转化（如再评价），也在寻找一种完全不同的生活。为了实现这种完全的转化，她即将经历一场剧烈的宗教性改变。在这一节中，我们会讨论用来再创意义之过程与结果的两种强有力的应对机制——宗教皈依与宗教宽恕。

宗教皈依：从关注自我到关注神圣

除了皈依以外，几乎没有什么主题会在过去的一个世纪中受到如此多的关注，引发如此多的争论。心理学家、神学家、精神卫生专家和社会学家都分别描述和解释了这一人类特有的现象。19 世纪后期，宗教复兴、洗礼以及戏剧性的皈依经验在美国可谓尽人皆知，尤其是那些倾向于新教福音派的团体（Spilka et al，1985）。对于心理学的奠基元老来说，这些经验代表了重要的心理过程，值得密切关注。借着丰富的个人传记、访谈、调查以及一些准实验设计，威廉·詹姆斯（William James）、埃德温·斯塔尔巴克（Edwin Starbuck）、詹姆斯·普拉特（James Pratt）、乔治·科伊（George Coe）和埃尔默·克拉克（Elmer Clark）等心理学家把皈依当作一种正常的人类现象来探索。他们致力于描述这些经验，理解它们的成因，并试图在突然的、激烈的宗教性改变与渐进的、较温和的转化之间做出区分。

随着行为主义的出现，心理学家的注意力离开了这一类主观的、现象学的过程。精神卫生专家却开始从临床评估的视角阐释皈依。弗洛伊德（Fread，1928/1961）对这种过程抱着不认同的看法。在他看来，皈依是一种退化的尝试，以对权威完全的服从来解决早期俄狄浦斯情结中对父亲的憎恨。其他人则对皈依有着较正面的评价：荣格（Jung）认为，皈依是平衡人格的一种方法；

阿德勒（Adler）认为，皈依有助于从自卑向优越的转化。有些人认为，必须要区分弗洛伊德所指的那种退化的、失调的皈依和旨在更新的、更成熟的价值观的皈依（Salzman，1953）。近年来，一些精神卫生专家担心宗教皈依可能被狂热的宗教组织或新宗教运动者利用为“洗脑”或“思维重塑”的工具，旨在迫使不知情的人成为其宗教成员（Sargent，1957；Singer，1979）。一些专家却认为这是对皈依的过分简单化以及刻板印象（如 Galanter，1989）。

在过去的 25 年中，绝大部分有关皈依的研究来自于社会学家（Richardson，1978；Robbins & Anthony，1979；Snow & Machalek，1984）。他们对这一主题的兴趣提升与西方当下宗教运动和狂热组织的激增相顺应并不是偶然的。人们为何以及怎样体验这种群体身份认同的激变，是当前工作的核心问题。从社会学的角度看，皈依既是一种社会转化，也是一种心理转化。

基于人们对于研究皈依的各种态度和兴趣，这个定义被赋予了各种迥然不同的定义和用途是意料之中的事。我们无法在此解决这些定义上的分歧，或者提供一个完整的架构。绝大多数社会学家同意皈依没有一定的模式。一般研究目的的本质较为谦卑：将皈依视为一种对意义的激进应对方式。

我们从一个操作定义开始。在试图重塑生命时，个体在自我上经历到了重大改变，在这个改变里，自我产生了对神圣性的认同。这将成为此处宗教皈依的核心定义。这个视角有两个重要特征。

皈依的目的：生命转化

学者们虽然争论皈依的确切定义，但大多数人同意皈依的目的是激进的：“无论是神学还是社会科学，激进的改变始终处于皈依的核心。”（Snow & Machalek，1984，p. 169）。生命失去平衡，小的改变已不再足够。这时的关键不在于有一个具体以及特定的问题需要解决。存在本身成了问题，人们需要从根本上来彻底地改变。皈依的目的是在生命的目的与过程上做出实质性的改变。

从这个意义上讲，皈依并不像是保护性的应对。我们并不会把这一定义用于纯粹为了找寻归属感而改变宗教的人或者为了尝试找寻安慰而改变了对上帝的认知（从惩罚者改变为慈爱之神）的人。这是重建性的途径；新的步骤会被采用，但目标仍是原本的、熟悉的。同理，我们也不会把在任何态度、感情或者行为上所产生的单一改变定义为皈依。托赫（Toch，1955）描述了在纽伦堡审判结束时反犹太主义者朱利尤斯·斯推特（Julius Streicher）在最后的时刻看起来像是“改变了心意”，但他的这种皈依只不过是在架构表面上的改变而已。

……现在我看到了犹太人的决心和勇气——他们将统治世界，记住我的话！——我很愿意带领他们走向胜利，因为他们强大而坚韧，因为我了解犹太人……如果犹太人愿意接纳我成为他们中的一员，我将为他们而战……！（选自 Gilbert，引自 Toch，1955，p. 64）

皈依的功能是更深远的。无论有意还是无意，寻求皈依的人都希望能放弃旧的生命并以新的生命代替。进步、成长与发展无法描述个人所寻求的那种根本上的改变。转化紧随其后。这种激进的改变存在于许多宗教中，在基督教中尤其丰富："为罪而死只为在神里活；从奴隶转变成神之子和继承人；从黑暗转变成光明，从肉身转变成灵魂。"（Whitehead & Whitehead，1979，p. 34）

重要的是，一时冲动导致的皈依可能是由于某种情感的、道德的、社会的或者智性的问题，但只有个人在觉悟到生命的根本出了问题时，皈依才可能出现。一名康复了的嗜酒者更率直地说："我来这里（匿名戒酒互助会）是为了救我自己。后来我发现它与我的灵魂相连。"（Robertson，1988，p. 122）这种转变不仅是为了放弃旧日"所爱"（如酒精、性、不圆满的关系、愤怒、罪疚或无助），也要放弃基于这些东西建构的生命。为了替代那些旧爱，转化者寻找另一种有组织性的力量，一个新的"忠诚的核心"（Pratt，1946）。当命运悬于一线时，个体试图改变整个生命的方向（Johnson，1959）。

皈依的方法：自我转化

尽管理论家们对皈依有很多看法，多数一致认为自我的改变是皈依经验的核心。詹姆斯（James，1902）说，在皈依中，"至今分裂的自我"终于整合。科伊（Coe，1916）认为，皈依是一种激烈的、突兀的自我觉察。近期的作家们在关于皈依的描述中都对自我转化给予了重视。他们称之为"核心身份建构"（Thumma，1991）、超越性自我（Nino，1990）或者身份合并（Gordon，1974）。

这样的转变是如何实现的呢？细加研究，我们可以发现两个独立却紧密关联的过程：（1）承认自我的有限性；（2）神圣性与自我的融入。

承认自我的有限性

激进的改变并不是件容易的事。其先决条件似乎总为某类压力、紧张、冲突或者困难。导火索可能是重要的转变或者重大的负面事件，比如爱人的死亡、疾病、离婚或者其他重大的丧失。比如，美国前总统吉米·卡特（Jimmy Carter）在经历了落选乔治亚州州长的痛苦后，经历了宗教皈依

(Norton & Slosser, 1976)。

实证研究同样指出了压力与皈依的关系。在一个回溯性研究中，考克斯、梅乌斯和哈特（Kox, Meeus & Hart, 1991）比较了一组年轻的灵恩派基督教皈依者和一个对等的控制组成员。据报告，67%的皈依组成员在他们皈依前的3~5年内经历过个人问题，而控制组只有20%。皈依组也比非皈依组有更多有关主要生活事件（如搬迁、丧亲、父母离异）发生在其皈依之前的报告。这个研究因其回溯性设计而受到限制。为了证实他们转化的效力和价值，皈依者可能过分强调了皈依前在生活中所感受到的压力。然而，加兰特（Galanter, 1980）对这一解释提出了质疑。作为在这一领域为数不多的纵向研究之一，他考察了那些尚未下定决心但有意愿皈依统一教会的人们。与那些决定不皈依的信徒和对照组的非信仰者相比，皈依者在皈依前一个月表现出更高水平的情绪压力。这些结果为短期压力在皈依中所扮演的角色提供了强有力的证据。

导致皈依的压力和创伤并不一定是突然或者紧急的。相当比例的皈依者在皈依之前并无经历任何的危机（Heirich, 1977; Kox et al., 1991; Seggar & Kunz, 1972）。很多时候，皈依源自较长期的压力与冲突。慢性抑郁、孤独、与父母之间关系不和都被调查者列为原因（Deutsch, 1975; Schwartz & Kaslow, 1979）。与此相似，研究者发现在一些宗教团体中的皈依者具有更高比例的心理精神疾病与住院治疗经历（如Galanter, Rabkin, Rabkin & Deutsch, 1979; Witztum, Greenberg & Dasberg, 1990）。这其中的一些结果可能受到评估者偏见的影响，因为评估者十分清楚，参与他们研究的都是宗教团体成员，或者其中一些甚至是参与宗教异端的人。无论如何，证据显示，皈依的促成往往来自长期累积的压力而不是来自某一个主要的压力。

无论是紧急的危机还是漫长的不安状态，某种紧张的压力往往是皈依的预兆。诚然，并不是每一个处于压力之下的人都会经历皈依。比如，在考克斯等（Kox et al., 1991）的研究中，46%的非皈依者在近年来经历过重大的生活事件。仅靠生活压力无法促成皈依的产生。如要促成皈依的产生，个体必须对其自身一般使用的压力应对方式感到不满。显然，个体往往要用尽所有其他的应对方式之后，才会考虑彻底改变本身的生活形态。只有在所有努力皆告失败，而且是一再失败并全无转机时，彻底的改变才会成为可能。

这些失败的应对显示了自我达成目标的能力的有限性。当皈依产生后，那些曾经被视为失败的应对变成了个人徒劳的示范。作为一个有限的个体，个人无法有效地实现改变。这就是布兰达——前面提到的那个酗酒且受虐的女性——面对的处境。她不得不承认，她所有戒酒和寻找有意义的关系的努力都失败了。她已经到达了其控制能力的极限（Soper，1951）。

应对的失败不仅显示了个人力量的有限，也显示了个人在努力上的不足。意义被深深打击了。个体感受到实在感和意义的丧失（Heirich，1977；Proudfoot & Shaver，1975），一种无价值和不完整感，或者基本欲望与高尚结局的冲突（Starbuck，1899）。但是，自我中心往往被宗教皈依者认为是核心问题的一个重要部分。

以可口可乐公司创始人的次子阿萨·坎德勒二世（Asa Candler Jr.，1951）的故事为例。由于无法治愈的抑郁和戒不掉的酒瘾，坎德勒（借着某个神圣声音的指引）认识到自己的骄傲与虚荣为问题的根源：

> 我的灵魂备受折磨。突然间我听到一个声音，无比地清晰……这个声音对我说："你必须摆脱你自己；你必须放弃你自己；你必须拒绝你自己。"惊人之语啊！若这个声音命令我戒酒，我并不会惊讶。但传来的信息完全不是这样。我被命令放弃自己。我自己就是我的问题——我的自爱，我对任何可能挫败我欲望的事物的恐惧。我的意志一直都是我生命的核心。虚妄的自负在我和上帝之间树起了一道障碍。（pp. 55—56）

承认自我力量的有限以及把自我作为最重大意义的载体的有限，为另一具有关键性但却颇为矛盾的过程埋下了伏笔。斯塔尔巴克（Starbuck，1899）在至今仍然是最丰富的一个宗教皈依的记录中，描述了这种自我交托的过程，即"个人意志的放弃"（p. 98）。针对关于试图在生活上除旧图新的个体，他写道，"努力的方向错误"（p. 115）。抵抗只会赋予被抵抗之物更多的力量。就算再如何表达意志，也无法提供解决的方法。相反，人"必须停止挣扎；必须要放松，并且……依靠更大的'公义的灵力'"（p. 115）。斯塔尔巴克（1899）从受他访问的皈依者那里举了几个关于自我屈服（self-surrender）的例子。

> （男，45）"一瞬间我明白自己有救了，只要我不再挣扎，并跟随基督……"（男，15）"我终于停止抵抗，并且在艰难的挣扎后终于放弃了自己。渐渐地，我明白了我已尽了我的份，而上帝会做好他的。"（p. 114）

斯塔尔巴克和他的皈依者所说的“停止抵抗”“放弃”“自我屈服”，可能会引起很多人，甚至包括一些精神健康专家的警觉心，主要是因为他们注意到这都是有关丧失“自我控制”的语词。放弃似乎与我们一直以来被教导解决问题的方法相矛盾。但是，确实有些时候，屈服（surrender）是最好的应对方法。

这就是布勒那（Brenner，1985）在其著作《放而为赢》（*Winning by Letting Go*）中阐述的观点。她这样写道：

巴里（Barry）在当地靠近一座污水处理厂附近的海边潜水。由于离水管太近了，他跟着一股海水被吸进了管道。他一直与这股猛烈的力量抗争，直到死去，不是因为被碾死，而是累死的。“在每一座工厂都有一个气浮池，”史蒂芬（Steven，他的朋友）叹道，“如果他没有挣扎，他会毫发无伤地浮到池面上来。”（p. 36）

布勒那承认屈服可能是致命性的——在需要行动时成为消极的借口。然而，她也指出屈服其实有其建设性的一面。屈服与失去控制的不同之处，在于前者有着自愿的成分。个体可以选择放弃；这种放弃的意愿让个体有空间去探索全然不同但可能更合适的经验。事实上，她认为（与禅宗信徒相似），屈服是生命中必要的一部分：“每一次肌肉运动都是借着一组肌肉紧绷，而同时另一组肌肉‘放松’才能实现。除非我们在呼吸时愿意呼出以至于新鲜空气能进入，否则我们无法生存。”（p. 113）

那么为何屈服或者放弃的观念可以促成如此不同的反应？布勒那问道：为什么神秘主义者、先知和政治家寻求屈服，但同时政治家和将军们却总是尽力在回避它？答案可能是个人会随着屈服的对象不同而在反应上有很大的差异。在宗教皈依中，在承认个人的限度之后，往往是对一种特别对象——神圣的屈服。

将神圣融入自我

在宗教皈依中，神圣被融入了个体自身的认知。一种比自我更大的力量成了新的自我核心。一名皈依者说道：“上帝进入了我的生命，我已脱胎换骨。”另一个人说：“我感到圣灵充满了我，别的事都无关紧要。”也有人说：“我已不再活着，是基督活在我里面。”

正如同刚刚讲到的一样，有些人认为皈依是一种自我的丧失，一种“自我的死亡”。然而，更准确地说，在这一过程中丧失的并不是自我，而是对自我的执着。一位接受斯塔尔巴克（Starbuck，1899）访问的人曾这样谈到他的皈依：“最主要的改变是我内心深处的目的。我不再是自我中心了。改

变并不彻底，但有一种潜在的无私。”（p. 127）

在宗教皈依中，自我的感知并没有被抹拭，而是被扩大了。柳巴（Leuba）这样描述道：“当将人们桎梏于有限自我的疏离感破碎时，个体发现自己‘与万物同在’。他的生命如此广阔；他与人、与自然、与上帝，都为一体。”（Leuba，1896，引自詹姆斯，1902，p. 241）斯塔尔巴克（1899）用了相似的语言。通过让步（yielding），他写道，自我成为新世界的一部分，“自我被赋予了新的意义……融入了上帝的生命”（p. 119）。通过皈依，个体超越了对自我执着的坚持，而将对自身的认知联结至比自我更大的事物之上，某种神圣的对象。

至于“某种对象”指的是什么，具体说法各不相同。宗教世界提供了许多敬拜的对象。从仁慈的上帝到专制的宗教领袖无所不包。因为这神圣的势力在人际间以及文化间都有很大的差异，因此我们无法为皈依的价值归出一个单一的结论。皈依的产生过程大多数取决于个体所选择的神圣敬拜对象。概括来说，宗教皈依包含了自我对三类神圣客体的认同：灵性力量（灵性皈依）、宗教团体（宗教团体皈依）、全人类（广泛皈依）。尽管三者并不互斥，但每一类都各自代表了一种帮助自我转化的独特组织力。正如詹姆斯（James，1902）指出，哪一类客体成为个体能量的核心在意义上会造成非常大的不同。

灵性皈依。此种宗教皈依的形态总是围绕着灵性的力量。在皈依的过程中，个体感受到与一种超出自身所在世界的力量的联结。但这种力量并不只是超然性的；它也是发自内在的，与个体的直接经验紧密相连。经历灵性皈依的个体常报告感到被爱、被理解、被宽恕，并与上帝同在（Starbuck，1899）。有些时候，就好像个人被这种力量“卷走了”。如下面所述：

> ……圣灵降临我身，感觉穿过我身，从肉体到灵魂。我能感受到这种感觉，如同一股电流穿过，穿过我的身体，一波又一波。没错，就如一波一波的爱；我无法用其他的比喻来形容。就如同上帝的呼吸一样。我清楚地记得那种感受到巨大翅膀挥动的感觉。（James，1902，p. 250）

感受到从上帝而来的爱之后往往会有回应的动作。灵性皈依者会回应以感恩、依恋与自我奉献。“我决定将我的心灵与生命献予上帝。”一名斯塔尔巴克（Starbuck，1899，p. 91）的受访皈依者如是说。灵性皈依者在灵性中找到了新的组织自我的能力。与神合一地生活成为最主要的目标

(Starbuck，1899)。

宗教团体皈依。尽管心理学家们试图将研究的焦点置于灵性皈依，神明并不是唯一的敬拜目标。在某些情况下，宗教领袖或者宗教团体就代表了皈依的焦点。以艾德（Ed）——一名统一教会（Unification Church）成员——为例，他曾用了整整两天的时间独自祈祷寻求启示。当艾德得到了他祷告的回应时，回答并不是来自神明，而是文鲜明主教（Sun Myung Moon）。心理医生马克·加兰特（Marc Galanter，1989）如此描述这个经历：

在第二夜，独自在公寓中，他做完祈祷，也阅读了《原理讲论》（统一教的主要宗教文献，基于文鲜明主教的启示）。突然，他感到自己似乎就在文鲜明主教面前，听他当面教诲，“就像我们此刻的交谈一样真实。我没有转身，但我知道文主教就在那里。他和我曾共处一处的任何其他人一样般真实。他说我所做的事是正确的，并且应该继续，我将会找到灵性的启迪”(p. 75)。

艾德的经历和与神明接触的经历惊人地相似。事实上，在这里如用文主教来代替“上帝”或者“圣灵”，这个经历与前述的灵性皈依完全无法区分。

在宗教团体皈依中，团体本身、宗教领袖以及它的宗旨都被视为神圣的。通过皈依于团体，个体可以把这种特殊的力量融入自我的感知。下面看一位有着毒瘾的女性是如何从圣光会（Divine Light Mission）成员及其领袖处获得神圣力量的过程。

> 我跟他们熟识之后，我明白了他们爱我。他们接纳我，如同用双臂抱着我一样。我就像一个有妈妈关怀照顾着的婴儿。当我想吸海洛因，或者抽大麻时，就算我周围无人，我还是感到他们与我同在，助我远离药物。他们在我还几乎无法静坐的时候给予我力量，我依靠着他们无形的双手，遵从着玛哈拉吉（Maharaj Ji）的智慧，来助我掌控自己。(Galanter，1989，p. 30)

皈依异端宗教团体的人们为宗教团体皈依的过程提供了生动的案例：将神圣权能归于领袖、团体和它的宗旨的行为十分常见，旧的习惯、义务和关系被全然不同的生活模式所替代。但是宗教团体的皈依并不仅只限于异端团体。神圣权能也可能被附加于当地的主流宗教聚会、神职人员和非传统团体。个体所感受到的对邻近教堂及其领袖的忠诚和奉献同样可以成为新的组织自我的力量。每一名神职人员都认识（且感激）把个人日程表填满了教会活动的皈依者。对这些皈依者来说，他们的生活环绕着教会，而他们自我的身份也被这种新的热忱所定义。

广泛皈依。在某些情况下，皈依过程使得个体超越了对某一灵性表征或者宗教团体的认同，而达到了与更大的自然和社会世界的联结。世界上伟大的宗教都能列举各自的范例。从摩西（Moses）、穆罕默德（Muhammad）到佛陀（Buddha）、约瑟·斯密（Joseph Smith），他们的灵性邂逅不但没有造成退隐和自我孤立，反而令他们重返世界，为他人服务，与人们共享启示。这种经历并不仅限于主要宗教人物。在斯塔尔巴克（1899）访问的皈依者中，几乎三分之一的人自发地陈述了自己在皈依后几乎是立刻变得更爱他人以及更愿意助人。一个人说："我对家人和朋友更温和了。"（p. 127）。另一个人说："我感到与每个人、每种生物，甚至是其创造者，都能和谐相处了。"（p. 128）在这些情况中，灵性皈依演变成广泛皈依，一种对自我与全人类的认同。斯塔尔巴克总结道：这些人从自身中被召唤出来，"与外部世界积极地共情"（p. 128）。

广泛的皈依者不仅希望借着上帝的形象重塑自我，而且希望社会整体能被重塑于上帝的形象。改革社会对他们来说成了一种宗教的抒发和个体身份的标志。因此，我们可以看见宗教先知公开反对不义之事，比如圣雄甘地（Mahatma Gandi）和马丁·路德·金（Martin Luther King Jr.）推动非暴力抵抗以反对社会及政治压迫，教堂挑战银行要更公正地对待第三世界国家（Kowalewski & Leonard，1985），贵格会教徒反抗南非的种族隔离制度，以及宗教联合会为无家可归者提供住房等（Cohen，Mowbray，Gillette & Thompson，1992），不胜枚举。

至此我们足以认为，对全人类的认同以及将世界改造得更加美好的意愿，成为转化后自我的标志；它们也显出了一种在经历压力时全然不同于以往的获取意义的过程。这种皈依不应该被误认为是一种世俗的应对机制。在与超然的、广泛的关怀的联结过程中，它沾染了宗教的气息。由于世界包含着些微的神圣，我们相信，这个世界值得我们去关注、保护甚至奉献。从这个意义上讲，寻求一个更加公正、有爱心的社会成为了一个神圣的任务——一条体验神圣之路，一条将世界推向理想的超然之路，或让彼此分离的人们重新聚集在慈爱上帝周围之路（Wells & Maton，1992）。

不论献身的对象到底是一种灵性力量，一个宗教团体，或者全人类，宗教皈依为有意皈依的人提供了相同的希望：化解因个人体验自身极限而产生的压力。借着对广大事物的关注与自我的融合消除对自我中心的不满。生命有了更崇高的意义，个体也有了新的能量与情感抒发的中心。同理，个人力量之有限所带来的挫折感会被自我与神圣联结后而产生的新觉悟所替代。通过对“无限”的屈服，自我获得无限的机会（Brenner，1985）。从这个意义上讲，宗教皈依是一个为人类在寻求意义的过程中面对自身限制所设计的回应。借着被赋予新的意义目标以及达成目标的力量，个体找到了一种激发彻底变化的有力机制。

选择的问题

很多时候，皈依可能带来强制的问题。一个人是否被强迫或欺骗去开始彻底地改变？皈依是否被消极的环境、无意识冲突或者社会压力所吞没和控制？简而言之，皈依者是不是受害者？

如同大多数的刻板印象，此刻板印象中也存在一丝真理：皈依主要在压力下产生。如同前面提到的那样，长期的或者急性的压力往往造成激烈的宗教性改变。另一个压力来源则是原有资源和应对方法的失败。在某些情况下，宗教团体会对皈依者施加压力：挑战个体灵性上的缺陷，或者借着对于不皈依的后果的可怕预测来加重个体的压力感，并使得当下的状况更加难以忍受。宗教团体为这种困境（有时甚至是他们促成的）提供了解决方法，并通过对比，使一切看起来更吸引人。对于任何想要投入新身份的人，团体保证他们会受到支持与肯定。从这个意义出发，加兰特（Galanter，1989）写道：“（宗教）团体就像一把心理钳子，提升压力不适感的同时也提供舒缓。”（p. 93）

有时候，有些宗教团体会超越社会压力和影响的运用，而采用欺骗和强迫的手段。例如，20 世纪 70 年代，曾出现大量针对一所统一教教会欺诈性募集活动的投诉。还未皈依的人们被友好以及长相靓丽的同辈男人和女人们（这些人并不承认自己是统一教教徒）邀请，参加表面上非宗教性的活动，比如“创意社区工作坊”和“新教育发展体系”。一旦到了那里，参与者在团体之中逐渐接触到教堂的规则条款，但却并不知道有一些团体成员其实就是教堂的成员，被训练用爱和感情战胜怀疑或保留态度。几周之后，当成员们对团体的依恋更加稳固时，他们才会明白自己已经加入了统一教教会（Galanter，1989）。

显然，皈依不会凭空出现。如同其他心理过程一样，它得在有不同因素使人感受到相当压力的情境下才会展开。在有些情况下，这些压力可能变得具有胁迫性。那么，这会使皈依者成为受害者吗？在大多数个案中，很有可能不是的。把皈依者视为受害者的观点只关注了等式的一头。它忽略了这样一个事实，即在皈依的过程中同时存在着推向和拉离两种力量，一种作用力与反作用力系统。在个人与社会压力之中，个体始终试图将意义最大化，并且在这一过程中，仍然保留做出决定和选择的能力。

诚然，在外界看来，新的异端宗教皈依者由于投身于与过往全然不同的行为和信念之中，可能表现出高度的非理性。但许多详细研究宗教的人却将有意加入异端宗教团体的人们描述为“寻求者”。此类人志在发掘一种更令人满意的宗教生活方式（Richardson，1985；Straus，1979）。在外人看来极像冲动和非理性的行为经常是经过有意识的决定以进入新角色、尝试新行为的结果，尽管在过程中有意皈依者很难完全预知这种新生活会将他们带至何处。在这方面，《美国宗教百科手册》（*Encyclopedic Handbook of Cults in America*，1986）的作者弥尔顿（Melton）指出，在加入哈瑞·奎师那（Hare Krishna）活动之前，绝大多数皈依者曾读过东方宗教经典并尝试过素食主义。很多人是在尝试了许多不同的宗教团体之后，才加入令其感到最自在的团体。事实上，他指出，在那些参与由异端宗教发起的募集过程的人之中，最终只有不到10%的人会加入。此外，即使加入了团体，也有很大一部分的人会在两年内离开，回到他们原本成长所信的宗教中。这些数据挑战了关于异端宗教派别引诱大批单纯、容易轻信的人们离开主流宗教信仰的刻板印象。对此刻板印象更进一步的挑战来自于非传统宗教信徒对新的皈依者所采取的态度立场。有些团体不招募新成员。其他团体对有意加入的人进行一系列的测试之后才让他们入会。也有其他团体，比如科学论教派（Scientology）会要求成员签署同意书，表明自己明白所参与的是宗教活动。因为很多异端教派采用不寻常的服装和行为，弥尔顿认为，其信徒根本无法隐藏他们的身份。

在外界看来，新的异端教派成员看上去好像丧失了他们的感知、判断以及意志。但在仔细观察之后会发觉，很多人其实在主动地尝试新的生活方式。尽管他们的确开始扮演截然不同的角色，但他们并不一定是被强迫的，也不一定做了大规模改变。加入新宗教团体的行为只是转化过程中最初的、尝试性的一步。社会学家罗格·施特劳斯（Roger Straus，1979）写道：“使得皈依者能够经历生命转化的并不是最开始的行为，而是此后维持这种改变的日常生活。”（p. 163）鲍尔奇（Balch，1980）对于在新教徒行为改变上给予过多结论的行为，提供了类似的提醒。对外表现出的确信和承诺可能遮掩了显著的不确定和怀疑。“很多异端教派成员从未成为真正的信徒，”鲍尔奇写道，“但他们对教派信念的质疑，除了与他们最亲近的人以外，在他

人面前都小心地隐藏了起来。”（p. 142）

这些回顾表明对受到教派的洗脑、强迫和欺瞒的担心并不成立。的确，有些宗教团体会将可能入会的成员置于巨大的压力之下，有时也会以误导或者强迫的手段使他们入会。同样地，有些人容易受到虚假的承诺和夸大不实的希望的欺骗。但这并不使得皈依者成为受害者。决定和选择的动作与社会影响和压力一样同为皈依过程的一部分。即使在强迫的情况下，人们仍保留了一定的自主和选择能力。底线是：团体皈依的过程包含了皈依者的行为和反应的混合。在团体寻找新的成员的同时，潜在的成员也在寻找自己的身份核心。就像施特劳斯（Straus，1979）指出的那样，“这两个过程互相补充，而不是互相排斥”（p. 160）。在宗教皈依中，和其他所有应对机制一样，我们发现个体在社会、情境和个人力量的集合中，寻找能将意义最大化的方法。

至此，似乎已经可以合理地对本章谈到的以宗教及转换作为应对这一点来进行总结了。总的来说，皈依在一些特殊的宗教传统中是一种经验积累的结果，但这并不是达成彻底改变的唯一方法。这一观点在津巴威尔（Zinnbauer）的回溯性研究中得到了强调。该研究考察了一些先前提及的关于宗教皈依的假设（Zinnbauer & Pargament，1995）。研究在三组大学生之间进行了对比：在最近两年内经历了灵性皈依者、在最近两年内没有经历任何宗教皈依但却变得更具有信仰的人，以及在此期间从未改变过信仰的人。与预期一致，灵性皈依者所受到的压力比同时期“无改变”组的人要高，这也与促使其皈依有关。与“无改变”组相比，皈依者自身与神圣的认同，以及在某些方面（比如自尊、自信、身份）的改变，在皈依前后变化很大。

然而，有趣的是，灵性皈依组与同时期无皈依但变得更有宗教信仰组的差异并不显著。与皈依者相似，“更具宗教信仰”组在变得更有信仰前比“无改变”组感受到更大的压力。同时，“更具宗教信仰”组的成员也报告了自我功能的显著提升和对神圣性更强烈的认同。我们应该谨慎地诠释这些结果。那些“更具宗教信仰”的人实际上可能经历了宗教皈依，但却没将之归于此类。我们也不能排除这样在回溯他们的经验时，皈依组和更具宗教信仰组可能都夸大了转化的程度。但如果从表面看来，它们都显示了皈依并不是转化的唯一方法。其他的宗教思维和行为方法也可以达成意义深远的改变。我将用讨论另一种应对方式——其功能以再创性为本质——做总结：宗教宽恕。

宗教宽恕：从愤怒到平和

在讨论激进改变的这一部分看到宽恕可能有些令人意外。在这个术语的许多用途中，宽恕看上去并不像是特别有转化性的。宽恕被描述成一种否认，一种忽视冒犯或者假装冒犯从未发生过的方法。“宽恕并忘却，”古谚有云。宽恕也被视作纵容，是一种对不当行为的借口和谅解，杰拉尔德·福特（Gerald Ford）对理查德·尼克松（Richard Nixon）及其水门丑闻争议性的赦免就是一个很好的例子。宽恕也与和解等同，作为一种重建关系的方法，即便这种关系会将受害者置于受到更多伤害的可能之下。宽恕也被描述成利己的行为，借着宽恕过错者来显示自己道德上的优越性，并将此作为报复的方法。从任何角度看，宽恕中并没有特别激进之处，因为宽恕在此被描述成一种自我保护的方法，用来减低不公正带来的痛苦和伤害。

然而，并不是每一个人都认同这个观点。很多哲学家、神学家以及越来越多的心理学家将宽恕看成是更深奥的过程。在他们看来，愤怒、怨气以及仇恨，是受到不公正对待后的自然反应。然而，在宽恕中，个体彻底“放弃了回击的权利”（Pingleton，1989，p. 27）。这种行为似乎与直觉不符。一个人怎么可能真的让如此合理的愤怒过去呢？太难了。宽恕被认为是世界上最难做到的一件事，同时也是人类最伟大的成就之一（Augsberger，1981）。它需要多层次上的改变：认知、情感、关系、行为、意志以及灵性。从应对的角度看，我认为宽恕代表了一种再创造。

宽恕作为再创造

虐待有多种的表象：被父母抛弃、被老师侮辱、被密友背叛、被陌生人伤害、被老板欺诈，或者被配偶虐待。当我们受到如此糟糕的对待时，很少有人能立刻给予宽恕。某种意义的表征被不公平地夺走了，产生的反应可能会是愤怒、恐惧、受伤或者怨恨等。这些不仅仅是感觉。它们代表了旨在保存剩余意义的应对工具（Simon & Simon，1990）。伴随着愤怒和复仇幻想的，是为受害者提供了对抗在受侵害之后所感到的无力感与失控感的力量。伴随着恐惧和谨慎的，是避免再度受伤的努力。伴随着伤害的，是好人应当受到好对待的信念。伴随着怨气和仇恨的，是对生命之所以无法变得更好的解释。同样重要的是，这些感觉的表达传达出受害个体的困境，并给了人们做出回应的机会。

然而，这些应对方法只是部分的有效。伴随着愤怒的是一个对个体无力改变过去的提醒。深深扎根于恐惧中的是伤害确实还可能会发生的觉悟。隐藏在伤害中的是对自我价值的质疑。潜藏在怨气和仇恨表面之下的是个体的耻辱。在每一种这样的感觉中，过往的痛苦从过往延续至今，侵入当下。

对不公义所产生的负面反应的代价不只是个体与冒犯者的关系。对伤害的记忆可以影响发展新关系的能力。假设旧有的模式会不断重复，个体可能选择安全但却空虚的关系。传递着一种“别人欠他（或她）”的态度，受害者最后可能会疏远那些可能成为支持资源的人。并且，当人们没有回应受害者的态度时，个体可能会以愤怒、怨恨以及伤害他人作为反应，并因此而造成虐待的循环永无休止。敌意也会对身体健康造成威胁。研究表明，这些感觉与更严重的医学疾病紧密相关，如冠心病（Diamond，1982）。简而言之，愤怒、恐惧、伤害和怨恨的感觉只有有限的保护作用，代价却很大。

宽恕的行为在以痛苦和不公义为中心的生活上造成激进的改变。这是一种同时改变目标和过程的应对方法。宽恕的行为隐含着意义的转化——离开对得到最好保护的期望，走向一种“大胆的、冒险的、志向远大的、积极的对意义的追求”（Kolnai，1968，引自 Rowe et al.，1989，p. 236）。在宽恕中，个体追寻获得新的平静的梦想，既是自己的，也是社会的。宽恕为心灵的平静提供了机会，即痛苦记忆能获得治愈的希望，个体再也不会做过往情绪的俘虏。宽恕也提供了与其他人和平相处的可能。全然接受从他人而来的对自身所加与的伤害与伤痛，就可打开通往未来拥有更圆满关系的大门。

寻求一个新的平静的目的地需要新的途径。怨恨和不满不能再被维护和允许。旧的仇意必须被放弃。但答案却不会是简单的一句“我原谅你”。要促进情感、态度和行为的改变，需要一个全新的方法。理论家、实践家和少数的研究者已经开始列出“宽恕的活性成分”，功能在于推动基本态度的改变。

首先，宽恕不会在没有经历过愤怒、伤害、恐惧和怨恨的情况下出现。也就是说，没有伤害，也就没有什么可宽恕的。否认、最小化或者赦免冒犯是与宽恕的核心互相冲突的。特雷纳（Trainer，1981）在一个对离婚者的回溯性研究中，发现了一些对这一观点的实证支持。那些报告更真诚地宽恕前伴侣的人在他们处在离婚最糟糕的情况时，比其他人显示出更高水平的愤怒与敌意。在宽恕过程的后期，他们报告自己化解了比他人更多的愤怒。旨在促进宽恕的临床干预通常也从这一要素开始，鼓励人们去面对、探索并表达与不公义事件相关的伤害和痛苦（Hebl & Enright，1993；McCullough & Worthington，1995；Rosenak & Hamden，1992）。

其次，宽恕包含了第三类评估：负面性自我保护的代价被断定大于放弃负面态度以寻求平静的风险。这种抉择的过程并不总是特意的或者有意识的，而是个人在某种程度上意识到，对不公义的消极反应只会增加自己和别人的痛苦。人们希望通过放弃仇恨来获得平静，而不是更进一步的伤害。

再次，宽恕来自于对侵犯者的人性化。诸如“恶魔”和“坏人”等标签被赋予做错事情的人，造成其长久的与社会的分离，现在则采用较有同情心的术语，比如“受伤的人”和“不健康的人”，体现了改变和治愈的可能（McCullough，1995）。加害者勇于检视自身在他人身上所加之伤害以及受他人原谅所需的态度，会帮助缩短受害者与加害者之间的距离（Patton，1985）。最终，受害者对加害者痛苦的共情意愿，重新将受害者与加害者，以及更广大的人类整体重新联结在一起。共情，麦克洛夫（McCull ough，1995）令人信服的论证道，使得宽恕成为可能。

最后，宽恕包含行动；个体做出改变思维、感觉和关系联结的尝试（Ray，1996）。过去的无法重来，但对此的反应却可以改变。沉浸其中并非不可避免；新的回忆方式是可被建立的（Smedes，1996）。无论痛苦还是社会孤立都不是必然的结局。即使个体没有感到特别宽容，但仍有可能做出类似的行为。改变了行为，感觉的改变也会随之而来。

向加害者表示善意可能是最具有挑战性的行为。善意并不应该等同于和解。很多这一领域的作家强调单方面的和解是愚昧的（如 Enright，Eastin，Golden，Serinopoulus & Freedman，1992；Simon & Simon，1990）。除非侵犯者表达悔意并对他的行为负起责任，和解可能导致危险的结果。但是，作家们也同意一个人在不达成和解的情况下，还是可能在自己内在和他人之间找到平静。

以霍普（Hope，1987）所发表的汤姆个案为例，此人对批评过度敏感，并对任何觉察到的冲突都持有敌意，以致工作出现困难，与妻子和孩子之间的关系也出现了问题。汤姆的问题可以追溯到他与酒鬼父亲的矛盾关系，那个男人使汤姆的童年充满了言语暴力和苛责。在教会的推动下，汤姆决定宽恕他的父亲。尽管汤姆的父亲以眼泪和拥抱回应，霍普发现他们的关系和父亲酗酒的习惯几乎毫无改变。在此并没有发生和解，但汤姆仍然能够将仇恨放到一边，并祝福他的父亲。这是一项恩赐，一个利他行为的表现，并因他父亲并无获取此待遇而更为难得。

宽恕此时被定义为一种再创造式的应对，一种激烈改变的方法。这是一种通过放下对冒犯者的愤怒、伤害、恐惧和怨恨而获得平静的努力，即便那些情绪都是正常的。然而，这个讨论里遗漏了一个元素——宗教性的视角。

是什么让宽恕具有宗教性?

“人孰无过，恕过者神。”宗教与宽恕紧密相连，如同亚历山大·蒲柏（Alexander Pope）的名言一般。每一个主流宗教传统都谈及美德和怜悯的价值、复仇和憎恨的危险。宽恕的价值在犹太教和基督教中是根源最深、表述最明确的。在这两种传统中，我们找到了“以德报怨”的典范。每一种传统都强烈地鼓励它的追随者效仿这些榜样并在自己的生活中实践宽恕。例如，迈蒙尼德（Maimonides）认为如某人未能宽恕另一真诚请求宽恕之人，其行为等同于起初的伤害行为（Minkin，1987）。新约中充满了对宽恕的鼓励：“待人时要更多容忍和宽恕，如果任何人引起了你的抱怨，你要像上帝宽恕你一样宽恕他。”（《歌罗西书》，3：13）因此，我们对于有研究表示在宗教上较虔诚的人们更重视宽恕的发现并不感到意外（Gorsuch & Hao，1993；Rokeach，1973）。

宗教可以通过两种途径影响宽恕：为宽恕的行为提供意义；为宽恕的过程提供榜样和促进方法。

宽恕的灵性意义

从宗教的视角来看，人类关系是人神关系理想化的工作模型。从这一观点出发，两个人之间未修复的恩怨不只涉及这两人或他们所属的大群体，这也是对神圣的冒犯。宽恕在宗教背景之下承担起了一个更大的意义。它不仅提供了与他人平静相处的机会，也提供了与上帝平静相处的机会。

宽恕的灵性意义具有多面性。第一，通过宽恕他人，个体可以向上帝寻求宽恕。一些宗教文献清楚地指出两者之间的联系：“你们饶恕人的过犯，你们的天父也必饶恕你们的过犯；你们不饶恕人的过犯，你们的天父也必不饶恕你们的过犯。”（《马太福音》6：14—15）第二，通过宽恕，个体得到以宗教为根基的生活机会。以犹太教为例，其教导围绕着仿效神圣之义务（Newman，1987）。遵从上帝教导的人们，通过对他们的敌人给予同情，表达了他们身份中重要的一部分。第三，通过宽恕，个体可以找到自己和他人、和神圣的更亲密的联结。正如帕顿（Patton，1958）所述，宽恕是“一种需要被发掘的国度品质”（p. 175）。在宽恕的过程中，个体可努力获取一种灵性上的交流，明白作为上帝之儿女我们需要被宽恕，也需要对自己、对他人以及对上帝抱持着宽容的态度。创造一个更加平静的、充满爱以及灵性的社区，存在于很多宗教思想者的思维中，并且是宽恕的核心及灵魂（Calian，1981；Patton，1985）。

宗教宽恕的榜样和方法

宗教文献中记载了伟大人物超越自身痛苦，秉着灵性的精神对他人付出同情的故事。处在危机中的家庭可以效法约瑟（Joseph）宽恕嫉妒他、恨他以及试图将他卖为奴隶的哥哥们的例子。遭到伴侣背叛的人可以参考何西阿（Hosea）宽恕其妻无耻风流的故事。犯罪的受害者可以尝试跟随耶稣基督的脚步，看他是如何在临终时宽恕迫害者的。

具体来讲，受害者可以动用许多种宗教方法（包括其他宗教性应对方法的元素），来启动前述的四种宽恕的成分。

1. 宗教可以辅助表达对冒犯者的愤怒和痛苦。以“转过另一边脸”来面对不当对待的教导经常与宗教，尤其是基督教联系起来。然而，在宗教圈中确实存在着挑战、面质、谴责冒犯者的传统。甚至上帝在约伯（Job）遭受苦难时也无法回避他的愤怒。

2. 宗教可以辅助做出宽恕的决定。冒险放下负面的态度可以被视为一种“凭着信心的跨越”。没有任何东西可以保证其结果一定是正面的，如同没有任何绝对的证据表明上帝的存在一样。然而，如果宽恕的行为被定义为一种信念，此举就能放置于一个以希望、信任和善意的灵性背景来了解。

3. 宗教有助于冒犯者的人性化。在宗教文献中用恻隐之心来理解冒犯行为的例子并不难找。耶稣基督的临终遗言可能是最好的代表：“主啊，请宽恕他们；因为他们不知道自己在做什么。”（《路加福音》23：34）在这里，耶稣将这些迫害者的行为归因于无知而不是恶意。宗教文献中也同样包含着每个人都有可能犯错的提醒［例如，“你们中间谁是没有罪的，谁就可以先拿石头打她”（《约翰福音》8：7）。］。而净化仪式的参与象征着受害者如同加害者一般，需要被宽恕。一些作者主张宽恕他人的行为最终来自于感受到从上帝而来的宽恕（Pingleton，1989；Walters，1983）。

4. 最后，宗教可以推动宽恕行为。个体在宽恕时，可以通过祈祷向上帝请求帮助。宗教团体可以鼓励人们在处于压力时把愤怒与伤害放下（见Kinens，1989）。值得说明的是，宽恕行为在宗教的观点看来，所包含的可能不仅仅是个人选择和努力，还可以被看成一种启示或者恩赐。以柯里·邓·波姆（Corrie Ten Boom，1971）的故事为例，在她离开集中营后，偶然在教堂聚会中遇到了一个以前集中营的看守。当他过来与她握手时，她呆住了，不知该如何反应。邓·波姆于是向上帝祈求宽恕他的力量。她如是说：“似乎有一股电流通过我的肩头、双臂直到手心，然后传向了他，同时我的心头涌现出了对这个陌生人的无比强烈的爱。”（p. 238）她所感受到的宽恕乃是从上帝而来："于是我发现，并不是依靠我们的宽恕或者依靠我们的善良，而是依靠他，使得世界被治愈了。当他告诉我们去爱我们的敌人时，他不但给予了命令，也给予了爱。"（p. 238）

简而言之，宽恕根植于宗教价值观、榜样和方法之中。宽恕基于宗教性的频率如何，以及以宗教为基础的宽恕是否比与宗教无联系的宽恕更有效，是这一领域诸多尚未回答的问题中的几个范例。

宽恕中的难题

很多读者可能会对邓·波姆描述的经验，以及有关宽恕的理论抱着怀疑的态度。这些反应都很正常，也很合理。很大一部分这样的作品是高度主观化的；很明显，宽恕对很多作者来说是一种核心价值。但他们的叙述是否准确？他们又是如何反映人们对于不公义的挣扎？不幸的是，我们无法考证。可能因为宽恕充满了宗教意义，很少有研究者对这一话题进行深入的研究。因此，我们尚有一些重要但却没有答案的问题。

宽恕是常见的吗？

柯里·邓·波姆的故事并不特殊。宗教与临床文献记载了许多关于个体在极度不寻常的情况下宽恕他人的显著范例。然而，对这些范例抱着质疑态度的人们指出，不能轻易就表面价值而采信有关宽恕的自我报告。古语"说来容易做来难"，在此可能尤其适用。一些旨在推动宽恕行为的研究得到了不错的结果（如 Freedman & Enright，1995；McCullough & Worthington，1995）。在研究一群经历了乱伦的成年人小组时，弗里德曼和恩莱特（Freedman & Enright，1996）发现参与以宽恕为目标的治疗与自尊和希望的增长、抑郁和焦虑的下降，以及对加害者的正面情感的增长有关。他们的疗程平均时长 14 个月。但仍然存在的问题是，人们（在不接受临床干预的帮助下）宽恕严重伤害自己的人的可能性是多少？放弃合情合理的愤怒和怨恨几乎可以称得上是圣人的行为。宽恕是一种具有实践性的可能或者只是无法到达的理想？这些问题的答案必须从关于受害者的自然研究获得。这一研究的挑战在于真切并具有转换性的宽恕与其他行为如何区分，比如对不公义的否认、最小化或者随时间流逝的忘却。

还有两个相关的问题也尚未得到探究：什么人比较可能产生宽恕的行为？什么时候宽恕的行为比较容易产生？一些研究表明宽恕对于具有共情性、利他性和谦逊的人来说更可能是一种可用以及有吸引力的应对方法，而自以为是的人和自我中心的人则不会这样认为（见 McCullough，1995）。此外，在长久和极度珍惜的关系中更易出现（Rowe et al.，1989）。或是在冒犯被视为无意之举、仅此一次以及加害者表现悔意的情境下更容易实现宽恕（Darby & Schlenker，1982；Kremer & Stephens，1983；Weiner，Graham，Peters & Zmuidinas，1991）。

是否有无法宽恕的时候?

在与柯里·邓·波姆的经历相似的一本书中，西蒙·维森塔尔（Simon Wiesenthal，1976）提出了一个源于其自身集中营经验的挑战性问题。在1943到1945年间，维森塔尔经历了针对自身的暴行以及失去许多家人和朋友的苦难。有一天，他被分配到一家医院进行劳动。他被要求到一名纳粹士兵的床边去，因为那个士兵身负重伤，并且有话想在死前跟一个犹太人说。士兵向维森塔尔回忆了自己在集中营里的生活。他说那时他还是个孩子，被那段时间的刺激所迷住了。他没有多想就加入了希特勒青年团并在其后加入纳粹党卫军，也没有对这些组织以及自己的行为给予太多的思考。这名纳粹士兵详细描述了自己是如何参与了战时纳粹针对犹太人的暴行，其中最显著的是向挤满了150名犹太男女儿童的房屋投掷燃烧弹的经历。在讲述他的故事的过程中，这名士兵表达了很深的悔恨和悔悟。在他生命的最后一刻，他在忏悔他的罪行，并向一名犹太集中营受害者请求宽恕。维森塔尔的问题很简单：你会如何回应士兵的请求?

维森塔尔询问了很多著名的神学家、哲学家以及艺术家，并将他们的回答记录在他的书里。众人的回答并不一致。其中几位回应者表示应当宽恕。“冤冤相报何时了?”一个人问道（p. 113）。“如果我期望神的怜悯，我也必须要如此对待他人，”另一个人说（p. 160）。与此相反，一些回应者表示他们不会宽恕纳粹士兵。理由包括：士兵的悔意是廉价、不真诚的；维森塔尔无权宽恕对他人和上帝犯下的罪孽；宽恕会免去冒犯者应赎的罪以及宽恕会影响公正。（维森塔尔自己则是默默地从纳粹士兵的身边走开，这件事此后折磨了他很多年。）

从一些宗教的视角来看，宽恕是无条件的，是一种无论在何种情形下都对他人赋予爱与同情的表现（如 Phillips，1986）。其他人则将宽恕视为有条件的。当危险仍然临近，当加害者尚未表现出真诚的悔过，当伤害太重，或者对攻击造成的伤害仍记忆犹新时，宽恕就是不恰当的，甚至是愚昧的（Friedlander，1986；McCullough & Worthington，1994a）。以后者的视角来看，宽恕有潜在的坏处。在错误的时间，在错误的地方，由错误的人实行，宽恕可能带来更多人身和社会伤害。

关于宽恕条件的问题并没有简单的答案。这一问题的立场可能深植于宗教神学之中，因此立场很难改变。尽管如此，更进一步的研究仍然可以使关于宽恕的讨论受益。例如，宽恕是否会增加受到更多伤害的风险？宽恕是否会导致自责？宽恕对加害者的作用如何？宽恕会如支持者所说的增加自我检视与成长，还是会如批评者所说增加对加害者的放纵？对此问题的实证研究可提示宽恕作为应对严重人际问题方法的益处和限制。

但我在此有点儿操之过急了。关于不同宗教应对方法的助益性或伤害性问题，是十分重要的，且需要更深入的研讨。我们会在下一章中检视这个问题。

在这一节中，我们把宗教宽恕当作另一种转化型应对。不可否认的是，这是最有争议性的应对方法之一。在目前的状况下，关于宽恕的问题远多于答案。尽管如此，宽恕的行为在面对虐待和不公正待遇时，是一个具有强大潜力的回应。有观点甚至认为宽恕是脱离受痛苦和敌意折磨的生命的唯一选择。但这个说法太过头了。

鲍蕾斯（Baures，1996）访谈了20位著名的重大灾难幸存者。受访者们的特点在于他们都已经战胜了苦毒和憎恨。一些人在宽恕伤害他们的人的过程中经历了挣扎，但并不是所有人都是如此。一些人并未放下痛苦，而是将之用作创造性工作和社会活动的跳板。他们的痛苦并未减轻，而是被重新检视、建构，并与他人分享。如此，他人可以从这些非公正的经验中获得学习以及成长。代表那些经历了痛苦和将世界推向更公正、更有同情心的人发言，成为他们组织生活的新的力量。在某方面来看，他们用了近乎类似丁广泛皈依的改变对他们所受的伤害做出回应。对他们来说，借着献身于创立一个更好的世界来克服他们的伤痛，是一个比宽恕更有吸引力，并具有同等转化性的方法。

结　论

在20世纪早些时候，乔治·科伊（George Coe，1916）谈到宗教转化的力量。“或许宗教的主要任务，从功能的角度来考虑，”他说，“是逐渐发现和重组价值观。”（p. 65）从那个时候起，很少有人把科伊的话记在心里。宗教从来都被视为一种自我保护而非转化的力量；宗教在“发现和重组价值”上的角色几乎无人问津。然而，就像本章中提到的，宗教在转化、混乱和丧失中扮演了重要的角色。通过仪式，个体可受到鼓励去“放下”旧有的意义目标。通过祈祷，伴随着威胁和丧失的迷茫可被新的目标所取代。通过与宗教团体中其他成员的关系，或者通过神秘体验，破碎的梦想中可能生出新的异象。通过宗教榜样和方法，愤怒与怨恨可由平静和善意而代之。简而言之，宗教对意义的转化与其对自我保守的助益作用是同等的。

转化并不是故事的结局。一旦意义被转化了，应对就变成了试图保守新的意义。关于宗教皈依，斯塔尔巴克（1899）写道：个体拿出“新的决心”来依照新的宗教身份生活。并且对于危及已改变的自我的威胁，会以比保守旧身份还要强烈的尝试来保守这一新的身份。保守性的应对机制会一直被采用，直到改变的身份已不再能被维持，彼时我们将目睹另一种不同的转化。循循相环。诚然，这种循环并不总是以简单清晰的形式来运作。无论在宗教还是其他方面，改变的方式不总是一定的（McFadden，出版中）。个体可能会在试图保存一些意义目标的同时转化另一些目标。在某些时候，两种不同的应对机制可能同时在做工。保存和重建、再评价和再创造——宗教在应对中的巨大力量并不在于他们保存或者转化意义的功能，而是在于同时实现两者的能力：创造和再造世界，保存并保护每一种新创之物。

在最后两章中，我综述了几项保存和转化的宗教机制。这个综述并不详尽。在其他群体的研究上，关于儿童以及非传统宗教群体的应对方法的后续研究都有着广阔的前景。在此我仅试着描述几种宗教充实及丰富应对功能的方法。这个综述同时也尽量避开了对宗教应对的评论。在这一点上，关于宗教应对的效力问题，在此仅作提示。毋庸置疑的是，很多读者对各种宗教应对过程的利与弊已经有了自己的判断。但因为这些评价性的问题是如此的艰难、如此的复杂，而且如此的重要，我为之单独设置了一章。下面我将转入关于宗教应对效力的话题。

第四编

评估与实践应用

第十章

它有用吗？宗教及应对的结果

……这一结论似乎不可避免：宗教在几乎所有可想得到的层面上，都与心理健康的初衷背道而驰……整体上来说，宗教虔诚与教义带来的伤害要远大于益处；如若没有宗教的影响，偶尔受宗教鼓励而产生的慈善行为很可能会更频繁以及更深远。

——艾里斯（Ellis，1986，pp. 42–43）

如果没有上帝，这个世界会变得平淡无奇，单一乏味，没有色彩或质地，每一天都会是一样的。婚姻会是一种纯生物学性质的事件，而非对爱情的忠贞；老年会被看作衰弱凄凉的暮年，而非智慧沉淀的美好时光。在那样的世界里，我们会绝望地四处寻找任何能分散我们注意力的事物，以逃离我们生活的空虚。因为我们不会学到让每时每刻都变得特别的玄机。

——库什纳（Kushner，1989，p. 206）

当提及宗教时，很少有人能够采取中立的立场。一些人，如心理学家艾伯特·艾里斯（Albert Ellis），以非常严厉及批判的眼光来看待宗教。他们认为，宗教代表着人类追求自由、自我实现以及成长的对立面。而如以迷信与奇幻思维取代理性与合理性，宗教带来更多的是病态而非健康。另一些人，如拉比哈罗德·库什纳（Harold Kushner），则将宗教视为追求意义不可或缺的一部分。也就是说，只有通过超越自我的审视，个体才能够开始向外寻求亲密感、目标以及生活的舒适感；只有在神明的帮助之下，那些无法理解的才能被理解，无法管理的也能被管理，而那些不能忍受的亦能被忍受。

在处于危机中的人群里，我们也会遇到对待宗教完全不同的评估方式。一位育有一个发育迟缓的小孩的家长说："我深切地感受到，我对上帝的信仰与信任已经成为我应对这一切的支柱——我不因为他赐予了我们一个稍微不那么完美、健康的孩子，而对他生气……凯西就是她现在这个样子，证明了上帝的确在创造奇迹，在回应祷告。上帝可能要求我们很多，但是他最后给了我们巨大的祝福。”（引自 Weisner，Belzer & Stolze，1991，p. 659）

另一位育有同样问题孩子的家长却做出另一种不同的反应：“（人人都说）上帝将特别的孩子赐与特别的人，但是我说，‘我没那么特别……我不想再碰到更多的麻烦！’事实上我现在很痛苦、很生气。”（Weisner，Belzer & Stolze，1991，p. 659）

宗教的价值是什么？这是个非常重要的问题，因为我们对宗教的评价会塑造我们对待宗教的行为。试想，当来访者在咨询过程中提到灵性话题时，艾里斯与库什纳的反应会多么不同啊。

在这一章及接下来的一章里，我将评价宗教在应对中的角色。在最开始，有一点需要强调，即这份评价将不基于任何宗教教义的终极真理。由于这个原因，许多宗教界人士可能会认为这几章不完善，对他们而言，宗教价值与其真实性有着密切的关联。但是心理学家对宗教教义的真理没有多大话语权。我们的研究方法无法确定《圣经》里关于奇迹的记录是否精确，上帝是否存在，抑或人们死后会经历什么。我们必须借着所能观察到、能测量到的事物来进行研究。在这一章，我们将从一个实际的角度对宗教进行评价。我将考虑宗教是否产生结果，如果答案为“是”的话，那么它们对人们是有益的还是有害的。按照威廉·詹姆士（William James，1902）的传统，我将通过数算宗教的成果，不论是苦果还是甜果，来评价它。

这并不是第一次以实际的取向对宗教做评价。许多学者已经从这个角度评估过宗教（见 Schumaker，1992，综述），但是他们的综述并没有重视宗教在危机中的作用，而是考察了宗教信仰与实践和心理健康与精神病学的总体测量的关系，这种关系是脱离具体情境的。反之，本次评估将重点关注于宗教信仰是如何被处在压力情境中的人们所使用的。为了回答“宗教有用吗?”这个问题，我将焦点聚于宗教信仰中最具体的表达方式，并研究最终结果。

尽管相比前几章，本章包含了较多的实证研究，但我以表格的形式呈现了一些小结信息及具体研究的技术细节，而本章的主体则是用来讨论和回顾本次著作的核心发现。我希望最终的结果不仅会引起研究者们的兴趣，同时对临床工作者及宗教团体的成员来说也是如此。

宗教信仰应对效能的自我评估

宗教是有益的？有害的？抑或毫无相关？乍看之下，回答这些问题似乎不那么困难。我们所需要做的就是询问人们，在应对过程中，他们感觉宗教对他们的帮助有多大。许多研究者已经做过了此类的研究。从他们的研究结果来看，大多数人觉得宗教在他们经历困境时是大有帮助的。

让我们看一些具体例子。在一项对来自第二次世界大战四大战场的7 000多名退役军人进行的调查中，57%～83%的老兵报告，“在情况严峻时”（Stouffer et al.，1965），祈祷对他们有许多的帮助。在一项以需要心脏手术的病人为对象的研究中，在手术前一天，73%的病人报告，祈祷对他们在手术前的准备过程中有极大的帮助（Saudia，Kinney，Brown & Young-Ward，1991）。在育有身体残疾孩子的父母中，85%的父母表明，宗教对他们的适应过程是大有益处的（Barsch，1968）。除了上述的研究以外，研究者们也研究了许多其他团体，从女性乳癌患者（David，Ladd & Spilka，1992）、越南战争的战俘及失踪士兵们的妻子（Hunter et al.，1974），到遭受虐待的配偶（Horton，Wilkins &Wright，1988），以及乳房切除的病人（Johnson & Spilka，1991）。在这些研究中，有50%～85%的人认为宗教有助于应对。

宗教对个体在应对过程中的帮助似乎是显而易见的。然而，在我们过快下结论之前，有一点值得注意，那就是在这些研究中，研究者采取的是直接询问法，即直接询问参与者宗教在应对中对他们有多大的帮助。我们有理由质疑这些回答。如果研究的参与者们在研究过程中不愿做出对自身信仰不利的评判，也不愿意表达不受欢迎的态度——即他们的宗教实际并未帮上忙？或许，此种直接的提问方式，导致了较高比例的人认为宗教有益于应对。如果是以开放式的提问方法，并将问题改成调查对应对起到帮助作用的因素时，人们是否会自发地提及宗教呢？

事实上，很多人都提到了宗教。尽管这种开放式问答的方法稍微降低了报告比例，但我们发现，当被问及什么帮助他们应对危机时，相当数量的人自发地提到了宗教信仰。在一项对育有智力发育迟缓孩子父母的研究中，研究者以开放式的提问形式，调查参与者在应对养育一个残疾儿童遇到挑战时，最大的帮助与支持资源是什么。42%的参与研究的父母提到了宗教

(Abbott & Meredith, 1986)。而在一个寡妇和鳏夫的样本中，59% 的人在开放式访谈中表明，宗教信仰曾为他们带来了极大的安慰（Glick, Weiss & Parkes, 1974）。许多其他研究也获得了类似的结果，如应对癌症与慢性病的成人（Raleigh, 1992）、白血病儿童父母（Binger et al., 1969）、有疾病问题的年长男女（Conway, 1985—1986）、重病患者（Baugher, Burger, Smith & Parkes, 1989—1990），以及情绪上经历低潮的成人（Veroff, Douvan & Kulka, 1981）。在这些样本中，18% ~69% 的人自发地表示宗教信仰在应对过程中对他们是有帮助的。

表面上，这些结果似乎为宗教的有助性提供了一个明确的答案。对于上述许多，甚至是绝大部分的参与者来说，宗教信仰在应对过程中成为给予他们支持的源头。但是再一次，我们必须谨慎地下结论。也许人们报告宗教对他们有帮助，是因为事实的确如此。但是以我们对自我保护的了解，又可归纳出另一个可能性，即赞许性的评价可能反映出一种“保持信念”的渴望，而无论宗教信仰在具体情境下是否真的帮助到了他们。毕竟，表明宗教信仰并不是一个支持资源的动作本身可能具有威胁性。因而最好的方式就是给予正面的评价，而不去考虑其他选择以及宗教在某种意义上被削弱了的可能性。

同样需要重视的是，这些结果可能受到问题本身的一个显然的偏见影响。通常，我们问参与者“在应对过程中宗教对你起到了多大帮助?”，然后要求参与者在一个从“非常有帮助”到“完全没帮助”变化的量表上做选择。但是宗教的黑暗一面怎么考察呢？这种形式的问答量表没有考虑到这一可能性：宗教可能在应对过程中起到不良的作用。在这类研究中有个例外，霍顿等（Horton, 1988）询问了遭受身体虐待的配偶们是否受到了宗教的帮助或者伤害。47% 的人报告宗教给予了他们帮助。然而，27% 的人表明宗教伤害了他们。另一个有意思的结果是，26% 的人报告宗教既给予了帮助也带来了伤害，这说明宗教生活的正面与负面效应并不是相互排斥的。

当我们进一步审视在本章开篇提出的这个直接问题时，我们发现这个问题并没那么容易回答。为了评价宗教在应对中的有效性，我们需要更有效力的测验。这些测验必须要更少地依赖个体对宗教的总结式评判，而在考虑宗教的积极效应的同时也要考察其有害或者中立的一面。与其在一个最终评估里评价宗教的有助性或有害性，更有意义的做法是个别地测量宗教在应对中的参与程度，并检验参与程度与最终评估间的关系。通过统计分析，我们才可以决定宗教是一个积极力量或消极力量，抑或与应对结果毫无关联。

宗教取向与负性生活事件的结果

1972 年的春天，在美国爱达荷州，凯洛格阳光矿井里发生了地下火灾，91 个男人被困并全部丧生。这些男人中 77 人留下了遗孀。这些遗孀中，有些人具有很强的个人宗教感，另一些人则没有。一些遗孀积极地参与她们教会的社区与精神生活，另一些则没有。那么，这些遗孀不同的宗教取向与她们的心理调适能力之间会存在什么关系？宗教能缓冲这场灾难的冲击吗？或者使得情况更糟？抑或没有引起任何结果？在火灾 6 个月后，巴尔和哈维（Bahr & Harvey，1979b）访问了 44 位罹难矿工遗孀。访谈对象都是可以找到住处并愿意谈论这场经历的人。在访谈中，遗孀们被要求评估她们自己的宗教性，是否归属于某个教会，做礼拜的频次以及是否参加教会的社会活动，同样还要求遗孀们评估她们早前 5 年的生活质量以及当前的生活质量。在各项指标上有较高宗教性得分的遗孀要比那些较低宗教参与的遗孀报告在过去几年里生活质量更加稳定。显然，宗教帮助并支撑她们渡过难关。这些结果在文献中是一种典型还是特例呢？

在文献回顾的开始，我把重点放在对宗教研究的宏观分析上。在这些研究中，宗教被作为一种普遍的、稳定的个人倾向——个体定位系统的一部分，来进行测量。对上帝的忠诚，长期的宗教信仰，定期的礼拜，承诺按照宗教理想而生活，这些都是宗教在定位系统里的自我表达方式。在这一部分，我考虑的是那些总体上更倾向于宗教信仰的人，在与那些处在同样情境但有较少宗教倾向的人比较时，他们在应对危机上的表现好坏。

附录 C 总结了 46 项研究结果。这些研究检验了宗教取向的四个方面与负性生活事件结果之间的关系。[1] 第一组研究重点考察了个人性的宗教表达与负性生活事件结果的关联。在此宗教是从信仰、信念、宗教承诺、宗教凸显性以及祷告频次这些方面进行测量的。第二组研究则将重点从个人转移到组织性的宗教表达。在此宗教是从参加教会服务或其他集会活动的程度进行测量的。第三组研究集中在实地考察宗教取向的标准测量：内在的、外在的、探索的及无差异的亲宗教取向。第四组且较小规模的研究采取“混合测量方法”评估宗教，即同时从个人和组织宗教表达两个方面进行测量。

快速浏览一下附录 C，就可以发现这些研究涵盖了各种面临不同生活危机的群体，如晚期疾病、慢性病、堕胎、器官移植、战争、手术或者经历孩子、配偶、父母或朋友的离世。前述研究及本章接下来会提到的研究结果，测量了心理与生理功能的不同方面，其中包括了对心理病理学、心理健康、生理健康、疼痛及死亡率的测量。一些研究也检验了灵性结果，如与上帝的关系及精神健康的改变。然而，某些指标在大部分文献里是缺乏的。例如，我们对宗教给**其他人**的健康造成的影响一无所知。而且我们对宗教如何帮助或者阻碍人们寻找他们自己定义的意义，也是一无所知。

浏览附录C，我们发现一些描绘宗教积极面的研究。在阿尔茨海默病或癌症病人的照顾者中，他们宗教信仰的强度与两年后的积极情感密切相关（Rabins，Fitting，Eastham & Zabora，1990）。而另一项研究，其中大多数的研究对象为非洲裔美国人，并且经历了至少6个月的透析治疗，研究发现在早前一年里参与了正式宗教服务的研究对象呈现出以下几条积极结果：对治疗制度的依从性更高，有更高数量与质量的社会互动，较少地疏离人群（O' Brien，1982）。[2] 在髋骨骨折手术中恢复的老年妇女当中，根据每个病人的理疗师的评估，在宗教混合测量法中的高分者在出院时抑郁状况较少，并且行走状态更好（Pressman，Lyons，Larson & Strain，1990）。

如果我们只是单独看这些结果，很可能会得出如下结论：宗教性的生活方式会促进对负面情境的适应性。然而，附录C也呈现了一些反映宗教与结果并无相关的研究。例如，在一项对经历亲密朋友去世的大学生进行的调查中，帕克与科恩（Park & Cohen，1993）发现，对正统宗教信仰的依附与数个和测量适应的项目都无相关。同样，对于经历新生儿夭折的妇女，参加教会的频次与事件发生后两个月及两年时的悲伤程度并无相关性（Lasker，Lohmann & Toedter，1989）。哈里斯与斯皮尔卡（Harris & Spilka，1990）也报告了酒精滥用者内在及外在的宗教倾向与成功抵制喝酒之间无任何关系。

在附录C中的许多研究，甚至是大多数的研究，反映了同类调查的结果中存在着多变的模式，也就是说，宗教的一些方面（但不是全部）与结果的一些方面（不是全部）有着显著关联。例如，盖斯（Gass，1987）访问了一些在1至12个月前失去配偶的老年妇女。拥有较强宗教信仰的妇女报告较少的心理与社会功能失调行为的症状。然而，宗教信仰与生理功能失调之间无相关。阿克林、布朗和莫格（Acklin，Brown & Mauger，1983）研究了癌症患者以及接受其他治疗而且无生命危险的急性病患者。尽管那些经常去教会的病人比那些不经常去教会的病人报告更少的社会孤立、愤怒及敌意，但是去教会的频次与其他包括绝望、去个体化以及死亡焦虑在内的反映悲伤的量表得分并无相关。

简而言之，附录 C 中的研究描述了宗教倾向的不同维度与负性事件的结果之间的积极关系，或是描述了两者之间无显著关系。但是宗教的消极面呢？仅在极少数的研究中，宗教与较消极的结果相关联。这样的例子大多数涉及外在倾向（前面讲过在这个倾向里，宗教代表了生活的一个外围部分，偶尔被用来帮助个体达成个人的或者社会的目标）。在几个研究中，外在性与寡妇、鳏夫更严重的悲伤及抑郁相关（Rosik，1989），与晚期疾病患者较差的适应性有关（Carey，1974），并且与中年独身男女的抑郁有关（Rutledge & Spilka，1993）。但即使在这里，这些结果仍然不完全一致。其他研究要么得出外在宗教与结果无相关（Gibbs Achterberg-Lawlis，1978；Park & Cohen，1993），要么在一些例子里又得出有积极相关（Acklin，1983；Pargament，Olsen，1992a；Videka-Sheerman，1982）。

为了提供较为系统的数据，附录 C 中研究得出的统计关系被划分为三类：显著正相关、显著负相关以及无显著相关。这个划分的结果呈现在表 10.1 中。它们为宗教在压力情境下的价值仅提供了中等程度的证据。在略大于 1/3 的例子中，宗教与适应有积极联系。这不是一个不显著的比例，它比我们偶然预期的结果高得多。极少的例子呈现了宗教性与适应性之间负性的关系。因此，当研究发觉显著性结果时，通常都是积极相关，包括拥有更高水平的个人宗教信仰、信念及凸显度；更高频率的教会参与度，以及更加内化的宗教承诺与有利结果的相关联。然而，对比先前高比例的人数报告宗教对应对的帮助作用，这些积极相关结果的数量比我们预期的要低得多。实际上，在大多数情况下（62% 的研究），宗教似乎与负性事件的结果毫无相关。而且，这个数据模型不管研究宗教倾向的任何一方面都是同样的结果。

表 10.1　宗教取向与负性事件结果的统计结果

	显著积极关系	显著消极关系	无显著关系
Ⅰ. 个人宗教表达（宗教信仰，宗教凸显度、祷告频次、宗教信念）	34%（47）	1%（1）	65%（88）
Ⅱ. 组织性宗教表达（参加敬拜活动或其他集会活动）	37%（52）	1%（2）	62%（85）
Ⅲ. 标准宗教取向测量（内在的、外在的、探索的、无差异的亲宗教取向）	29%（27）	11%（10）	60%（55）

续表

	显著积极关系	显著消极关系	无显著关系
Ⅳ. 个人及组织表达的混合测量	40%（4）	10%（1）	50%（5）
合计	34%（130）	4%（14）	62%（233）

注释：括号内为统计学关系的个数。

如何解释这些较为中性的研究结果呢？或许研究方法上的缺陷造成了调查结果的不精确，例如宗教倾向与适应性的测量方式的不足或者有未知的变量混淆了这两者之间的关系。举例来说，我们会质疑用几个关于信仰与实践的问题就能真正抓住了宗教在个人体验及表达中的方式的可能性。也许在改善了研究方法后会出现不同的研究结果。这个领域里的某些研究确实采取了更好的方式并且对潜在混淆变量进行了控制。然而，即便是这些研究还是得到了混淆的结果（例如，Kass，Friedman，Leserman，Zuttermeister & Benson，1991）。此外，针对宗教倾向不同维度所做的研究的数目与结果的一致性，使得我们不能对这些结论完全排斥。

另一个选择是认真对待这些结论并且尝试理解它们。应对理论提供了一种解释。回忆一下，定向系统是一个一般性指导，一个参考框架，就像在动荡时期安放的一个锚。定向系统固然重要，但这个定向系统是通用的，非特有的，是脱离了个人在具体情境下采用的特定应对方式的。例如，知道宗教信念是某个人的定向系统中的核心，为我们提供了了解此人的重要信息，但我们并不知道那个信念在具体情形下是如何在生活中体现的。为了弄清楚这一点，我们不得不重点关注在危机中，人们利用他们的宗教做了些什么。这并不是说定向系统在应对中不重要。定向系统在选取特定的应对活动时扮演着至关重要的角色。然而，与他的一般定向系统相比，个人在具体情境下的行为与应对的结果更加相关。换一种说法，即情境特异性的应对活动在定向系统与负性情境之间起到了桥梁或者中介作用（见图 10.1）。如果这种想法是正确的，那么我们可以预期通过测量宗教性应对来推测应对结果要比测量一般宗教倾向预测的一致性更好。在接下来的部分，我将重点放在对具体宗教应对方式与负性生活事件的适应性之间的关系的微观分析研究上。

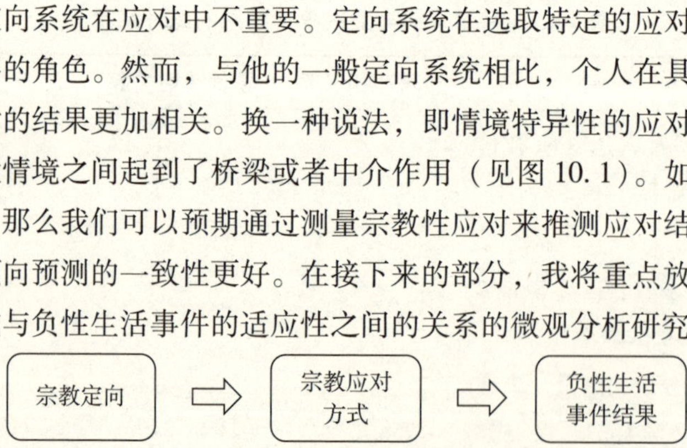

图 10.1　宗教应对方式作为宗教定向系统与负性生活事件结果之间关系的中介变量

宗教应对与负性生活事件的结果

在过去的15年里，针对应对过程的研究数不胜数。然而，在大多数研究里，宗教应对却没有引起重视。一两个关于祷告或者教会崇拜参与的词条可能出现在应对测量里，但是这些词条常常被划归到其他非宗教词条的子量表里，结果导致宗教对应对可能产生的具体贡献被淹没和模糊了。

幸运的是，在这些一般规律里也有一些例外。几例微量分析调查考察了在压力情境下，具体的宗教性应对策略与这些事件结果之间的关系。微量与常量分析方法的不同之处在于，常量分析通常将宗教作为一个脱离具体生活事件的一般变量进行测量，而微量分析研究评估的是在压力情境下具体的、功能定向的宗教表达。在某些情况下，研究结果极为显著。例如，即使在控制混淆变量后，宗教应对也与以下结果密切相关：降低心脏手术后6个月的死亡率（Oxman，Freeman & Manheimer，1995）、降低住院男性老年病人在住院6个月后的抑郁情绪（Koenig et al.，1992），以及心脏移植病人在手术后一年里拥有更好的身体功能与治疗依从性（Harris et al.，1993）。

类似这样的结果发现有多普遍呢？表10.2呈现了40例这类研究的结果。尽管总的研究数目不是特别大，但这些调查里的大多数包含了一个以上的宗教应对测量及事件结果。这样，表中列出的具有统计关系的数目是可观的（468个）。另外，这个领域的文献囊括了面对各类压力源的各类人群。宗教应对与适应性的测量也是多样性的。

表10.2　宗教应对测量与负性事件结果之间关系的研究结果呈现

	显著积极关系	显著消极关系	无显著关系
Ⅰ. 灵性应对			
灵性支持	46%（43）	2%（2）	52%（48）
灵性不满	0%（0）	56%（5）	44%（4）
Ⅱ. 组织应对			
组织支持	37%（16）	2%（1）	60%（26）
组织不满	0%（0）	54%（26）	46%（22）

续表

	显著积极关系	显著消极关系	无显著关系
Ⅲ. 宗教重塑			
上帝的意志与爱	53%（19）	0%（0）	47%（17）
上帝的惩罚	0%（0）	52%（11）	48%（10）
Ⅳ. 宗教控制途径			
自我指导	4%（1）	31%（7）	65%（15）
合作	46%（11）	8%（2）	46%（11）
顺从	28%（9）	6%（2）	66%（21）
恳求	19%（7）	59%（22）	22%（8）
Ⅴ. 仪式			
宗教仪式	40%（30）	23%（17）	37%（28）
Ⅵ. 宗教应对模式	56%（15）	11%（3）	33%（9）
合计	32%（151）	21%（98）	47%（219）

注释：括号内为统计学关系的个数。

暂时忽略宗教应对类型的差异，表 10.2 中的数据揭示了在 53% 的案例中宗教应对与结果之间有显著的相关关系。这个数字大于在宗教取向与结果测量中报告的 38% 的显著性。有意思的是，显著性结果的增加不仅仅是因为一些宗教应对方式的积极结果的比例相对较高（例如，精神支持、仁慈的宗教重塑），同时一些应对方式的消极结果的比例也高（例如，上帝的惩罚、祈求神明的调解）。我们稍后会再做进一步的讨论。

当然，应当谨慎地对不同研究之间进行比较。然而，使这些结论更加确实的是，在几个研究中，对宗教取向与宗教应对措施的预测力度进行了更直接的比较。我与同事在研究经历不同生活危机的人群样本的过程中，让所有参与者完成了前述两种类型的测量。举例而言，在宗教与应对项目研究中（Pargament & Ensing，1990），教会成员回答了一系列有关宗教应对的问题。为了与测量宗教的传统途径相均衡，我们也从宗教取向测量的菜单里选取了一些项目，包括以下分量表：上帝的慈爱形象、内在性、外在性、宗教探索、正统的教义、宗教体验、参加教会、祷告、阅读圣经的平均频次。通过统计分析，我们可以评估宗教应对测量的单独预测力（在控制宗教取向测量的效应之后)，以及宗教取向测量的单独预测力（在控制宗教应对测量的效应之后)。与宗教取向测量进行比较，宗教应对测量是事件结果是否强有力的预测因子。在表 10.3 中可以看到，在其他研究中也得到了类似的结果。

表 10.3　宗教应对与宗教取向测量的独立统计效应

研究	样本	适应性测量	宗教应对独立效应[a]（$\triangle R^2$）	一般宗教测量的独立效应[b]（$\triangle R^2$）
帕尔加门特、恩森等人(Pargament, Ensing et al., 1990)	586 名正在应对重大生活事件的教会成员	一般健康问卷	0.09	*N. S.*[c]
		事件—特定结果	0.26	*N. S.*
		宗教结果	0.21	0.03
帕尔加门特等人（Pargament et al., 1994）	215 名正在应对盟军入侵科威特前的波斯湾战争的大学生	积极情感	0.06	*N. S.*
		消极情感	0.11	*N. S.*
		一般健康问卷	0.07	*N. S.*
帕尔加门特、斯密斯和布兰特（Pargament, Smith & Brant, 1995）	225 名正在应对 1993 年洪水的中西部居民	积极情感	0.16	*N. S.*
		消极情感	0.22	*N. S.*
		生理健康	0.12	*N. S.*
		一般健康问卷	0.15	*N. S.*
		宗教结果	0.17	*N. S.*
布兰特和帕尔加门特(Brant & Pargament, 1995)	150 名正在应对种族歧视和负性生活事件的非裔美国大学生	积极情感	0.15	*N. S.*
		消极情感	0.25	*N. S.*
		一般健康问卷	0.13	*N. S.*
		宗教结果	0.28	0. 18

注释：未特殊标注的项目，$R^2<0.05$。

a：宗教应对的独立效应反映的是将人口学变量和一般宗教定向变量进入回归分析以后 R^2 的增加量。

b：一般宗教定向的独立效应反映的是将人口学变量和宗教应对变量进入回归分析以后 R^2 的增加量。

c：*N. S.* 代表不显著。

因此，宗教应对变量比一般定向变量对事件结果具有更高的一致性和更强的关联性。这个数据模型契合了这个想法：宗教应对在一般宗教定向与负性生活事件结果之间扮演着中介与桥梁作用。[3] 通常，人们在患难时运用他们的宗教信仰所采取的具体措施对于事件是否圆满解决有很重要的预见性。但这个结果不一定总是积极的。

让我们回到这个问题："在应对过程中，宗教是有益的、有害的抑或毫无相关？"答案是肯定的。宗教应对具有以上三种功效。

遗憾的是，这并不是一个特别令人满意的答案。又或许错不在答案上，而在于问题本身——宗教对压力应对是否有帮助，这个问题的提法似乎假定宗教只是一个东西。我们已经注意到，宗教在应对过程中以多种多样的形式呈现。或许这个问题需要改变一下措辞。一个更好的问题提法可能是："什么形式的宗教应对是有益的，或有害的，或不相关的？"再想深一点，我们可能会问：宗教应对对各种类型的人、各种情境都是等价有效的吗？以及宗教应对是否与其他应对方式等价有效呢？在接下来的部分，我考察了这些问题。同时我还发现，当以一种更加细致的方式进行研究时，宗教呈现出更加丰富的一面。

何种类型的宗教应对是有益的？何种又是有害的？

回到表 10. 2，关于宗教应对与适应性的微分析中，将宗教应对分为六个类型：灵性的、教会的、宗教重构、代理与控制的宗教途径、宗教仪式以及宗教应对方式的综合。[4]将这些不同宗教应对方式相联系的百分比进行比较的时候，我们应当格外小心，因为有些部分没有得到较多关注，有些百分比可能不稳定。虽然如此，一些结果的差异却极为显著。在 46% 的统计关系中，灵性支持与较好的适应性相联系；另一方面，灵性的不满从未与好的结果相关联。将负性事件归因于上帝的意志或上帝的爱从未引发较差的结果。然而，若将负性事件理解为上帝的惩罚，在 52% 的情况里会引发较差的结果。这些研究结果提示我们，并不是所有的宗教应对方式都是等价有效的。

在附录 D 中，我呈现了一个关于具体宗教应对方式及适应性的调查小结。[5]在接下来的部分，这些发现结果将会给以强调和突出，而结论将会以谨慎的态度来归纳。有关宗教应对的研究仍处于发展阶段，因此尽管一些研究采用了很好的研究设计，另一些研究则较为受限。我们仍需要一些更加强大完善的设计与测量的研究，这样才能得到关于具体宗教应对方式有效性的最后结论。

宗教应对的有益形式

灵性支持与合作的宗教应对

当处于困境时，对上帝支持与引导的感知似乎是个很有益的宗教应对方式。有结果表明，那些报告有更强的灵性支持的人们常常经历更加积极的事件结果。一个关于阿尔茨海默病患者的照顾者的研究提供了一个很好的例子（Wright，Pratt & Schmall，1985）。研究者发现，为此类病人提供照顾是一项压力极大的工作。为了更加了解照顾者们在经历这样的严酷考验时是如何成功保持自身身心健康的，莱特等人（Wright et al.）向 240 名照顾者发放了问卷。这些问卷包括有关照顾者负担与有关应对策略的测量。其中一项为关于照顾者使用灵性支持的程度。在所有应对策略中，灵性支持与低负担分数呈现最强的相关。

其他研究也得到了相似的结果。在宗教与应对项目中，我们基于应对活动量表，采用了一个更加详尽的属灵化的方式来评估灵性支持（Pargament & Ensing，1990）。这个量表中的条款反映了支持的几个元素：情感安慰（“相信上帝不会让任何糟糕的事情发生在自己身上”）、亲密的属灵关系（“寻求上帝的爱与关心”），以及在问题解决中的指导（“上帝指引我如何应对困境”）（见第七章）。采用基于属灵化的应对方式的人们也同样报告了对生活危机有更好的适应性。实际上，在所有的宗教应对方式中，基于属灵化的应对似乎是事件结果的最强预测因子。

与灵性支持紧密相联的是宗教应对的合作形式，在这个过程中，个体与上帝共同合作来解决问题。附录 D 中的结果说明，在压力情境下，感知到与上帝的伙伴关系常常是有益的。

教会的支持

正如前面所提及的，有相当多的人在危机时刻会向他们的基督教会或者犹太会堂寻求支持，甚至比寻求专业人员的支持更加频繁（Chalfant，1990；Veroff，1981）。对于那些没有亲戚朋友可以照顾他们的人而言，教会被描述成他们的第二个家（Steinitz，1981）。一个刚刚丧偶的女人描述教会是如何成为她的依靠的：“我丈夫去世的那天，教会的一位成员送来了一大锅炖肉和几乎是一整桌的晚餐。有两周的时间，几乎每天有人给我打电话并对我说，‘你的晚饭会在……时送去’，当我（在一次出游之后）回到湖畔村时，来自教会的一对夫妇去接我，牧师还定期给我打电话以了解我最近正在做什么。”（Steinitz，1981，p. 45）

对压力情境下，神职人员、属灵领袖与成员的帮助性的实证研究发现，来自教会的支持对它的成员是很有益的。在表10.2中，教会支持研究所呈现的37%的积极相关数据可能有些误导性的偏低，因为整个比例受到一个研究的严重影响。在这个研究中，考察的特定类型的负性情境是令大多数宗教机构感到棘手的——胎儿或新生儿死亡，大多数是由堕胎造成的（Lasker et al.，1989）。总体而言，来自教会的支持与来自人们本身信仰的灵性支持是相关联的，两者都可在压力情境下带来积极的结果。

重塑仁慈的宗教观念

有研究表明，在一个仁慈的宗教框架里理解负性事件，负性事件会更容易被承受。将死亡、疾病及其他重大损失归因为上帝的意志或者上帝的爱一般都会与较好的结果相关联。例如，詹金斯与帕格门特（Jenkins & Pargament，1988）询问患有不同类型癌症的病人，关于他们感受到上帝在多大程度上控制着他们的疾病。根据他们的护士对其状况的排序，那些更多将疾病归为上帝的控制的病人表现出更高的自尊与更好的适应性。

宗教应对的有害形式

通过进一步审视危机时刻特定的宗教应对形式，我们更加清楚地知道，宗教并不是必然有益的。实际上，一些宗教应对方式会导致更糟糕的结局。宗教是如何以及为何在应对中变得有害是一个重要的问题，关于这个问题我会为其单独写一章节。下面我简略介绍一些明显有害的应对形式。

对教会及上帝不满

当人们负面评价宗教时，他们尖锐的言辞多数是指向那些在他们最需要帮助的时候，他们自觉令其失望或者抛弃他们的教会成员或牧师。下面是一些受伤的妇女对他们教会想说的话。

- “我从教会所得到的感受是，我应该默默承受我所遭受的苦难。”
- “数年前，我离婚的决定遭受到了来自教堂领导的强烈反对。”
- “一位神职人员表示，可能是我在床上没有取悦丈夫，所以他才打我。”（Bowker，1988，pp. 232-233）

当应对创伤性事件时，人们偶尔也会表达对上帝的负性感受，正如我们听到的一位少年的痛苦质问：

> 我怀疑上帝是否真的像人们所说的那样爱我们。如果是，那为什么他允许人们受到如此的伤害，为什么人们无家可归，为什么人们遭遇谋害，为什么这个世界如此混乱……唯一一次我感觉到自己体验到了上帝是我有自杀倾向的时候。一个真实的上帝怎么会在大多数的时间里抛弃我，只有在我什么都不想要，只想和他单独相伴时才进行干预？我不相信这个世界是上帝所想要的。他去了哪里？（Kooistra，1990，pp. 89-90）

在人们最糟糕的时刻，被教会或上帝抛弃或者令其失望的感觉似乎伴随着其他强烈的感情，如绝望与愤恨。重新回到表 10.2 中的实证研究，我们看到对教会及上帝在信仰上不满的表达往往导致较糟糕的结局。那些报告对神职人员、教会成员及神更大不满的人同样报告较糟糕的精神健康状况、更加负面的情绪以及对负性生活事件的较糟糕的解决方式。

当然，针对宗教的愤怒可能仅仅是应对的第一反应或初始阶段。正如我们先前看到的，宗教性的愤怒并不常见，而且当它表达时往往是有时限的（见 Croog & Levine，1972）。我们所不知道的是宗教不满的效应是否是长期持久的。或许“埋怨上帝”的效应同埋怨本身一样短暂。又或许我们应该把对宗教愤怒的表达理解为一个“积极的瓦解”（转引自 Dabrowski，1964），是在建构改变过程中的一个初始的、宣泄性的但痛苦的步骤。我们仍需要更多的有关宗教应对的纵向研究来澄清这些议题。

消极宗教重塑：上帝的惩罚

之前，我介绍了人们普遍不愿意将负性事件理解为来自上帝的惩罚。因为所带来的内疚与恐惧的代价可以是巨大的。在附录 D 中的研究似乎证实了这一点。在数项研究中，对惩罚性的上帝的归因往往与消极情绪及对事件如何被解决的消极评估相关联。然而，同宗教愤怒的例子一样，我们仍不确定这种归因方式的消极效应是短期的抑或长期的。在某种程度上，将来自上帝的惩罚看作公平的、罪有应得的而不是反复无常的，个体可能会认为通过心意或行为的改变可以重获仁慈上帝的爱并因此而感到安慰。同样，有关上帝的惩罚这种解释的长期效应还有待纵向研究来揭示。

混合效应的宗教应对方式

并不是所有的宗教应对方式都能如此简单地被划分进好或坏的阵营。在表 10.2 中，我们看到一些宗教应对方式在某些情况下带来积极结果，而另一些情况下却带来消极结果。

针对危机的宗教仪式

有关宗教仪式在危机时的使用的研究，混合性的结果是其特色。根据这些数据的统计，40%的宗教仪式是有益的，而23%是有害的。为了研究宗教仪式与应对结果的积极关系，莫里斯（Morris，1982）选取了来自英格兰患有生理疾病的人进行研究，这些病患参加了前往法国卢尔德（Lourdes）的朝圣之旅，以寻求生理和情感解脱。自从1858年，圣母玛利亚在卢尔德对玛丽·伯尔纳德·苏比鲁（Marie Bernarde Soubirous）显现的那一天起，卢尔德就成了病人寻求治愈的重要目的地。莫里斯的研究被试们分别在他们朝圣前1个月、朝圣后1个月和10个月进行了一系列的焦虑与抑郁测量。莫里斯报告，朝圣1个月后焦虑与抑郁水平都有显著下降。抑郁在接下来的10个月的时间内都持续在较低的水平。不管这些改变是源于朝圣的宗教本质，还是其他因素，例如期盼改变、陪伴，或者只是简单地远离了自身原本的环境，这些都无法在该研究中得到证实。莫里斯承认，缺乏控制组（如果可以找到的话）使得研究很难做出确定的结论，但他觉得这个朝圣之旅对这些朝圣者们确实有帮助："除了一个人外，（他们）感觉这个朝圣之旅是有益的，在这个过程中，强化了他们的宗教信念，使他们更加放松，更加满足，更能够接受他们的生理疾患。"（p. 294）

与以上的结果不同，扎德勒和汉默（Zeidner & Hammer，1992）考察了在海湾战争中经历导弹袭击的以色列人的应对策略，发现以增加宗教活动参与度来作为应对策略的人，显示出更多的生理症状和更强烈的焦虑。

我们如何解释这些矛盾的结论呢？其中一个解释可能是由于研究设计的不同导致结果的混淆。莫里斯的研究属于纵向研究，而扎德勒和汉默采用了横向设计。在横向研究中，很难说明宗教仪式是焦虑和抑郁的原因还是结果。宗教仪式可能导致悲痛，但它们也可能被悲痛带动起来，直到一定阶段，宗教仪式的益处才会变得清晰。如果后一个"宗教应对动员说"（religious coping mobilization）是正确的，那么我们可以预期，在横向研究中，宗教仪式与悲痛呈正相关，而在纵向研究中，宗教仪式与悲痛呈负相关。

对于以上矛盾的结果还有另一个不那么复杂的解释。相当清楚的是，以上的两项研究是对于截然不同的仪式、活动以及人群类型进行的比较，结果呈现在附录D。实际上，某些宗教仪式及活动类型可能要比其他的一些类型更加有帮助，宗教仪式也可能对某类群体更加有帮助。

自我指导、服从及恳请宗教应对

宗教为它的追随者提供了许多方式帮助他们在应对过程中获得一种力量

感和控制感。控制可以是以自我为中心的，来自于上帝会提供人们工具与资源来自行解决问题的信念。控制可以是以上帝为中心的，相信个人生命的最终责任在于神，而个人在危机时刻可能消极地顺从上帝。控制也可以是以借着上帝而成就的。个人可能尝试通过恳请上帝的调解来影响上帝以及事态的发展。最终，控制可以是以个人与上帝的关系为中心的。个人可能感到一种与上帝的同在感，在这种感觉中，应对的责任既不是个人的事也不是上帝的事，而是两者共同承担。

在前面的章节中，我描述了一个研究，在这项研究中我的同事和我（Hathaway & Pargament，1990；Pargament et al.，1988）评估了这三种关于宗教主宰性的途径（自我指导、服从及合作），以及它们与心理社会能力的关系。心理社会能力指的是个人在生活情境中运用心理和社会资源的能力水平。它包括指向个人的和他人的积极态度，以及有效的问题解决能力（见Tyler，1978）。

我们的研究表明，自我指导和服从的方式分别与较高的和较低的心理社会能力有关联，这一点不足为奇。这些发现与大量文献结果一致，文献指出，内部控制有利于心理健康，而外部控制不利于心理健康（Lefcourt，1976）。然而有趣的是，自我指导途径并不是唯一与积极效应有关的途径。合作式的应对也同样与较高的心理社会能力相关。后续研究为这种问题解决式风格的益处提供了更多的证据。更少的病症（McIntosh & Spilka，1990），更少的焦虑（Schaefer & Gorsuch，1991），更强的负罪感，但与此同时，恩慈与对个人罪过抱有更大的宽恕感（Kaiser，1991），这些都与合作式的宗教应对有关。虽然这些结果很有意思，但我们仍要反对直接跳进这样的结论，即自我指导和合作式的途径是比服从式的途径更加健康的应对方式。反之，我们认为这些不同途径的效应可能随情境变化而变化。

当我们将焦点放到这些宗教应对方式与特定负性事件的结果之间的关系时，情况甚至更加复杂。自我指导式的应对方式除了在一项对酒精滥用者的研究中发现与更加成功的戒酒相关外（Harris & Spilka，1990），大量涉及自我指导的研究都将自我指导划入了负性范畴。自我指导式的应对方式与较差的应对结果相关。除了一个研究外，服从式的宗教应对方式在大量研究结果中都被划入了积极范畴。服从式应对方式与较好的应对结果相关。

当我们将心理社会能力和应对的研究结果放在一起时，只有合作式的宗教应对得到了一致的结果模式。在这一方式中体现的共享的力量感与控制感对于一般心理健康和特定负性事件的结果都是正面的。其他宗教应对方式的研究结果则有一些折中。自我指导式的应对方式似乎是生活中通用的一种方式，但它对特定情境中的某些人群会带来较差的结果。或许是因为个体在这些情境下，实际上几乎没有控制权。在这些例子中，最合适的行为可能就是把控制权交托出去（Burger，1989）。但是交托给谁呢？在服从式的宗教应对方式中，放弃控制权的个体并不是屈从于绝望或屈从于陌生的力量。解决问题的责任被转移给大多数人认为无所不能而又善良的上帝。考虑到当个人控制也不具有可能的情况，这种服从的方式可能是最好的赋权选择之一。上帝不像偶然和命运的力量，我们可以接近他，联系他，也可能在经历压力情境时影响他。可能这就是服从式应对风格在特定情境下有帮助的原因，即使它可能不是一种普适的解决问题的有效方式。然而，当缺少此种有益的外界支持的资源时，自我指导式的应对方式可能导致个体对无法控制的情境特别敏感脆弱。

与祈求神介入有关的复杂结果也可以用一个同样的说法进行解释。祈求神的出现在可控制的情境下可能无效，但如果情境超越了个人的掌控，祈求就可能提供了一种借着上帝而获得替代的控制和掌控感。1990—1991 年的海湾战争就是这类情境的代表。在盟军重新夺回科威特之前的日子里，许多人都充满了恐惧和不确定感。对于攻击会为人民生活带来的潜在代价和损失，人们做了很可怕的预测。那时人们几乎无法掌控他们面对的情境。我们对大学生进行的研究显示，在危机最严重的时刻所做的宗教祈祷可以预测危机过后正性情感的增加程度（Pargament et al.，1994）。对于那些祈求神祇介入的人们，海湾战争能在如此短的时间内，以如此低的盟军伤亡率得到快速的解决真的像是个奇迹。总的来说，这些发现说明，通往控制以及上帝的几个宗教途径的价值取决于具体的情境。[6]

宗教皈依与宗教转换

在所有的宗教应对方式中，皈依可能受到了来自心理学家及其他社会科学家最褒贬不一的评价。正如在前一章节引用的，一些学者赞美皈依的益处。有人说，皈依能带来人格统一（Pratt，1946）、新的信念和新的信心（James，1902）、精神内省、深层动机及更高境界的生活（Starbuck，1899）。另一方面，一些学者将宗教皈依类比为毒瘾（Simmonds，1977）、精神分裂性的失代偿（Wooton & Allen，1983）或者洗脑（Sargant，1957）。为什么宗教皈依会引发如此不同的反应呢？尽管实证研究为这一争议的课题带来一点儿曙光，但又同时引发了其他问题。[7]

评估宗教皈依价值的方法之一是比较皈依者与非皈依者在心理健康测量

上的差异。一些研究已经做了这方面的考察，但结果并不完全一致。格兰特等人（Galanter et al.，1979）发现，统一教的皈依者或者转换者在情感健康测量中得分显著低于由年龄和性别相仿的成人组成的对照组。斯皮尔曼、巴斯凯特和伯恩（Spellman，Baskett & Byrne，1971）报告说，皈依经历具有突然性的教会成员在焦虑量表上的得分高于那些常去教堂的未改变者或无宗教信仰的人群。另一方面，“人类潜能运动”（Rajneesh-puram）的成员，即阿恰里亚·拉杰尼希（Bhagwan Shree Rajneesh）在俄勒冈州的追随者们，在与其他社区成员样本比较时，在社会支持和自尊量表上的得分较高，在抑郁量表上得分较低（Latkin，Hagan，Littman & Sundberg，1987）。同样，有报告指出，那些经历过宗教皈依的人要比没有此经历的人拥有较高的生活目的水平（Paloutzian，1981）和较低的孤独水平（Shaver，Lenauer & Sadd，1980）。这些结果很难解释。由于心理健康并不是在这些人皈依之前测量的，所以无法确信组群间的差异确实是皈依的结果。或许这些组群的心理健康水平在皈依之前就不一样，在皈依之后也会不一样。

为了更直接地测量宗教皈依的效应，一些研究者对一些经历宗教皈依的人进行了访谈，并要求他们评估皈依的影响。这些研究结果相当明了。这些人一致报告了伴随皈依而来的心理的、社会的和行为的积极的变化。例如，尼克利（Nicholi，1974）访谈了17位在本科学习期间经历过宗教皈依的大学生。这些学生认为他们的宗教改变带给他们增长的自尊、更强的快乐感、较少的绝望感及对家庭和朋友更强的敏感度和亲密感。17位学生中有16位还报告了停止使用酒精、药物和香烟。威尔逊（Wilson，1972）对有救赎体验的白人新教徒进行的研究也得到了相似的结果。在救赎体验之后，大部分被试描述了他们发生的若干积极变化，如较少的绝望、害怕、混乱、空虚及羞耻感。他们还报告了一些行为改变，包括停止乱交、戒酒及更少的打斗与争吵。那些皈依或者改变信仰至非传统宗教团体（Galanter，Rabkin，Rabkin & Deutsch，1979；Levine & Salter，1976）或传统宗教团体（Ullman，1988）的人也都描述了相似的积极效应。

从表面上看，这些研究表明许多人在皈依之后都经历了心理的和行为的解脱。然而，这些研究的一个重大局限是它们都是回顾性研究。本质上，这类研究仅要求皈依者们讲一个故事，回顾皈依之前和之后的生活，并评估这次宗教经历的影响。在讲述故事的过程中，皈依者们很容易就夸大了在皈依之前的困难及皈依之后的快乐。这类故事不仅积极地反映了宗教皈依，同时也积极地反映了个体自身的力量和复原力。另一个问题是这个故事是否正确。对宗教皈依之前和之后的人进行纵向研究有望解决这一问题，但是事前就识别出那些有皈依潜在性的个体是件棘手的任务，因此还没有人从事此类研究。

即使我们接受人们往往在皈依之后会体验到“解脱效应”（参见Galanter，1982）的发现，弄清楚这些效应是持久的还是短暂的也很重要。前面已叙述过，大部分加入非传统宗教团体的人在数年内就离开了他们皈依的宗教（Melton，1986），那么那些坚持下来的人们又是如何呢？遗憾的是，几乎没有关于这些皈依者们的后续研究。斯达巴克（Starbuck，1899）的早期工作是个例外。他考察了100位基督徒皈依后的自传，发现93%的女性和77%的男性报告了他们在皈依后所经历到的一些个人挣扎。这些挣扎包括阶段性的对宗教活动的不积极及冷漠、巨大压力以及试图达到理想和改掉旧习惯所经历的挣扎。斯达巴克注意到，对于大多数人来说，即使在经历皈依之后，生活仍继续着盛衰起浮。然而仅6%的皈依者故态复萌；几乎所有人继续认同他们的宗教体验。斯达巴克所获得的关于皈依长期影响的结论是积极的：“皈依的效应是带来生活态度的改变，这一改变是相当持久和稳定的，尽管人们的感受会有所波动。”（p. 360）

然而，部分学者质疑这一结论。魏兹滕等人（Witztum et al.，1990）在以色列比较了皈依到极端正统派犹太教的人和非皈依者去心理健康中心的比率及他们的精神诊断。经评估有66%的极端正统的犹太教信徒在宗教皈依之前就显出“精神状态不佳”。皈依者在门诊中的样本比例也过大。在以色列，仅有0.4%的成年犹太人皈依到极端正统派，而被介绍到心理健康中心就诊的人中有12.6%来自极端正统派。与非皈依者相比，极端正统派信徒表现出更严重的精神问题诊断，如重症抑郁、精神分裂及偏执性精神障碍。然而有意思的是，极端正统派信徒并非新近皈依者。他们的皈依年数平均在5年左右。

经过慎重的考虑，魏兹藤等人（1990）认为，极端正统派的信徒可能为了追寻更强大的心理稳定性而加入了正统犹太教。但他们补充道：“一旦新近皈依的光芒减退了，慢性问题又会重现。”（p. 40）这并不意味着皈依导致心理问题。宗教信仰的改变可能减弱或者延迟了严重问题的发作。无论如何，这些发现的确引发了关于宗教皈依在促进永恒改变的力量问题。同样，其他精神健康专家也发现，一些个体在皈依之后心理状态有了显著的进步，但却在一段时间过后又出现严重的顿挫（Bragan，1977；Levin & Zegans，1974）。

总而言之，研究表明，许多人的问题多少能经由宗教皈依而得到一些及时的解脱。至于这些改变的普遍及持久性仍是一个问号。某些人可能会经历大规模的改变，某些人可能会在改变之后有退步，而另一些人则会经历到灾难性的后果，如那些人民圣殿教、大卫教派及天国之门教的成员所经历的悲剧性死亡。在这一争议性的领域，迫切需要聚焦式、纵向的实证研究。关于宗教皈依的研究既没有明确区分精神皈依和团体皈依、团体间转化和团体皈依，也没有区分不同宗教团体类型的皈依（有个例外，见 Ullman，1988）。然而，只有将不同类型的宗教皈依进行区分才能考察皈依的不同结果。皈依到一个仁慈的上帝所带来的影响很可能大大不同于皈依到一个暴虐的宗教领袖或恶意的宗教运动。最终，皈依的价值可能取决于个人是皈依到一个积极的生活力量还是一个消极的生活力量（Brenner，1985）。

积极与消极应对模式

至此，我已经考察了特定的宗教应对方式及它们对负性生活事件的适应性影响。通过进一步考察这些应对方式，我所给的印象可能让每一种应对方式被视为是独立应用的，或者孤立于其他方式。但事实并非总是如此。我的同事和我已经发现了不同宗教应对方式之间轻度到中度的相互关联。因此，人们似乎会联合应用好几种宗教应对方式。

这些组合是什么呢？为了回答这个问题，我的同事和我开发了一个简明的宗教应对测试（Pargament，Smith & Koenig，1996）。在编制《简明宗教应对量表》（RCOPE）的过程中，我们评估了众多广泛、不同的宗教应对方式，而不仅仅是少数几个详细的应对方式。这一测试的重点是广度而非深度。我们也努力关注到有潜在益处和害处的宗教应对形式。

在回顾上述研究的基础上，我们期望寻找到两类宗教应对模式：一类由帮助性的宗教应对方式构成（例如，精神支持、合作、仁慈的宗教重构），另一类由伤害性的宗教应对方式构成（例如，对教会的不满，消极的宗教重构）。

俄克拉荷马市爆炸事件为这一研究提供了背景。在爆炸事件发生 6 周后，310 位来自爆炸地点附近一个浸信会和一个门徒会教堂的信徒完成了《简明宗教应对量表》，一份创伤后应激测试和对爆炸事件的适应性测试。几乎所有的成员直接或间接地受到这一爆炸事件的影响。

对《简明宗教应对量表》的 34 个条目进行因子分析，结果有两个因子与我们的预期一致（见表 10.4）。第一个因子为积极宗教应对，由以下条目组成，包括精神支持、合作式宗教应对及仁慈的宗教重构。第二个因子为消极宗教应对，由以下条目构成，包括宗教痛苦、混乱和挫折。这一子量表的条目反映了对教会与上帝的不满，将爆炸重构为来自上帝的惩罚，以及祈祷圣罚。样本在《积极宗教应对》（*Positive Religious Coping*）子量表上的平均得分一致高于《消极宗教应对》（*Negative Relgious Coping*）子量表的平均得分。因此，这些教会成员更倾向于采用仁慈的宗教应对方式。

表 10.4　积极与消极宗教应对子量表：来自俄克拉荷马市爆炸事件附近教堂的成员结果

《积极宗教应对》子量表条目

1. 思考我的生活如何成为一个更大灵性力量的一部分。
2. 与上帝同在，共同渡过艰难的时刻。
3. 在危机时向上帝寻求力量、支持和指引。
4. 考虑牺牲自我健康，仅为上帝而活。
5. 试着学习此次事件上帝要传达的教诲。
6. 为爆炸事件的罹难者祈祷，为他们的家人及朋友的健康祈祷。
7. 在此次危机中寻求来自教会的精神支持。
8. 试着给予他人精神力量。
9. 忏悔自己的罪过，请求上帝的原谅。
10. 祈求上帝指引自己找到生活的新目的。
11. 提醒自己爆炸事件的受难者们已经升入天堂，平静地与上帝同在。
12. 祈祷爆炸事件的肇事者获得精神救赎。

《消极宗教应对》子量表条目

1. 不认可我的教会期望我理解及处理这一情境的方式。
2. 认为这次爆炸是上帝对我的罪过及缺乏灵性的惩罚。
3. 怀疑上帝是否已经抛弃了我们。
4. 认为上帝是在惩罚那些爆炸受难者们，因为他们的罪过及缺乏灵性。
5. 试着理解这一情境并决定不依赖上帝去做些什么。
6. 怀疑上帝是否真实存在。
7. 祈祷上帝送爆炸肇事者下地狱。
8. 对于上帝让如此惨剧发生表示愤怒和生气。
9. 考虑脱离上帝，独自生活。

这些宗教应对模式对于教会成员对爆炸事件的适应性有什么影响呢？为了回答这个问题，我们进行了路径分析。分析结果表明，较高水平的创伤后应激会触发积极和消极的宗教应对模式。很显然，这些教会成员们要应对的一部分是他们本身对惨剧的创伤反应。然而，这两种宗教应对模式会带来截然不同的结果。报告更多使用积极宗教应对方式的个体同样报告了经历爆炸事件后有更多在灵性和心理上的成长。另一方面，与消极宗教应对相伴随的是对其他人更加的麻木不仁。

在适应性上的这些短期差异是否能在较长的时间后继续维持，是一个开放性的问题。或许消极性的宗教应对模式反映了一个宗教性的挣扎进程，而这一挣扎在最后可能为个体带来更多的有益影响。又或者积极宗教应对模式仅仅产生了一个短期解脱（或者更长期的问题）。这些结果仅是个开端。在对这些宗教应对模式的利弊做出明确结论之前，我们需要将这些研究发现延伸至别的群体中以及花费较长的时间来做研究。

然而，有一点很清楚，即人们并不使用单一的宗教应对方式。相反，它们总是相互建模或者组合应用（Boudreaux，Catz，Ryan，Aamaral-Melendez & Brantley，1995）。这些模型可能在应对过程中为宗教所扮演的角色增加了额外的力量。为了更深入了解宗教在压力情境时的工作方式，我们还需要进行关于特定应对方式的研究及应对模式的研究。

在这部分，我们发现，在细节上人们如何使用宗教进行应对常常会造成结果上的不同。我们已经初步确定，特定的宗教应对形式，独立的或者合作式的，似乎对适应性具有好的、坏的或者混合影响。然而，对于与微量分析潜在相关的变量的方面我仅是轻轻带过，例如，应对者是谁，在应对什么。至于宗教是否对所有的人、所有的情境、所有的方式都是平等有益的，仍然是个问题。

在压力情境下，宗教是否对某些人更有帮助？

仅有少数几项研究对面对负性生活事件的不同人群进行了宗教有益性的比较。然而，这些研究表明，与其他人相比，宗教确实会对某些人更有益。在项关于成年美国黑人的全国调查中，被试们被要求指出一个在面对严重个人问题时最有帮助的应对方式（Neighbors，Jackson，Bowman & Gurin，1983）。总体上，44%的被试报告祷告是帮助他们最多的应对方式。有更多低收入者（50.3%）比高收入者（34.9%）报告祷告是最有用的应对方式。女性（50.7%）比男性（30.2%）认为祷告更加有用，老年团体（64.3%）比中年人（46.6%）认为祷告更加有用。在另一项1957年和1976年进行的全国性研究中，维洛夫、杜夫和科尔卡（Veroff，Douvan & Kulka，1981）询问被试，是什么帮助他们面对生活中的不愉快时期。在1957年，样本中有42%

的人提到祷告，而在1976年，有31%的人提到祷告。同样，在雷柏日等人（Neighborset al.，1983）的研究中，祷告对于贫穷的、年老的和女性的被试更加有益。另外，祈祷也被报告对于黑人、低教育水平的人、寡妇、参与教会敬拜者及原教旨主义者更加有用。其他学者也报告了相似的结果（Bijur，Wallston，Lifrak & Friedman，1993；Conway，1985—1986；Ellison，1991；Ferraro & Koch，1994；Pollner，1989）。

年长者、贫穷者、低教育水平者、黑人、寡妇、妇女——为什么宗教应对对这些群体更加有用呢？他们有什么共同之处？一般来说，在我们的文化里，这些群体较难获得世俗的资源和力量。对他们而言，宗教代表着一个较容易获得的替代资源。绝非偶然，认为宗教更加有用的群体同时也报告了更高水平的个人信仰虔诚度，以及更频繁地使用宗教应对（见第六章）。对他们而言，宗教已经成为他们价值体系的很大一部分，一个更加频繁用以应对主要危机的框架。那些对宗教投入更多的人在应对中获益也会更多（Dufton & Perlman，1986；Elkins，Anchor & Sandler，1979；Horton et al.，1988；Lasker et al.，1989）。例如，在一项经历流产的男性及女性的研究中，拉斯科等人（Lasker et al.，1989）将被试划分为两个组，一组宗教虔诚度较高，一组虔诚度较低，对比这两组人的虔诚度和悲痛之间的关系。在更加虔诚的人群中，较高水平的信仰、教会参与度及教会支持与更好的应对结果相关联。在较低虔诚度的人群中，有关宗教虔诚度的一系列测量大致上与悲痛结果没有相关。

简而言之，在应对过程中从宗教获益较多的人群似乎是那些将宗教最大限度渗入日常生活的人。[8]我们推测，这些人的宗教定位系统能更有效地了解以及应对危机。透过一个深层构建的系统，包括宗教信念、实践、感受和关系的系统，个体可能比较有办法在面对干扰基本核心的问题时，找到强有力的宗教解决方案（例如，精神的和教会式的支持、仁慈的宗教重构）。不幸的是，关于此问题的研究寥寥无几。然而，麦金托什等人（McIntosh et al.，1993）的研究是个例外。麦金托什等人对因婴儿猝死综合征而失去孩子的父母进行了研究，他们发现那些认为宗教对他们本身较为重要的人也对婴儿及其死亡进行更多的认知处理。更多的认知加工与18个月后更好的健康状态和较少的心理痛楚相关联。麦金托什等人建议，更加虔诚的父母拥有一个更加成熟的宗教认知框架或者图式，这些图式可以帮助他们通过努力来面对丧失。

这并不是说其他的群体及虔诚度较低的人就无法在某些时候从宗教中受益。我想起了在一次与一位表面上没有宗教信仰的同事的谈话中，他不好意思地承认，在父亲去世之后，他定期去犹太教堂为逝者念祈祷文（Kaddish），并且从此以后遵循犹太文化传统在父亲忌日点一支“逝世周年纪念”蜡烛。“你知道这很有趣。我没有宗教信仰，”他说，“但是做这些事情对我来说很有意义。”然而，一般的实证研究表明，在压力情境中，从宗教获益最多的往往是那些更多投身到宗教的人。

宗教是否在某些特定情境下更加有帮助?

在前一章中我们看到，宗教实践与信念并不只是留待于遇到困惑或者痛苦的时候，人们在压力不断加剧的时候更有可能向宗教寻求帮助。据说，压力体验可以调动宗教资源。这种调动是成功的吗？宗教在更困难的时候会更加有效吗？一些人可能会给予肯定的回答。社会学家泰尔科特·帕森斯（Talcott Parsons）曾写道：“宗教与人类生活的张力与压力的峰值点密切相关。”（引自 Fichter，1981，p. 21）如前所说，许多宗教应对机制似乎确实是特别设计出来在意义受到最大威胁时，帮助人们渡过他们最艰难的人生时期。这么说来，也许对于宗教在压力最大时尤其有效这一发现我们应该不以为奇。

但是记住这一点——说宗教在压力更大的时候更加有帮助也就意味着宗教在压力较小的时候比较没有帮助。当人们的压力不太大时，宗教对人们的价值真的较小吗？又或者宗教的效应是无限制的？是否无论个体面对的消极情境是严重的还是轻微的，宗教都具有真实的价值？

我们可以采用更加科学的方式来重述这两项争论（Wheaton，1985）。隐藏在每一个论点之中的是情境的压力强度、宗教应对及消极事件的结果这三者不同的关系模型。第一个论点认为，宗教应对是压力与结果之间的中介变量：在不同水平的宗教应对下，压力与结果之间的关系也会随之改变。我们把此类模型称为宗教的压力中介模型（religious stress moderator），如图 10.2 所示。在图中，对于那些在应对过程中几乎没有应用宗教的人，增长的压力导致更差的结果。没有宗教的保护性缓冲，个体更容易受到危机的影响。另一方面，更高水平的压力并没有对那些采取较多宗教应对的人造成同样消极的影响。对于这群人，宗教应对起到了一个缓冲压力影响的作用。换句话说，随着压力水平的增长，更多运用宗教应对的人要比那些较少运用宗教应对的人获得更多的保护以免受压力的不利影响。但是宗教对于处于低压力水平的人并没有优势。

A. 宗教压力中介模型

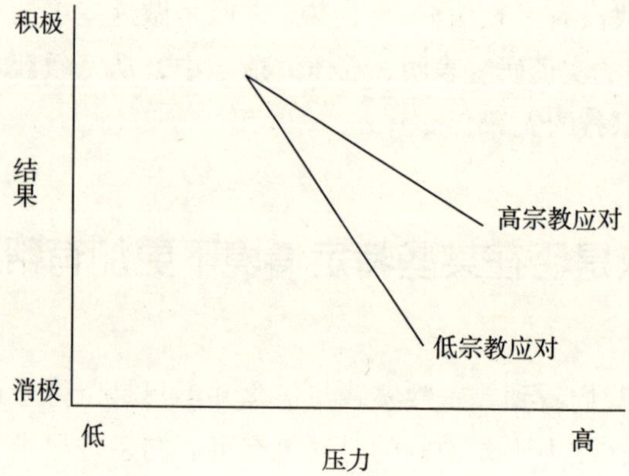

B. 宗教压力威慑模型

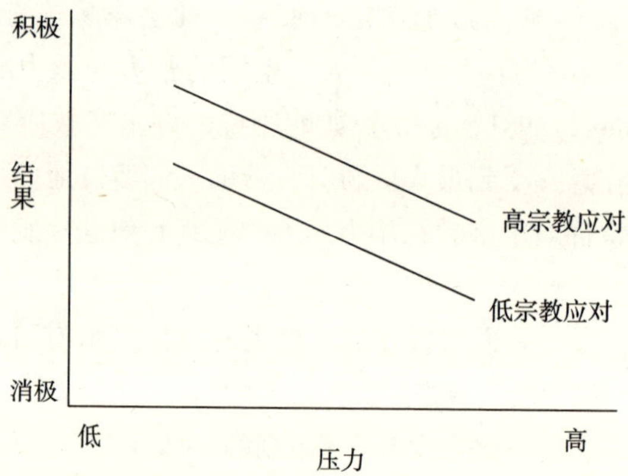

C. 宗教中介—威慑整合模型

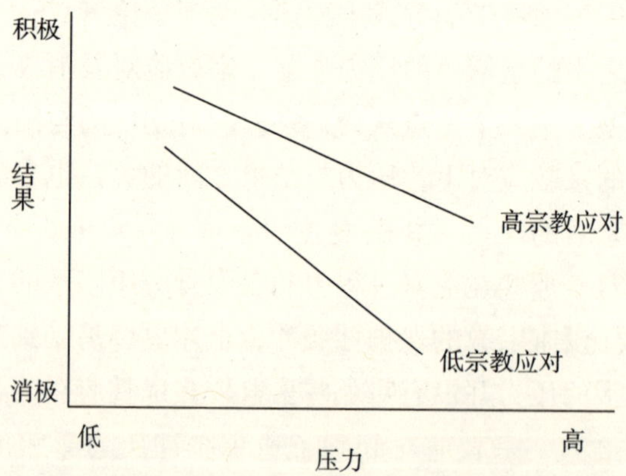

图 10.2　压力、宗教应对与负性生活事件结果三者关系的三种模型

根据第二个论点，无论在较艰难的情境还是在较轻松的情境，宗教都是同样有帮助的；无论压力水平如何，宗教都是有益的。第二个模型是宗教压力威慑模型（religious stress deterrent）。如图 10. 2 所示，无论较低还是较高压力情境，较高水平的宗教应对伴随着较好的结果。明显地，压力对情境结果施加了消极影响，但宗教却朝相反方向作用，无论情况是重是轻，它都一致扮演着压力的阻碍者。

尽管这两种模型看起来似乎是互相排斥的，但是可以找到融合这两者的模型。在图 10. 2 呈现的宗教中介—威慑整合模型中，宗教应对在所有的压力水平下都伴随着较好的结果（与宗教压力威慑模型一致），当压力强度增加时，宗教应对的益处也随之增加（与宗教压力中介模型一致）。

一些学者已经考察了这几种在应对中宗教的卷入模型。附录 E 呈现了对这 30 个实验的总结。

宗教压力中介模型的证据

73% 的研究至少为宗教压力中介模型提供了部分支持证据。在早期研究中，史都华等人（Stouffer et al., 1965）发现，参与第二次世界大战的士兵们面临更严重的压力情境时报告祷告会更加有帮助。自述在战役中很害怕的士兵中，有 72% 的人认为祷告对他们很有帮助，而那些自认没那么害怕的士兵仅有 42% 报告祷告有帮助。同样，目睹战役的士兵比没有目睹战役的士兵认为祷告更加有价值。看见亲密朋友在战役中被杀或者受伤的士兵要比没有这些经历的士兵认为祷告更加有用。

史都华的研究仅依赖于宗教有助性的自我报告法，并没有提供针对宗教压力中介模型的有力检验。但是几项更加成熟的研究也得到了相同的结果。例如，朱克曼、卡斯和奥茨法德（Zuckerman, Kasl & Ostfeld, 1984）对一群年老及贫穷的新教徒和天主教徒样本进行的研究发现，一般宗教性测量（例如，自评宗教虔诚度和教会参与度）在接下来的两年时间里可以调节疾病对死亡率的影响效果。那些较为健康的男性或女性的死亡率没有因为宗教的影响而不同。然而，在病情较为严重的被试中，虔诚度较高的被试的死亡率（其中男 19%，女 11%）要比虔诚度较低的被试死亡率低（其中男 42%，女 20%）。

有一些研究也说明宗教的缓冲效应可能是有选择性的，即对于任何群体，可能仅有某些类型的宗教应对可以提供保护以免受压力的影响。安森、卡梅尔、波内、莱文森和毛茨（Anson, Carmel, Bonneh, Levenson & Maoz, 1990）对以色列的信教与不信教的集体农庄（kibbutz）成员进行的一项研究阐明了这一点。信教为基布兹集体农庄的成员提供了抵抗负性生活事件对心理压力以及身体症状的影响，而不信教的基布兹集体农庄的成员则没有这个效果。另一方面，在样本中较高的个人信仰虔诚度，如个人祈祷及自评虔诚度较高并没有提供缓冲作用。因此，对于以色列人来说，集体的而非个人的宗教表达形式能够提供对抗压力的保护。这些研究发现可能反映了在以色列社会中集体性质宗教参与的特殊重要性。

但我们也要小心谨慎避免从以色列这一个案做出笼统的概括。在某一群体中起到缓冲压力作用的宗教类型可能与另一群体中起作用的宗教类型大不相同。事实上，个人信仰虔诚度在其他群体中起到了压力缓冲作用。例如，帕克、科恩和赫伯（Park，Cohen & Herb，1990）发现，新教徒大学生的内在宗教属性对于不可控生活事件随后引起的抑郁水平有缓冲的影响。有趣的是，罗马天主教大学生的内在宗教属性并没起到相同的作用。对于后者而言，宗教应对缓冲了可控生活压力源而不是不可控压力源的消极影响。作者建议，新教徒与天主教徒遵循的是不同类型的宗教压力缓冲机制。新教徒可能发现，当面临不可控的生活事件时，他们的内在价值定位提供了一个特别重要的意义框架。相反，罗马天主教徒可能发现，减少内疚自责性质的宗教信念和实践在解决可控负性事件带来的痛苦的过程中特别有帮助。因此，特定类型的宗教应对可能对面临特定问题的特定群体具有特别有效的缓冲作用。

最后，对文献的进一步分析揭示了这些研究的重要差异在于对适应的定义和测量方式的不同。当通过消极指标（例如，抑郁、躯体症状）来对适应进行定义时，89% 的研究至少部分支持了宗教是压力的中介变量。当通过诸如生活满意度或自尊等积极指标来对适应进行定义时，仅有 50% 的研究部分支持宗教属性是压力的中介变量。这项初步分析表明，随着压力的增长，宗教更多地起到对抗压力消极影响的缓冲作用，而不是作为强化积极功能的力量。

总体来说，正如帕森的阐述，许多人确实发现宗教在压力与紧张达到极致的时候更加有帮助。这是否意味着宗教应对在较低压力情境下没有价值？那可不一定。

宗教压力威慑模型及整合模型的证据

回到附录 E 中的研究结果，66% 的研究也为宗教压力威慑者模型提供了部分支持。例如，在对美国年长黑人进行的一项研究中，在不考虑过去一个月经历的负性生活事件的数量的情况下，高水平的教会参与度与高自尊相关，高水平的个人宗教虔诚度与较高的个人控制感和把握度相关（Krause & Van

Tran，1989）。在另一项全国成人调查中，无论近期是否遭受多达四种的主要生活事件，报告与神关系亲密的人均都报告生活得更加开心和满意（Pollner，1989）。这些研究都支持宗教压力威慑模型，而不是宗教压力中介模型。

但是为宗教压力威慑模型提供论证的大多数研究（72%）也同时为宗教压力中介模型提供了部分证据。例如，通过研究一组由新近丧子的父母（高压组）和丧子超过两年的父母（低压组）构成的样本，麦顿（Maton，1989b）发现，两组被试的灵性支持都与低水平的抑郁相关。这一研究发现与宗教压力威慑模型一致。然而，与压力中介模型一致的是，麦顿也发现，新近丧子组的灵性支持与抑郁和自尊的相关性高于低压组的相关性。因此，麦顿的研究为中介—威慑整合模型提供了支持。

整体来说，关于宗教、压力源和适应这三者关系的研究发现说明，三个模型都各有可取之处。的确，宗教在较高压力时能给予强大的帮助。这是否意味着宗教在危机以外的时候没有一点儿价值？答案是否定的，因为不管个体所受的压力是大还是小，高水平的宗教虔诚都比低水平的宗教虔诚更加有帮助。宗教展示了缓冲高压力所造成的影响，并具有阻止较高或较低水平压力影响的能力。它也展现了能够同时达成前述两种功用的能力。但是，“能力”这个词必须要强调。宗教并不总是扮演着压力的中介、压力的威慑或压力的中介—威慑这样的角色。迄今为止，相关研究并没有给予明确回答宗教什么时候会担起（或无法担起）这样的角色。然而，我们明确知道一点，宗教应对、压力和适应的关系似乎取决于宗教应对的类型、群体类型、结果类型及研究问题的类型。[9]最后，考虑到有一些宗教应对形式是弊大于利这一点，所以我们亦可以猜测，宗教也可能加剧压力的影响——使不好的状况更加糟糕（Park et al.，1990）。这些效应在宗教压力的中介—威慑研究中并不太显著，因为这些研究大多数集中在宗教倾向（例如，祈祷或做礼拜的平均次数）这一方面，而不是特定的宗教应对形式。在应对过程中，特定的宗教应对形式在带来帮助的同时也可能造成伤害。

在先前的章节，我们已经发现，宗教在应对过程中的有益性取决于特定的宗教应对机制及使用应对策略的个人。我们应该在这份清单里加入情境的本质这一内容。宗教在更大压力时期能发挥更大的效用（至少对某些群体及某些类型的宗教应对而言是这样的）。为什么会这样呢？我的推想是，那些情境都将人们推到了他们个人能力的极限或者能力之外。换种方式说，人们在最艰难的时期会最直接地面对他们自身的局限和不足。正如我接下来的部分将要讨论的，或许宗教就是专门用来处理人们面临自身能力极限这样的情形的。

宗教应对与其他应对形式相比会多有效？

或许比较宗教和非宗教应对方式最简单的方法是，考察那些运用宗教应对处理负性事件的人是否比那些运用非宗教应对策略的人过得更好或更糟。仅有少数研究者采取了这个组间对照方法。在三个研究中，宗教与非宗教应对者对压力情境的适应性并没有显著差异。魏斯纳等人（Weisner et al.，1991）比较了有宗教信仰和没有宗教信仰的家庭的适应性。这些参加研究的家庭正经历着自家小孩由不明原因引起的显著智力发育迟缓所带来的挑战。有信仰的父母的应对方式不同于无信仰的父母：他们更重视家庭的团结和养育，更可能把他们的孩子看作一个机遇而非负担，更可能认为他们的宗教信仰应对很有效。然而，访谈者对这些家庭的适应性进行排序，发现两组家庭并没有差异。此外，有信仰和无信仰的父母在以下几项指标上也没有程度上的差异：对小孩的接受度、对小孩的现在与未来的平和心态以及他们的失望、担忧或抑郁等情感。与此类似，杜夫顿和帕尔曼（Dufton & Perlman，1986）比较了保守信徒、非保守信徒及不信教者三组被试应对孤独的方式。尽管两组信教的被试能从宗教框架中将孤独清晰地概念化并加以应对，但是他们与不信教被试组在孤独水平上并没有差异。最后，克尼格、西格勒和乔治（Koenig，Siegler & George，1989）将一组运用宗教应对压力事件的老年人与另一组不采用宗教应对的老年人进行比较，发现两组人在 12 项应对及适应指标上均无显著差异。然而，他们确实发现，在那些报告频繁采用宗教应对的人群中，有少数人在 12 项应对及适应指标中有 9 项得分排名最高。

另两项关于基督徒的实验研究比较了放松训练与祈祷（Elkins，Anchor & Sandler，1979）及放松训练与灵性冥想（Carlson，Bacaseta & Simanton，1988）的功效，得到了不一致的结果。在埃尔金斯等人（1979）的研究中，放松训练组比控制组带来了更多的生理上和主观感觉上的紧张度减轻；然而，祈祷并没有。而卡尔森等人（1988）发现，虔诚的冥想比渐进式的放松更能有效缓解肌肉紧张、愤怒和焦虑。

总体而言，这些研究并没有表明宗教性的压力应对者比与其对等的非宗教性的个体获得更多益处。从表面上看，无论是否有宗教帮助，人们似乎都可以有效地应对压力。但是在接受这一结论之前我们还需要慎重考虑这个研究的一些局限。首先，这些研究普遍忽视了不同宗教应对类型之间潜在的重要差异。正如我们先前发现的，某些宗教应对方式似乎比另一些更加有用。

也有可能某些宗教应对类型比非宗教应对类型更加有用，反之亦然。其次，这些研究对那些宗教可能发挥最大效应的时刻的涵盖度如何并不清楚。那些时刻，换句话说，就是压力最大的时刻，例如深爱的人去世，也是人们几乎没有个人控制感的时候。最后，可能也是最重要的一点，组间实验依赖于对宗教应对与非宗教应对的人为二分法。几乎没有人是被完全包围在宗教世界里的。当困难出现时，我们很少会排除其他的问题解决方式而独立采用宗教应对。例如，在杜夫顿和帕尔曼（Dufton & Perlman，1986）的研究中，有信仰的被试与无信仰的被试采取了同样多的非宗教的应对策略。此外，许多情境同时需要宗教和非宗教的应对方式。当一个人同时采用了两种应对方式时，该如何比较这两种方法呢？

接下来，我们从组间研究转变为组内研究。当要求将宗教与其他应对策略做比较时，许多人给予宗教更高的排名。例如，当要求指出在应对严重个人问题时给予他们最多帮助的一项应对方式时，非裔美国人提到次数最多的是祈祷，比勇敢面对问题、针对问题做些努力、保持忙碌及保持放松等频率更高（Neighbors，Jackson，Bowman & Gurin，1983）。另外，在以一群需要应对损失、威胁或挑战的老年社区居民为样本的研究中，“信仰”被评为27个应对机制中最有效的机制（McCrae & Costa，1986）。

然而，这些研究制造了宗教与非宗教应对形式之间的人为竞争。早先我提到过，这两种应对途径在实证研究中总是共同相关联的。提出“哪个更加有效，宗教的或者非宗教的应对？”的问题可能会强迫两个盟友进行激烈的竞争而扭曲了应对过程。更好的问题提法可能是：宗教应对是否为应对过程增加了一些特别之处。

几位研究者已经验证了这个问题。在研究过程中，他们考察了宗教性的应对是否能够预测到在非宗教应对效力之上或之外对负性生活事件的适应性。结果很明确：宗教确实为应对过程增添了一个独立的维度。例如，灵性支持能够预测超越一般社会支持效力之外的适应性（Kirkpatrick，1993b；Maton，1989b）。此外，即使在控制其他社会关系的影响之后，对于教会的较高社交参与度与较低的孤独水平（Johnson & Mullins，1989）及较高的生活满意度（Ellison，Gay & Glass，1989）仍有相关性。在一项我与同事的研究中（见表10.5），我们发现，宗教与非宗教的应对措施都为压力生活事件的结果预测增添了独特之处。

宗教为应对过程增添了什么？在前一章，我们描述了一些特定的宗教应对机制以及它们保存或者转换意义的特定方式。但是，非宗教应对策略当然也可以起到一些同样的作用。宗教对应对过程的独特贡献是什么呢？我相信宗教为人类自身不足的问题提供了一个回应。我们可能尝试通过自己或他人的见解或经历来把意义最大化，但我们仍然只是凡人，是有限的，受限的。在任何时候，我们的经历有可能超出我们自身的能力，将我们最基本的脆弱与无助暴露在自己和世界面前。当我们面临最基本的生存危机时，宗教伸出援助之手。宗教提供的解决方案形式多样，当缺乏其他形式的社会支持时，解决方案可能就是灵性支持；当其他解释缺乏说服力时，宗教来提供解释；当生活似乎失去控制时，通过神来获得终极控制感；当旧的目标不再有吸引力时，宗教赋予新的有意义的目标。在任何情况下，宗教是对非宗教应对的一个补充。它强调个人控制，并在个人力量受限的时候提供回应。或许这就是人类力量遭受最大考验时，神的力量受到许多人欢迎的原因。约翰逊（Johnson，1959）对此做了更充分的总结：

> 因为人类是具有无限可能的有限的人，他们因而大胆地进行宗教追求。人类是自然有限的，但是他们又知道存在着无法单独达到的无限可能。因此，他们将永不满足于忍受自给自足的有限孤独……宗教学习是为了发现终极资源以达到有限精神的无限归属感。（pp. 64–65）

表 10.5　宗教应对与非宗教应对的独立统计效应

研究	样本	适应性测量	宗教应对独立效应[a]（$\triangle R^2$）	非宗教应对的独立效应[b]（$\triangle R^2$）
帕格门特、恩森、等人（Pargament，Ensing，et al.，1990）	586 名正在应对重大生活事件的教会成员	一般健康问卷	0.03	0.04
		事件—特殊结果调查	0.07	0.09
		宗教结果	0.26	*N. S.*[c]
帕格门特等人（Pargament et al.，1994）	215 名正在应对盟军入侵科威特之前的波斯湾战争的大学生	积极情感	0.08	0.13
		消极情感	*N. S.*	0.11
		一般健康问卷	0.06	*N. S.*
万达、科瑞克等人（Vande，Creek，et al.，1995）	150 名在医院候诊室等待爱人心脏手术结果的人	贝克焦虑量表	0.06	0.14
		贝克抑郁量表	0.07	0.16
		事件—特殊结果调查	0.13	0.06
		宗教结果	0.44	*N. S.*

续表

研究	样本	适应性测量	宗教应对独立效应[a]（$\triangle R^2$）	非宗教应对的独立效应[b]（$\triangle R^2$）
帕格门特等人（Pargament et al., 1995）	225 名正在应对 1993 年洪水的中西部居民	积极情感	*N. S.*	0.08
		消极情感	0.09	0.11
		生理健康	*N. S.*	0.09
		一般健康问卷	0.08	0.12
		宗教结果	0.43	*N. S.*
布兰特和帕格门特（Brant & Pargament, 1995）	150 名正在应对种族歧视和负性生活事件的非裔美国大学生	积极情感	0.08	0.05
		消极情感	0.19	*N. S.*
		一般健康问卷	0.12	*N. S.*
		宗教结果	0.41	*N. S.*

注释：未特殊标注的 $R^2<0.05$。

a：宗教应对的独立效应反映的是将人口学变量和非宗教应对变量进入回归分析以后 R^2 的增加量。

b：非宗教应对的独立效应反映的是将人口学变量和宗教应对变量进入回归分析以后 R^2 的增加量。

c：*N. S.* 代表不显著。

结　论

这一章节涵盖了很多领域。“宗教有效吗?”这看似简单的问题却不能仅以“是”或“不是”来简单回答。相反，答案取决于提及的是什么宗教类型，是谁在进行宗教应对，以及应对的是什么情境。由于这些变量的相互作用，宗教对应对过程可能是有帮助的、有害的或者没有影响的。宗教应对变量对负性生活事件的结果的预测力远强于传统的、一般的宗教倾向。特定的宗教应对机制反映了宗教作为个体宗教倾向与负性事件的结果间的中介或者桥梁。对这些特殊机制效应的进一步考察揭示，并不是所有的宗教应对形式的效应都是一样的。实证研究表明，一些应对形式是有益的（精神支持、合作式宗教应对、仁慈的宗教重构，以及教会支持）；一些是有害的（表达对教会及上帝的不满、消极宗教重构）；另一些则具有混合影响（宗教仪式、自我指导及干预的宗教应对、宗教皈依）。其他几项结论也得到了证实：（1）宗教应对似乎对更虔诚的信教者特别有效；（2）宗教可以缓解或者阻碍生活压力的影响，或者两项功能同时具备；（3）宗教应对为应对过程增添了一个独特的维度。

尽管宗教在应对中所扮演的角色是我们考察的焦点，但也不能夸大了这些研究发现。在多数研究中，宗教的效应是较为适度的。这说明了宗教只是众多影响应对结果的因素之一。即使如此，考虑到心理学对宗教维度的历史性忽略，我们一般会较有可能低估了而不是高估了宗教在应对中的重要性。在大多数研究中，对于那些面临不同问题的不同人群，宗教应对都是适应性的一个重要预测因子。这里所说的适应性并不是局限于心理健康，尽管许多研究集中于应对结果的心理测量。宗教应对也对身体健康、死亡率及精神健康具有短期和长期影响。不可否认，这些研究调查的质量参差不齐。然而，即使那些应用更精密的测量和统计分析进行更严格控制的研究，也证明了宗教应对是适应性的一个重要预测因子。很显然，宗教在应对这一研究领域值得更多的关注和认识。对宗教在危机时期的表达方式所进行的具体微观分析研究为宗教研究指明了一个重要的研究方向。

这一领域的研究还可以从以下几个方面来拓展。第一，我们需要更多的纵向研究来澄清和区分压力下宗教应对的运用及宗教应对对个体适应性的短期和长期影响。第二，我们需要改进过的测量技术以公平对待宗教应对方式的丰富性和多样性。测量宗教应对方式和测量宗教应对模式在应对研究中具有同样重要的地位。在发展这些测量的同时，我们也应该特别注意避免混淆应对努力（努力获得意义）与应对结果（这些努力的成功或失败）。第三，这一领域的大多数文献将焦点集中于保全式的宗教应对方式及它们维持压力时的心理健康、生理健康、社会亲密感或意义的能力上。我们需要更多地了解转换式的宗教应对类型（例如，过渡仪式、宗教宽恕）以及当旧的机制受到威胁或消失时，这些新机制创造新的意义资源的能力。第四，极其需要研究儿童是如何应用宗教进行应对的。最后，研究者应该小心谨慎地划分应对的成功与不成功的标准。有一点很重要，我们要考虑到宗教应对是如何影响一系列人类功能的——生理的、社会的、心理的和灵性的。宗教应对对免疫系统、个体自我意义目标及他人健康的影响，这三块是尚未涉猎但又具有重要研究价值的领域。宗教应对的研究尚处于起步阶段，还有很大的发展空间。

到目前为止，我们对宗教作为应对机制效果的研究方法毫不掩饰是实用主义的，通过评估它的最后结果来判断它的利弊。这是个通用的方法。许多宗教心理学和一般心理学都采用了这一模式。然而，实用主义有一些重大的局限性。其一，它假定任何有用的都是好的。但是，一些积极结果可能是偶然的，例如米尔恰（Mircea）和塔碧塔·布里奇（Tabito Bricci）的例子（“她拒绝法院的命令……”，1993）。在怀孕期间，医生告知布里奇女士，她的胎儿没有从胎盘获得足够的氧气和营养，除非接受剖腹产，否则她的孩子很可能死亡或者智力发育迟缓。布里奇拒绝了这个提议，并说他们将孩子的健康交托给耶和华做决定。他们的孩子通过自然分娩出生了，并且相当健康。这个故事的美丽结局真的反映了布里奇的应对方式是好的吗？我会说，不是的。所有可获得的信息都表明了他们的孩子正在面临麻烦。他们没有解决本可自己解决的问题，而是将责任抛给了上帝。这一过程实际是拿孩子在做极大的冒险。在这个例子中，积极结果的发生与这一情境的处理方式毫不相关。

实用主义取向的研究范式也假定不起作用的都是不好的。但是如果一些积极结果是偶然获得的，那么一些消极结果也不可避免地可能是偶然获得的。不管我们应对得多么适当，死亡和生活中一定程度的痛苦、受难和丧失都是不可避免的。简而言之，行动与结果之间的关系并不是完美的，正因为如此，务实的评估可能会有些误导。某些追寻意义的途径和目的可能是有价值的，而不论这些研究是否被证实是成功的。从这一角度来看，研究应对的关键不在于特定的行为或特定的结果，而在于应对的各个过程是如何结合的。

在接下来的一章，我从过程角度考察了宗教应对的效应。研究的焦点将转移到宗教应对的黑暗面，及宗教在应对中扮演破坏者角色的时候。尽管它们可能仅是例外而不是普遍规则，但是宗教在应对中的失败可能会有灾难性的后果，因此我们需要严肃对待。应对过程这一角度为宗教失败时会发生什么提供了一个洞察来源。

第十一章

当宗教没有作用时——应对过程中的整合问题

一个女人声称："我被魔鬼完全控制了！"

总值4.5亿的宗教陷阱：骗子以上帝的名义行窃！

在甘地被谋杀之后，暴跳如雷的印度教徒杀害了5 000名锡克教徒！

不用费多大力气，我们就可以找到对宗教的批评材料。浏览电视节目或者新闻报纸，诸如上面这些耸人听闻的标题经常会跳进视线，证实宗教与那些怪诞或极端事件的联系。但并不是只有媒体将宗教与病态联结起来。精神健康专家也经常做这个联结（Richardson，1993）。

然而，反宗教观点的正确性值得怀疑。在上一章，实证研究已经表明宗教应对形式通常对人是有用的而非有害的。这是否意味着宗教是完全有益的呢？不。宗教与个人及社会病理学之间的联系都是真实存在的。如果没有进一步考察这种联系，对宗教与应对的任何评估都不可能完整。

这不是件简单的工作。在众多有关宗教难以理解的事情中，最难理解的恐怕是宗教怎么会跟如此截然相反的行为发生关联。这种在面临逆境时能产生诸如勇敢、怜悯和镇定等许多世界上最伟大模型的力量，也会牵涉暴力、自我毁灭和情感折磨。我们如何协调如此迥异的宗教特质？在本章，我们看看当宗教出错时会发生什么。

尽管如此，有一点很重要，即要保证评估是按照一个合适的视角进行的，并且平衡那些对所谓的宗教生活的"阴暗面"的炒作和夸大的认知（Pruyser，1977）。

同样，必须强调一点：心理学家不可能评估宗教声明的绝对真理性。然而，我们可以从许多不同的心理角度评估宗教。在上一章，我从实用主义的角度提出了宗教是否有用这个问题。大体上，我仔细分析了应对过程，并仅凭最终的结果来寻找可以定义为健康的或者有害的特定应对类型。但是，正如本书前面所说，应对是一个动态过程，包含了许多因素——个人的、情境的和社会的——的相互作用，并随着时间而进化。这个过程的本质同其他任何应对活动一样与应对的效力及应对结果有极大关联。应对过程最好的状态是整合良好的，保证各环节顺畅协调地运作。然而，也有系统失去平衡、无法同步的时候。这个错误并不在于过程中的某个元素，而在于系统本身。

在本章，我将考察宗教如何介入应对过程的整合问题。解体（disintegration）的形式多种多样（物理学家注意到无序状态的种类要比有序状态多得多）。因此，评估要有选择性。首先，我将重点研究应对过程中三类问题的宗教介入：结果问题、方法问题及个体与社会系统的结合问题。稍后，我将试着用宗教的一般特征和气质特征来解释这些问题。宗教的这些特征在应对过程中可以削弱价值体系，并使个体面对困难时更加脆弱。

预先提醒一下，这个评估将是具有价值取向的。读者会碰到一些不常与科学挂钩的词条，如有效与无效、好与坏、对与错。然而，科学研究不可避免地要涉及价值议题，宗教与应对心理学也不例外。在本章，我们将明确定义“价值”，以便可以思考、争辩、认可或拒绝某种价值。

错误的方向：结果问题

数年前，一个正在接受心理治疗的男人向我承认，他与一位已婚妇女，并且是个五岁孩子的母亲有了婚外情。这个男人是一个大家族的丈夫及父亲，他描述自己是位成功的商人，受到所在社区的尊重，并且是某所教堂的领导人。他正是在这个教堂遇到他的情人。当问及为什么来咨询时，他平静地谈到这个婚外情给他带来的痛苦。我要求他多告诉我一些他的感受（期望他会描述他的自责、矛盾情绪和痛苦），但是他的回答令我惊讶。他自己并没有感到不安，而是为他的情人感到心烦意乱。似乎他的情人开始改变心意，并不愿意继续每周见面。第一次会谈可以清晰获知的是，我的来访者并没有对他的行为感到任何不安。他想继续这个婚外情，并希望我能帮助到这个进程。我不会帮助我的来访者达到他想要的目的。事实上，他想要的目的本身就是个大问题。

个体在朝着正确的方向前进吗？这是我们评估应对过程所应考虑的基础

问题之一。詹姆斯（James，1902）写道，“个体的某套想法是不是他的核心能量，这对个体会造成很大的不同”（p. 193）。我们很难对这一观点提出质疑，但是评估这些各式各样的“核心能量”的功过的确是另一个问题。某种指导力量天生就比另一种更好或者更糟吗？詹姆斯给予了否定回答。谁又能说，寻找意义比寻找亲密感或者寻找一个更好的世界更有价值？他说，是兴趣构成了意识中的“热点”，而不是竞争或敌对中的和谐平衡。詹姆斯是位多元论者，他认为“目的论联盟”（teleological unions）能激发和指导行为这一论点是可行的。他说，只有当个体的目标无法整合统一时，问题才会出现。在接下来的部分，我将考察宗教在应对结果的分解（dis-integration）中的两种介入方式。

宗教的片面性

当传统价值瓦解，人们拼命地乱找方向时，我们就被称为焦虑的一代。在变革年代，对意义问题的简单解决方案变得特别诱人。但是，正如梅（May，1970）所说的，当解决方案完全控制一个人时，任何简单的解决方案——可能是药物、食物、财富或关系、意义及自我发展——都可能变得有害甚至邪恶。这里的问题不在于欲望的强度而在于它的片面性。如詹姆斯（James，1902）所说的，当对重要结果的献身被其他价值打破平衡时就会引发麻烦。上文提及的来访者完全只顾自己的享乐，忽略了对周边人的影响。结果，他的所作所为伤害了自己、家庭，甚至他的情人。

片面性也植根于宗教世界。在一项与遭遇成年孩子去世的老年妇女有关的临床工作中，一群研究员（Goodman，Rubinstein，Alexander & Luborsky，1991）发现，犹太教母亲似乎比非犹太教母亲更难面对这个丧失。他们通过访谈及调查一些老年丧子的犹太教和基督教母亲来验证他们在临床工作中的观察发现。与他们的观察一致，相比非犹太教母亲，犹太教母亲报告了更高的抑郁和孤独水平、更低的积极情感水平，及更低的生活控制感。与这两组人的访谈也表明，犹太教母亲的生活看上去一团糟，无法走出丧子的悲伤，而基督教母亲能更贤明地看待丧子之痛，并开始新的兴趣。

是什么造成了这种差异呢？研究者认为，两组人的各自反应植根于他们的文化。对于大多数犹太教母亲而言，为养育孩子而无私奉献是她们存在的焦点和重心。一般来说，她们存在的意义常依附于自己家庭的不朽及犹太人民的生存。研究者认为，“犹太文化对孕育孩子的极端颂扬置丧子的犹太母亲于两难困境。母亲们通过给孩子灌输为犹太教的生存而努力的信念得到认同，孩子的去世是对她们的否定，这种否定不仅来自她们自己，也来自她们的文化”（p. S323）。

从一位悲伤的犹太妇女的话里，我们可以感受到当失去最初的意义时，她是多么迷茫，没有目标和方向。

访谈者：你能谈一下生活中的主要目标或者任务吗？

格洛斯女士（Mrs. Gross）：现在？我真的没有任何目标或者任务。

访谈者：你曾经的目标是什么？

格洛斯女士：照顾我的女儿……自从她去世后……我似乎不想再照顾任何人。似乎我所有的精力都给了我女儿……我现在没有目标，随波逐流而已。

访谈者：你不认为自己有任何目标？

格罗斯女士：是的，完全没有目标。我再也不需要目标。不需要。我只知道，我女儿走了，我的未来也因此完全毁灭了……孩子就是我们的未来。这就是结局。这就是为什么我觉得我已经死了，我身旁空无一人。（p. S325）

研究者声称，与犹太文化相反的是，美国基督教文化更重视孩子在家庭中的自治和自力更生。美国两代关系的特色是更少的联结和更多的情感独立，因而，父母和孩子都更加自由地追求他们各自的独立生活。尽管痛苦，但是失去孩子较少冲击到母亲的意义，因为意义本身是更加多元化的。一位69岁的贵格会教徒母亲失去了她29岁的儿子。我们将她的访谈与上文的访谈进行了对比。

霍华德女士（Mrs. Howard）：儿子保罗去世之后，我又开始教书了，这或许是天赐之物。我有许多成年学生，我可以向他们倾注精力和心血，并且得到了许多回应。

访谈者：有人能从某种意义上取代你儿子的地位吗？

霍华德女士：我整个班级的学生都可以。

访谈者：你说需要通过与年轻人的接触来填补空虚，这是什么意思，你能具体谈谈吗？

霍华德女士：是的，有一处空缺需要填补，我的情感大片空白……我做这份工作就觉得拥有了一个大家庭，那些孩子就像我自己的孩子一样。（p. S325）

这位基督徒老年妇女没有将孩子的生命与她紧密地缠绕在一起，因而她能够追求其他的意义和满足。在孩子去世后，基督徒母亲可能能够从她们的生活信念中获得额外慰藉，不像那些犹太母亲，过多重视世界的回报与惩罚，而看不到未来。

当然，样本中的犹太教母亲对孩子的承诺并没有错。在大多数情况下，犹太孩子们在备受呵护的养育环境里茁壮成长。正是由于对后代奉献的独占性，使得这些犹太教母亲对孩子的去世特别脆弱。

如果排除其他价值而单一地追求某种价值，即使是最高尚的，任何结果也可能是有问题的。从宗教角度来看，不承认人类局限性而试图扩大个人能力是相当傲慢和错误的。贝肯（Bakan，1968）说道，“幻想自我是自己的创造者，这一点是人类最大的罪过”（p. 128）。相似地，神学家保罗·蒂里希（Paul Tillich，1951）写道，“对终极的初步关注的提升”是偶像崇拜的本质。“一些本质上有条件限制的事物被看作无条件的，本质上局限的事物被看作普遍适用的，本质上有限的事物被赋予无限的意义。”（p. 13）

片面的解决方案可以看作假崇拜，错误地寻找可行的神的替代物。但是，献身宗教本身也无法免于片面性的威胁，也可能失去平衡。世界各个宗教都有意无意地通过贬低世俗而强调生活的灵性终点的重要性。神的圣洁与世俗的粗俗相对立，而人们又被迫在这不可协调的两者间做抉择——地上的世界以“爱自己，甚至藐视神”为特征，或者神的国度以“爱上帝，甚至藐视自己”为特征（Saint Augustine，1950，p. 477）。每个宗教团体都会为那些通过贬低人类而试图提升灵性地位的人提供解释。悉达多·乔达摩（Siddhartha Gautama，后来成为佛陀）追求真理的其中一步就是参加苦行并经历了一系列的身体惩罚，后来他放弃了这种方式。詹姆斯（1902）编撰了其他引人注目的例子，其中之一是十字架上的圣徒约翰（Saint John），他是16世纪的传奇人物，提供了这份灵性处方：

> 激进的修行在于克制四种重要的天然激情，快乐、希望、害怕和悲伤。你必须在每次满足中剥夺这些激情，使它们处于黑暗与空无之处。让你的灵魂从此以后：
>
> 选择最艰难的，而非最容易的；
>
> 选择最苦涩的，而非最可口的；
>
> 选择最痛苦的，而非最快乐的……（p. 299）

近代的例子可能没那么引人注目，但同样也是有问题的。

下面是37岁的艾伯特女士的例子。她对自己原来的宗教聚会不满意，因而加入了一个新教会。这个新教会很快成为她生活的唯一焦点（Tarjanyi，1990，p. 18）。“我做的每一件事都与教会有关。任何类型的社会活动都与教会有关。”随着教会的重要性渐增，艾伯特女士的其他兴趣和关系都被中断了：她停止打保龄球，因为她对保龄球道上的“罪人”感到不安；老朋友对其退避三舍，因为对她的宗教论点感到不舒服；她害怕这个世界，认为世界“充满了罪恶，只有上帝是好的”。艾伯特女士的生活变得“孤立和失衡”。她觉得她“从一个人类变成了机器人”。

灵性与人类之间的分裂显而易见。只有贬低人性才能获得灵性。弗洛姆（Fromm，1950）批判性地将此描述为独裁的宗教，这种宗教的核心包含了这样的概念，即“鄙视人的一切，屈服于被自身的贫瘠压垮的心灵”（p. 36）。然而需要强调的是，这些例子中的问题不是过剩的宗教热情。一个强大的、支配性的灵修中心——体现了人类的需求——对许多人而言，是应对充满各类满足和价值的生活的组织力量。当灵性被狭隘地定义为排斥其他和谐的个人和社会价值时，问题就会出现。詹姆斯（James，1902）对此做了最好的表达：“如果平衡存在，那么没有某种能力可以很强大——我们只可能获得较强大的全面的人格……每当其他兴趣太少及智性太狭窄时，灵性的兴奋都将是病态的。”（p. 33）

不幸的是，通常情况下，人们并不认为片面性本身是个问题。当追求意义的道路走歪时，人们不但没有扩展视野，反而是从一个不平衡的结果跳到另一个不平衡的结果，包括宗教结果。沉溺于药物或者性的生活可能是空虚的，而过渡到灵性投入的生活可能提供直接的解脱。然而，除非找到灵性需求与个人和社会需求的整合方式，否则宗教的解决方案很可能失败，而这种循环也会因为个人转到另一个片面的解决方案而不断继续。

宗教欺骗

伴随着宗教欺骗，当不好的结局被裹以宗教的外衣时，片面性的问题会更加严重。这里的问题不再简单地指片面性，而是托词——对真正动机的掩盖。宗教提供了一个伪善面具，允许追求反社会的结果，而不必害怕被侦察（James，1902）。假借道德、灵性理想或《圣经》权威之名进行伪装，令任何结果，甚至那些以他人利益为代价促进个人或团体健康的结果，都获得了更大的合法性和力量。

在某些例子中，宗教欺骗是故意的。据报道，犹他州的骗子（声称他们是摩门教高层），卷走了10 000名毫无疑心的投资者的两亿多美元（“宗教骗局……”，1989）。在另一个故事里，亚拉巴马州最大教堂之一的一名会计骗取了193名投资者（包括一名美国国会议员）的1 900万美元。尽管这个骗子并没有用得到的钱进行投资，他仍会定期寄出假账单，并在邮件底部写上《圣经》经文。

并不是所有的宗教欺骗案例都是有意为之的。有时候，宗教托词可能更大程度上是自我欺骗。不清楚自己真正的动机，也不清楚宗教如何掩盖这些动机，那些从事宗教欺骗的人可能真的认为自己的行为是正确的，并为此付出很多热情。

缺乏对宗教欺骗的意识并没有使问题变得轻松些。无论是故意的还是无意的，灵性理由与宗教教义都被用于证明社会压迫的正当性，并得到大力证明。举个例子，看看南方联盟副总统亚历山大·斯蒂芬斯（Alexander Stephens）是如何为奴隶制辩护的：

根据《圣经》所写的以及神对这种关系的诸多惩罚，认为奴隶制有罪就是亵渎神灵。这是对上帝的智慧、公义及教义的直接亵渎……（Seldes，1985，p. 399）

再看看另一个关于“二战”前波兰移民教育的故事。

> 一些人询问神父，抵制犹太商店是否正确。神父的回答让我们所有人放宽了心，“尽管上帝希望我们爱所有人，但他并没有说，我们不能爱某些人更多一点。因此，爱波兰人胜过犹太人，仅支持波兰经济是正确的”。（Allport，1954，p. 446）

这类扭曲的宗教欺骗为偏见和盲从提供了认可和支持，并为即将到来的种族灭绝埋下了伏笔。

一个近代的相关例子来自萨尔瓦多。在那里，五旬节和原旨教教会成员数量在20世纪80年代南北战争时期增长了四分之一。心理学家伊格纳西奥·马丁·巴奥（Ignacio Martin-Baro，1990）认为，福音派教会成员剧增，至少某种程度上是因为萨尔瓦多武装部队的“心理战”造成的。受到天主教和新教教会的进步的、社会正义价值的威胁，军队领导人开始系统地迫害这些教会团体。比宗教欺骗更进一步的是，政府也邀请北美的福音派教会到本地进行传教。许多福音派教会接受了邀请，并在萨尔瓦多及其他南美地区进行传教工作。马丁·巴奥坚持认为，政府的招募工作并不是基于真诚的宗教兴趣。相反，这些都是为自我服务，促进民众对政治秩序的支持。从神学上来看，福音派教会对政府的威胁很小，因为他们坚信对压迫性的社会环境的解决方式在于宗教信仰而非社会变革。马丁·巴奥的结论是，这些传教工作已失去它的本质意义。事实上，它们“是对抗中美洲革命运动的思想防御工具的一部分，更确切地说，是军队‘低强度冲突’策略下诞生的心理战争的一部分”（p. 104）。马丁·巴奥于1989年在萨瓦尔多被军事行刑队杀害。这是后话，但为他的分析更增加了分量。

正是这一类的宗教玷污了宗教的名誉。实际上，抱怨宗教伪善是人们放弃加入宗教的最常见原因之一（Moberg，1987）。然而，或许没有人发现这些宗教滥用比信教人士本身更加具有攻击性。约翰逊（Johnson，1984）请一群学生和社区居民担任模拟法官，对一个录制的虐儿案件进行审理。在其中一个实验条件下，需要利用宗教为虐儿行为进行辩护。研究者特别告知模拟法官，被告“是一个好的基督徒，他按照《圣经》中上帝的教诲来处理家事及其他事务，他一定是个好父亲”（p. 215）。在另一个实验条件下，则没有提及宗教。宗教辩护产生了与预期背道而驰的结果。整体上，在宗教辩护条件下更容易认定被告有罪。此外，在宗教辩护的实验条件下，持有更右翼的基督教价值观的模拟法官比不那么右翼的模拟法官做出的判决更加严厉。因此，通过自称信教来为虐儿辩护的企图似乎特别容易激怒保守的基督徒。

奥尔波特（Allport，1954）曾写道：当宗教不再单纯地代表正义信念时，它就会被卷入偏见的漩涡。在某种意义上，这句话是对的，但在另一种意义上，它也许是错的。由于宗教是人类与灵性结合的产物，它所象征的并不仅仅是正义信念。然而，宗教所赞成的各类个人价值和社会价值之间有重要的区别。当宗教只站在了某一边时，麻烦就出现了。当宗教被用于向自己或其他人隐瞒这些结局时，麻烦则会加剧。这里的中心观点并不是认为某种动机天生优于另一种动机。相反，有效结合各类动机才是进行良好应对的关键。约翰逊（Johnson，1959）这样总结道：“我们经常赞美动机的纯粹性，似乎它胜于混杂的动机。但所有的动机都是互相混淆掺杂的；唯一的纯粹性并不是单一性，而是众多动机在不断进步的目的中奏响的交响乐中彼此和谐合作。”（p. 214）

错误的道路：方式问题

我们几乎不可能罗列出所有对积极心理健康的定义。但这些不同定义间有个共同的主题，即现实检验力的重要性（参见 Jahoda，1958）。有效的功能依赖于对生活情境、个人及社会资源以及能最大限度提高意义的任务的精确评估。另一方面，错误的评估付出的代价是巨大的。毕竟，如果一个人不能精确地评估自己及所处的情境，那他怎么能为未来做好计划和合理期待呢？他的问题可能是，没有重视一个严重受威胁的情境，或者相反，过分担心一个很安全甚至可以无视的情境；也可能是无根据地相信自己解决问题的能力，或者无根据地怀疑自己的能力；也可能是错误判断了解决危机所需的步骤。无论如何，问题不在于特定的某种评估方式或应对方式本身，而在于对世界、自我及个人目标的评估与应对方式缺乏整合。[1]换句话说，选择的道路可能不适合天气，或者不适合游客的条件。最重要的是，这条道路可能无法带游客到他们想去的地方。

尽管宗教团体总是鼓励他们的教友选择“正确的道路”，但他们并不总是成功。在某些情况下，他们的教友转错了方向。宗教是否该为这些错误负直接责任，这很难说。然而，清楚的是，整合不佳的评估与应对方式可能借宗教信念及实践来伪装自己。在接下来的部分，我将考察宗教及三类应对方式的整合问题。

错误的宗教解释

20 世纪 80 年代和 90 年代，媒体上的各类报道铺天盖地。从盗墓、虐待动物、隐藏神秘信息的摇滚乐到仪式滥用、堕胎及活人献祭等活动据称都是由一些全国性组织所进行的秘密的邪教礼拜计划和实施行为（Bromley，1991）。例如，根据一个流传的评估数据，每年有 50 000 到 60 000 名的无辜的民众被当作宗教仪式的祭品。心理健康专业人士为这一恐怖事件做出了自己的贡献。数以千计恢复儿时记忆的病人报告了被邪教虐待的经历。训练其他专业人士处理“日渐严重”的邪教创伤问题的工作坊如雨后春笋般地涌现（Mulhern，1991）。

然而，邪教的威胁似乎被过分夸大渲染了。支持这些事件的证据在实证研究中站不住脚。经进一步的调查，不明原因的动物死亡几乎无一例外是由疾病、猎捕、中毒或马路车祸造成的（Bromley，1991）。邪教组织的活人献祭，这一说法也同样难以令人信服。一位联邦调查局的调查员无法确认美国记录在案的一项邪教谋杀案，并总结说，如果邪教谋杀真的发生的话，数量也是极少的（Bromley，1991）。心理治疗师对邪教仪式滥用的记录也引发了相似的疑问。通过对 2 000 多名从业心理学家进行调查，波特穆斯、沙弗、古德曼和秦（Bottoms，Shaver，Goodman & Qin，1995）发现，70% 的执业者并没有遭遇过仪式滥用的案例。在那些报告遇到仪式滥用案例的人中，少数几位执业者报告遇到超过 100 例，这占了整体案例数的较大比例。有一位执业者报告遇到了 2 000 例仪式滥用！波特穆斯等人注意到，参加过以仪式滥用为主题的工作坊的执业者更容易报告宗教滥用案例。这一发现说明以仪式滥用为主题的培训讲座可能助长了邪教谣言和邪教恐慌言论的散播。

邪教恐慌代表了一个错误的解释，即把某个特定形式的宗教看作引发某种现象的原因，而那些现象的根源往往是其他事物。把这种恐慌当作情绪的过度反应或许要轻松许多，但是它带来的影响却是真实的。恐惧在许多地方滋生蔓延。教师、父母、牧师和保育员的生活被打乱，因为有人断言他们参与了邪教活动。同样严重的是，对邪教的过分关注分散了更值得关注的方向：最重要的是产生谣言和恐慌的社会、心理和文化环境。错误的解释造成的损失是巨大的。

那我们如何辨别宗教解释是否错了呢？当将事件的原因解释为上帝或魔鬼，而不是宗教团体时，这个问题变得更加难以回答。例如，对艾滋病传播的解释。契尔顿（Chilton，1987）写道：大多数艾滋病患者是同性恋者，这并不是偶然的。他说，同性恋者有意选择去做上帝“特别憎恨与厌恶”的行为。这个疾病是对他们的惩罚，因为他们违背上帝的旨意。从这个意义上说，艾滋病是一种伤风败俗的疾病，是同性恋者选择“不卫生、堕落及粗暴的行为”而导致神对他们的惩罚（p. 17）。契尔顿承认，尽管并不是所有的艾滋病患者都是同性恋，但他们也要为这个包容如此罪恶事情的道德沦丧的社会付出代价。艾滋病流行的解决办法要从其缘由抓起，“答案不是避孕套、‘橡胶坝’，或所谓的‘安全性行为’”（p. 72）。这些解决方案仅仅“使那些堕落行为变得安全”（p. 43）。相反，“答案应该是，如上帝所呼召的，单纯地顺从他的旨意”（p. 72）。

许多读者可能发现这里有些东西是错误的。到底是什么呢？问题出在契尔顿使用宗教框架来解释艾滋病吗？不是。在前一章节，我回顾的研究表明，许多人从宗教视角解释负性生活事件，而一些宗教解释（尤其是仁慈的解释）总是伴随着积极的结果。问题出在契尔顿使用了特定类型的宗教解释吗？或许吧。实证研究表明，将负性生活事件归因为神的惩罚往往带来消极的结果。然而，在我们过快地将对惩罚性的精神力量或外在邪恶的信念置之不理之前，很重要的一点是要记住，终极惩罚的威胁或许也有一些价值。如同一位严厉的家长，惩罚性的上帝或魔鬼或许可以抑制人们的一些破坏性冲动。此外，对惩罚性力量的信念（只要它们秉公处理）提供了一些保证，即这个世界是有规矩的、公平的、可控制的；只要不去违反精神秩序，就可以避免受到惩罚。

从这个过程来看，惩罚性的宗教评估或其他评估或应对方式都不一定是错误的。相反，问题在于排斥其他解释而唯一使用宗教解释。实际上，一个事件是否由神或魔造成无法通过实证方法来证实。然而，我们有可能论证生活事件与其他潜在成因的实证关系。例如，有相当多的证据表明艾滋病是由一种抑制免疫系统功能的病毒引起的。也有相当多的证据表明，实际上任何人，异性恋或同性恋者都能接触到这种病毒。契尔顿的解释并不错在他做了宗教性的评估，也不在于他的评估涉及了罪力量和惩罚性的上帝。他错在使用宗教解释而没给其他解释留任何空间，包括那些经研究证实的有根据的解释。简单定义为“伤风败俗”的疾病，令艾滋病流行的生物、心理和社会因素都被抹杀了。最终的结果是宗教做了替罪羔羊。艾滋病患者已经遭受疾病折磨之苦，还要忍受责备的冲击。这并不是说，个体不应为他们做了危险的行为而负责任。然而，将这种疾病仅仅归咎为不道德是不准确的，也是不公平的。生理、心理、社会和文化的因素共同造成了这一疾病的流行。

其他人也遭受了错误的宗教解释带来的影响。对于负性生活事件的错误解释也会导致不恰当的宗教内疚。诺克斯（Knox，1985）在 B 女士的个案中阐明了这一点。34 岁的 B 女士因为抑郁到一家心理健康诊所就诊。在过去的两个月里，她失去了所有储蓄，而且母亲去世。另外，她的丈夫是个酒鬼，并且失业。她对这些事情的解释使得她更加痛苦。她相信上帝在惩罚她，因为她过去犯了罪，其中最大的罪过是她曾未婚先孕并堕胎。

大多数临床医生遇到过像 B 女士这样的案例。一些医生可能将这个问题看作宗教内疚。然而，从过程角度来看，惩罚性的宗教评估并不一定是错的，即使当个体本身被视作罪人。当宗教内疚排除了其他相关的影响因素时，问题就发生了。将当前的困境完全归为上帝对其早期的怀孕及堕胎的惩罚，B 女士为其丈夫原本应对酗酒及家庭经济问题所负的责任进行了开脱。

她也忽略了导致其母亲去世的疾病的直接原因。毫无疑问，B 女士分担了一些责任，但是过分归咎于自己的道德错误，她就成了自己困境的替罪羔羊。

错误的宗教解释将负性生活事件归咎于惩罚性的神、其他人或自己。其他导致生活危机的重要原因都被忽略了。结果可能导致本已不幸的人进一步自我牺牲。

对问题起因的错误认知会带来另一个弊端——它们会干扰问题的解决方式。无法正确解释负性情境，个体可能也无法识别应对问题最适合的资源。

宗教控制的错误

1994 年 3 月 28 日，9 个月大的艾莉森·伯格曼生病了（Hughes，1990）。她的症状包括颈部强直、腹部肿胀及嗜睡。艾莉森的父母，是信念治愈教派的成员，将疾病归为魔鬼的作为及违背上帝旨意的直接结果。他们为女儿诵读《圣经》、斋戒及祷告守夜，既不测量女儿的体温，也不寻求医学治疗。10 天后，由于呼吸道感染发展成为肺炎和脑膜炎，艾莉森去世了。如果治疗及时，这个疾病是可以治愈的。父母被指控为过失杀人及疏忽罪。在审讯过程中，艾莉森的母亲说，她没意识到这个病是多么严重。她继续吐露她的信念，即使她“害怕和怀疑上帝”去寻求了医疗救助，艾莉森的结局依然不会有所改变。

伯格曼夫妇犯了个严重的宗教解释错误。他们对艾莉森疾病的宗教评估导致他们拒绝其他相关的致病因素。但不幸的是，问题并不是简单的误解，因为伯格曼夫妇不仅拒绝了其他对艾莉森疾病的解释方式，也拒绝了其他本可以挽救她生命的解决办法。在他们看来，祷告、诵读《圣经》及斋戒是唯一可行的解决办法。寻求医疗救助与他们的信仰相违背。问题就出在这里。

前一章我们说到，通常情况下，包括祈祷和诵读《圣经》在内的宗教应对形式对那些处于危机时刻的人们是有帮助的。然而，当应对过程中排斥其他资源，而仅仅使用宗教资源时，问题就出现了。如同宗教解释不给其他解释留余地一样，排斥其他解决方法，仅采用宗教解决方法可能导致严重后果，尤其是在那些——从某种意义上讲——可控制的情境中。某些问题单单靠祈祷是无法解决的，它们也需要其他工具。如约翰逊（Johnson，1959）所写的：

祈祷并不起到替代钢凿或机翼的作用。它也无法取代行走中的肌肉运动或迎接考试的认真学习。这些都不是祈祷的合适使用途径。但是，当一个人正在使用钢凿做骨科手术或者驾驶飞机着陆时，祈祷可以帮助他镇定心境。祈祷可以指导人们选择前行的目的地，也可以强化人们充分准备考试的目的。(pp. 142–143)

控制错误产生于对生活危机提出的需求的误解，反过来，又会造成对满足这些需求的资源的误解。例如，在一个案例中，一个男人被指控杀了他儿子——死于饥饿（“父亲眼看着儿子饿死……”，1989）。这个男人失业了并陷入财政危机。他完全从宗教的角度看待了这一境遇。他认为，上帝正在考验他的信仰以“达到极致——就像上帝要求亚伯拉罕（Abraham）牺牲自己的儿子时一样”（p. 1）。反过来，他认为他家困境的解决办法也来自于上帝，“我们总是认为上帝会在我们的困境中显灵，提供解决的办法”（p. 1）。在这个例子里，过多地期望以宗教来解决而排斥了其他所有的办法。这个男人不仅拒绝了政府援助及慈善机构的帮助，而且当他们的儿子去世时，他们的现金及银行账户共有超过 3 500 美金。然而，他认为，这些钱应当作为给上帝的什一税，不应用作购买食物。这个男人坚定地相信，上帝会成为他们家庭的“食物来源”（p. 1）。

将财政问题当作精神考验，这样的评估并不是导致这个个案悲剧的原因。实际上，这个评估是对困境的一个积极构建，并被证实对很多人都有帮助。在完全失控的情境中，放弃人的能动性而转向上帝控制的决定或许是恰当的。但在需要个人控制的情境下而放弃了个人控制，悲剧就发生了。在需要一定程度的个人能动性的时候却排他性地只依赖宗教资源，这就是宗教控制错误。更确切地说，是过分的宗教控制。

有一点需要重点指出的是，宗教控制错误也会以另一种方式发生。在完全无法控制的情境下企图采用个人控制，就如同在需要个人能动性的情境下完全依赖上帝控制一样没有功效。前者可以描述为过度个人控制错误（或宗教控制不足），与过度宗教控制错误相对应。比克尔及其同事做了一个关于此主题的研究（正在出版中）。以基督教长老会成员为研究对象，他们考察了自我指导式和合作式的宗教应对形式对于人们应对可控制及不可控制情境是有利的还是不利的。面对不可控事件时，教会成员若采取更偏向自我指导式的应对风格，随之而来的是更严重的抑郁。形成鲜明对比的是，在应对不可控事件时，更加合作式的应对风格带来的是显著的抑郁水平降低。在可控情境下，两种应对风格则都不与抑郁相关联。弗里德尔和帕格曼特（Friedel & Pargament，1995）对应对压力情境下的急救医务人员进行了研究，得到了相似的结果。

这些只是初步结果。我们不知道在纵向研究中是否能得到同样的结果，以得到更有力的结论。无论如何，这些结果都是有挑战性。它们似乎在说，当人们应对不可控事件时，个人控制和自我指导是适得其反的。在这些情境下，承认个人力量的局限性可能是更适应性的选择。这是否就等同于放弃呢？不一定。比克尔的许多被试认为在问题解决过程中，他们与上帝如同合作关系。在那种合作关系中，他们在向上帝寻求帮助的同时，也保持了一定程度的积极的自我参与。在应对不可控情境时，这种分享力量与责任的合作式途径似乎更加有效。

不管是过度宗教控制错误还是过度个人控制错误，无法正确解读情境需求并选择最合适的资源可能导致不幸的后果。因为当宗教资源不能与情境及其他资源恰当合作时，应对过程就开始崩溃。当然，这并不是一个新观点。12 步骤组的成员应用多年的《静心祈祷》里阐明了相同的观点，只是更加有表现力："上帝赋予我接受我不可改变之事的平静心态，改变我可改变之事的勇气，以及知道这两者区别的智慧。"

宗教调节的错误

即使太阳和月亮从天上坠落，即使地球塌陷，即使地球上成千上万的人都极其痛苦地死于饥饿，它所带来的苦难也要比一个人所犯下的小罪行或者所说的一句谎言要好得多。

——红衣主教纽曼，1833，引自 Seldes，1985，p. 307

宗教，具有所有萌生的热情与激情，偶尔也会显得过度。在一些情况下，这种过分只是一种夸张的修辞，如同卡迪娜·纽曼的语言。在另一些情况下，这种过分会带来更严重的后果。听听一位谋杀了他的妻子、三个孩子及他的母亲的男人提供的部分陈诉：

（我的女儿）如此坚定地想学表演，我很害怕这会影响她继续成为基督徒……

同样地，（我的妻子）不再去教堂，我知道这种行为最终也会伤害孩子……

> 至少我确信她们现在已经上了天堂。如果事情继续像以前那样发展，谁敢保证她们还能进入天堂……
>
> 我总是从后面开枪似乎有些懦弱，但我不想让她们知道我不得不杀她们，即使在她们生前最后一秒……
>
> 我只关心我与神之间的平安，我很确信这一点，因为基督甚至为我而死。（“备忘录……”，1990，p. 25）

当然，这是个戏剧性的、不同寻常的案例。但有一点却是真的，即各类过度行为，包括对自己家人的暴力行为，在宗教名义之下都可以变成正当行为。

在《放过孩子：惩罚的宗教基础及体罚的心理影响》这本书中，格雷文（Greven，1991）描述了某些宗教著作、信念及解释如何对孩子进行体罚，甚至将儿童虐待合法化（另参见 Capps，1992）。他写道，躯体暴力在世界的主要宗教中并不罕见。伟大的宗教故事里贯穿着对复仇、暴力、牺牲及屠杀的描述。在这些故事中，读者也会发现，宗教赦免甚至鼓励体罚［例如，“要管教孩子，不可姑息；你虽用杖打他，但他必不至死。你必用杖打他，他的灵魂才能脱离地狱获救”（《箴言》23：13-14）］。一些宗教观点认为，父母有责任“打破孩子的愿望”，以促使孩子远离自己的自然倾向，转而投入对上帝的信仰。“打破愿望”可能局限于恰当的惩罚形式，但它也可能混淆惩罚与虐待之间的界限。

格雷文（Greven，1991）通过当代一些提倡体罚的宗教提供的儿童抚养建议阐明了这一点。一些作者鼓励父母在孩子还处于“襁褓时期”就开始体罚，并告知父母不用为一些体罚造成的小伤过分担心，“一些孩子的皮肤很脆弱，很容易产生瘀痕和青肿。如果惩罚后出现这些小伤，父母们不用过分担忧，因为这很正常”（Fugate，1980，引自 Greven，1991，p. 80）。这些作者们还警告父母不要把孩子的眼泪太当真。如果有什么的话，哭泣可能招致进一步的惩罚，“真正的哭泣通常持续两分钟或更少，但可能达到 5 分钟。如果超过了这个界限，那么孩子就只是在抱怨，可以通过声音的音调和强度识别这种改变。我通常会再给他点颜色看看，并要求他停止抗议性的哭泣”（Christenson，1970，引自 Greven，1991，p. 78）。有时候，这个建议似乎超过了可接受的惩罚程度。

为了对这些儿童抚养手册的作者公平起见，有一点需要指出的是，大多数手册警告过父母过度使用体罚的危险性（见 Bartkowski，1995）。另外需要补充的一点是，实证研究还没有研究过宗教介入是否真能导致儿童虐待这个问题。尽管有研究表明，保守的新教徒（尤其是那些相信经文里的真理的人）更倾向对儿童使用体罚（Ellison，Bartkowski & Segal，1996；Ellison & Sherkat，1993；Grasmick，Bursik & Kimpel，1991），体罚必须与身体虐待进行区分。

某些形式的宗教性真会鼓励儿童虐待吗？格雷文（1991）的争议性的话题还需要更多的研究论证。尽管如此，我相信他提出了一个很重要的观点。宗教为儿童虐待提供了一个滋生的土壤。

在某种意义上，格雷文描述的这类宗教过度行为可以看作宗教片面性的另一个例子，过分忠诚而不留余地，包括感受、价值及他人的健康。[2]维塞尔（1992）写道，“问题是夸大的爱、狂热的爱将宗教扭曲成对其他人都很危险的个人战场，并贬低了它原本珍惜的信念”（p. 21）。但这里的扭曲与方式及目标有很大关系。在一心追求目标的过程中，其他人不仅会被贬低，还可能被视作必须被掌控、克服甚至消灭的障碍。这个目标如此重要以至于任何方式都是合理的，即使对自己家人施暴，即使消灭持有不同世界观的其他宗教团体，即使迫切使用实际上已破坏他们最初目标的方式，例如那些生命权利拥护者会去杀害堕胎者。

这些都是受到威胁时的过度的系统反应。为了努力保护自己的价值，个体或团体超越了即时界限，从而攻击圈外的其他人。朵-雪伍、弗里德曼和切波诺古拉（Dor Shav，Fricdman & Tchcrbonogura，1978）做了一个实验揭示了这个过程。他们将以色列女大学生被试分成两组：一组为信教组，另一组为不信教组，并告知学生，她们正在参与一项研究，旨在考察信教与不信教人群的“一般知识水平”，以及“在剔除错误回答时使用惩罚的效果”（p. 219）。信教及不信教的学习者对涉及宗教及世俗内容的问题作答，学生们判断他们的回答是否正确。当回答错误时，学生要对学习者实施电击。学生被告知她们可以控制电击的强度。学生不知道的是，这些学习者实际上是主试的同伴，并不会受到真正的电击。

朵-雪伍等人预测，信教的学生倾向于对答错宗教性问题的学习者实施更高水平的电击。这个预测得到了证实。研究人员们认为，对宗教性问题的错误回答威胁到了信教学生的价值，因而激发了学生对学习者的攻击性。有趣的是，研究人员也发现，不信教的学生（不像那些信教的学生）倾向于对信教的学习者实施更高水平的电击，而不管错的内容是什么。或许学习者的宗教性对不信教学生造成威胁，因而激发了学生对他们的攻击性。这些后续发现非常有价值，因为它们说明，在价值受到威胁时，任何团体，无论信教的或不信教的，都可能反应过度。

这可能有些戏剧性，狂热只是宗教节制错误之一。如同过度狂热一样，宗教也可能冷漠。坎贝尔和佩蒂格鲁（Campbell & Pettigrew，1959）记录了一个特别著名的宗教冷漠案例——1957 年将黑人学生合并到中央高中造成的小岩城危机，神职人员对此的回应。研究者通过访谈了该社区的 29 名神职人员，他们发现，只有 5 人承认自己是种族隔离主义者。尽管剩下的人支持种族融合，但他们大多数人并没有将此作为势在必行的信念来积极推行。例如，在开学前的周日，只有两位神职人员在布道讲台上表达了对融合的支持。

在这一关键时刻，是什么导致神职人员的不作为呢？坎贝尔和佩蒂格鲁提出了若干因素，最明显的是，神职人员害怕教会意见分歧及来自上级的指责。他们认为，公开声援这个立场会对他们的部门带来威胁。考虑到这些神职人员在种族隔离主义的教堂工作，他们的担忧害怕相当合乎现实。教堂高层领导的反馈证实了这些担忧毫不为过，甚至更严重。一位管理者警告他所管辖的神职人员："孩子们，想要自由也可以；但是别丢了自己的小命。"（p. 514）几乎没人有所作为。尽管这场危机有着道德性质，但大多数神职人员选择了沉默。

宗教冷漠反映了无法成功动员达到目标所需要的资源。或许人们认为这种努力付出的代价太大，障碍重重，而成功机会渺茫。无论如何，个体或团体都保持中庸，不作为。大体上，系统不但不勇敢面对改变的世界，反而是抵御改变，尽管其他人和系统本身可能最终遭受恶果。

不论是过度还是冷漠，应对方式不恰当都会出问题。解决方法的有效程度取决于它与情境需求及个体目标的适切程度。宗教的不恰当的解决方法会导致应对中的整合问题。宗教的错误解释及资源滥用也是如此。我在本书的早前部分曾提到，帮助人们选择正确的道路是一个很值得关注的宗教问题。但是，正如我们这里所看到的，有时候宗教本身可能导致人们走错方向。

逆风而行：匹配问题

社会系统力量也会追求意义，它们有着自己的推动力。家庭、组织及社区（与个体相同）有着自己偏好的思考和行为方式，以及价值观。正是手段与目的模式的差异使得系统，不仅仅是个体，显得独一无二。我们可能没有发现，我们的社会系统有自己的目标及达到这些目标所偏好的途径，但这并不是说社会系统是无意义的。相反，这象征社会整合良好，表明我们的手段目的与系统是如此匹配，以致我们根本不用刻意注意这个系统。在这些例子中，追求意义的过程进展较为顺利。

然而，也有这样的时候，即人们与所属的团体不和谐，或个体目标及应对世界的方式与社会系统赞许的内容相冲突。在遇到压力时，我们所寻求的东西可能与系统认为最有价值的目标不一致。当应对援助可能与社会系统意愿和可以提供的资源相冲突时，我们想要从社会系统获得什么呢？例如，育有生理或智力残障儿童的父母经常收到家人朋友提供的宗教励志文学作品，以应对他们的境遇。然而，对一些父母而言，这些文学作品传达的信息可能没有什么特别的激励作用。费尔克（Felker，1990）送了一首励志诗给残障儿童的母亲们，并恳请她们回复。这首诗将残障儿童描述为“特别的孩子”，上帝特别挑选父母照顾这些“来自天堂的礼物”。实际上，这是将一个丧失的情境重构为一个宗教机遇。这些父母是如何反应的呢？

大多数母亲（58%）对这首诗的最初反应是消极的。在访谈时，40%的妇女仍然对这首诗感到消极。一些人觉得这首诗暗示了上帝不是仁慈的。一位妇女说道：“上帝会帮助我们渡过艰难的日子，这听起来很蠢，上帝并没有给我们（艰难的日子）。”其他妇女觉得这首诗忽视了她们的痛苦和丧失。一位母亲说道：“他们没有意识到这比死还糟糕。不仅孩子不是你期望的样子，你还要面对这个超出自己极限的负担。”有些则会说：“你不应该感到糟糕，因为这是上帝所为。”（p. 8）并不是所有的妇女都对诗做出了消极反应。然而，那些感到安慰的人大多数赞同一个基本信条，即上帝左右她们的人生。

这首诗传达的信息不一定有错，大部分妇女的消极反应也不一定有错。这只是简单的适合性的问题：尽管诗传达的信息本意是鼓励人心，但实际上它可能与许多人的精神需求相冲突。

匹配问题在宗教领域并不稀奇。宗教社会系统可能与个体追求的目标及达到目标的方式背道而驰。当个体和社会系统发生冲突时，就会产生摩擦和张力。

数年前，伊丽莎白，一位虔诚的基督徒，来到我的办公室抱怨她的紧张和焦虑。18个月前，她的小女儿意外去世。起初，我以为她的情感问题与女儿去世直接相关。但事实并非如此。尽管伊丽莎白很想念女儿，但当她谈到得知女儿在天堂与天使为伴，并为家人寻求健康时，她流露出极大的安慰感。这个信念本身有问题吗？我不这么认为。许多基督徒（及其他宗教传统的成员）相信人死后会有来生，同时也相信天使的存在。伊丽莎白的生活、信念及所有功能似乎都很好。我发现她的问题更多的是由她家人的反应而非她自己的信念造成的。伊丽莎白希望她的家人承认女儿的精神存在，要求他们庆祝女儿的生日，到女儿的坟前扫墓，并时刻与女儿对话。另一方面，家人觉得伊丽莎白"对整个事情的表现都很奇怪"。他们参加了葬礼，并帮助伊丽莎白度过了早期几个月，但是她的要求太过分了。从家人的观点来看，伊丽莎白是时候放下女儿过世这件事了。于是他们拒绝她的要求，怀疑她的精神状况，并鼓励她来接受咨询。伊丽莎白遭受的紧张和焦虑不仅来源于病态的宗教信念和实践，也来源于伊丽莎白与家人在她应该如何面对女儿的生死问题上的意见分歧。

研究者们发现，紧张与焦虑常常伴随着个体与其宗教系统之间的不匹配。例如，摩门教会强调婚姻及家人关系的重要性，这导致许多单身成年人觉得自己是次等公民；这些人患抑郁症的风险确实较高（Rutledge & Spilka，1993）。另外，与非天主教徒相比，罗马天主教的妇女在堕胎后报告有着更严重的内疚和抑郁（Osofsky & Osofsky，1972；Payne，Kravitz，Notman & Anderson，1976）。

不匹配导致的结果，比较常见的可能是会带来压力和堕落的感觉。但不匹配在某些情况下甚至是有利的。例如，我们对基督教教会和犹太教会进行研究时，要求神职人员指出在他们的教会中匹配良好的成员（例如，那些基本上分享或认同教会的价值观、信念和实践活动的成员）以及匹配不良的成员（Pargament，Tyler & Steele，1979b）。这些教会成员完成了一系列心理社会能力测评。"匹配不良者"对他们所在教会的满意度低于"匹配良好者"。然而，匹配不良者比匹配良好者报告了更活跃的问题解决技能、更高的个人控制感及更高的自我效能感。尽管在聚会中的边缘地位可能会令匹配不良者感到不舒服，但这也可能鼓励他们采用更加独立和更加积极的应对取向。

当我们过分偏执于系统的某一部分而夸大匹配问题时，就会给个体带来更严重的影响。少数派宗教团体的成员尤其容易受到主流宗教系统要求顺服的压力影响。如若不顺服，他们可能要面对诸如偏见、迁怒及盲信等消极制裁。罗森博格（Rosenberg，1962）的一项将信奉新教、罗马天主教和犹太教的高中学生进行对比的研究证实了这一点。他将生长于宗教赞同环境下（75%或更多的信奉同一宗教的人）和宗教反对环境下（25%或更少的信奉同一宗教的人）的信奉新教、罗马天主教和犹太教的高中生进行了对比，结果发现，后者比前者更可能出现低自尊、高抑郁及更多的身心症状。罗森博格认为，导致这个结果的原因在于宗教小群体的价值、特质和行为遭到了主流环境的削弱。为了支持这一解释，他补充说，生长于宗教反对环境的学生比其他人更多地报告了因为他们的宗教信仰而受到欺负、被遗忘或者遭受辱骂。相应地，遭受过这些经历的人报告了更多的身心症状、高抑郁和低自尊。罗森博格总结道："某一团体接纳和赞美的品质可能遭到另一团体的否定和拒绝。因此，真的有可能，即处于宗教反对的社会环境中的个体会感到自己是异类。这种异类感可能导致个体质疑自己，怀疑自己是否有价值。"（p. 9）

在应对过程中，有许多有价值的目标及达到这些目标的方式。当个体或系统无法接受不同方式与目标可以组合成许多可行的应对途经，个体或系统无法接受这种混合，不给差异留空间，就会引发匹配问题。如果个体或系统追寻意义的途径本身就有缺陷，那又会怎样呢？因此我们在应用应对匹配的标准时应当更加小心谨慎。

不匹配的时机和场合

试着想想这样的情况，一个人走的是正确的道路，但他所处的系统却是严重误导的。这个人最好的选择是适应这个有功能障碍的系统吗？有一个例子可以说明在这样的系统中不匹配反而是一个较好的选择。兰顿（London，1970）对27位在"二战"期间冒着生命危险从纳粹手里营救犹太人的基督徒进行了访谈。他写道，这些营救者的一个典型特征是处于社会边缘地位。有一位在普鲁士长大的男性，他的母亲说一口不同于当地人的方言，他拒绝参加教会，也没有政治信仰。更重要的是，他的口吃导致他更加脱离所在社区。然而，他帮助组织了一个地下网络工作，在俄罗斯和西欧营救了数百人。兰顿认为，边缘化的经历（不匹配）促使这位男性及其他营救者坚持自身的英勇行为而不顾及所伴随的社会孤立及对自身生存的威胁。

从表面上看，不匹配似乎是较理想的调节方式，总比个体与系统共同走向毁灭的适应更好一些。如果只有这两个选择的话，这句话可能是对的。但是，除了无止境的疏远和妥协外，还有另一个解决办法。系统本身是可以被改变的。不是"顺其自然"，而是改变系统的方向。实际上，这也正是那些营救犹太人的勇者们所努力做到的。他们不满足于一个消极的边缘型地位，他们的行为是对系统的挑战。事实上，他们帮助创造了一个与其理想更加匹配的世界。

匹配什么？对个人—系统匹配的评估不能完全脱离对路径和目标的评估（Pargament，Johnson，Echemendia & Silverman，1985）。如果不匹配伴随着将功能障碍的系统转变为更加匹配的系统的努力，那么这种不匹配是有一定价值的。诚然，这种积极边缘性也会付出相应的代价。想想那些营救者为反对纳粹而付出的代价吧。但是，勉强同意一个扭曲的系统也会造成可怕的后果，这个后果会超越个体生命，上升到整个社会的完整性这个层次。

没有最佳的应对方式

我列举了一些宗教在应对过程中的失败方式。但我所关注的焦点并不是那些有害的具体信念或实践，而是应对维度的整合问题。从这个角度来看，没有单一正确的道路，没有单一正确的方向，而是存在许多潜在有价值的目标及达到目标的途径。人们在应对中遇到困难，不是因为他们无法寻找到问题的唯一解决办法，而是因为这个过程本身就是失衡的。当目标失去平衡，方法与目标及生活情境的要求不衔接，个体与系统对立时，应对的流畅性就会遭受破坏。正如我们所见，宗教可以造成这些问题。宗教偶尔也会伴随甚至引导人们走向错误的道路。

关键的问题“为什么宗教会造成这样的情况”仍未得到解答。我们如何解释失败的宗教应对？这个问题的答案可能需要一本书的篇幅来回答。但我想在总结本章之前提供一些尝试性的思考。

对宗教应对失败的解释

数年前，我接到了一个大家都会害怕的深夜电话。我的一个朋友，露丝自杀了。我知道露丝近期由于遭受了一系列的打击而感到抑郁：丈夫移情别恋而抛弃了她，母亲去世了，并且她的工作也很艰难。即便知道这些信息，我依然对她的自杀感到震惊。露丝是个很棒的有爱心的人。她拥有那么多支持她的资源——一个她深深疼爱的孩子、与许多人的友谊、克服逆境的经历和心理治疗师的帮助。我曾以为露丝已经克服了抑郁并开始重建自己的生活。或许她的确曾如此。但后来我发现，她在自杀的当晚遭受了另一个男人的羞辱性的拒绝。

在之后很长的一段时间里，我努力地想理解露丝的死亡。像其他经历过朋友或家人自杀的人一样，我也会问自己，我是否可以做得更好以帮助露丝。我最初的反应是，把露丝自杀的决定看作单纯的一时冲动——表白遭拒对她来说是如此痛苦和绝望，以至于她通过消灭自己来消灭这些痛苦。在我看来，露丝自杀的那晚，她本可以寻求其他资源的帮助，在恋爱关系之外她还有其他可追求的东西，但是她把这些统统都忘了。在冲动的时候，唯一重要的就是消除痛苦。

然而，将露丝的自杀看作单纯的冲动行为，本质上忽略了她自杀的生活背景。毕竟，她以前也遭受过损失和拒绝，但并没有自杀企图。尽管冲动，但事实是，露丝的自杀是伴随在一系列的丧失之后的。而这些丧失耗竭了她的精力并超出了她的崩溃点。如果她的资源更强大，或许她能更全面地评估这些损失，我相信她现在依然还活着。另外，如果她经历的拒绝和丧失更少更轻，我相信她也可能也还活着。由于压力超过了自己能承受的范围，露丝感到崩溃。

从某种意义上说，露丝与我们没什么不同。我们都有自己的崩溃点，在这一临界点，我们无法再保持自我完整性。是什么决定了崩溃临界点呢？有两个因素：对意义的攻击强度和定位系统抵抗攻击的能力。当那些缺乏资源又负担很重的事件触碰到我们最深层次的价值时，我们就会非常脆弱（见图11.1）。换句话说，当对意义的威胁、挑战和丧失超出了定位系统的能力时，我们更可能变得迷失自我。

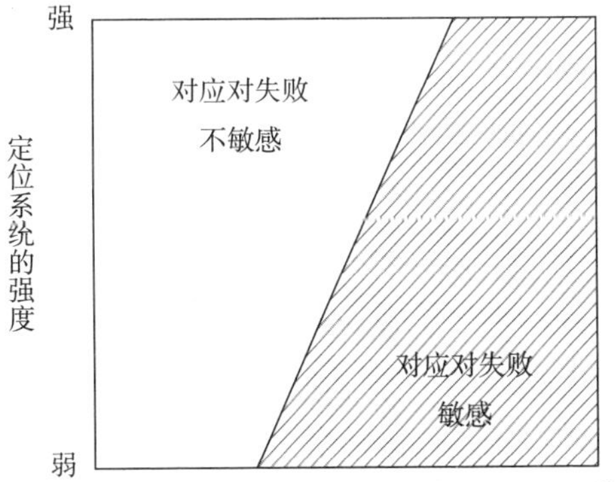

图 11.1　定位系统的强度、压力生活经历的数量级强度与失败敏感度的函数关系

高压力不仅危害意义，也会危害维持意义的资源。当这些状况发生时，以前成功的应对方式可能不再起作用，我们可能会感到完全迷惑，不知D道该何去何从。只要压力足够大，那些从未考虑过的绝望选择就变得更加可行和更加有吸引力。我相信露丝的情况就是这样。费斯廷格等人（Festinger，1956，见第六章）描述的世界末日邪教成员的例子也是如此，这些成员在通过主流方式寻找意义的过程中不断失败之后，最后转向灾难性的世界观。

以色列犹太人中神秘教派的不断增长也可以用相似的过程进行解释。心理学家本杰明·贝特-海勒弥（Benjamin Beit-Hallahmi，1992）记录了最近几十年参与占星术、笔迹学、命理学、看手相，甚至看足相的大量以色列人，并将以色列社会的这种现象及其他根本性变化归因于1973年的赎罪日战争。他认为，在此战争之前，以色列人对于他们个体及集体的未来是充满自信的、希望的和积极的。为什么现在他们改变了呢？他们曾遭遇过并战胜过敌国的一波又一波进攻，但赎罪日战争改变了这一切。这场战争出其不意地夺去了以色列引以为傲的防御力量：许多士兵在战争中受伤、被杀或者被俘。以色列人对国家未来的信心转而被这样的感觉替代了，那就是：以色列正处于灾难的边缘，并可能在可预见的未来也是如此。贝特-海勒弥写道，赎罪日战争粉碎了“以色列人不可被战胜，所向无敌的幻想”（p. 133）。恐怖主义、经济危机、黎巴嫩战争及近年来的叛乱暴动更加强了这种不安定感。贝特-海勒弥相信，所有这些压力源引发了一场意义危机。犹太复国主义梦想受到如此重创，以色列人不得不挣扎着寻找新的意义来源。神秘主义受捧，似乎无法被那些从长远看以色列问题的人所理解，但它反映了当这个世界阻碍了旧梦想实现时，人们绝望地追求救赎。

应对中的“崩溃点”不仅在意义遭受打击时出现，也会在定位系统受局限时出现。有一句有关应对的箴言，即人们在面对生活压力时并不是孤立无援的。一般信念、实践、关系和情感定位系统能指引人们渡过暴风期。但正如本文早前引用的，并不是所有的定位系统都是一样的。有一些定位系统会比其他系统提供更多的资源，减轻更多的负担。凭借其产生整合良好的解决方法的能力，较强的定位系统能够承受相当大的痛苦、丧失和剥夺。较弱的“定位不良”的系统更可能产生整合不佳的解决方法，并且，从这一点来说，会导致对微弱的改变都不堪一击。正是由于定位系统不同的强度差异，定位系统强一些人能够应对主要的生活压力源，而另一些人却在遇到麻烦之初就崩溃了。

宗教可能增强或削弱定位系统。特定形式的一般宗教承诺和介入活动与以下资源紧密联系，如乐观（Sethi & Seligman，1993）、自尊（Benson & Spilka，1973）、主观幸福感（Witter，Stock，Okun & Haring，1985），心理社会能力（Pargment et al.，1979）、社会支持（Taylor & Chatter，1988），及婚姻满意度（Wilson & Filsinger，1986）。但其他一般或特定的宗教特征似乎是不良定位系统的一部分，这类系统可能导致宗教在应对中失败。接下来，我将考察这类宗教的一些问题。

未分化的宗教

最基本的心理学原理之一是，发展是从一般状态朝着分化状态进行的。当一个婴儿降临到这个连续变化的世界，他就开始创造一些规则。形成个人特性正是这一过程的核心部分。边界必须得到划分（Zerubavel，1991）。生理自我在何处消失，而世界又在何处开始？梦想在何处停止，而现实又在何处开始？谁是守护者，谁又不是？什么是好，什么是坏？随着发展的不断分化，这些问题都可以得到更好的回答。看着我儿子成功晋升到少年棒球队，我不得不惊叹于他快速的进步，从一个像跳着喜剧芭蕾的“小矮人”选手（每次投球的时候把自己也扔出去了）一跃成为动作敏捷、技术熟练的“资深”选手，虽然他才年仅5岁。

生物体对特定压力源做出适合的高度异化的生理反应的能力是生存的先决条件。如辛克尔（Hinkle，1974）所写，“一个动物如果通过左脚踝发炎来应对肺部的细菌感染，那么它不会活得很长”（p. 351）。

在心理和社会领域中的分化对于生存是必需的。生存依赖于对自我、生活情境及世界这三者之间的基本不同点的联结和了解：自我能够应对一些事，而对另一些事束手无策；一些情境是无害的，而另一些则是有害的；一些人是值得信赖的，而另一些则不是。如果没有分化的定位系统，个体将无法理解或处理日常需要；生活将变得无法理解，模糊不清，而对其做出的反应也会变得简单刻板。然而，一个高度分化的系统可以促进个体更好地应对更加广泛的生活经历，做出更加全面的反应。在这一点上，一些实证研究建议，较高程度的自我分化和较广的应对选择能够促进个体对生活危机的适应能力（Collins et al.，1990；Linville，1987）。

在宗教领域，分化同样重要。实际上，根据犹太—基督教传统，上帝创造世界的第一批行动就是分离。分离光明与黑暗，分离水与陆地，之后创造世界的日子都是连续的分化。宗教传统非常关注差异：美德如何不同于罪恶，什么是神圣的而什么又是亵渎的，谁是团体成员而谁不是，什么是该遵循的道路或该回避的道路。宗教通过戒律、教义和规范以记录的形式对这些差异和区别做了总结。但是大多数宗教团体并不仅限于此。几个世纪以来，宗教领袖与圣人已经发展了丰富的记事和神学，以对这些基本差异做进一步的详细说明。杀人，一般情况下是错误的，但在某些情境下也可以是正当的。尽管婚姻是一项神圣的契约，但在某些情况下，它也可能是相反的，是可以被作废和打破的。对这类事情的出色区分使得宗教传统与更广泛的生活需求相关联。

然而，许多人没有意识到对信念、实践和道德规范的良好区分是他们信仰的一部分。他们所知道的大多是简单的速记总结，而十诫及主日学校的教义很少能够被记起。讽刺的是，宗教教育通常止步于成年人，而此时正是年轻人发展其能力去从事和评鉴对于宗教传统更抽象和更分化思考的关键时候。许多人从他们的宗教教育里学到的是简化的生活指南和总结式的教条，无法为生活中的多样性挑战提供充足的回应。当然，并不是每个人都这样。某些形式的个人宗教定位与更高级的宗教分化和认知复杂性相关联（例如，Batson & Raynor-Prince；1983；Nielsen & Fultz，1991）。而那些缺乏良好分化的宗教定位系统的个体，似乎对于主要的生活压力源不堪一击。

当人们遭遇痛苦时，与未分化宗教相关的问题往往就会凸显出来。数千年来，最伟大的宗教思想一直在思考我们该如何理解和应对痛苦、灾难和罪恶，而它们也还没有得到一个普遍满意的答案。有一点很清楚，即有关痛苦的问题似乎并没有简单的解决办法。相反，对复杂问题的简单的解决方法，包括宗教方法，这可能使情况更加糟糕。让我们来看一些例子。

顺服于上帝意志

根据一些传统，我们应该义不容辞地顺服于所面对的任何事物，包括痛苦和灾难，因为这些都是上帝计划的一部分。尽管这个信念为我们提供了一些舒适和保证，即我们所有的遭遇都是有终极意义的，但是它也可能导致在应对中出现解释错误和控制错误，除非其他起因和人类能动性等角色能够与这种一般信念进行区分。巴蒂尔和迪-努尔（Baider & De-Nour，1987）通过对做了乳房切除手术的阿拉伯穆斯林人的访谈阐明了这一点。他们发现，没有一位妇女通过触摸乳房发现肿块，10 人中仅有 3 人报告看到了肿块。有几位妇女没有察觉到她们有问题，直到疾病症状加重（例如，疼痛、流血）；大多数妇女没有告诉其他人她们的问题，直到宝贵的治疗时机流逝。即便乳房切除术后恢复良好，这些妇女对她们的疾病和手术仍然知之甚少。

穆斯林妇女对有生命威胁的疾病的消极反应植根于她们传统文化的先决性信念。正如一位妇女所说的："发生在我身上的事都是上帝的旨意，我所要做的就是顺服上帝。上帝与我同在，我的命运由上帝做主。"另一位妇女更尖锐地对访谈者说，"决定我们命运的力量不在于我们自己。你，或者医生，不能帮助我，因为这超出了人们的决定。疾病是我们命运的一部分"（p. 9）。

有一点值得说明的是，其他穆斯林团体对疾病和医疗有一个更加分化的观点（例如，Ide & Sanli，1992）。巴蒂尔和迪-努尔研究中的妇女所经历的问题的根源不在于伊斯兰教，而在于她们信奉伊斯兰教的未分化的途径。她们的生命受到威胁，是因为没能清楚地找到一个有力量的角色，而是把上帝当作理解和应对疾病的有力量的角色。

忽略生活的消极面

另一类对痛苦和灾难问题的回应是弱化它，忽视它，甚至否认它的存在。其最极端的形式是，这种观点将消极面当作积极面的缺失，而不是将消极面当作一个存在本身；罪恶是爱的缺失的反映，而不是一种本身具有可感知品质的力量。詹姆斯（James，1902）写道，这种忽略生活消极面的趋势是心智健全的宗教的精髓，这类宗教拒绝"过分"关注"宇宙的罪恶面"（p. 125）。詹姆斯继续写道，尽管心智健全的宗教有它的优势，但本质上，它是不完善的定位："因为它拒绝做出解释的邪恶事实是现实的真实部分；并且它们可能是寻找生命意义的最好钥匙，可能是开启我们的双眼看到最深层次的真理的唯一途径。"（p. 160）

不能面对和应对生活消极面的宗教框架不能支持个体渡过最痛苦的生活经历。数年前，我为一个遭受父母多年虐待的抑郁的妇女提供心理咨询。尽管在她结婚后，身体虐待终止了，但情感虐待仍在持续。她的父母会在电话里这样打招呼"嗨，胖子"，并且奚落她"又胖又哑又懒"。尽管遭受这些虐待，我的来访者还是压抑自己的情感并继续每周拜访父母。我问她为什么没有更直接地面对父母？她说，"《圣经》里写道，要孝敬父母"。这个未分化的宗教观点并不是造成来访者困境的唯一原因，部分原因也在于她没能好好照顾自己。她的宗教信念没有给她留出空间去检验父母的恶意，也没有留出空间给她表达自己的感情。从她的宗教观点来看出，愤怒是罪恶的。我们治疗的部分工作是鼓励一个更加分化的宗教框架。

然而，许多人不愿意批判性地看待他们信仰的宗教。我的学生和我在努力帮助教堂和犹太教会识别它们的强项和弱点的过程中就遭遇了这个问题

（教会发展项目；Pargment et al.，1991）。在完成一项有关教会/犹太教会生活的综合性调查问卷中（超过500个条目），一些成员没有对他们的聚会做出任何批判性评价。我们不知道这些成员是否如实报告，他们的教会的确是典范的，或者他们是否拒绝向自己或者外人承认，他们的教会是有一些问题。为了弄清楚这一点，我们编制了一份由极端条目组成的“无差异的前宗教性”（indiscriminate proreligiousness）问卷。这些条目实际上是极端到不可能是真实的（Pargment et al.，1987）。我们对来自三个教会的成员和一个大学生样本进行施测。赞同这些条目的被试数量令我们吃惊。例如，四分之一的成人和学生同意“布道的主题（在我的教会中）总是能给予我启发和灵感”，超过三分之一的被试同意“我以我的宗教信念为生”，几乎三分之二的成人和学生同意“（我的）教会总是欢迎不同的意见”。很明显，许多人不能或不愿意以不太理想的形式描述他们的教会。无差异的前宗教性不难理解，它保护信仰免受威胁。不幸的是，它也使得信仰不能接受批判性的审视，而这对于宗教的发展和成长是至关重要的。忽视宗教的消极面导致个体无法成功应对需要宗教改变的事件。

无补偿的余地

詹姆斯（James，1902）对比了心智健全的宗教和灵魂病态的宗教。前者否认存在消极面，而后者无法超越地看待苦楚和过错。詹姆斯尊重灵魂病态的宗教直视世界黑暗面的意愿，它认为“每个人的存在都是孤立无助的，痛苦的”（p. 160）。然而，他也指出，灵魂病态的宗教本身带有自卑、恐惧和抑郁，并且自身并不完善：“如同心智健全宗教的狂热者成功忽略罪恶的存在一样，抑郁的主体被迫忽略所有好的事物：对他而言，可能不再具备最起码的现实。”（p. 142）

从约翰·班扬（John Bunyan）的自传，我们可以看到这种对黑暗面的全神贯注。约翰·班扬记录了自己的宗教忧郁：“在我眼里，我比癞蛤蟆还要令人憎恶；我想在上帝的眼中也是如此。我说，罪恶与堕落在我心中不断涌现，就如喷泉里的水不停地往外冒一样。我本可以跟任何人交换我的心，但我认为只有魔鬼才可以与我邪恶的内心和污浊的思想相匹敌。”（引自James，1902，p. 155）班扬在此后的生命里开始经历宗教转换。然而此时此刻，他的宗教定位没有为救赎、净化或补偿提供任何空间和机会。缺乏这些元素，班扬就无法良好地处理生命的需求。

沃森、莫里斯和胡德（Watson，Morris & Hood，1988）对大学生基督徒进行的一系列实证研究阐明了相同的观点。他们写道，从基督徒的角度来看，那些无法超越性地看待自己个人罪恶感和内疚感的人，已成功定义了问题，但却没有找到正确的解决方法——来自上帝的宽恕与恩典的可能性。“通过认罪悔改，信徒可以请求神的原谅来减轻他们对个人过犯的挣扎和痛苦。”（p. 350）沃森等人尝试通过一个由诸如“我的罪得到了宽恕”和“当我宽恕自己的罪时，我的生命获得了恩典”这类条目构成的简明自我报告测量来量化这种恩典的感觉。与内疚量表相反的是，恩典量表与较低水平的抑郁和剥夺感（Watson，Hood，Foster & Morris et al.，1988）、较高水平的自尊（Watson et al.，1985）相关联。值得一提的是，若将恩典的统计效应从分析中移除时，内疚与焦虑和抑郁的关系变得更强（Watson，Morris et al.，1988）。通俗一点讲，恩典可以弱化内疚的效应。一旦这种解决方案被移除（字面意义和象征意义上），内疚会更成问题。

我在此仅仅回顾了宗教未分化的少数几个可能形式。不管形式如何，一个未分化的宗教会导致个体对挑战不堪一击，特别是那些对定位系统“未分化区域”的挑战。那些相信必须顺服于一切遭遇的人无法听到个人能力的呼唤，那些相信痛苦只是幻象的人无法消融一个创伤事件，那些认为自己不能救赎和给予的人无法回应一个帮助请求。未分化的宗教系统证实是应对中的负担，因为它不能对生命事件的全程给出充足的知识库。

分裂的宗教

分化本身并不会构成一个有效的宗教定位系统。宗教领域不仅需要分化，而且需要将各类零散的部分整合成一个连贯的整体。这说起来容易，做起来难。由于宗教已变得较少受文化的影响，更多成为个人私事，人们有更多的自由选择自己特定模式的宗教信念、实践、动机和组织介入。最后的产物并不总是和谐的。毕比（Bibby，1987）认为，“将宗教看成是固定的一种形式时”导致许多人的宗教裂片。

毕比在20世纪七八十年代对加拿大成人进行了一系列的大规模调查得出了他的结论。如果将虔诚的基督徒定义为拥有一套核心信念、实践、经历和知识的人，那么仅有少数加拿大人是虔诚的。尽管90%的加拿大人是罗马天主教教徒或者新教教徒，毕比发现，这些人中仅有20%的人：（1）相信上帝、耶稣基督的神性，以及来生；（2）做个人祷告；（3）曾经经历过与上帝同在的感觉；（4）知道门徒彼得（Peter）是谁。实际上，那些自称“虔诚的”基督徒，只有三分之一的人真正体现了核心信念、实践、经历和知识。一位英国家庭主妇说：“我信仰上帝但不信仰耶稣的神性。”另一位

科学主管写道："我信仰耶稣基督但怀疑他的永生。"（p. 82）

毕比提供证据表明，传统与较低传统的信念、实践和经历的混合似乎在取代对传统宗教核心的遵从。例如，75%的加拿大人报告至少偶尔会读他们的星座运程（45%的人报告读《圣经》），约50%的人觉得经历过心灵感应，甚至25%的人相信可以与死人沟通。那些每周参加宗教服侍的基督徒只比那些不积极参与的基督徒较少一些报告相信占星术、超感知觉（ESP）和通灵能力。

组织与个人的宗教表达形式之间也存在分裂。毕比报道，越来越多的人觉得教会与精神生活的联系越来越少。一位母亲写道："我的生活经历了很多事情，我的信仰很强。但我相信，人们在自己的家里或庭院里与上帝更接近。现在我仍然去教会是为了和'邻居'保持一致。"（p. 83）这并不是说宗教机构被完全抛弃了。毕比发现，即使不经常去教堂的人也会期望参加各类宗教仪式。例如，在多伦多主教教区，90%不活跃的英国国教教徒认为他们有权接受教堂洗礼、婚礼和葬礼。正如一位不活跃的英国国教教徒所说："一个人不去教堂并不意味着他不信仰上帝或不能在教堂接受洗礼、婚礼和葬礼，这些都代表着上帝。"（p. 77）

毕比坚称，宗教没有被抛弃，相反，它得到了改革。"古老的神既没有被抛弃也没有被替代，"他总结道，"他们被打散成碎片，并以零散的形式为宗教信徒们服务。"（p. 85）

宗教与生活其他方面之间的分裂

由此产生的碎片并没有被有效地整合起来。神职人员沮丧地谈及所谓"C&E"这样的人们（只过圣诞节和只过复活节的信徒），这些信徒把宗教从日常行为中划分出来，排他性地只在特定的场合信仰宗教。宗教领域与定位系统的其他方面之间的分裂会滋生出不一致。例如，布鲁兹和艾伦（Brutz & Allen，1986）研究了信仰贵格会的丈夫和妻子的和平行为、宗教承诺和婚姻暴力之间的关系。他们推理，对贵格会原则的承诺应当与低水平的婚姻暴力相关。整个样本的结果的确如此。整体上，宗教参与及承诺与较少的婚姻暴力相关。然而，他们进一步考察研究结果，发现了一个与和平行为有关的意想不到的结果。和平行为是贵格会很重要的一个原则。正如预期的，较积极参与和平行为的妻子报告了较低水平的婚姻暴力。然而，丈夫的和平行为介入度与较高水平的婚姻暴力相关，尤其是那些对贵格会原则承诺较低的丈夫。布鲁兹和艾伦认为：和平行为与不侵犯妇女的社会规范一致。另外，男性所接触的社会规范是，男性应当具有攻击性。他们参与和平行为可能很难与这种社会期望一致。因此，我们得到了这样一个令人担忧的分裂信息：基于宗教信仰而努力为世界带来和平的男性，在家里却对妻子以暴力相向。

宗教信仰与实践之间的分裂

宗教定位系统内部也存在分裂。最常见的类型即为宗教承诺与宗教实践之间的分裂。我想起了一次与一位心理学研究生的讨论。她严词声明自己没有宗教信仰。但是，稍后她又承认计划送女儿去天主教学校。我问她，这听起来有些矛盾，她说，如果她碰巧错误地看待宗教了，她不想让女儿遭受代价。“我希望我的女儿被宗教笼罩”，她说，“以防万一真的存在地狱。”我很好奇她将如何向女儿解释她自己不信仰宗教，如何帮助女儿协调在学校所学内容与家里所学内容的不同之处。女儿会认为妈妈或者她自己是伪善的吗？她们的宗教仪式会变得空虚吗？女儿会使代际进展朝着退化的宗教形式发展吗？在那次讨论中，这位研究生既没有充分地思考她的宗教信仰和宗教实践之间的不一致，也没有思考这些矛盾对她女儿和她自己的影响。

已有一些实证证据表明，这类信仰—行为矛盾可能是不利的。数年前，我和同事（Pargament et al.，1979）考察了四组基督教会和犹太教会成员的心理社会能力的差异：包括高宗教承诺并频繁参与宗教服务的人、低承诺低参与的人、高承诺低参与的人、低承诺高参与的人。在这四组人中，仅高参与低承诺的人表现出较低的心理社会能力。与其他三组人相比，他们表现出较低的个人控制感、自尊、对他人的信任和积极的应对技能。我们该如何解释这一结果呢？似乎个体的实践与承诺的一致性比是否频繁参与宗教服务或宗教承诺的高低更加重要。在这四组人中，宗教整合水平最低的是那些不承诺但高参与的人，他们没有宗教信仰却参与宗教生活。我们认为，信仰与实践的一致性对它们本身及个人健康同样重要。其他学者的研究发现得到了相似的结论：积极的宗教承诺或者完全不信仰宗教，可能会比半心半意地信仰宗教更好（Hannay，1980；Ross，1990）。

宗教动机与宗教实践之间的分裂

信仰—行为矛盾与另一个重要的宗教定位系统内部的分裂形式密切相关——动机与实践的分裂。宗教为许多合法目的服务，但是某些目的不与宗教实践相匹配。寻求业务关系、社会性、个人舒适——用奥尔波特（Allport，1950）的话说，这些动机对于宗教的核心目的而言是“外在的”。然而，尽管奥尔波特似乎认为这些功能本身是有问题的，但我认为没有一样事物是天生错误的。我们大多数人被激发着去改善我们的工作生活、个人舒适、与他人的关系。问题不在于这些目的本身，而在于它们与宗教本质的不匹配。这里的宗教定义为，以与神相关的方式寻求意义。神，以这样或那样的形式，成为宗教表达的组织力量。记住，任何目的都可能是灵性的，成为更本质的宗教的一部分。但是目前它们缺乏灵性联系，使得诸如渴望个人健康或与他人亲密的动机不匹配宗教的最基本目的——引领人们接近上帝。

内疚和外在压力可能也是与宗教实践不相匹配的动机。按照这个思路，一些研究员区分出两类宗教介入——一类基于“身份认同”，另一类基于“内心投射”（intro jection）（Ryan，Rigby & King，1993）。在第一种类型中，个体觉得他的宗教信仰、实践和价值是个人选择。他们做祷告，上教堂，因为这些行为本身是令人满意的。而在后一种类型中，宗教介入更多的是由内疚、焦虑和外在压力所驱动的。对他人或自己否定的害怕促使这些人祷告或参与宗教服务。赖安（Ryan）等人开发了测量这两种宗教类型的量表，并连同心理健康量表，对不同的基督徒进行施测。内化宗教行为的得分与较好的心理健康和较高自尊持续相关。而宗教投射与较差的心理健康和较低的自尊持续相关。其他学者也报告了类似的结果（Echemendia & Pargment，1982；O'Connor & Vallerand，1990）。我们再次看到，由脱离宗教本质目的的动机驱动的宗教信仰会导致问题的出现。

在这一部分，我讨论了一些与宗教派别相关的问题。它表明宗教系统并不总是完全统一的。近期，我看了一个电视访谈节目，访谈对象是一对悲伤的父母，他们的6个孩子在一场严重事故中全部丧生。注意到他们很镇定，主持人问道，他们是如何成功走出如此严重的创伤的。这位父亲承认，他无法理解这件事。他觉得有些事情是超出他的理解范围的，但是他有种信念，即上帝知道答案：“上帝的想法不是我们的想法，他有他的理由。我们不需要知道他的理由。我们相信并爱上帝。”尽管他们的宗教理解有限，但相信存在终极解释的信念支持着这对父母。

很少有人拥有能够应对每一件生活突发事件的无懈可击、无所不包的宗教定位系统。然而，大多数宗教视角建构的是一种对某些不一致和分裂的包容。人们可以坚持自己和他们的宗教以及不完美的定位系统等所有的一切。

但是如果有太多漏洞和不一致——如果宗教领域太脱离尘间，实践脱离信仰，动机脱离实践——那么，定位系统便会失去了它指导个体渡过难关的能力。宗教信仰将变得空虚，宗教机构变得异类，宗教仪式变得空洞。由于它的分裂，宗教成为应对的另一个负担，因为它所能提供的是对复杂问题的零散的解决办法。

宗教的僵化

一个分化良好的、统一的定位系统是有效应对的一个必要条件，但不是充分条件。这个系统必须是灵活的。

一个男人的墓志铭上写着，“他是一位死于并发症的头脑简单的人”。当改变发生时，他总是倾向于以更简单的方式看待问题。适应内在和外在改变的能力是应对的一个重要资源（例如，Collins et al.，1990；Wheaton，1983）。另一方面，僵化会导致对新的、日益复杂的情境更加脆弱。

信教的人经常被指责过于严肃刻板。我以前的一位学生是耶稣基督末世圣徒教会的成员。他跟我讲了他与一位心理学家对话的遭遇。心理学家说：“你的宗教类型在僵化思维上存在问题。”我的学生立刻掀翻桌子，质问心理学家：“你看到所有的宗教类型都有这个问题吗?”这个小事情反映了僵化并不是宗教独有的问题。并不是所有信教的人都是僵化刻板的。例如，对信义宗的保守成员和主流成员进行对比，我们发现，保守成员比主流成员报告了较高水平的宗教承诺和宗教介入（Pargment，Echemendia et al.，1987）。然而，与人们认为保守教徒很僵化这一刻板印象相反的是，保守教徒比主流教徒更大程度地认为他们的宗教对革新持有开放的态度，并且支持成员自主权。此外，这两组成员在对多样性的容忍度上没有差异。我们的总结是，宗教保守派的本质特征，即正统信仰（例如，耶稣基督的神性、基督再临、来生）并不一定都以僵化的形式展现。我们认为，“实际上，保守派对正统信仰的承诺可能为他们接受聚会中的新方法、新思想和新实践提供了安全保证”（p. 282）。其他人也报告了正统信仰与社会偏见无关或负相关（Altemeyer & Hunsberger；1992；Kirkpatrick，1993a）。

然而，有一种宗教性——原教旨主义，与偏见有关。通过调查五个大学生样本，柯克帕特里克（Kirkpatrick，1993a）发现，宗教原教旨主义与对黑人、妇女、同性恋和共产主义更偏见的态度有关。相似的结果还有，奥特梅尔和汉斯伯格（Altemeyer & Hunsberger，1992）报告，原教旨主义（也包括较低的宗教追求）与对一系列少数群体的偏见之间存在相同的关系。他们的一些具体发现非常令人不安。在原教旨主义量表得分高和宗教追求量表得分低的人更愿意支持逮捕、拷问和处死政治犯，更加赞同“同性恋死于艾滋病是他们活该”这样的信念（p. 123）。尽管我们最常研究的是基督徒的原教旨主义，汉斯伯格（Hunsberger，1996）在其他宗教团体——印度教徒、穆斯林和犹太教徒中也发现了原教旨主义和偏见的这种联系。

这些研究并不是说，原教旨主义等同于攻击性和偏见。他们之间的关系没有那么强。明显地，并不是所有的原教旨主义者都是有偏见的。那么，原教旨主义的什么因素增加了对偏见的易感性呢？原教旨主义者在个人水平和社会水平的僵化可能至少要为此负部分责任。

在个人水平上，原教旨主义接受有关上帝和人类无谬误的教义，并承诺遵守一套不改变的生活实践（Altemeyer & Hunsberger，1992）。这种承诺没有为个人解释和修正留有任何空间。宗教领袖或著作即为权威，不容置疑。个体不愿质疑宗教可能导致他们对这个不断变化的、日益多元化的世界更加脆弱。在这一点上，很多研究反映较低水平的“宗教追求”与较高水平的偏见相关（见 Batson et al.，1993）。

不变通也是原教旨主义在社会水平上的部分表现。原教旨主义假定它的追随者与上帝有一种特殊的关系，并且必须不断地与邪恶力量做斗争。为了维持这个世界观，它建立起坚固的防护墙，抵御潜在的威胁性的思想、实践和人。但是原教旨主义并不止步于此，它还采取积极措施保护信仰免受污染。在对抗恶的争战中，那些违背信念教义的生活方式不一定被忽视，它们会受到挑战。如果没有发生改变，这些生活方式可能遭到羞辱和诋毁。因此，格洛克和斯达克（Glock & Stark，1966）发现，那些认为自己“非常坚持唯一真理”的基督徒（p. 21）更可能同意这样的观点：“犹太人的所作所为永远得不到宽恕，除非他们接受耶稣是真正的救世主”，“犹太人遭受这么多磨难是因为他们拒绝耶稣而受到上帝的惩罚”（pp. 96–97）。这不是一个标识界限的过程，而是过度划界。再次重复一下，并不是所有的原教旨主义者都是有偏见的。然而，原教旨主义的确与个人和社会僵化相关，反过来，这一点又导致它的追随者对宗教调和性的错误——攻击那些威胁到宗教传统的人和观点——很脆弱。[3]

当然，值得一提的是，一个僵化的宗教定位系统也为它的成员提供了一些益处：一个清晰的世界观和应该怎样以及不应该怎样生活的清晰的方向感。这些对于许多人而言是非常有力量的激励，尤其是那些在生活中缺乏控制感和方向感的人。需要补充的是，只要在可预测的、稳定的和同质的环境下，僵化的宗教系统也可以是非常有效的。然而，多样性和改变暴露了这个系统的缺陷。由于不能接纳或回避那些有着不同生活方式的人，宗教僵化的人可能采取猛烈抨击的方式给予回应。这一过程的不幸受害者可能是少数群体或者其他宗教传统的成员，而不是宗教僵化的个体本身。但假如遭受足够的不确定性和改变，宗教僵化本身也会挣扎。例如，康威和西格尔曼

（Conway & Siegelman，1982）坚称，离开异教的个体更容易发生心理问题，尤其是那些曾经积极投身异教活动的人。了解到这些数据是矛盾的，柯克帕特里克、胡德和哈茨（Kirkpatrick，Hood & Hartz，1991）提供了几个导致异教徒适应问题的原因，其中包括异教徒是单一视角以及不能很好面对新的矛盾的信念。

任何宗教系统的力量在于它能够为人生最紧迫最深刻的问题提供令人信服的答案。随着问题的改变，宗教系统也必须做出相应的调整以保证它的有效性。这并不是说，我们需要更空泛的宗教。如前文所言，宗教领域的分化不良和分裂本身就会造成问题。一个分化良好和整合良好的宗教与其灵活性及坚定承诺并不是必然矛盾的。麦金托什和他的同事考察了一组人，这组人既具有宗教灵活性（通过《追求与宗教寻求量表》测量），又对其信仰拥有强烈的承诺感（通过《内在宗教性量表》测量）。此外，那些持有灵活/复杂/核心的宗教途径的人报告了较低的身体健康问题（McIntosh & Spilka，1990）、较高的幸福感以及对负性生活事件更好的适应性（McIntosh，Inglehart & Pacini，1990）。因此，灵活性不应与模糊性相混淆。如杰鲁巴维（Zerubavel，1991）写道，“灵活性并不需要放弃结构的完整，而是需要动态的、弹性的精神结构。这些结构将允许我们打破思想的牢笼，但又能避免混乱。拥有了它们，我们在创造的同时还能保证安全”（p. 122）。

不安全的宗教依恋

根据有神论信仰，真正的宗教是关于上帝的。不是与人类分离的上帝，而是与人类彼此拥抱的上帝。从大多数宗教视角来看，是否信仰上帝不是最重要的，重要的是我们与神的关系的本质以及通过这种关系我们能够成为什么样的人。对于与神的相遇，已经有许多的描述。在宗教著作中有各类对上帝的态度和感受的表达——从敬畏、害怕、生气、蔑视到崇拜、爱和忠诚。因素分析研究也指出了许多上帝的形象（Gorsuch，1968；Spilka，Armatas & Nussbaum，1964）。“舒适的”“爱意的”“保护的”以及“支持的”都是常用来形容上帝的词汇。然而，上帝也被描述为“复仇的”“冷酷无情的”“严厉的”和“愤怒的”。

心理学家李·柯克帕特里克（Lee Kirkpatrick，1992）指出，这些上帝形象与家长角色惊人地相似。根据鲍比（Bowlby）的依恋理论，把上帝看作另一个“依恋对象”可能是有用的。在压力时刻，上帝犹如一位家长，为我们提供舒适的避难港。本文在前面（见第六章）呈现的一些实证证据支持了这一观点。这些实证研究表明，在紧张和过渡时期有较高的宗教应对水平。但柯克帕特里克认为，对上帝的依恋不仅提供了一个庇护所，同时也是弗洛伊德观点的复兴。犹如对父母的依恋，宗教依恋能够为学习、成长及探索提供一个安全的保障。在认识到上帝总是为我们提供保护时，信教的个体可能更有自信探索这个世界，追寻其他形式的意义。实际上，较高水平的宗教承诺和较低的焦虑（例如，Baker & Gorsuch，1982；Bergin，Masters & Richards，1987；Sturgeon & Hamley，1979）与较高的生活满意度和幸福感相关（Willits & Crider，1988；Witter et al.，1985）。

但并不是所有对上帝的依恋都是安全的。柯克帕特里克认为，犹如与父母的关系一样，与神灵的关系也会与父母的关系一样是焦虑的、矛盾的或回避的。实际上，他建议，与父母的依恋对与上帝的依恋有很重要（虽然复杂）的影响。根据柯克帕特里克的推断，父母依恋与宗教依恋之间存在四种关系（见图 11.2）。安全的父母关系可以产生安全的上帝依恋。那些与父母发展出信任、充满爱的关系的人更可能与上帝发展出相同积极的关系。与这个观点一致的是，一些研究表明，上帝的概念与偏爱的父母形象之间存在关联（例如，Nelson & Jones，1957）。另一方面，对上帝的安全依恋可以弥补不安全的父母依恋。事实上，上帝或宗教领袖成为儿童从未有过的“好的父母”。早前，我也曾介绍了一些证据，即拥有不良父母关系的儿童更可能投入充满爱意的上帝的怀抱，尤其在较大压力情境下（见第八章）。

		父母依恋：安全	父母依恋：不安全
宗教依恋	安全	积极回应	宗教补偿
宗教依恋	不安全	宗教疏离	消极回应

图 11.2　父母依恋与宗教依恋之间的关系

不安全的宗教依恋会怎么样呢？一个糟糕的父母关系可能导致个体无法构建强大的成人依恋或安全的精神关系。在寻求更强大联结的过程中，个体可能无意中转向了“虚假神灵”，发展出与父母相同消极的依恋对象。这些虚假神灵可能表现为物质成瘾、互相依赖的关系、宗教教条主义或者介入功能障碍的邪教。例如，一项有关海洛因成瘾者的研究表明，他们比精神科门诊病人及正常学生更可能在童年期或成人期经历过家人的早逝或分离

(Colman, Kaplan & Downing, 1986)。另一项有关犯罪青少年的研究表明，那些报告低水平父母依恋的青少年更可能卷入邪教活动（例如，崇拜魔鬼的仪式）(Damphouse & Crouch, 1992)。或许所有例子中最不寻常的是，那些拥有安全父母依恋的儿童发展出了不安全的宗教联结，呈现出宗教异化的过程。正如我们在第八章所见，即使最安全的社会网络也可能被灾难性事件（例如，战争、自然灾害）粉碎，相应地，对安全的、善意的世界的信任感也随之粉碎。经历这个过程，对有爱的、保护性的上帝的信念会变得不再有说服力，同时也不再那么有效（例如，Vetter & Green, 1923—1933）。

我们仍需要进一步的研究来更好地了解安全或不安全的宗教依恋的发展问题。目前比较清楚的是，不安全的宗教依恋（类似不安全的父母依恋）对个体而言不是什么好事。柯克帕特里克和雪佛（KirKpatrick & Shaver, 1992）做了有关此议题的最直接研究。他们要求来自社区的成人从三种依恋类型里挑选最能描述他们与上帝关系的类型（见表 11.1）。那些认为自己与上帝存在不安全依恋（回避的或者焦虑的/矛盾的）的被试比那些描述安全依恋的被试报告了更高水平的焦虑、孤独/沮丧，较低水平的生理健康和生活满意度。此外，与上帝的依恋类型比其他宗教虔诚性的测量能更好地预测心理健康水平。其他学者在以下测量中也发现了相似的关系，平行的安全的/不安全的宗教依恋和健康与幸福感的关系，例如，自尊（Benson & Spilka, 1973）、生活目标与医学症状（Kass, Friedman, Leserman, Zuttermeister & Benson, 1991）、幸福与生活满意度（Pollner, 1989），以及孤独（Schwab & Peterson, 1991）。

表 11.1　三种对上帝的依恋类型

安全的
上帝通常是温暖的并且对我有所回应。他总是知道什么时候该支持和保护我，什么时候允许我犯错。我与上帝的关系总是舒服的，我对此感到高兴和满意。
回避的
上帝通常是没人情味的、遥远的并且似乎总是对我的个人事件和问题毫无兴趣。我常常有这种感觉，即他不太关心我，或者他不喜欢我。
焦虑的/矛盾的
上帝对我的反应似乎是矛盾的。他有时候很温暖并对我的需求有所回应，但有时候又不是这样。我相信他是爱我、关心我的，但有时候他的表现方式似乎令我无法理解。

注释：引自 KirKpatrick & Shaver, 1992, p. 270.

对上帝的安全依恋和不安全依恋似乎对应着不同的世界定位。前者似乎是在生活中有意义，有满意感，后者伴随着普遍的心理的、社会的和生理的不适。尽管依恋和应对之间的关系还没有得到研究，我们可以预期，安全和不安全的宗教依恋会带来压力情境下不同的应对方式。具有安全宗教依恋的个体更可能采用有效的宗教应对方式，例如善意的宗教重建、宗教支持和合作式的宗教应对。相反，具有不安全宗教依恋的个体更可能遭遇本章早前描述的一些宗教应对问题：成为虚假神灵的牺牲品（错误方向）、将事件唯一地解释为精神惩罚或抛弃（错误路径），或者无法找到宗教家园（障碍）。因此，我尝试性地将不安全宗教依恋划分为可增加个体面对主要生活压力源时的脆弱性的危险因子。未分化的宗教、分裂的宗教、宗教僵化以及不安全的宗教依恋——这些都是宗教定位系统中的问题，其弱化了较大的定位系统，并导致个体将面临应对中的整合问题。

结　论

在本章，我从过程的角度考察了宗教在应对中的失败。过程视角并不指向那些导致麻烦的宗教应对方式，也不指向那些在所有情境下对所有人都有效的宗教应对方式。哲学家伊本·盖比鲁勒（Ibn Gabirol）的表达提供了一个不同的假设："没有一种品质是完全糟糕的，它有时也能派上用场，同样地，也没有一种品质是完全值得嘉奖的，它有时也会是糟糕的。"（引自 Rosten，1972，p. 159）但如果这个过程视角拒绝追求普世的解决方案，它也无法接受相对的替选方案。所有的应对方式并不是同等有价值的。应对的关键不在于特定的信念或实践，而在于构成应对过程的心理、社会和情境维度的整合。在其最佳状态下，应对过程流畅进行；在其最糟状态下，应对过程失去所有连续性。

我已经考察了一些宗教导致应对问题的方式，并考察了一些会增加个体在压力时刻的脆弱性的宗教定位系统的特征。但在这里对于宗教在应对中失败的聚焦不应该掩盖早前几章呈现的内容：宗教在意义保持和转换中扮演着重要的角色，并且，实证研究已经表明宗教在应对中的作用是利大于弊。无论如何，宗教的确有其黑暗面，忽略它并不能掩盖其存在。我们需要更多地研究宗教如何以及为什么会在应对中犯错（当然，发挥效果也需要研究）。在深层理解宗教的多面性后，我们将能更好地帮助人们在他们最艰难的时刻追求意义。在接下来的最后一章，我将呈现一些宗教与应对心理学的实际应用。

第十二章

把宗教付诸实践

来访者：自从妻子离开我，最近我一直很难过，很疲惫。

咨询师：想想你所经历的事情，一切都是可以理解的。

来访者：有时候我觉得上帝真的和我过不去。你怎么认为呢？

咨询师（对来访者）：（沉默）

咨询师（对自己）：现在我应该做什么呢？

当别人需要帮助时，自己却不知道做什么，大多数人心里就会有一种心神不定的感觉。心理健康专家花费了很多精力训练人们学习怎样避免这样低落的感受。然而，提到宗教，却会让很多经验老成的施助者很为难。几乎没有心理专家能够很好地解决宗教问题。有关咨询方面的培训项目，甚至是在一些宗教大学，一般都还没有专门提供关于宗教和灵性方面话题的实践指导（Kelly，1994；Shafranske & Malony，1990）。当宗教问题被提出，施助者应该怎么回答呢？它是合适的谈话主题吗？在咨询关系中，利用宗教资源和处理方法合适吗？解决宗教性的问题合适吗？如果可以的话，施助者怎样评估和处理这些宗教议题呢？简而言之，现在我该做什么呢？

在本书中，读者不会找到这些问题的简单答案。但是对于像宗教这么令人苦恼的复杂的问题，简单的答案或是“烹饪书”上的解决方法也许并不是最好的解答。帮助别人所需要的不仅仅是很多的技巧，它依靠的是理论框架——理解人、问题和发生改变的过程的方法。理论框架不仅是理论上的；它们能产生行动，从这一角度来看，自身也有其实践的价值。

宗教心理和应对代表了一种行为导向的框架。它不仅在有压力的时期提供了理解和评定宗教角色的方法，也提供了帮助人们寻找自身重要性的方式。本书最后一章将考察宗教心理与应对的一些实际的含义和应用。

关注施助者在宗教上的定位

当人们平时进入世界的路径不再有效时，他们就会寻求帮助。他们寻求有人能在他们混乱挣扎时给他们一条救生索。但是在这场混乱中，是什么阻止了施助者被缠住、被卷走呢？一个定位系统。施助者带着一整套对人、生命以及助人的基本前提进入与求助者的关系之中。借助这个定位系统，施助者去帮助其他分不清方向、不能有效地处理问题的人。帮助，从这个意义上来说，包括了不同世界的相遇。

这样的相遇远非价值中立的。求助者有自己偏爱的寻找意义的方式和方向，而施助者也有着自己对助人方式的喜好，这一点儿也不奇怪。在施助者定位系统中，有着什么是终极意义以及获得终极意义的适合方式的假设。对于在定位系统中融入了正规的人格理论和心理治疗方法的专业的咨询师和心理治疗师来说，这些假设是不明显的。然而，正规的理论也有价值观，尽管通常它们更加隐蔽，并不明显（见 Jones & Wilcox，1993）。认为施助者，无论专业的或非专业的，都可以将自己的价值观放置一边，像一块白板一样进入助人的关系的观点是经不起实证检验的。咨询师会影响治疗目标（Worthington & Scott，1983），在咨询过程中影响来访者的价值观（Kelly，1990），选择性地关注或者忽视来访者在说什么。甚至卡尔·罗杰斯，“非指导性治疗”的创建者，也表现出对他的来访者有这种选择性（见 Truax，1966）。

帮助中蕴含有价值观的本质并不需要引起惊慌。一个表达恰当的基于一定价值观的定向系统可以为帮助提供“地图”，没有这些，帮助者就不能给处于困窘的人以帮助，甚至会受到他们痛苦和困惑的影响。危险不在于帮助中所附带的价值观，而在于对待这些价值观的方式有问题（Bergin，1980）。

最明显的危险是居高临下地控制来访者的价值观，或是将来访者不愿拥有的价值强加于他。而更隐蔽但可能更大的危险则是无法认识到自己的取向对别人的影响。我想起和一位临床心理学家的谈话，她说作为一个治疗师她在工作中保持中立。心理治疗对她来说，就是帮助她的来访者达成他们自己目标的过程。我曾经问过她，会不会帮助一个向她请求帮助以减轻工作焦虑的集中营卫兵，令我感到惊讶的是，她说她会。毕竟，她不能判定她的来访者的目标。她没有看到，在中立的名义下，她是怎样支持来访者的罪行的。

如果意识不到自己内心导向的影响，咨询师们可能就会跟随来访者或是引导他们走向他们不愿意去的方向。这样的风险在宗教领域似乎尤其高。一些调查显示，一些研究心理健康方面的专家，特别是心理学家，比起他们的来访者来，要更少参与传统的宗教活动和组织（Ragan et al., 1980; Shafranske & Gorsuch, 1984）。基于这些发现，人们就会有顾虑，认为治疗师，不管有意识或无意识地，可能会把来访者逐渐转变到世俗的价值立场上（例如，Tjelveit, 1986）。然而，近来的更多调查表明，治疗师和来访者之间的“宗教鸿沟”正在逐渐缩小（例如，Bergin & Jensen, 1990; Shafranske & Malony, 1990）。不过，仍有这样的例子，心理问题方面的专家在宗教问题上接受的训练很少，包括他们自身的宗教导向对帮助过程会造成的潜在影响。因此，当提到宗教时，许多帮助者至少在一定程度上没有明确自己的定位。

宗教教育是解决这些与价值观有关问题的一个重要部分。教育应包括自我分析，是一种帮助者内心对自己宗教导向的力量的评鉴。本章将会呈现四种助人导向以及它们对于帮助过程的意义（见 Zinnbauer & Pargament, 1996）。表 12.1 列举了四种助人导向关系中对于实体论问题以及对宗教角色的问题的反应。

表 12.1 四种助人导向对于宗教的反应

	宗教否定主义	宗教排外主义	宗教建构主义	宗教多元主义
有绝对的现实吗？	是	是	否	是
上帝真的存在吗？	否	是	否	是
有通向现实唯一的通道吗？	是	是	否	否
咨询师必须分享个人的宗教观点吗？	否	是	否	否
咨询师尊重宗教吗？	否	是或否	是	是
咨询中应该讨论宗教问题吗？	否	是	是	是
咨询师应该使用宗教资源和应对方法吗？	否	是	是	是

宗教否定主义

助人导向中最臭名昭著的是宗教否定主义。很多宗教信徒指控心理学家对宗教和灵性领域的轻视和贬低。在许多主要的心理治疗理论和实践的流派中，都可以找到对宗教问题轻视的显著例子。弗洛伊德（Freud，1930/1961）认为宗教是对不安全和无助感的幼稚的反映。他显然轻视更高力量的存在。他说宗教“以幻想的方式扭曲现实世界，……通过强制（信徒）固着在一种幼儿心理状态，通过将他们拽入一种集体幻觉而发生作用”（pp. 31–32）。阿尔伯特·埃利斯（Albert Ellis，1986），理性—情绪疗法的创建者，也同样表达了对宗教理论和实践的蔑视。他认为宗教支持几乎所有主要的不合理信念，而且“几乎在每一个可以想象到的方面，宗教与人类的心理健康的目标都是相对立的”（p. 12）。在心理治疗上，如果支持宗教将会是消极的。“很明显”，他写道，“清醒有效的心理治疗师不应该……迎合病人的宗教导向，并帮助病人在宗教的影响下成功地生活，因为这就相当于帮助他们在情感疾病的影响下成功生活一样”（p. 15）。

宗教否定主义者并不一定否定绝对的现实存在。他们否定的是在宇宙中有发挥更大力量的存在。那么宗教与灵性的表达应该如何理解呢？从否定主义的观点立场来看，宗教与灵性的表达不能从表面的价值去理解；对上帝的信仰、宗教活动以及神秘体验都是更加深层烦恼的表现，即个体不愿直接面对现实。我想起一个心理学家，他听到我说一个学生在去往教室的路上经常与上帝对话的描述，评论说“她一定是精神分裂症患者”。宗教的事情对他来说，是更深层心理问题的反映。从否定主义的角度来说，分享或者尊敬个人的宗教信仰不仅仅是不必要的，反而达不到预期目标。助人者的任务是解除宗教防御，鼓励一种更加以自我为导向的、更理性的生活方式。

宗教否定主义作为助人倾向有很严重的缺陷。第一，宗教否定主义是纯粹的实用主义。在咨询中遇到宗教或者灵性问题是很常见的（Shafranske & Malony，1990）。而且，他们想要寻找灵性上比较敏感的帮助者。在前边的章节里，我们已经提到从事精神健康的专业人员事实上不是大多数人首选能够帮助他们的人群，反而是神职人员（Chalfant et al.，1990；Veroffer et al.，1981）。偏爱神职人员作为帮助者这一现象在一定程度上可以被解释为担心精神健康的专业人员会贬低或者改变其基本的宗教信仰和价值观（Keating & Fretz，1990；McLathie & Draguns，1984）。宗教否定主义者就是如此。因此，宗教否定主义者与数量庞大的有着宗教倾向的帮助寻求者似乎是不大可能建立稳固的关系的。

第二，宗教否定主义者的理念与研究发现不一致。在前边几章中我介绍了一些实证研究，这些研究表明宗教不仅仅是防御，宗教在应对中除了能够降低焦虑外还有着其他作用，其作用机制也不是通过逃避、否认、被动，而是通过许多其他方法。文献综述表明宗教应对有有效的形式，也有无效的形式。因此，认为宗教与病态有关的观点是经不住实证考察的。

第三，宗教否定主义在伦理方面是有问题的。一个从根本上否认宗教经验和表现或将其看作病态的助人理论与近期的职业伦理指导是相违背的。根据美国心理学会（American Psychological Association，1993）颁布的《对为多元种族、语言、文化人群提供心理服务者的指导方针》（*Guidelines for Providers of Psychological Services to Ethnic*，*Linguistic*，*and Culturaly Diverse Populations*）："心理学家应尊敬来访者的宗教和/或者灵性信仰和价值观，包括归因与禁忌，因为它们影响世界观、心理社会功能，及对痛苦的表达。"（p. 46）美国精神病学会（American Psychiatric Association，1990）也颁布过类似的指导方针以阻止将宗教或者反宗教的信仰体系强加于来访者。

尽管宗教否定主义的名声不好，但在帮助者中这一倾向并不常见。如前所述，精神健康专家们和他们的来访者之间的"宗教沟壑"可能正在缩小。举个例子，在一项对不同领域的治疗师的调查中，77%的人同意"我努力地根据我的宗教信仰生活"（Bergin & Jensen，1990）。在一般人群中，84%的人同意这个观点。另外，许多专业工作者把宗教和灵性问题看作他们工作的一部分。在一项对临床心理学家进行的全国调查中，74%的人对于"宗教或灵性问题和心理学是没有关系的"这一说法持否定态度（Shafranske & Malony，1990，p. 75）。最后，很少有证据证明世俗的咨询师比有宗教背景的咨询师更不喜欢他们的宗教来访者，或者在涉及宗教问题时更容易将其视为病理学问题（Worthington & Scott，1983）。

更准确地说，一些专业的帮助者对于宗教和它在帮助的关系中的角色很迷惑，持模棱两可的态度。举一个婚姻和家庭治疗师的调查结果的例子。虽然89%的人表明他们的宗教信仰对治疗干预有一定的或者非常重要的影响，但该样本中58%的人说他们的宗教信仰应该"完全"与他们的治疗分离（DiBlasio & Benda，1991）。在另一项调查中，52%的临床心理学报告说灵性是他们职业生活的相关部分。然而，相同样本中67%的人同意"一般来说，心理学家并不具有帮助个体的宗教信仰或者灵性发展的知识和技巧"（Shafranske & Malony，1990，p. 75）。

由于他们矛盾和不确定的想法，一些帮助者在宗教问题上可能会非常小心谨慎，给人否定主义的印象。而实际上，他们只是不知道该如何处理这样的问题。把宗教从帮助程序中分离出来可能会更加简单——如果宗教事件被提起，则改变话题；如果改变不了，找一位有宗教信仰的咨询师或专职教士。尽管比宗教否定主义好一些，但这种“宗教分离主义”本身也有缺陷，因为许多心理学和宗教问题并不能轻易分开。另外，认为自己应该站在灵性问题之外的心理健康专家可能会错过重要的问题和改变的机会（Prest & Keller，1993）。

宗教排外主义

正如宗教否定主义被虔诚的宗教信徒所轻蔑，宗教排外主义也被许多心理健康的专业人士所嘲笑。然而，通过表 12.1 可以看出，这两种取向有一些有趣的相似之处。两者都假设存在绝对现实，而且只有一种最好的通向它的方法。然而，与宗教否定主义不同，宗教排外主义坚持认为上帝是现实的中心部分，而且是解决任何问题必不可少的一部分；宗教否定主义将宗教问题还原为身体问题、心理问题和社会问题，而宗教排外主义则把一切人类问题提到精神层面（见 Wilber，1995）。

波干和波干（Bobgan & Bobgan，1987）阐述了这样的观点。他们说，“人类之所以承受各种各样的痛苦是由于人类不道德的行为和罪的出现促使人和上帝分离”（p. 207）。与之相似，所有的解决方法都强调这一对宗教的背离。“耶稣，”他们写道，“是唯一重新建立人类与上帝关系的方式，也是唯一使人类相信上帝而生存的手段。”（p. 207）从宗教排外主义的观点来看，宗教导向的咨询永远是优先的治疗选择。宗教排外主义者在其自己对现实的理解范围中尊重个体的宗教。当这些观点不同的时候，将个体带回到正确的宗教路线是他们的职责。其他系统的信念及实践只能误导个人。该书还写道：“心理咨询系统可能引导一个人沿着宽阔的道路走向毁灭，……通过相信耶稣进入新生活的机会是一扇窄门。”（p. 225）

宗教排外主义有它本身的弊端。在实践上，助人者的影响范围很可能仅限于那些具有相似宗教世界观的人。相同宗教之外的人对宗教性咨询可能有怀疑和顾虑，特别是对那些同样持有宗教排外主义观点的人。例如，路易斯和艾佩森（Lewis & Epperson，1993）要求一些有基督教信仰的大学生写出他们对非指导性咨询师或基督教咨询师的看法。与非指导性咨询师相比，那些信仰基督教的咨询师被认为是缺少变通，更加可能尝试去影响来访者的价值观、想法和行为。尽管福音派基督徒学生选择基督徒咨询师和非指导性咨询师的意愿相同，非福音派基督徒学生则更喜欢非指导性咨询师。

像宗教否定主义一样，在一定程度上，宗教排外主义也会引起伦理上的担忧，因为它向个体强加人生意义的观点。而且，与宗教否定主义一样，宗教排外主义没有坚实的实证基础。在本书的开篇，对应对文献的研究表明：无论是宗教还是非宗教形式的应对，对于预测消极生活经验的适应都有一定的独特作用。这些以及其他的发现表明，宗教维度不能完全还原为心理水平，心理维度也不能完全提升到灵性层面。

宗教的排他性有多普遍？尽管我不清楚任何直接回答这个问题的数据，但是以我之见，宗教排他主义就像宗教否定主义一样在我们的文化中并不是很普遍。许多宗教咨询师的工作有特定的宗教传统，但相对只有少数人会认为他们的宗教是唯一一种有意义的生活方式。即使在一个宗教传统中，也没有规定咨询师只能用一种方式提供咨询服务。沃辛顿和他的同事们（Worthington et al.，1988）对一小部分明确认为自己是基督徒的咨询师进行了一项调查，这些咨询师在调查中显示出所使用的治疗技术是有很大不同的。研究人员总结说，基督徒咨询师并不完全一样。

在这些年中，在视心理健康专业人员为宗教歧视者的宗教信徒和视宗教信徒为排他者的心理健康专业人员之间的争论愈演愈烈。然而，在某种意义上，他们都是在试图通过讽刺对方的观点来证明自己的观点。可以肯定的是，宗教歧视者和宗教排他者都是存在的，但他们的人数似乎被过度夸大了。因此，对于世俗咨询师和宗教咨询师的怀疑也就出现了。这种争论的另一个不好的影响是模糊了一个重要的事实——在宗教问题上，助人者可以采取其他更丰富的方式。

宗教建构主义

斯创克（Strunk，1977）观察到，我们并不会假设一个产业心理学家必须是商人，就像不期望儿童心理学家是儿童一样，但只有在宗教心理学中会普遍假设这方面的心理学家一定是信仰宗教的。心理学家或其他的助人者必须要与个体拥有在一个绝对现实中的共同信仰吗？宗教建构主义的观点并不是这样的。

建构主义对“那边的”（out there）等着被发现的绝对现实持怀疑态度，这一观点认为现实是建立在个人经验、关系、信仰、价值观和更广泛的社会文化的语境的基础上的（Guba & Lincoln，1989）。从这个角度来看，信仰上帝和不信仰上帝都是一种建构，并不是绝对意义上的正确或错误。这并不是说宗教建构不能被评价。它们能够被评价，但对它们的评价是建立在建构的质量上而非对应绝对现实的程度上的。这里的质量是指其内部的一致性和分化性、建构的灵活能力以及处理世界需求的能力（Neimeyer，1995）。症状学是“建构麻烦”的迹象之一，但症状的治疗不在于教育“正确”的信仰方式和行动，相反，助人者必须进入个人独特的构建世界，并在里面修复和加强这个世界。

由于在某种程度上，个人用宗教元素建构了世界，并且在某种程度上这些建设是问题或潜在解决方法的来源，因此，宗教便成为建构主义者一个适当的讨论话题。宗教建构主义者并不需要去分享个人的宗教观点。然而，这些建构主义者必须尊重传统的宗教信仰，熟悉它们的符号、意象和方法。

戴尔、维特姆、马克和拉比诺维茨（Daie，Witztum，Mark & Rabinowitz，1992）在他们的著作中以一位 19 岁的以色列士兵哈里为例表明了建构主义的路径，哈里因为对武器的恐怖和不能穿制服的困扰来寻求治疗。哈里的焦虑来源于他坚信自己前世曾是叙利亚的德鲁兹人，因叛国罪射中额头被处以枪决。作者们写道，关于灵魂能轮回的信仰在德鲁兹的传统中很常见。他们觉得哈里的问题不是由于他对于转世这一现象的认识，而是因为这种观念产生的焦虑。尽管治疗师是无宗教信仰的犹太人，他们还是接受了哈里对于这个问题的理解，并根据他的传统习俗制订了治疗方案。他们鼓励哈里借助他孩提时代从一个德鲁兹酋长处要来的护身符的力量寻求治疗。此外，他们整合与哈里世界观相符合的习语和习俗，加入治疗过程。

> 第二天，哈里带着很大的焦虑来到了治疗室，并被催眠。治疗师把他的手指放在哈里的额头（哈里坚信他曾经被枪击过的地方），让他在感觉到治疗师手指间发出令人舒服的温暖时说出来。当哈里说他感觉到温暖的时候，治疗师解释说，这个温暖具有治愈的功能，能消除他的焦虑。这股温暖的治愈力量将会融入护身符中……护身符将会产生足够的能量来保护他不再做噩梦和承受进一步的焦虑。几分钟后，哈里重新进入清醒状态。患者的感受以及他与焦虑有关的抱怨得到了明显的改观。(p. 127)

进入不同世界的意愿，帮助人们从自己的认知思想体系的角度了解他们存在的问题，以及对于这些体系中的方法和隐喻相一致的解答方法的兴趣，这三者是宗教建构主义的关键。

在我们这个多样化的宗教文化中，很多帮助者很可能遇到自己宗教传统以外的个体。宗教建构主义呈现一种允许帮助者，甚至很多非宗教人员，去帮助来自很多不同宗教世界的个体。宗教建构主义赞许人们以不同方式去解决生活中的问题，因此它比否定主义和排外主义更不易将某种意义强加于他人。但我们还是可以提出一些问题。

首先，帮助者们对于来访者的个人世界能进入多深，能多大程度上远离自己的宗教观？更确切地说，认为宗教信念只是一种神秘信念的世俗的建构主义者，是否能够对于认为上帝是“真的”的宗教来访者给予有效的帮助？斯佩罗（Spero，1985）对此持有深深的怀疑。他认为，“在来访者的幻想中的‘几乎真实性’与上帝作为第三方可能存在于咨询关系中的信念之间有着巨大的不同。拒绝这种差别的治疗师最终会将他的态度传达给来访者，导致不恰当的医患同盟”（p. 83）。一项实证调查报告表明，斯佩罗所关心的问题可能是过度的。在对基督教信徒中的抑郁症患者所提供的宗教形式的认知行为治疗中，不信教的治疗师们比信教的治疗师更有效（Propst，Ostrom，Watkins，Dean & Mashburn，1992）。显然，不信教的治疗师也有能力提供对来访者宗教取向更为敏感的帮助。然而，这只是一项研究。还需要进行更进一步的调查以确定世俗治疗师是否能够有效地与来访者的宗教世界进行互动。

另外，也许更大的一个问题是建构主义方法潜在的控制问题。来访者会担心治疗师们的真诚程度和可信度，因为治疗师们本身是无宗教信仰的，却借助宗教符号和宗教仪式来达到目的，正如上面所提到的哈里心理问题的治疗师让哈里感受指向他前额的“治疗光线”。真实性的问题还涉及并无正式宗教地位的宗教建构者的虚假宗教权威地位。来访者如果没有意识到治疗师们的宗教地位，只能使真诚程度和可信度的问题更加不清晰。因此，即使宗教建构主义者也能产生好的结果，但仍然不能解决其产生改变的过程中存在的问题。关于宗教建构主义倾向助人方式的优点与局限，还需要进一步的研究来阐明。

宗教多元主义

宗教多元主义不同于建构主义的是，其并不拒绝只有一个绝对现实这一观点，它也不同于宗教否定主义在现实中没有更高力量的观点，同时也不像宗教排外主义那样相信只有一种最好的生活方式。多元主义假设了一个绝对的现实：它含更高力量的存在，但认为有各种各样的方式可以去接近它。从这一角度看，许多宗教都为我们提供了一些有价值的思想。如同一位作家写的那样：“上帝只有一个，但通往那里的道路却是不同的，他们不常在相同的或平行的方向上前进。”（Leliaert，1989，p. 113）

对宗教多元化的尊敬并没有限制多元主义者坚持自己的宗教信念和活动

的能力。在大部分的宗教传统中，多元主义者随处可见，他们并没有丢弃传统的宗教主义。斯蒂文伯格（Steinberg，1975）阐述了在现代犹太教中这些多元主义者的位置："犹太教的现代主义者不再倾向于把自己的宗教与其他宗教进行对比。他满意于每个人都可以分享它的真实性和价值，这是每个人的权利所在，同样也是出于他们自身的多样性，这样从长期来看，上帝、人和真理的关系也更加和谐。至于他自己，则在犹太教中找到了平安。"（p. 104）在助人关系中，多元主义者在尊重个人传统价值的基础上，同时也会保有自己的宗教观点。

相比其他立场，宗教多元化包括信仰与价值观的分享。与建构主义者一样，多元主义者努力去理解当事人如何看待这个世界。多元主义者在个人价值观念体系中展开工作，在相关联的结构框架中寻找些解决方法。与建构主义不同，多元主义认为：个人的价值观念体系不一定经常能够对困难问题得出答案。为了得出结论，旧问题可能需要新的有力观点。多元主义者并没有宣称自己是中立的。他们对难题或结论提出不同的观点，这些观点来源于心理学的理论和研究，更重要的是，这些观点与帮助者自身特殊的历史背景、身份和价值信念交织在一起。因此，当多元主义者进入来访者的世界时，来访者也进入了他的世界。结果导致这两个人的世界都可以变得更加丰富。

然而，由于咨询师和来访者之间力量的不同，可能会出现强加自己价值观的危险。为了防止这种危险，从咨询目标和治疗方法的选择到对于咨询是否成功的评价，多元主义者力求以开放和合作的态度来应对。多元主义者在个人如何生活方面有着浓厚的兴趣，但并没有局限于此。关于多元主义者自身的理论框架、帮助方式和意义观念上，交流也呈开放的态度。当宗教问题变成咨询的一部分时，开放性就延伸为明确承认帮助者的宗教信仰。

在帮助过程中不会交流的是，帮助者拥有所有的真理，也拥有通向健康的唯一钥匙。帮助者的想法是以尝试性的方式提出的，作为值得考虑的想法。例如，我们看一位治疗师是怎样在咨询中提到宗教问题的："我感觉你的问题可能部分源自于你对上帝的看法，我们谈论这个可能会很有意义，但如果你觉得这是你不想探讨的，你有权利终止这次讨论。"个体对这些评论无论怎样反应都是可以接受的。多元主义者想要创造一种氛围，让个体能够自由地、完全或部分地接受或摒弃帮助者的思想和建议，最终由个体对自己的结论承担责任。

在咨询师和来访者分享自己的导向时，出现相同点和不同点就不足为奇了。宗教多元主义认为没有两种导向系统是完全相同的。犹太教、基督教、佛教、印度教和其他教派各自有不同的诠释，在每种信仰的小团体中也有不同（如基督教的保守派、犹太正教等）。另一方面，即使他们有不同的宗教信仰，来访者和咨询师之间也能够找到信仰和习俗的相同点。任何有益的相遇都会包括共识和分歧。这并不是多元主义者担心的，变化和成长就发生在处理这些相同与相异时（Tyler，Brome & Williams，1991）。

发现这些相同点为个人提供了某种确认，也帮助他们在咨询关系中建立信任感。来访者和咨询师对更高的力量拥有一致的信念对他们建立有益的关系尤其重要。但是来访者和咨询师之间的不同也是很重要的，因为不同为变化提供了必需的创造性冲突，是解决问题的创造性方法的源泉。詹妮亚（Genia，1990）对这个观点提出了很好的解释，她建立了宗教间的交通小组，帮助那些灵性上有困扰的人。她指出，这些团体不是普世的，她的目标并不是达成宗教的统一。相反，多样性是珍贵的："组员越是具有多样性，每个参与者在这个团体中与我们时代的遗产、思想和伟大精神传统的智慧交会时，所具有的成长潜力越大。"

虽然在目前的文献里，宗教多元化才刚刚开始出现，但我的感觉是，它在助人领域中已经被广泛地应用。这很容易理解。多元化适用于各种各样的有需要的人，包括有不同以及类似宗教背景的人。多元主义者自身的灵性感增强了对他人宗教观点表达的理解。不过，这种理解并不是不加评判的。任何生活方式，不论其是否具有宗教性，都有其长处和局限性。多元主义对于意义的寻求不是通过对宗教的漠然或狂热来达成的，而是通过对各种取向的共享。与其他宗教的助人方式相比，这一方式明确强调咨询师的定位系统在帮助过程中所起的重要作用。总的来说，我认为宗教多元主义是助人领域中最有力量的一种方式。

当然，多元主义并不是没有问题。也许多元化最大的局限性是实行的困难。宗教多元主义者必须对各种宗教生活有着丰富的了解。刻板印象是不行的。多元主义需要了解有关宗教在日常生活中和非常时期是如何运作的知识、宗教如何是有益的或有害的，以及帮助者自己的宗教信仰和习俗会怎样对他人产生影响。此外，多元主义还要求具有宗教评估与介入的技能，我现在就这些实际问题做一些说明。

评估应对过程中的宗教

格里菲斯（Griffith，1986）指出，试图帮助人们“而不去定位上帝”的治疗师面临着与19世纪无法准确预测出行星运动的天文学家同样的问题，在他们意识到还有一个看不见的行星——海王星，发挥着它自身的引力之前，他们的预测都无法准确完成。格里菲斯认为，重视宗教内容是治疗过程中必不可少的一部分。不幸的是，治疗师在工作时往往忽略了宗教问题。根据一项对肿瘤科护士的研究，只有44%的人能够正确识别出他们病人的宗教信仰（Sodestron & Martinson，1987）。而当能够识别时，对宗教的评估则往往仅限于对个人宗教背景的几个简短问题。但对许多人来说，宗教更多的是其现实的一部分而不只是背景（Koltko，1990）。

助人者怎样对宗教进行评估？对这个重要问题的全面回答将会远远超出本书范围之外。幸运的是，一些关于宗教评估的优秀书籍已经为牧师（例如，Fitchett，1993a；Pruyser，1976）和精神健康专家（Lovinger，1984）写好了。在这里，我将特别强调应对角度中出现的一些宗教评估问题。

比较的标准

评估与介入一样，来自于某个理论框架。宗教的评估需要一个比较标准（参照 Fitchett，1993b）。标准可能是一个特定的宗教传统所提供的灵性成熟的定义。例如，马洛尼（Malony，1993）根据明确的基督教评判宗教成熟的原则开发了一个宗教评估标准（例如，相信上帝的恩典已经把你个人从罪中拯救）。福勒（Fowler，1987）认为，比较标准可能是宗教发展的一个理论阶段，从不成熟转变到成熟的信念形式。在本书中，应对理论提供了另一个比较标准。从这个角度看，对宗教的评估是根据在压力时期它在意义寻求中扮演的角色来进行的。前面介绍过当意义受到威胁或者丧失时，人们会感到压力。通过应对过程，人们尝试维持意义，或者，如果必要，发展新的有意义的来源。然而，正如前面所说，应对并不总是那么顺利。在任何特定情况下，问题可能会出现在人们追求的目标中（目的的问题），出现在应对方法是否适合情境和个人的目标（手段的问题）或者出现在个人与更大的社会系统的矛盾中（适应的问题）。问题也可能在特定的情况下超越个人的回应并反映出个人对于世界更普遍的取向的局限性。资源可能得不到开发或是根本不足以完成应对的任务。负担可能会干扰创造和实施解决方法的能力，无法解决眼前或其他可能出现的危机。

在多大程度上宗教是这些问题的一部分呢？在多大程度上它是或者能够是解决方法的一部分呢？当我们从应对的角度评价宗教时，这些是最基本的问题。

起 始 点

在大多数情况下，摆在咨询师（包括宗教咨询师）面前的问题表面上并没有宗教性（Ball & Goodyear，1993；Shafranake & Malony，1990）。之后，宗教可能被证明是一个问题或解决方法的核心部分，但它一般不是评估的起点。相反，评估最初的重点在“提出问题”上。问题如何影响个体的重要意义？个体是怎样尝试对当时的情境进行理解并应对的？什么有效，什么没效？较大的社会系统对个体有所帮助还是有所阻碍？

在回应这些开放式问题时宗教问题就可能出现。根据临床心理学家的一项调查显示，60%的来访者经常用宗教语言进行表达（Shafranske & Malony，1990）。当来访者提出宗教问题时如果及时跟进，可以相当直截了当。

但如果宗教没有被自发地提及呢？这是否意味着它是不相关的？不一定。宗教可能是来访者生活的重要组成部分，但来访者可能认为这在咨询中并不是适切的话题。另一种可能性是，个体只是忽略了在这种情况下宗教可以作为一个潜在的解决办法。又或者宗教是一个痛处，一个太痛苦以致无法提及的话题。未提到宗教并不是自动将其排除的理由。让我们看下面的案例。

几年前，我曾对一个由于抑郁症寻求心理治疗的来访者进行治疗。她一年前遭受了一个陌生人的强奸，遭受了巨大的痛苦。回避是她基本的应对方法：她试图不去想这件事，也没有将受到的伤害告诉家人或朋友，对外界尽力表现得“完全正常”。但在内心里，她几乎无法承受。当我问她这一事件对于她最要紧的事情产生了什么影响时，她谈到了感到不再干净，这样的经历让她觉得受到了玷污。她所做的任何努力都无法消除肮脏的感觉。在最初的评估中，这名女士并没有明确地提及宗教。然而，宗教中的亵渎和净化这些主题贯穿于她的叙述中。我问她是否认为自己是一个有宗教信仰或灵性的人，她以耸肩表达了对这个问题的没兴趣。但当继续问她耸肩是什么意思时，她承认参加教堂活动、与他人交流、忏悔都曾经是她生活的重要组成部分。但现在不再是了，从被强奸之后就不再是了。这件事给她留下了两种痛苦的宗教感受：对上帝在她最脆弱时抛弃了她感到愤怒，对上帝可能是因为她的不当行为而给以惩罚而感到焦虑，而她只能猜测自己做错了什么。如果我忽略了宗教方面的内容或者相信她表面上对宗教表现出的不感兴趣，我就会忽略她的危机中一个十分突出的因素，只有面对了这个因素她才可以感到洁净和新生。

探索宗教问题应当成为常规评估的一部分，即使有时来访者不会自发地提出这些问题。一般的问题，比如他（她）是否有宗教性的或者灵性的，属于什么教派，隔多长时间会参加宗教服务或是祈祷，以及是否相信上帝，都是提问的起点，但只是起点。现在我们应该很清楚宗教有很多意义、方法和作用。对于咨询师和来访者，即使是来自同一传统的人，他们讲的宗教语言也不一定完全相同。前面我们谈到过在新教神职人员和罗马天主教神职人员中“宗教性”有着不同的含义（Pargament et al.，1995）。同样，宗教信仰和实践对于一些人是好的，而对于其他人则有不同的意义，这取决于他们的经历。巴赫（Barr，1995）介绍过她遇到的一个女人。这个女士每次听到主祷文中“我们……的父”就会感到很焦虑。对于无数人来说，是无比安慰的祈祷文，对于她来说则是一个噩梦，不断提醒她在小时候所遭遇的牧师的性侵害。

超越简单的宗教解释，从宏观评价转换到微观评价是非常重要的。对于那些自认为是宗教徒的人应该提出一些更尖锐的问题，例如，“以什么样的方式，你就是宗教徒？在你的生活中，宗教有什么样的作用？宗教怎样融合到你现在处理问题的方法中？”对属于某个教派的人应该问，“你是怎样成为你所在教派的一员的？成为教派的一员，哪方面对你来说尤为重要？你的教会和神职人员怎样在你处理目前问题的方式之中发挥作用？”对祈祷的人应该问：“你怎样祈祷？你祈祷的内容是什么？当你处理面对的困难时，祈祷扮演的是什么角色？”对相信上帝的人应该问：“你想象中的上帝是怎样的？你和上帝是什么关系？经过这些年，这段关系有什么样的变化？你和上帝的关系怎样影响你现在解决问题的方式？”

当然，宗教并不是和所有的问题都相关。知道什么时候并且多大程度上去探索宗教问题是很主观的事。为了帮助咨询师更好地完成这一过程，我和我的同事勾勒出了几个应对过程中出现宗教问题的警告信号（Pargament et al.，待出版）。这些宗教“危险信号”来自于应对过程中三个主要的问题领域（目的的问题、手段的问题、适应的问题）（见表 12.2 对几个危险信号的说明）。这些条目提示了在前面章节中介绍的各种宗教困难，如片面性、错误的解释、控制和调节。应该强调的是，这些危险信号并不是绝对的问题标识，它们只是用来提醒咨询师这些说法需要进一步的宗教的探索。

为了检验这些警告标志的有效性，我们与在过去几年里经历了重大消极事件的一个罗马天主教会的成员和一些大学生进行了合作研究（Pargament et al.，待出版）。参与者在包括宗教危险信号的量表上指出他们是怎样应对压力源的，然后将危险信号项目的分数与心理健康的分数和消极事件的结果做相关分析。结果支持了我们的预测，除了一些例外，对危险信号的认同与较差的心理健康和较差的消极事件后果相关。在最近的一项研究中，神职人员和心理健康专家也确认了类似的宗教指标会造成麻烦（Butter，1997）。然而，要记住的是，这样的宗教警告信号只是警告信号。它们需要进行更深入、更具有背景性的宗教评估。

表 12.2　在应对消极生活事件时的宗教危险信号

目标问题：错误的方向
• 我决定远离上帝，只为自己生活。
• 我已经对上帝、其他的人、我自己以及所有的一切失去了兴趣。
• 我已经决定停止照顾自己，把注意力只放在上帝要我做什么上。
• 我认识到，世界对于我不重要，我已决定把所有的精力都投入到为上帝服务。
方法问题：错误的道路
• 我相信上帝是为我的罪惩罚我。
• 我知道如果我等待的时间够长，上帝会让事情变得好一些。
• 我不烦恼，因为这种情况是神的旨意。
• 我祈祷上帝必惩罚真正的罪人。
匹配问题：逆风而行
• 我不同意我的家人或朋友对宗教的说法。
• 关于为什么这个事件发生在我身上，我不同意教会的观点。
• 我觉得上帝对我不公平。
• 我质疑上帝真的存在。

在情境中进行宗教评估

如果宗教可以从应对的其他成分中独立出来，就像是毛衣上的一个散开的线头一样，咨询师的工作就会好做一些。然而，我们看到，应对中的所有线索，包括宗教这条线，都是交织在一起的；拉出一条线就可能会使整件衣服都出问题。因此，宗教评估的挑战在于在完整的应对背景中去了解宗教。

宗教应对需要以非宗教应对的方法和目标为背景进行评估。例如，一位认为疾病是上帝的旨意的来访者并不一定否定了其他重要因素的作用（见Loewenthal & Cornwall, 1993；Pargment et al., 1982）。上帝也许被看作与其他个人、社会以及生物的力量一起产生作用，或者与其他力量分开产生作用。只有通过探索宗教与非宗教的归因模式才能确定个体是否做出了错误的解释。同样，一位说将自己的生命献给了上帝的来访者可能并不是在自我否定，而是在重新定位自己的目标和价值观。确实，在我们的危险信号研究中，那些认可"我认识到，世界对于我不重要，我已决定把所有的精力都投入到为上帝服务"这样说法的个体，其心理健康与应对效果都更好。对于意义本质的进一步探索，无论宗教的还是非宗教的，都需要进行，以确定来访者是否选择了错误的方向。

宗教应对也必须在更广阔的情境、社会、个人背景中评估。不论是否是宗教性的，一种应对方式的益处都不能离开个体所面临的情境来进行评估。面临无法控制事件时的宗教被动性与在需要行动的情境中的宗教被动性有着非常不同的意义。在创伤性的体验中对于上帝的愤怒的宗教挣扎与危机发生并解决五年之后同样的挣扎对于个体的意义也是非常不同的。同样，应对方式也不能离开广大的宗教社会背景来进行评估。一位决定承认自己是同性恋的年轻人从主流教会得到的接纳与原教旨教会的会不一样。最后，应对方式不能离开广大的个体背景来进行评估。对于一位一生都以自立为傲的独立女性来说，寻求上帝帮助的请求表示着一种根本的转变；而同样的请求对于一位一直在信仰中寻求庇护的女性来说，则代表着要保持同样的生活方式。总而言之，从应对的角度来评估宗教需要对一系列动态的情境、社会和个人力量做出权重和平衡的判断。

在应对的背景中对宗教进行评估需要用到多种方法。倾听来访者的故事是这个过程中最关键的部分，但这还不够。应对过程的一些方面可能很难用言语表达，特别是像圣物和意义这样难以捉摸的现象。有些人可能还没有意识到什么对他们重要或者是神圣者在他们生命中扮演的角色。评估的一般规则在这里变得尤为重要：不是去看说的内容而是去看说的方式。我记得有一位妇女，她在我们最初的咨询环节里用了很长的时间在叙述她不再在乎任何事情了。她很好地表现了这一点，谈论自己的工作、婚姻和未来，她的话语如此平淡又毫无生气，以至于我都变得目光呆滞。到一小时快结束的时候，我无意中问她是怎么为即将来临的圣诞假日做计划的。令她自己十分惊讶的是，她开始哭起来。这眼泪可不会来自一个已经什么都不在乎的人。原来和她的大家庭一起度过假日的时光会让她痛苦地想起自己试图忘记的事情——她无法受孕。咨询的重点从她所述的问题——无法找到人生中重要的东西，转到了更基本的问题——她无法面对意义的丧失。在这个案例中，感觉比话语更多地揭示了这位女性来咨询的原因。

陈述性的叙述还能由问卷调查来补充。很少有宗教量表为接受咨询的人建立常模。尽管如此，量表的回答和其他来源的信息交织在一起的时候，得到的信息也是有帮助的。我已经回顾了宗教应对的测量和它们对来访者健康的影响。测量个体更加普遍的宗教资源和负担的定位系统在评估中也是有用的。比如说，格罗克和斯塔克（Glock & Stark，1966）的宗教性多维度简明测量可以帮助咨询师确认基督徒来访者的宗教资源（例如，信仰、仪式、经历），这些宗教资源在压力的情境下能更充分地被利用。

对各种宗教压力的测量可以帮助咨询师认识到在当前情境以及其他可能产生问题的情境中，妨碍个体产生有效解决方法的能力的宗教问题。比如，在不加选择地赞成宗教性的测量上的得分较高（Pargament，Brannick et al.，1987），表明来访者的宗教系统是无区分的，这个系统可能很难应对痛苦。在莱恩等人（Ryan et al.，1993）的宗教内向投射量表上的高分数表明，来访者所具有宗教方式是破碎的，基于罪恶、焦虑和外界的压力，因此给来访者造成了负担。在探索量表上的低分数表明宗教的僵化（Batson & Schoenrade，1991a）。以积极或消极方式评价上帝形象的量表，即评价个体如何看待上帝的量表，可以表明个体不安全的宗教依恋（Spilka et al.，1964）。

访谈和调查问卷都要依靠个体自己的社会经验。尽管这些感知很有意义，但是它们不能被当作评估的唯一基础。看待应对时，必须以其他观点和更广阔的现实为背景。例如，不仅考虑宗教传统如何被人感知很重要，而且考虑该传统是如何被积极理解的也很重要。为了这个目标，建议咨询师通过亲自体验、阅读或者是咨询有学识的宗教人士，去学习更多有关不同宗教群体的理念和实践（这方面好的资源见 Lovinger，1984）。咨询师还应该基于和个体联系紧密的他者的评价，来评估这个人的资源、压力以及生活事件。朋友、家人和同事都可以在应对过程中提供宝贵的视角。

不幸的是，对于宗教和应对这样动态与多维度的过程的评估没有一个简单的公式。咨询师必须从来访者生活的很多方面集各种各样的信息，并把这些信息整合成完整的整体。所有这些都需要咨询师拥有对于情境、社会和个人方面的智慧（参见 Oden，1983）。这个过程中宗教方面所占的比例会因人而异。当然，宗教不会成为每个来咨询的人的问题或解决方案的一部分。但是帮助者，尤其是心理健康专家，在宗教领域多花些时间似乎没什么风险。更大的风险反而可能是对宗教的忽视。在这一节，我考察了怎样可以不仅仅把宗教评估为一个“背景变量”。在应对的背景下，通过更加仔细地考察宗教，我们形成了一幅更加完整的展示个体在困难时期努力获得意义的图景。正是这幅图景指导着咨询师就如何更好地给予帮助来做出决定。

宗教应对在咨询中的应用

人们很少在咨询中提出宗教作为问题的解决手段（Bergin & Jenson，1990）。这种忽视的状况可能反映了咨询者对于宗教问题的不适，甚至更清晰可见，有宗教信仰的咨询师们也没有好好利用他们自己宗教传统中的介入技术（Jones，Watson & Wolfram，1992）。问题可能出在“专业技巧”上。如果知道怎么做，许多咨询师可能都愿意在咨询中加入对灵性议题敏感的治疗方法。为了对咨询师有所帮助，迪布拉西奥和本达（DiBlasio & Benda，1991）建议，应该用不太抽象的手法呈现宗教理念，而且应该更加明确怎样在处理问题时应用它们。考察宗教和应对可以帮助我们在抽象的宗教和具体的生活中架起桥梁。在下面的部分中，我阐述了一些宗教应对方法在咨询实践中的运用。

在讨论这个问题时，让我们考虑两个关于应对的最基本的问题。关于目的的问题：这个人是在朝着正确的方向前行吗？以及关于手段的问题：这个人选择的道路正确吗？如果将这两个问题一起思考，可以发现四种可能的临床反应（见图 12.1）。每一种反应中都可以运用宗教应对的方法。

保　留

有时这两个问题的答案——关于个体的方向和道路——都是“正确”的。个体在朝着正确的方向前行，选择了正确的道路。那为什么还来咨询呢？在一些情况下，个体可能没有意识到他所在做的事情就是所有可以用来解决困难的方法。由危机带来的思想和感觉可能是新的和令人烦恼的。然而，评估可能发现实际上他解决得相当不错，让他安心并给予支持在此时是正确的形式。可以鼓励宗教徒患者依然保留他的宗教生活，向上帝、朋友、家人和同事寻找宗教支持。在其他情况下，危机可能短暂干扰了曾经的正确生活之道。

选择正确的道路？ \ 朝着正确的方向	是	否
是	保留： 方法和结果的保存	再评价： 方法的保存和 结果的转变
否	重建： 方法的转变和 结果的保存	再创建： 方法和结果的转变

图 12.1　在应对时有关道路和目的的问题：四种临床的反应

不久前，我对一位比较年长的患者进行了咨询，他叫鲍勃（Bob），在亲眼看见了一场悲惨的车祸后来接受治疗。他是“好撒玛利亚人”（助人者），当时他停车去帮助一位车坏在马路中间的汽车司机。突然，一位骑摩托车的人以极高的速度拐弯过来，正好撞在坏了的汽车上。摩托车司机当场死亡，身体几乎撞碎了。鲍勃当时离汽车只有不到几英尺的距离，目睹了整个过程。自那以后，他就一次又一次地痛苦地经历噩梦、惊恐发作和闪回，头脑中全是车祸的慢动作。这些经历影响了他的工作表现，在家里他逐渐变得情绪化、易怒。尽管医生给他开过各种各样的药，鲍勃的症状还是没有得到任何缓解。

当我逐渐了解鲍勃后，我发现他在这次车祸以前没有过心理问题。事实上，他很满意自己的生活：美满的已经持续 35 年的婚姻，孩子们也长大了，自己过得很好，还有一份不错的工作。但他从来没有遇到过类似这次车祸的经历。就像他说的：“它把我推到了生活边缘。”

很明显，鲍勃在目睹车祸之前正走着一条不错的道路，也朝着正确的方向前行。我想这个治疗的任务是帮助鲍勃保持完整的人格，保持他原来的生活方式。这个工作本身不是那么困难，因为我所治疗的是一位有能力的人；我们不用从零开始。鲍勃已经有一个充满帮助资源的关系网，但他不再使用它。治疗的一部分就在于帮助他重新回到以前对他有效的生活方式上。

上帝和教堂是这个过程的一部分。在治疗的过程中，鲍勃形容自己是一个有宗教信仰的人，一个经常去教堂、经常祷告、有坚定生活信仰的人。然而，当我问他是否跟他的牧师，或是他非常喜欢的某个人说过，或是否在痛苦和磨难中向上帝祷告寻求帮助时，他说没有。宗教已经从他生活的某些方面中被隔离了出来。我鼓励他去思考如何利用信仰来帮助自己从悲剧中走出来。鲍勃开始在睡觉前阅读《圣经》，并在《诗篇》中发现了特别的安慰。鲍勃也决定把他经历过的事情与教堂的牧师分享，同时也和其他的朋友与家人分享。在惊恐发作或闪回出现时，我们发现鲍勃用一种简单的自我祷告帮助了自己，这个祷告就是"上帝与我同在"。通过跨越他与宗教资源间的障碍，鲍勃能够更充分地运用这一资源，寻求宗教上的支持，并且在人生最痛苦的创伤期保全自己的人格。在这里，根本的变化不是目标，存活才是。这就是保留的本质。

重　　建

在另一种情况下，人们来咨询不是因为他们的目标不正确，而是因为他们达到这些目标的方法有缺陷。他们在朝着正确的方向前行，但却选择了错误的道路。定位系统的问题通常是核心。由于内部或外部变化，个体资源不足以能够应对问题。保留在这种情况下不是正确的应对方法，因为应对的指导系统本身就需要修复。此时，个体需要咨询师帮助他重建获得意义的方式。

重建可能是字面上的，不只是象征。在最近一个有关残疾和康复的会议上，一位坐在轮椅上的与会者谈及了她对于去教堂这事的沮丧心情。具有讽刺意味的是，这个教会在通向社交大厅的台阶底端贴上了"欢迎"的标识，但台阶对于她来说太狭窄了，不能让坐轮椅的她通过。对于她来说，更具挑战的是要努力从她的同伴中得到支持和鼓励。"他人的目光是更大的问题，"她说，"而不是楼梯。"如果这名妇女去咨询，咨询师有可能会鼓励她去要求教堂进行结构上的重建，以及要求教会成员个人态度的重建。如果那样做不可行的话，咨询师可能会探索让她去一个更有接纳性的教会的可能性。

在咨询过程中，重建常常关注个体的内在世界。宗教应对方法可以用来改变宗教定位系统。例如，卡莱普尔（Claypool，1968，引自 Meigs，1969）介绍了一位牧师为一位教堂成员提供宗教重建帮助，这位成员刚刚得知他的儿子在战争中牺牲了。这位父亲自己尝试了重建：死亡被看作上帝的遗弃。"我想知道，"他问牧师，"当我儿子被杀害的时候，上帝在哪里。"（p. 87）

从牧师的角度看，这位父亲在解释的时候犯了一个错误。牧师用一种不同的宗教重建的方式回答道："我想，你会说当上帝之子被杀害的时候，上帝就在那里。"（p. 87）重建一个充满爱但有限的上帝，据说"对那位父亲产生了一种革命性的影响，因为它把上帝变为同样悲痛的伙伴，从远方带入了同一个圈子"（p. 87）。卡普斯（Capps，1990）为教牧咨询师们提供了许多其他的宗教重建的例子，都很发人深省。

宗教净化的方法也被整合到了咨询中。索瑟（Saucer，1991）介绍了一种对行为与所持价值观和原则不一致的福音派基督教徒和天主教徒进行治疗的方法。这个方法从分析个人的道德行为和自我挫败的行为开始。咨询师会先温柔地告诫来访者，然后鼓励他们忏悔不当行为。忏悔之后进行祷告，祈祷能得到宽恕、赦罪和医治。治疗的结束是让来访者尝试进行象征性的行为（比如，念《玫瑰经》）和仁慈的行为（比如，为无家可归者提供食物和庇护所）来弥补错误。

其他治疗师在治疗中则是更加有选择性地结合了宗教净化。以支持的方式面质来访者，指出来访者行为和价值观，以及信仰和实际行为之间不一致的地方，将来访者所理解和处理世界的方法与他们的宗教规范所选择的道路相对照。在面质中激发出的不和谐和冲突能够在来访者采取更加完整地、与他们的宗教传统更紧密联系地对系统的整合后得到解决。这种宗教面质和修正的方法可用于解决宗教控制和调节中出现的各种错误，比如遭受家暴的女性对攻击性配偶的被动接受（Whipple，1987），认为任何形式的愤怒都有罪的信念（Bassett，Hill，Hart，Mathewson & Perry，1992），以及对于性的想法和感觉所具有的基于宗教的罪恶感（Aust，1990）。

比如，米勒（Miller，1998）描述了琼（Jon）的案例，琼是一位 24 岁的神学院学生，他因为重度的抑郁和焦虑来接受治疗。

> 琼是"一个聪明、有活力、好心的年轻人"，他想帮助别人到了某种极端的程度（p. 48）。他十分诚实地将这个问题说了出来。他的双亲都是传教士。有一年生日，他们送给他一本《圣经》，上边写着："因为多给谁，就向谁多取。"（p. 47）
>
> 琼拒绝治疗师用深层肌肉放松和行为改变来治疗抑郁和焦虑的计划，认为是"自我放纵"，于是治疗师决定利用琼的宗教架构帮助治疗。他面质琼的宗教价值观和他行为的不一致性。治疗师指出即使是耶稣和他的追随者也需要时间去休息和反思。他告诉琼，琼的"不论多努力工作都远远不够"

的信念与他自己的神学理念非常矛盾，在他的神学里恩典是不需代价的（p. 48）。他认为尽管琼渴望去帮助别人，但他实际上花了大量的时间去关注自己以及别人是怎么回应他的。

治疗师继续“指正”琼，鼓励他用与自己的宗教价值更加一致的宗教自我陈述来代替旧的、功能失调的信息：“即使是耶稣也要花时间来休息和蓄精养锐。如果我想去服务别人，也需要照顾好自己。上帝，通过耶稣基督，接受了现在的我。别担心别人怎么评价我，要关注他们的需要。”（p. 49）

治疗师通过增强琼的定位系统的灵活度和分化性，成功地帮助琼发展出新的看待自己的方式以及继续努力为别人服务的方法。在这些重建性的方法中，这里的任务不是改变最高目标和价值观，而是改变达到这些目标的方法。逐渐地，琼变得不那么抑郁和焦虑了。四年以后，治疗师报告琼在用一股“全新的力量”来完成传教的使命和帮助他人（p. 50）。

再 评 价

在一些案例中，人们寻求咨询是因为失去了自己的方向。他们生活的路径是有价值的，但他们看不见自己前行的方向或者他们的目标现在还达不到。在这些情形下的咨询应该选择的方法是再评价——帮助人们发现重要性的新来源，并在这个过程中保持下去。

过渡仪式

在新的重要性被发现之前，必须放弃那些失去重要性的东西。许多人来咨询是因为他们的哀痛是不完整的，他们无法彻底放开所爱的人。宗教的过渡仪式在咨询中可以促进哀悼的过程。

波黑林（Boehnlein，1987）介绍了一位45岁患有创伤后应激障碍的寡妇的案例。她从柬埔寨来到美国，在柬埔寨，她亲眼看见了父亲因为害怕被红色高棉组织俘获而自杀。她的一个最大的顾虑在于担心父亲的尸体可能被埋葬在一个大型坟墓，而不是被火葬。作为家中最年长的孩子，她觉得确保父亲能够通过正确地遵照佛教的埋葬仪式来转世是她的责任。当然，这是不可能的。但她还是被过去所纠缠，受困于对于父亲的灵魂状态所感到的内疚和恐惧。

作为治疗的一部分，咨询师鼓励这位妇女参加当地的佛教仪式和柬埔寨的国庆节日。这些仪式提供了“纠正性情感体验”。他们给她提供了一次尊重她父亲灵魂的机会，帮助他在下一次转世中转换到一个更好的生活中去，保护她远离复仇的精神状态，并且使她融入新的社区中（Eisenbruch，1991）。在这个过程中，她得以放下对过去的关注。她经历了一系列的梦境，在梦里父亲在下一次生命里表现得很快乐并向她建议了多种缓解症状的方法。这些建议是有帮助的。因为这使她更加坚定地相信父亲在下一次转世中过得很满意，她的状况改善了很多，也能够把注意力放到在新社区里寻找新的意义上了。

寻找宗教目的

宗教可以作为咨询过程中探索新价值的重要资源。很多宗教传统的核心在于每个人的生命都有价值这样的信念。不论由于外界的环境或个人的缺憾，我们是多么的有限，据说我们中的每一个人都带着神的一点儿火花。不管我们的状况如何，据说每一个人的生活都有特别的目的或使命。对于失去了最重要东西的人，这个信息可能格外有力量。

一些咨询师很明确地帮助他人寻找宗教的目的。例如，在婚前教牧辅导中，卡普斯（Capps，1981）的角色是一位精神导师，指导夫妇婚姻的道德基础，并指出一些基于宗教的美德可以引导和培养他们的关系。同样，拉普（Rupp，1988）呈现了许多祈祷词可以帮助失去意义的人发现新的目的：

> 《出埃及记》中的神啊，我在一条前无古人探索的心路上启程。内心深处，在只有你的眼睛可以看到的地方，那里有太多秘密、灰暗和不安。我多么希望获得方向感，知道我在哪里和我应该向哪里前行。但是黑夜和疑惑久久不能离去……
>
> 我内心深处的神啊，我向你哭求，请你做我的向导。请帮助我获得强烈的内心方向感，告诉我，让我确认我走在正确的道路上。把我丧失的拿走，把它带回你的家园。（pp. 139–140）

对意义和目的的寻求也存在于弗兰克尔（Frankl）的存在主义分析治疗中，尽管其宗教本质没有那么明显。

弗兰克尔（Frankl，1984）引用了一位在自己11岁的儿子自杀后也企图自杀的母亲的案例。幼子的死以及长子因小儿麻痹症跛脚，这些让她的生活失去了意义。弗兰克尔鼓励她寻找一种新的意义。在治疗中，他要求她想象80岁的时候，在临终之时，回望人生。如果她得到了经济和物质上的成功，她的总结会是什么？这位母亲认为，她的生活会变得更轻松些，富有而刺激，但仍然是失败的人生。如果她用其一生用心照顾残疾的儿子，她的总结又会是什么呢？她想象自己是这么回顾的："我为他提供了更完整的生活；我让儿子成为更好的人……至于我，我可以平静地看待自己的生活；因为我可以说我的生活充满着意义，而我也已经努力地完成它；我尽了最大的努力——我为我儿子做到了最好。我的人生不是失败！"（p. 140）

用应对的术语来说，弗兰克尔在帮助她完成再评价——从儿子自杀后感受到的虚无和绝望转变为尽管有损失但仍有新意义的人生。他没有要求她彻底地改变到目前为止已有的生活，而是在让她向新的方向和目标生活。

弗兰克尔的存在主义分析治疗是宗教性的吗？我认为是。弗兰克尔要人们寻找新的人生意义。他的治疗方法有隐含的假设，即每个个体在每种情况下都有一个"正确的"和"真实的"意义，在某种意义上它就"在那里"存在着。从这个角度讲，存在主义分析治疗基本上是宗教性的。它以一种基本的宗教应对的方法帮助人们——寻找宗教性的目标，寻找每个人生活的精神使命。

再创造

在再评价中，重点在于坚持生活方式的同时找到新的有意义的目标。但有时候，人们完全失去了方向——比如他们停下无意义的前行，不知道还能去哪里或怎样去那里的时候。这些情况需要更加彻底地转变应对的方法。宗教可以成为咨询中再创造的一部分。

宗教宽恕

宽恕是一些治疗者用来促进彻底转变的一种应对手段，针对的是遭受虐待和不公平待遇的人（Freedman & Enright，1995；McCullough & Worthington，1994）。前面讲过，不恰当的对待及其许多心理的、社会的和生理的后果可能会成为个体生活的主导力量，成为他们最有意义的目标——尽管是消极的目标，而受害者的伤痛也可能会被无意识地传递给他人。根植于宗教传统的宽恕，为打破这一痛苦的循环提供了一种方法。

伯肯（Bergin，1988）介绍了一种基于宗教的咨询方法，以促成家暴受害者达到宽恕——"转折人物技术"（the transitional figure technique）。伯肯要他的来访者设想他们站在家族历史的十字路口上。回望过去，他指出下一代是怎样受到上一代的虐待，而又把它传到再下一代的。“某个人，”他说，“应该停止这个代代传递痛苦的过程，不应去追求报应，而应学着接收痛苦，能宽恕，试着与先辈们和解，然后成为给下一代带去积极变化的开创者。”（p. 29）伯肯鼓励他的来访者效仿宗教人物的榜样，把自己看成是有能力从愤怒和痛苦转变到理解和接受的转折人物。要求人们去宽恕那些伤害和背叛了他们的人并不简单，这需要的是彻底的转变，改变的是人生意义的核心以及所有围绕着它而建立的生活方式。

宗教皈依

宗教皈依是另外一种可以在咨询中应用的宗教应对方法。普罗普斯特（Propst，1991）介绍了一个案例，她鼓励来访者完成深刻的转变，转变的类型有些类似皈依。

来访者是一位42岁单身的小学教师，由于悲伤和孤独来寻求咨询。她感觉被父母控制，她的父母要求她把所有的业余时间都用来陪他们，而且她对建立新的关系感到害怕。她唯一的社交活动就是参加当地教会的儿童主日学活动。在参加了一个婚礼后，她有了自杀倾向。“一切有什么用处”，她觉得，她已经“失去了获得幸福和婚姻的机会”（p. 4）。

这位妇女追寻的是什么？她看上去在不惜一切代价来回避痛苦，“用紧张的微笑来掩盖令她痛苦的话语”。如果她感到眼睛里有泪水，整个脸就会变红，这更加剧了她的尴尬。她自我陈述的哲学是“回避总比再次受到伤害好。自杀是一种选择；我厌倦了挣扎。我想要和耶稣在一起，然后我再也不必感到悲痛”（p. 6）。被动，没精打采，甚至自我毁灭是这位妇女选择的达到不必忍受痛苦的存在的方式。宗教也是这种途径的一部分。和耶稣在一起本身不是目的，而是“感觉不痛苦”的方式。

普罗斯普特要求她的来访者做出很大的改变——从以回避悲痛作为目的，变化到以体验悲痛作为手段而达到灵性成长的最终目的。普罗普斯特鼓励她体验她所害怕的情境，换句话说，去“实践感觉不好的体验”（p. 8）。运用其自身“潜在的灵性”，她把耶稣基督作为这个过程的同盟者。当来访者拒绝变化时，普罗普斯特面质她自己的行为与她的宗教生活模式之间的矛盾。她要求她的来访者评定“耶稣是脆弱的并在承受悲痛，但仍然是健康的人”这句话，来访者说她完全同意。然而，当把同样的问题换成她自己的时候，她说她只相信50%。在一段时间的沉默后，她说，“我猜我对自己的期望比对耶稣多”（p. 13）。

这个案例中的面质不只是重建性的。普罗普斯特鼓励来访者考虑的不仅是新信念和新行为，还有新的生活目标。她用终极方向的选择来面质她。这会是什么：由她的过去和“安全生活”的愿望构成的生活，或是由活得更像上帝的样式的愿望所构成的生活？如果她要追求后者，普罗普斯特告诉她，她不该期待没有痛苦的生活。相反，她应该把自己的苦难同耶稣的苦难一样看待，作为通向上帝和她自己复活的途径的一部分。像圣约翰一样，她必须要承受自己“心灵的黑夜”。在这个意义上，情况就发生了改变。耶稣不是逃离痛苦的方法，相反，痛苦成为通向耶稣基督路径的一部分。

普罗普斯特在这里呼求的是再创造，一种与宗教皈依相似的生命的转化。她要求来访者放弃逃避的策略和追求完全舒适的生活的目标，而选择在寻求与上帝亲近时接受自己的有限性和脆弱性。她的尝试有多么成功并不完全清楚，但普罗普斯特确实提到来访者开始从父母那里解脱出来，并且在生活中尝试冒更多的风险。

宗教咨询的效能

前面介绍的研究结果显示，多种宗教应对方式一般都会对处于困难情况的人们有所帮助（见第十章）。在这些结果的基础上，我们期待宗教应对的方法也会增加咨询的效能。研究结果是怎样的呢？

相对来说，检验宗教咨询效能的系统研究较少（较深入的综述请见Worthington，Kurusu，McCullough & Sandage，1996）。这项研究似乎很明确地表明人们的个人状况在宗教咨询中得到了改善。例如，在一项研究中，信仰摩门教的大学生接受了基于宗教的认知行为疗法来治疗自我挫败的完美主义（Richards，Owen & Stein，1993）。在治疗的过程中，参与者在很多评价指标上得到了明显改善：完美主义、抑郁、自尊以及灵性健康。然而，这个研究缺乏对照组，因此研究者并不能确定宗教方法是否优于非宗教的疗法或是人们的自我调整。

那些对比了宗教和非宗教性的治疗方法的研究得出了各不相同的结果。一些研究发现对于宗教性来访者，宗教咨询比常规的方法更加有效（Azhar，Varma & Mashburn，1992；Propst，1980；Propst，Ostrom，Watkins，Dean & Mashburn，1992）。其他研究发现宗教和非宗教治疗两者的效能几乎没什么区别（Johnson，DeVries，Ridley，Pettorini & Peterson，1994；Johnson & Ridley，

1992；Pecheur & Edwards，1984）。一些研究表明宗教咨询的帮助度对于不同的问题效果不同（Koss，1987），而且不同的测量方法也会导致不同结果（Beutler et al.，1988）。

如果对于人们自然应对生活压力情形的研究是一个指导，那么这些研究结果的不同不应该让人惊奇。如同我们所看到的，宗教应对的效能由很多因素决定：应对的方法、进行应对的人、人们所挣扎的情境以及社会背景。关于咨询结果的研究中并没有梳理出这些因素的作用。所谓咨询中的“宗教成分”这一表达经常很模糊。列举在咨询中加入了祈祷、宗教文本阅读或是宗教意象并不能体现出这些资源实际上是怎样在应对过程中被运用的。

应对理论给宗教咨询研究提出了一个新的方向——微观分析方法（microanalytic approach），这一方法关注通过那些充分、仔细的考虑而选择的宗教应对方法的有效性，它们通常会适应某一特定团体的需要或是特定的生活应激源和转变引起的需求。比如，理论上，宗教的宽恕对于被错误对待的人们应该是很好的应对方法。然而，如前所述，宗教宽恕不一定对每个受到虐待的受害者都有作用。例如，当不正义的事情非常严重或者当犯罪者没有表示出任何的悔恨时，在咨询中尝试鼓励宽恕可能是无效的或者有反作用的（见 McCullough & Worthington，1994a）。通过更具体地关注特定的宗教应对方法，关注宗教应对对某些问题和人群的适用性及对其他问题和人群的不适性，我们可以学习到更多可能辅助或阻碍咨询的宗教因素。有了这些知识，才有可能把宗教更加完整有效地结合到帮助的过程中。

宗教和应对更广阔的应用意义

这部分的讨论将关注宗教和应对在咨询应用中的实际意义。咨询是助人的专业人士的主要手段。然而，它不是唯一的手段。在传统上，咨询是受到三个假设限制的：1. 心理健康专业人士是最适合为个人困难提供帮助的人；2. 个体是受帮助的最恰当的目标；3. 帮助最适合的时间是在问题发生以后（Rappaport，1977）。宗教和应对的原理提出了三个更宽泛的工作假设：1. 除了心理健康专业人士外，有许多有能力帮助别人的人；2. 除了个体外，还有许多重要的帮助目标；3. 除了在问题发生之后，还有其他的时间可以帮助。在下面的部分，我考察了在助人过程中用到的宗教和应对更广阔的含义。

扩大助人者的范围

没有哪个群体可以垄断助人这个事业。应对的帮助可以有很多来源。

医务人员

医务人员在人们最危急的时刻处于格外重要的战略地位来提供帮助。在一家大型的非宗教医疗中心中进行的一项对临终患者的研究中，有76%的人表示他们希望能够与他们的护士讨论上帝，55%的人希望他们的护士帮助他们进行祷告，46%的人希望护士能认可和尊重他们的宗教信仰（Sodestron & Martinson，1987）。医务人员反过来也对他们患者的灵性需求有越来越大的兴趣。例如，在对救济院医务人员的调查中，大部分人表示他们倾听了患者谈论上帝，分享了他们自己的灵性欢乐，运用了祷告，给他们的患者阅读了《圣经》（Millison & Dudley，1992）。许多的活动看护者与牧师所做的一样频繁。尽管如此，医务人员似乎还是小心翼翼地对待着宗教问题。调查显示，他们与心理健康方面的同仁一样，还并不确定如何能最好地应对患者的灵性需求（Taylor & Amanta，1994b）。

即使医务人员与心理健康专业人士都更愿意，也更有能力在他们的工作中讨论宗教的问题，许多人仍然没能得到帮助。流行病学调查表明，在美国有严重个人问题的个体人数远远超过心理健康专业人士所能提供帮助的能力（Regier et al.，1988）。由于管理型医疗保健增长，保险报销幅度降低，心理健康服务受到了进一步限制，但毕竟还有其他的地方可以得到帮助。

神职人员

在应对中提供专业宗教帮助的最明显的来源就是神职人员。作为帮助者，神职人员具有超越他们灵性导向的几大优势。第一，他们的可及性高。在美国，神职人员（超过545 000人）远远多于心理健康专业人士（大约40 000人）（Jacquet & Jones，1991）。美国的几乎每一个社区都可以找到神职人员，包括那些很少能接受其他专业人士服务的农村和城市地区。第二，传统上，牧师和他们的成员分享了人生最关键的转变——出生、成年、婚姻、生病、死亡——那些人们可能极度需要支持的时刻。第三，与等待着患者来找他们治疗的心理健康专业人士不同，神职人员有权在人们遇到困难的时候向他们伸出援助之手。这样，他们可以比其他提供帮助的专业人士更加快速和直接地参与帮助。许多人在向神职人员寻求帮助的时候可能没有向其他专业人士寻求帮助时那么有耻辱感。就像之前所说的，很多人更愿意向宗教导师询问他们的问题。研究表明，牧师遇到的问题有许多与心理学家、精神病学家和社会工作者遇到的问题一样（Hohmann & Larson，1993）。

然而，关于牧师是否有能力为重要的个人困难提供咨询也有很多争论。一小部分但也是很重要的一部分神职人员已经通过认证机构接受了广泛的临床训练和督导。比如，美国牧师咨询协会（American Association of Pastoral Counselors，AAPC）已经为超过3200名牧师咨询师和超过100个美国牧师咨询中心发放了资格证书（Wyrtzen，1996）。然而，这些牧师可能只是例外。尽管对于咨询的兴趣在神学院里不断增加，但大多数毕业生在这个领域接受的训练相对来说仍然很少（Linebaugh & Devivo，1981）。缺乏咨询的准备，这对神职人员本身就是不满的来源（Kaseman & Anderson，1977），可能有助于解释为什么神职人员在心理健康问题上的知识少于其他群体。例如，在一项对来自不同传统的宗教领袖的研究中，神职人员在精神病理学方面的知识少于临床心理学博士、临床与咨询心理学的研究生，以及选修变态心理学和心理学导论课程的本科生（Domino，1990）。

精神病理学的训练和正统知识的缺乏是否意味着神职人员很难作为咨询者提供帮助，这还是不明确。很少有研究直接测查牧师作为咨询者的效能。人们对他们从牧师那里得到的咨询反馈十分乐观（Vcroff ct al.，1981），但这些反馈在没有从牧师那里接受咨询或者曾到其他专业人士那里咨询的人的对照下是很难解释的。普罗普斯特等人（Propst et al.，1992）的确发现某种教牧咨询在对临床抑郁者的治疗中比标准的认知行为治疗更有效。然而，研究中这种“教牧”咨询是由对宗教熟悉的学生完成的，而不是神职人员。

宗教社区的一些人称用心理健康的标准来评价牧师是“不正当的”。毕竟，心理健康方面的专业人士在宗教知识的测试中能做得多好呢？有人认为，神职人员的角色不应该和心理健康专业人士相混淆。根据这样的论点，神学家托马斯·欧顿（Thomas Oden，1983）认为，那些尝试着模仿其他专业人士的牧师缺失了其宗教身份。他写道：

> 确实，好的牧师在不同时期可能会作为哲学导师、心理咨询师、社会变革代理人和道德导师……但当这些身份与他们的历史身份和传统、与启示录的历史和上帝解决心灵问题的能力脱节时，就很容易变为廉价地适应当代文化，而失去了传统称之为智慧的精妙权衡的判断力。（p. 55）

欧顿做了一个很有说服力的论证。神职人员不是穿着神职服装的心理专业人士。作为“心灵的牧者”，神职人员无疑关注灵性的表现以及作为完整个体在生活中的生物、社会和心理方面。因此认为神职人员仅仅是心理健康行业中的一个团体可能会低估他们角色的独特的能力。如果我们想要更全面地理解神职人员（和其他专业人士）作为帮助者的效能的话，应该把成功寻求意义的灵性标准融入未来对咨询的研究中。

自我帮助、非专业人士以及相互支持

对于大部分人来说，在问题发生时，打电话给提供帮助的专业人士可能是最后采取的手段，而不是最初的反应。很多人试着自己解决问题，或者在家人和朋友的帮助下解决。只有当这些手段失败时他们才有可能向专业人士寻求帮助。然而，这些方法不一定失败。非专业的帮助可能相当有效，而且这种帮助对宗教问题也很敏感。

一种可能有价值的帮助来源是宗教性的自助材料。许多人试着通过文本学习或者宗教电视节目来解决他们的问题。到任何一家书店、杂货店或者超市的付款台上都可以找到很多宗教自助的书籍、手册和文章。内容覆盖了人生中的全部危机：孩子的死亡、离婚、监狱服刑、对生命有威胁的疾病、自杀等。这些阅读材料中很多包含了宗教应对的建议。例如，一本题为《与上帝同行走过悲伤和失落》（*Walking with God through Grief and Loss*）的手册鼓励读者表达出他们的宗教不满（“当我们为失去的感到悲哀时，有意地为伤痛祷告、向上帝哭喊、表达我们的愤怒有助于这个过程”），寻求精神支持（“我们可以想象上帝坐在我们旁边，充满着爱地看着我们，或与我们同行，倾听我们伤心的事情”），并且重建我们和上帝的关系（“我们可能认为上帝不在我们身边，但上帝就在那里，以我们可能还没有注意到的方式帮助我们”）（Rupp，1990）。尽管宗教自助材料的有效性还没有直接被证实过，但有关其他自我管理的案例研究表明它们可能和治疗师主导的治疗一样有帮助，至少在用于适合教育干预的问题时如此（Christensen & Jacobson，1994）。

教堂、清真寺和犹太会堂的非专业人员代表了另一种潜在的支持和帮助形式。像神职人员一样，他们有能力接触到社区里最难接触到的人，并且可以在人们感到有压力的时候提供一种传统的照顾和支持。一些非专业的咨询项目培养和组织教会成员作为业余牧师给需要的人提供帮助（Tan，1990）。例如，“史蒂芬系列”（Stephen Series）教会成员去帮助那些被牧师指定和转介的同一教会的成员（Haugk，1985）。这个项目很明显是深深扎根于基督教信仰中的“所有信徒都是祭司”这一信念中（1 彼得 2：5—9）。“史蒂芬”牧师们在危机干预、倾听技巧、情感处理、社区资源和基督教独特关怀等方面接受训练。已有来自 1 100 多个教会、40 多个教派的超过 30 000 名非专业的牧师接受了训练。有一个教会报告，在18个月中，教会牧师们与成员进行了736次直接接触和648次电话接触，他们的问题包括离婚、悲痛、失业、抑郁和慢性疾病。研究者刚刚开始去评估外行咨询者的有效性（Tan，1990）。研究结果应当是很有前景的（Toh & Tan，待发表）。

互助团体也成为越来越流行的帮助形式。据估计，在美国有超过1 500万人参加了大约50万个自我帮助团体（Atkins，1991）。这些团体中很大一部分是基于匿名戒酒会（AA）模式建立的十二步项目。这些群体被描述为鼓励彻底改变世界观和生活方式的现代宗教运动。确实，在仔细观察十二步方法后，可以发现这些方法和宗教应对方法的共性，特别是宗教皈依和净化的仪式（见表12.3）。在最开始的三个步骤中，个体被鼓励去完成一项巨大的改变，来认识自身的能力有限性，从而在自身中融入神圣的东西。在接下来的六个步骤中，个体被要求认识他的缺点，寻求上帝的帮助来去掉这些局限性，并且补偿那些被自己伤害的人。在最后两个步骤中，个人向上帝寻求宗教的方向和力量，并投身于帮助别人的事业中。

表12.3　匿名戒酒会的十二步骤

1. 我们承认我们对酒没有力量　我们的生命变得无法控制。
2. 相信有比自身更有力量的事物会使我们的心智重归健康。
3. 做决定改变我们的意志和生活，交给我们所理解的上帝去处理。
4. 做一次无畏的对自身道德状况的反思。
5. 向上帝、自己和其他人承认自己的过失。
6. 完完全全地准备让上帝改变个体的所有人格缺陷。
7. 谦卑地请求上帝去除我们的缺点。
8. 列一个清单写出所有我们曾经伤害过的人，并且愿意去补偿。
9. 只要有可能就直接与这些人修补关系，除非这样做会伤害他们或其他人。
10. 继续记录个人的检查表，当我们做错时及时承认。
11. 通过祷告和冥想来改善同我们所理解的上帝的有意识的接触，只祷告他赋予我们了解和实现他意愿的力量。
12. 在完成这些步骤后有了灵性觉醒，我们要尽量把这个信息带给酗酒者，并且在我们日常所有的事务中履行这些原则。

注释：来自《匿名戒酒会》（*Alcoholics Anonymous*，1977，pp. 59－60）。该十二步骤在匿名戒酒会全球服务公司的允许下重印。他们对此的允许并不意味着他们检查和赞同本出版物的内容，也不意味着他们认同其中的内容。匿名戒酒会只是一个酗酒康复的项目——按照匿名戒酒会项目进行的其他项目和活动中，或在非匿名戒酒会背景下使用十二步骤，可能并不产生作用。

对AA成员的评价表明他们取得了与专业治疗酗酒效果相似甚至更好的结果（Emrick，1987）。对其他互助团体的评价，尽管受制于数量和设计，也得出了很有前景的结果（Christensen & Jacobson，1994）。

心理健康方面的专业人士不是唯一能够提供帮助的人群。在应对中有许多帮助的来源，每个来源在向困难中的人们提供帮助时都有特别之处。施助者没有必要互相敌对，特别是在这个健康和人类服务制度的改变让越来越多的人得不到帮助的时刻。个人问题数量庞大，非常严重且各不相同，所以需要很多方面共同提供帮助。

扩大帮助的目标

西方文化中的人一般以个人的视角来考虑困难和解决办法。心理健康方面的专业人士也是如此。

美国精神病学会的《精神疾病的诊断和统计手册》中记录了个体心理问题在生活中的各种形式。最广泛运用和接受的治疗形式所针对的也是个体。能够反映这一个人主义偏见的例子之一，是许多保险公司拒绝报销婚姻或家庭治疗的费用。

从应对的角度看，个体代表了变化的一个重要的目标，但不是唯一目标。有压力的情境不仅影响个人，也影响系统。当一个人得了癌症后，就像人们常说的，整个家庭都得了癌症（Schafer，1984）。这个观点也适用于宗教系统。例如，宗教领袖的不良行为的案例不仅大大影响了直接卷入风波的人，也会影响到整个教会。与个体一样，系统必须有能力应对消极的事件，而同样地，系统也可能遇到应对中的麻烦。

在困难的时候宗教资源对社会系统是有帮助的。比如，许多宗教传统都认为家庭有着很神圣的地位。宗教规定的常理和价值能够促进家庭的紧密稳定，避免威胁家庭幸福的态度和行为（D'Antonio，Newman & Wright，1982）。研究表明宗教性与婚姻和家庭的适应性有正相关（Hansen，1992；Stinnett，1979）。咨询师们开始借助宗教资源和应对方法来帮助家庭渡过转变的困难期（Prest & Keller，1993；Worthington，1989）。

例如，格利佛斯（Griffith，1986）介绍了拜伦的案例，他是一位20岁的福音派基督徒，进入大学后遇到了适应问题。在高中他是荣誉学生，到了大学却经历了很多困难，难以集中精力学习，几乎不能通过考试。格利佛斯了解到拜伦一直把全部心思都放在了他母亲身上，他母亲自从拜伦的祖母几年前去世后就十分孤独和隔离。而母亲反过来也全部心思在关心儿子："拜伦和我十分亲密，"她说，"当他洗澡后我都会觉得很干净。"（p. 610）为了降低拜伦和母亲互相依赖的程度，格利佛斯决定和家庭共同努力。他从他们自己的宗教构建来挑战母亲和儿子。"很多年来，"他当着母亲的面对拜伦说，"你比你的父亲更像她的丈夫；现在，在每一次自然灾难中扮演她的守护者，你正试着做她的上帝呢。"（p. 610）把拜伦对母亲的过度关心看成一种罪，是一种对上帝权力的侵占，格利佛斯鼓励他的来访者进行再评价——转变生命的意义，从单方面关注母亲转变到对宗教信仰的投入。最终，拜伦选择更多参与他的宗教生活，在这个过程中，他培养出了更高的情感独立。

宗教形式的帮助可以被运用到更多越来越普遍的家庭问题中，比如解决在跨宗教信仰婚姻或重组家庭中出现的问题（Weidman，1989），以及关于堕胎、安乐死和临终病人生命维持等方面的家庭矛盾（Sonnenblick，Friedlander & Steinberg，1993）。宗教帮助也可以应用到其他社会系统中，包括应对内外变化的教堂和犹太会堂（Pargament et al.，1991），以及面对贫困、犯罪和不断恶化的邻里关系问题的社区。

例如，科恩和他的同事（Cohen et al.，1992）记录了宗教教派和当地教会在解决无家可归者问题中的广泛参与。这种努力远远不只是经济上的资助或是为单个家庭提供短期避难所。宗教组织提倡在州和国家层面上确保有人们买得起的房屋。他们的目标是一些特定社区，目的是促进住房发展、预防犯罪以及拆除老旧建筑。一些教堂已开始合力建设和组织他们自己的可以支付的房屋来提供给低收入或中等收入的家庭。科恩等写道，宗教组织为解决无家可归者的难题提供了"力量、人员、视野、稳定、持续和智慧"（p. 324）。

简而言之，尽管专业的助人人员习惯以个人的角度考虑问题和解决方法，但还有其他的相关目标可以发生基于宗教的变化。压力源影响家庭、组织、社区和个人。应对的问题可以在所分析的这些社会和个人层面中的任何一个加以定义和研究。帮助型社会系统相对来说是新的、很有挑战的工作，然而它提供了增强助人质量，并将助人范围扩展到其他重要的问题和人群的机会。

扩展帮助的时间

社区心理学的学生经常面对如下的假设困境。一位年轻的女士在河边散步，听到几个掉在河中央的人的呼救声。她跳进河里帮助他们上岸，又听到另外几个同样悲痛的呼叫声。她很疑惑，抬头一看才发现河上游的桥被冲毁了。没有意识到桥已经不存在的司机正在开车冲向河里。她是应该继续救一个又一个掉到河里去的人，还是应该跑到上游去警示司机以免他们重蹈覆辙呢？许多学生试着找到两全的方法，即落水者也去警告司机不要再掉进去。在危机发生后帮助人，以及帮助人们远离危机都有一定道理。

然而，现实生活中，大多数帮助行为发生在事后。专业的帮助者一般被社会化到“等待模式”中（Rappaport，1977），在办公室里等待在问题发生后找他们寻求帮助的人。这种模式的存在是因为医疗保险公司不愿意对预防服务提供报销。然而许多生命，大量的痛苦和花费可以通过一开始就预防某些严重的问题而避免，如艾滋病或者酒精及药物滥用。预防性的项目已经成功减少了许多种心理障碍和问题的发生（Price，Cowen，Lorion & Ramos-McKay，1988）。

通常宗教不被看成是预防的资源之一。宗教帮助者本身就不强调预防（Anderson，Maton & Ensor，1992）。事实上，如同斯皮尔卡和布里奇斯（Spilka & Bridges，1992）指出的，根据一些传统，预防在“神学上是不可能的”。原罪是人类境况的基本问题。它可以通过上帝的恩典而除去，但无法通过人类的行为来预防。这样看来，对于人类的困境，应该为将来的新世界的拯救而不是为这个世界的预防去祷告。严格遵守这个立场的宗教群体可能不鼓励“有罪的”行为（例如，同性恋），但他们可能也不那么愿意支持预防这些行为潜在后果的努力（例如，艾滋病教育），他们认为这些后果是来自上帝的应有的惩罚。

许多其他的宗教传统看待人类情境的方式则大不相同。个人的和社会的痛苦可以被定义为人类无知和“社会罪恶”的结果（Spilka & Bridges，1992）。从这个角度看，宗教的中心任务是以更大的理解、同情和社会正义来重新使世界回归正轨。预防与这样定义的宗教使命是相当一致的。在一些但并不是所有的形式下，宗教可以扮演重要的预防性的角色（Pargament，Matonet al.，1992）。宗教怎样有助于预防呢？有两个方面。第一，宗教参与本质上就是预防性的。第二，宗教群体和机构已经开始提供他们自己的正式预防项目。

常规的参与宗教信仰和实践的系统本身就可以产生预防性的结果。许多宗教教导他们的成员避免高风险的行为。例如，第七日复临派团体就不鼓励喝咖啡和食肉，因此在肠道、前列腺和乳腺癌上的平均死亡率较低。阿米什人对婚外性行为有严厉的制裁，因此宫颈癌的患病率较低（综述见 Jenkins，1992,）。参与正式宣布禁止杀生、物质滥用以及婚外关系的宗教系统，与较低的自杀、药物、酒精滥用以及家庭解体风险相关（综述见 Payne，Bergin，Bielema & Jenkins，1992）。

参与日常宗教事务中也可以增强定位系统，增加个人对危机的适应能力。在社会层面上，长期参加宗教群体给个体提供支持来源，以及接触到促进人生重要转变的过渡仪式的机会。从个人层面上看，宗教可以帮助建立高度分化的、高度组织的理解和应对世界的综合框架。在这个框架下，个人更有能力产生减轻应激、预防严重生活问题的宗教应对方法（见第十章）。

宗教组织已经开始为还没遇到困难的人设计预防计划。例如，一项在美国西部某大型城市的调查表明，在过去三年内一半的教会开展了药物或者酒精教育项目（Lorch，1987）。许多教堂和犹太会堂也支持丰富婚姻生活的项目，旨在帮助夫妇以灵性的角度看待他们的关系，预测可能发生的困难，建立沟通技巧，并且找到能够坚固婚姻的宗教资源（Worthington，1990）。

很重要的一点是认识到宗教组织格外适合帮助那些被剥夺了权利的高危社会群体。比如，黑人教堂是非洲裔美国人生活的中心组织，而许多非洲裔美国人只有有限的机会获得主流的医疗和人力服务。黑人教堂全面服务社会、心理、生理和灵性需求的精神与预防的精神是相同的（Levin，1984）。黑人教堂和其他会众场所参与了对高危人群的接触项目。在 1991 年，据报道有 90% 的集会支持或者正在运营人力服务、医疗或者福利项目（Goodstein，1993）。这些项目涉及很大的范围，有以教堂为基础的危机咨询、健康教育，以及给失业人员的工作技能培训，也有基于学校的指导和家庭生活指导（Eng & Hatch，1992；Maton & Pargament，1987；Maton & Wells，1995）。

尽管宗教参与正规的预防项目是最近才出现的，但它可能格外有助于预防。这点可以从对 RAISE 计划（Raise Ambition Instills Self Esteenl，“提高雄心增长自尊”项目的简称）的评估中看到，这是巴尔的摩市的一项计划，旨在给城市中心区的年轻人提供为期 7 年的学术和社会的支持（Maton & Seibert，1991）。6 所教堂和 7 个社区组织招募导师来帮助这些学生的学校教育，提供关注和关爱，并作为成功和责任的榜样。梅顿和塞伯特（Maton &

Seibert）通过对这个项目3年的观察发现，教堂培训的学生比起其他社区组织培训的学生更有可能跟资助者建立起稳定的长期关系。而且，有教会赞助的学生比非RAISE计划中的学生取得了更持续的学术进步。

梅顿和塞伯特（Maton & Seibert，1991）对基于教堂的赞助者能够带来显著影响的原因给出了解释。在7年的时间里，教堂可能提供了更多的支持来保证导师到位。鉴于教堂在社区的中心作用以及其在宗教和文化背景中的重要作用，学生家长和学生自己更有可能信任和回应教堂所支持的个人。教会给导师和学生提供了各种各样的教会活动，让他们可以见面并形成更深更持久的关系。最后，教会基础的导师对这个项目的投入更多，可能是由于他们相信自己获得了宗教上的呼召来进行类似的工作。

对于已经处于痛苦之中的人们来说，预防作为帮助方法不像咨询那样受欢迎。特蕾莎修女（Mother Teresa）和阿尔贝特·施维泽（Albert Schweitzer）比约翰·斯诺（John Snow）和伊格纳兹·塞梅尔维斯（Ignatz Semmelweiss）更加有名，后两者分别是发现预防霍乱和童床热的公共卫生专家。然而，论及被拯救的生命和被免去的痛苦，斯诺和塞梅尔维斯的影响可能等同于甚至是大于特蕾莎修女和阿尔贝特·施维泽。传统上，与预防相比，宗教服务与治愈生病者和受痛苦者联系得更密切。但宗教本身并没有什么限制，使其只能在事情发生之后才能去帮助。相反，在人们遇到麻烦之前或者在小麻烦变成大问题之前，宗教资源和应对的预防方法还是一种有力的帮助形式。

在宗教和预防方面，有许多可以工作的机会。其中之一可以设计一套宗教的教育课程以提倡与个体存在问题和危机相关的，具体、灵活、全面的宗教定位系统。例如，一部宗教音乐电视剧从宗教的角度来教授问题解决技能（Rettino & Rettino，1985）。另一个可以关注弱势群体，他们与机构的唯一联结可能就是教会。马克布莱德、马克伊、齐特伍德、赫南德资和穆克（McBride，McCoy，Chitwood，Hernandez & Mutch，1994）调查了美国本土近5万名街头毒品注射者后总结说，“高危群体与政府的可信任的接触非常少，而他们可能将教会、寺庙和其他宗教组织看作可以相信的、可靠的艾滋病预防信息的来源”（p. 332）。第三种可以对容易遇到严重问题的特定人群开展特别的培训项目，帮助他们使用宗教应对。教会可以对孤立于社区之外的年老的寡妇开展援助项目，因为她们有着很高的抑郁危险（Siegel & Kuvkendall，1990）。当前，人们对于宗教参与预防的探索才刚刚开始。

通过资源合作将心理学和宗教两个世界联结起来

随着逐渐认识越来越多的心理学家和其他心理健康专家，我被他们中间那些曾渴望成为牧师或者曾在神学院接受训练的人的数目所震惊。我还发现，许多牧师在他们生活的早期曾经认真地考虑过选择心理健康专家作为职业。这两个专业的紧密联系很有道理，两者都对人类状况的理解和改善很感兴趣。显得不那么有道理的是，一旦选择了职业，这两个群体经常沿着非常不同的方向前行。尽管他们有共同的兴趣和关注点，但心理学和宗教社区的帮助者在传统上与对方很少有关联。

在第一章，我发现刻板印象、敌对关系和怀疑在某种程度上造成了这种分裂。在本书其他章节，我试着挑战以下这些传统的误解：一方面，宗教仅仅是一种对抗焦虑的防御；另一方面心理学上没有空间留给任何别的学科，只有自我中心地对他人的关注。我们已经看到宗教可以在困难的时候以各种方式帮助个体寻找意义。我们也看到心理学有能力把自己发展成为一个科学和职业，来探索和努力应对人类最深奥的渴望和困境。可以确定的是，在心理学和宗教两个领域之间有很多重要的不同，表现在世界观、实践和研究方法上。但这些区别可以促成对话而不是分裂。

尽管学者们很久以来一直呼吁在宗教和心理健康领域之间建立更加紧密的联系，但直到最近这些呼吁仍然在很大程度上被人们所忽略。这两个团体的成员很少有实际的接触，也经常不了解对方有怎样的资源能为我所用。而已经发生的互动通常是单方面的。一些牧师对于心理治疗的理论和方法相当接受，他们把这部分知识主体融入教牧咨询之中。一些牧师还愿意向心理健康专家转介咨询的案例。尽管心理健康专家很乐意接受他们的转介，并且也愿意向教会提供教育项目，但他们并没有反过来利用这些宗教团体的资源和智慧来加强自己的工作以及促进专业的发展。调查表明，牧师转介给心理专家的案例比心理健康专家转介给牧师的要多得多（Carson，1976；Meylink & Gorsuch，1986）。

宗教社区的一些领袖对宗教和心理健康只是单方面的关系这一问题表示不满（Kloos，Horneffer & Moore，1995）。比克尔（Bickel，1987）就此说道："几十年来各界都在呼吁希望有一个'宗教和心理健康领域之间的对话'。结果很大程度上都是牧师和宗教团体中的非专业人员坐在心理健康专

家的脚下独自呓语。”（p. 1）

幸运的是，现在有了改变的迹象。几部重要的宗教心理学基础课本的出版表明对学习宗教现象感兴趣的心理学家在不断增加（Batson et al.，1993；Hood，Spilka，Hunsberger & Gorsuch，1996；Paloutsian，1996；Wulff，1997）。心理学家在宗教和咨询方面的书籍和论文也反映了他们逐渐意识到理解和应对来访者宗教观点的需要（Lovinger，1984；Propst，1988；Shafranske，1996）。某些心理学的研究生项目已经形成了明确地把心理学理论的方法融入特别的宗教传统中的尝试（例如，拜奥拉大学、富勒神学院、乔治·福克斯大学、韦顿大学）。

主流心理学和其他施助职业的研究者与从业人员也开始把深深扎根于宗教世界的应对方法应用到更广的人群中。这些方法包括使用宽恕来帮助人们放弃过去的怨恨而朝着新的目标和兴趣前进（McCullough & Worthington，1994b），使用宗教仪式帮助度过人生的重大转变（Imber-Black & Roberts，1993），以及使用冥想来减少焦虑和应激（Benson，1984）。这样的介入给更传统的控制倾向的心理介入提供了修正的方法。但不得不提的是，在很多情况下这些应对的方法被去除了它们原始的宗教联系和含义：提倡宽恕已经是在完全世俗的基础上进行的；仪式也被告知只有很少甚至完全没有与灵性的联系；冥想也以非宗教问题和词语为中心进行。当与宗教根源分离时，这些应对方法是否还具有效力我们还不得而知。

总的来说，在心理学社区和宗教社区的许多成员中似乎有不断增长的相互学习的意愿。但前面仍有很多的路要走（Weaver，Koenig & Larson，1997）。要想让这两个团体的关系进一步拉近，更多直接地接触和互动必须替代过去单方面的关系。心理学和宗教都不能完全回答人生最困难的问题，但都有对自己的服务对象和对方来说很重要的方法和信息。所需要的是从独白到对话、从孤立到联合的转变。

泰勒、盖茨和我（Tyler，Gatz & Pargament，1983）所提出的资源合作者的角色可以作为适用于心理学家、来访者和其他专业人士包括宗教施助者之间相互关系的模式。资源合作者模式反对某一成员因为教育或者职业而在施助关系中比其他人优越的理念。相反，模式假设参与者的基本价值是相同的。这并不是说他们为合作关系带来的是相同的内容。所有参与者都被认为是有着与众不同的资源和局限的。但这些不同不一定会造成疏远。相反，分享独特资源的过程给相互的发展创造了机会。资源合作是以尊重我们独特的身份、优点和缺点为基础的，认为我们可以通过分享资源而加强我们以及相互之间的健康。

资源合作非常适合宗教和心理学施助团体的关系。它强调了这两个专业的独特性。教会和神职人员不会与准心理健康中心和心理健康专家混淆（Rappaport，1981）。心理学家和其他心理健康专家也不必被认为是现代社会的牧师。两者重叠部分的使命都关注意义的寻求，但他们是不一样的。每个社区都可能描绘出自己有意义的目的地，以及获得意义的途径，而他们在某些方面是不同的。

资源合作模式也警示我们要注意心理学和宗教施助者的优势和局限性，以及令人兴奋的相互弥补的可能性。心理学由于较少接触到那些较少机会接受服务的人群，对具有文化多样性的宗教表达的理解也有限，可以建立与宗教团体的密切合作，因为后者与许多被剥夺权利者以及少数群体有过可靠的信任关系。在面对和解决与价值相关的问题中遇到困难时，心理学可以利用宗教文献在道德、伦理和重要意义等方面的丰富资源。心理学在理解和应对人类控制的局限性方面存在一些不足，可以从宗教世界的神学理论以及人们怎样与自己的局限性相妥协的方法中学到很多。

宗教反过来可以通过利用心理学资源来解决自己的问题。有时宗教难以使用个体自身的方法来增加个人的力量，此时可以学习有关心理学的理论和改变的方法。鉴于宗教还没有准备好来评价其把人们带向神圣的努力，宗教可以用科学的方法作为辅助。在这些方面，心理学和宗教相互补充得非常好；两个专业都能通过彼此交流有所收获。在宗教领域，许多宗教领袖都持开放态度，表达了对心理学和宗教智慧合作的期盼（Kloos et al.，1995）。

合作不是在所有情况下都有可能发生。价值观方面的巨大不同可能导致在某种情况下并不能达成合作（例如，堕胎、同性恋、对宗教权威的顺从）。然而，更常见的情况是，我相信心理学和宗教可以找到足够多的共同点来进行交换。

现如今已有一些资源合作的例子。心理健康专家和神职人员开始共同合力咨询那些遇到心理学和宗教问题的人（York，1987）。我们特别需要注意的是与“文化融合者”（cultural brokers）的关系，即来自新的或者非传统的宗教团体的领袖的关系，他们对心理健康专家的协助在于帮助处理越来越多的不同文化不同宗教的来访者（Waldfogel & Wople，1993）。由神职人员、医学和心理健康专家组成的整体健康中心也开始出现，他们共同为一个人整体的健康而工作——生理、心理和灵性健康（McSherry，1983）。心理学家和宗教领袖在地方教会也开展共同合作实施和评价酒精滥用预防项目的成功案例（Roberts & Thorsheim，1987）。宗教机构和其他团体组织建立了有效的联盟来开展各种团体新生项目（Scheie，Markham，Mayer，Slettom & Williams，1991）。在我和我的同事的研究中（Pargament et al.，1991），我们给教堂和犹太会堂提供了以数据为基础的咨询项目，帮助他们评价自己和规划未来，同时他们也给我们提供机会学习宗教在他们成员的生活中的应对作用。

未来，心理学和宗教团体的施助者可以共同合作为应对重大人生危机的群体开展心理灵性干预。还可以开办共同的教育论坛，其中宗教和心理学团体的领袖会在他们的世界观、实践和研究方法上相互借鉴。在我们愿意超越自己专业的界限而与其他为了共同建立更好的世界的人们一起工作时，这些只是所有引人入胜的可能性中的一部分。

在压力时期探寻意义不是一个简单或者直接的过程。个体必须与强大，有时还要与对抗的势力做斗争：可控的和不可控的，理智的和情绪的，好的和坏的，可能的和不可能的，个人的和人际的，即时的和终极的。尽管我们可能非常努力也很有爱心，但没有哪一个施助者或者帮助的职业可以成功解决所有这些复杂的问题。然而，通过合作我们有可能会更加成功，而且这种合作的受惠者不只限于我们的服务对象。

每个专业的施助者都有他们的局限。不能慎重地接受这些局限并意识到更新的需要，已经使宗教和心理健康团体中的施助者付出了倦怠和挫折的代价。我们变成了“受伤的治愈者”（Lerner，1994）。资源合作部分弥补了这种状况，为施助者提供了一次充实他们自己并达到个人和专业成长的机会。通过合作，我们将两个被孤立了太久的世界联结起来，为对方开创了新的资源和可能性。通过这个过程，我们可能会发现我们在寻求意义时将能更好地帮助他人和自己。

附录 A. 应对中包含宗教的人数比例

研究	样本	方法	结果
Baider & Sarell (1983)	33 名患有乳癌的以色列犹太妇女	结构性访谈（她们觉得患病应该责怪谁/什么?）	60.6%的人表示上帝应受到责怪。
Balk（1983）	33 名经历过兄弟姐妹死亡的白人青少年	结构性访谈（对兄弟姐妹死亡的反应）	69.7%的人报告在经历丧失后宗教对他们变得重要或是非常重要。
Bowker（1988）	1 000 名受虐妇女	访谈及调查（她们曾经求助过的机关单位）	1/3 的妇女向神职人员寻求帮助。
Bulman & Wortman (1977)	28 名遭遇严重事故的受害者	对“为什么是我”这一问题的自然回应	35% 的人认为上帝有让事故发生的理由。
Cain（1988）	30 名在 60 岁后离婚的中产阶级白人女性	访谈和问卷调查（她们如何应对离婚）	2/3 的人报告她们转向于宗教（例如，宗教集会、社会交往、神职人员、宗教仪式）。
Carlson & Cervara (1991)	37 名监狱囚犯的妻子	自我报告（是否有用宗教来应对丈夫的监刑）	27% 的人表明有用宗教应对。
Compas, Forsythe & Wagner（1988）	65 名本科生	为期 4 周的清单（是否在某次遇到学术和人际关系挫折时，借用信仰来寻求安慰及支持）	29.2%的人通过宗教应对学术上的挫折；21.5%的人通过宗教应对人际关系上的挫折。
Conway (1985—1986)	65 名有医疗问题的老年妇女	清单（把祈祷作为一种应对医疗问题的机制）	91% 的人报告把祈祷作为应对机制。
Croog & Levine (1972)	324 名曾经心脏病发作的男性；分别信仰天主教、基督教和犹太教	调查他们是否曾经见过或是计划向神职人员寻求帮助；患心脏病的原因	11% 的人曾经见过或打算向神职人员寻求帮助；40% 的人报告“神的旨意”是具有影响力的因素；13% 的人报告“报应”为具有影响力的因素。

续表

研究	样本	方法	结果
Dalal & Pande (1988)	41 名因意外而受重伤的印度人	关于事故归因的问卷调查和访谈（1～5 分量表）	“上帝的旨意”得到了最高分(4.42)。
Ellison & Taylor (1996)	1 299 名成年非裔美国人	访谈（在应对重大生活危机和/或难以独自解决的个人问题时，是否有祈祷或是请他人代祷）	80% 的人报告有以祈祷作为应对。
Gilbert（1989）	54 名流产或失去孩子的父母	低结构式访谈（如何应对流产或失去孩子）	78% 的受访者的应对有包括宗教(积极或消极)。
Greil，Porter，Leitko & Riscilli (1989)	29 名不孕的父母	在问“为什么是我?”的问题时提及超自然的实体	86% 的受访者从宗教的角度来回应问题。
Gurin，Veroff & Feld（1960）	从全国各地选出的 2 460 名成年人	对问题“如何应对烦恼”的自然回应	16% 的人提到祷告；4%的人提到神职人员。
Hayden & Przybysz (1995)	42 名转移性癌症患者；基督教徒和天主教徒	访谈（“为什么是我?”）	29% 的人试图借着宗教来回应这个问题。
Hughes et al. (1994)	56 名婴儿在重症监护室的父母	自我报告（以依靠宗教信仰来作为应对）	33% 的受访者报告借着对宗教信仰的依靠来应对所面对的情况。
Kesselring et al. (1986)	45 名瑞士及 40 名埃及癌症患者	访谈（觉得什么会对疾病有帮助）	37% 的瑞士人认为是上帝；92% 的埃及人认为是上帝。
Koenig (1988)	263 名老年人；大多数为基督教徒	报告（通过祈祷和宗教信仰来应对近期所面对的压力）	95% 的人报告借由祷告应对；81% 的人报告借由宗教信仰应对。
Koenig，George & Siegler（1988）	100 名老年人；大多数为基督教徒	自动提及利用宗教应对解决 3 个压力事件之一	45% 的人提及宗教应对。
Koenig et al. (1992)	850 名患病住院和上了年纪的男性；大多数是保守的基督教徒	被访者自动提及认为宗教是应对疾病最有效的方式	20% 的人提及将宗教作为主要的应对方式。

续表

研究	样本	方法	结果
Kubacka-Jasiecka, Dorczak & Opozzynska (1990)	30 名面临压力情境的大学生	自动提及宗教为应对压力情境的机制	2/3 的人提及以某种形式的宗教或宗教价值作为应对。
LaGrand (1985)	901 名经历了所爱的人亡故的大学生	通过宗教信仰应对丧失的调查	35% 的人报告通过宗教信仰应对。
Leyser (1994)	82 名育有残疾儿童的以色列正统犹太父母	清单和开放式问题（应对育养残疾儿童的方式）	46% 的人表明将祷告作为应对方式；35% 自然地提及将对上帝的信仰作为应对方式。
Lindenthal et al. (1970)	938 名纽黑文市 (New Haven) 的成年居民	调查过去一年是否有在面对生活危机后通过祷告寻求帮助	44% 的人报告通过祷告寻求帮助。
Manfredi & Pickett (1987)	51 名大多数居住在老年住宅的老年人	调查在过去一个月应对压力事件的方式	祷告是最常用的策略；在 4 分的量表中得分为 $M=2.35$。
Mattlin, Wethington & Kessler (1990)	977 名居于底特律，已婚非黑人成年人	利用宗教应对来处理近来所受压力的报告	73% 的人报告不同等量（从很少到很多）地利用宗教来应对压力。
McCrae (1984)	255 名最近经历失去、威胁或挑战等生活事件的社区成年人	关于是否将信仰上帝作为应对的调查	60% 的人报告将信仰上帝作为应对。
Pargament, Ensing et al. (1990)	586 名来自于 10 个传统基督教堂的成员	调查是否在过去的一年内在理解和/或应对严重生活事件时有涵括宗教。	78% 的人表明在应对时或多或少都有包含宗教。
Segll & Wykle (1988—1989)	59 名看护黑人痴呆患者的家属	自然地提及宗教应对；将信仰和祈祷作为应对方式的调查（1～5 分量表）	65% 的人报告祷告和信仰上帝是应对的方式；祷告和信仰的得分分别是 4.34 和 4.00。
Thompson et al. (1993)	71 名癌症患者；大多数是已婚白人	关于如何试图控制情绪的开放式问题	22% 的人报告试图通过信仰来控制情绪。

续表

研究	样本	方法	结果
Wicks（1990）	随机抽取托莱多（Toledo）市的400名居民	调查过去的一年在理解和/或应对严重生活事件时是否有牵涉宗教	58%的人表明在应对时宗教的牵涉从少量到多量不等。

附录B. 宗教应对的预测

研究	样本	预测	宗教应对	结果
		宗教应对的个人预测		
Bearon & Koenig（1990）	36名报告有身体症状的老年人；基督教徒	性别、种族、浸信会和其他教派	针对症状的祈祷的报告	教育程度较低的人更有可能祈祷。黑人(60%)比白人(40%)更有可能祈祷。浸信会比其他教派更有可能祈祷。
Berman（1974）	198名体验过威胁生命的经历的人；分别信仰犹太教、基督教和天主教	宗教活动	体验过威胁生命的经历后的祈祷频率	参加宗教活动多的人更加愿意祈祷。
Bjorck & Cohen（1993）	293名大学生；分别信仰基督教和天主教	性别和内在的信仰	假想生活压力因素的宗教应对量表	宗教应对与女性的性别和内在宗教信仰有关。
Carver，Scheier & Weintraub（1993）	59名乳癌患者，未经手术前以及手术后4次	积极的人格性质	乳腺癌的宗教应对量表	宗教应对与乐观并无关联。
Courtenay et al.（1992）	16名老年人（60岁到100岁）	信仰的测量	关于使用祈祷、宗教信仰和参加教堂活动作为对健康和家庭问题的应对的报告	利用祈祷和宗教信仰作为应对与观念的、经验的和相应的信仰有关，与知识性的信仰无关；与参加教堂活动也无关联。

续表

研究	样本	预测	宗教应对	结果
Croog & Levine (1972)	324 名心脏病发作过的患者；分别信仰天主教、基督教和犹太教	教派和社会地位	调查是否曾经或计划要寻求神职人员的帮助；调查心脏病发作是否为上帝的旨意	基督教徒和天主教徒比犹太教徒更有可能去寻求神职人员的帮助；教育程度较低的个体更有可能去寻求神职人员的帮助；天主教徒、基督教徒和犹太教徒受“上帝旨意”信念的影响依排列顺序减弱；社会地位与“上帝意志”并无关联。
DeVellis, DeVellis & Spilsbury (1988)	72 名回应孩子生病的假象情况的父母	属灵干预能影响孩子康复的信念	报告为了应对疾病而采取的宗教活动	宗教活动与相信属灵干预能影响孩子康复有关联。
Dufton & Perlman (1986)	232 名完成孤独感测量的加拿大大学生	无神论者 vs. 非保守派信徒 vs. 保守派信徒	将孤独感的成因和治愈归于超自然因素的频率；通过祈祷、读圣经、与其他信徒谈话来应对孤独感的频率	将孤独感的成因和治愈归于超自然因素，以及借由宗教活动来应对孤独的频率从无神论者、非保守派信徒到保守派信徒依次递增。
Ellison & Taylor (1996)	1 299 名非裔美国成年人	年龄、性别、教育程度、自我控制、主观信仰虔诚度和无组织信仰	受访者被询问在经历问题时，是否有祈祷，或是请他人代祷	女性、自认虔诚度较高的个体、无组织信仰和有较少自我控制感的个体比较会以祈祷作为应对；与年龄和教育程度无关。
Ferraro & Koch (1994)	3 417 名全国抽样的成年人	社会阶层地位、性别、年龄、婚姻状况、种族	应对问题时寻求宗教安慰和支持的频率	宗教应对在女性、老年人、黑人和已婚的人中较普遍。与社会阶层地位无关。

续表

研究	样本	预测	宗教应对	结果
Corsuch & Smith（1983）	164名在福音派学院就读的本科生	原教旨主义和与上帝亲密程度的测量	将四个假设情境的结果归因于上帝	归因于上帝与原教旨主义和与上帝的亲密程度有关。
Curin，Veroff & Feld（1960）	2 460名全国抽样的成年人	性别、年龄、教育程度、收入、居所、基督教 vs. 天主教	自然提及将祈祷作为应对烦恼事件的机制	女性、老年人、受教育较少、收入较低及基督教徒祈祷的频繁率较高。与居所无关。
Hathway（1992）	5名内在信仰的人和5名外在信仰的人	比较内在信仰和外在信仰的人	为期90天的日常琐事的宗教应对量表	内在信仰的个体报告较高比例的宗教应对。
Johnson & Spilka（1991）	103名患乳癌的妇女；大多数是基督教徒和天主教徒	内在和外在的宗教取向	多种应对癌症的宗教途径	在应对癌症方面，内在信仰的人更常寻求神职人员帮助，更相信上帝与他们的癌症有关系，对宗教应对更加满意。外在信仰的人通常与宗教应对无关。
Koenig，George & Siegler（1988）	100名老年人；大多数是基督教教徒	性别	自然提及以宗教应对3个压力事件之一	58%女性和32%男性提及宗教。
Koenig et al.（1990）	100名来自美国南方的年长基督徒	卡特尔16人格因素量表（16PF）	非宗教应对者、偶尔使用宗教应对者，和利用宗教应对三个压力事件者	宗教应对者和非宗教应对者的人格差异不大，但是前者比后者的敌意较低，并且更为谦卑和顺从。
Koenig et al.（1992）	859名患病住院的年长男性；大多数为保守的基督教徒	人口统计学变量，功能状态，医学诊断	三项宗教应对索引	宗教应对在老年人、黑人、退休的人、有精神问题史的人和有较差的认知状态的人中更普遍。

续表

研究	样本	预测	宗教应对	结果
				与生活状况、婚姻状态、收入、功能状态和医学诊断无关。
Kunst, Tan & Bjorck (1994)	329 名本科生，回应关于不可控的消极事件的案例；信仰基督教和天主教	信仰虔诚度和教会参与	将消极事件归因于宗教的程度	信仰虔诚度和教会参与跟将事件归因于上帝、上帝的爱和邪灵有关联。但是与上帝的惩罚无关。
Lilliston & Klein (1990)	50 名大学生	自我偏差测量	回应面临假想的最糟糕的个人危机时在行为上、情感上和认知上的宗教应对的测量	“实际—应该”的自我偏差与较多行为上的和情感的宗教应对有关。
Lindenthal et al. (1970)	753 名在过去一年经历过危机的纽黑文市的居民	心理障碍的等级	在生活危机后是否有祈祷的调查	有心理障碍会增加祈祷的频率；在可控的情境下，心理障碍较严重的人会更频繁地祈祷。
McCrae & Costa (1986)	来自两个社区的成年人样本，人数分别是 255 和 151	NEO 人格量表	应对最近压力事件的信心等级评定	宗教应对只与第二个样本中的神经过质有关，与两个样本中较少的开放性有关。与外向性无关。
Pargament Olsen et al. (1992a)	568 名来自 10 个传统基督教堂的成员	性别、年龄、受教育程度、婚姻状况、收入、信仰的测量	关于过去一年在理解和/或应对严重生活事件时是否有宗教介入的调查	宗教应对与女性地位、内在信仰、传统正教、宗教体验、对上帝形象的热爱、祈祷以及合作和延缓宗教应对方式有关。自主应对和外在信仰与宗教应对呈负相关。问题取向、年龄、受教育程度、婚姻状况或收入与之无关。

续表

研究	样本	预测	宗教应对	结果
Pargament & Sullivan（1981）	209 名大学生	自我信仰虔诚度评估和做礼拜的频率	将六个假想情境中的控制归于上帝	信仰较虔诚的学生将较多的控制归于上帝。
Park & Cohen（1993）	96 个在过去一年里经历了密友亡故的大学生；信仰基督教和天主教	信仰测量和性别	朋友亡故的宗教应对量表	女性、内在和外在信仰和原教旨主义与宗教应对有关。
Ritzema（1979）	32 名大学生	信仰的测量	将四个假想情境归因于上帝	归因于上帝与虔诚、对信条的赞同度和宗教认知的显著性有关。与宗教行为的显著性无关。
Sattler et al.（1994）	322 名经历过台风伊尼基的幸存者	人口统计学变量	自我报告转向宗教来应对台风的程度	宗教应对与女性性别有关。与年龄、婚姻状况、收入和受教育程度无关。
		宗教应对的环境预测		
Bjorck & Cohen（1993）	293 名回应参与假想生活压力的大学生；信仰基督教和天主教	来自威胁、丧失和挑战的压力案例	预期宗教应对的量表	挑战与威胁的宗教应对比丧失要高；而威胁与丧失相比，威胁的宗教应对较高。
Brown（1966）	1 111 名 12 ~ 17 岁，来自美国、新西兰和澳大利亚的儿童	7 个祈祷可能会发生的假想情境	祈祷的有效性和适用性的等级评定	跟关乎于个人安全的情形比较，不道德、自然和琐碎的情境中被视为较不合适和效率较低。
Ellison & Taylor（1996）	1 299 名非裔美国成年人	不同类型的危机和问题	访谈（在应对问题时是否祈祷或是否有人代祷）	与其他压力相比，祈祷在应对丧亲、个人健康和其他健康问题，较为普遍。

续表

研究	样本	预测	宗教应对	结果
Fry（1990）	278 名困居家中，对死亡有顾虑的老年人	7 个死亡和临终的担忧	宗教应对死亡顾虑的量表	宗教应对与对身体苦痛、感觉丧失、个人安全和上帝的抛弃的担忧有关。与自尊担忧或超越生死的空间无关。
Gorsuch & Smith（1983）	164 名就读于福音派学院的大学生	4 个在严重度和后果概率上不同的假想案例	将情境结果归因于上帝	上帝与比较不可能的情境后果有关联，而自报与上帝较亲近的，与较极端的后果有关联。
Harris et al.（1995）	40 名成年的心脏接受者；大多数信仰基督教和天主教	移植后两个月、7 个月和 12 个月	封闭式问题（是否通过祈祷应对健康问题）	在移植后两个月，51% 的人通过宗教应对。时间的进展并没有导致显著变化。
Hathaway（1992）	来自主流教会的成员：5 个内在信仰的人和 5 个外在信仰的人	一周中的每一天	为期 90 天的日常琐事的宗教应对量表	外在信仰的人报告每周的周日比每周其他的日子有更多宗教应对；而哪一天则对内在信仰个体的宗教应对数量没有任何影响。
Hood（1977）	23 名参加为期一周的自然体验的男高中生	预期的压力；高压力情境 vs. 低压力情境；压力和压力情境预期的一致性	自然体验期间关于宗教神秘体验的报告	在几个情境中，较低预期压力与高神秘主义有关；低压力情境与低神秘主义有关；高压力情境中的低压力预期与高神秘主义有关。
Hood（1978）	93 名有过单独过夜自然体验的男高中生	预期的压力；高压力（下雨）和低压力（干燥）的夜晚；压力和压力情境预期的一致性	单独过夜期间宗教神秘体验的报告	较低预期压力与高神秘主义略微有关；压力情境与神秘主义无关；不一致条件下的神秘主义（高预期—低压力和低预期—高压力）比一致条件下的相关较高。

续表

研究	样本	预测	宗教应对	结果
Lindenthal et al.（1970）	753 名居住在纽黑文市，在过去一年里经历过生活危机的成年人	事件类型	调查在生活危机后是否通过祈祷寻求帮助	以祈祷应对健康和灾难性事件比法律、经济、工作、婚姻、人际关系、家庭、教育或搬迁事件更普遍。
Mattlin，Wethington & Kessler（1990）	1 556 名居住于底特律，非黑人种的成年人，必须应对主要生活事件和长期的生活困难	7 类压力事件	宗教应对压力的报告	宗教应对在处理生病和死亡时，比处理实际和人际交往的问题时更普遍。
McCrae（1984）	255 名报告近来经历过生活事件的社区成年人	将事件客观的分为：丧失、威胁和挑战	是否通过信仰来应对事件的频率	利用信仰应对丧失（75%）和威胁（75%）事件，比挑战（43%）事件更为普遍。
Pargament Olsen，et al.（1992a）	586 名来自于 10 个传统基督教堂的成员	过去一年里生活事件的数量；评估过去一年内所经历的消极事件；过去一年所经历的消极事件的种类	调查在过去一年里是否通过宗教来理解和处理消极事件	宗教应对与以下几个方面有很大关联——多量的生活事件，当事件被归类于威胁、丧失、挑战、上帝的意志和无能为力时，或是死亡、心理健康、健康问题、宗教冲突。但是与工作焦虑、经济问题和意外则有较少的关联。
Pargament & Hahn（1986）	124 名大学生	因负责或不负责任的行为而引发的健康问题，以及之后导致的结果（积极或消极）	向上帝寻求帮助来应对问题的程度	不管对行为是否负责任，人们在应对消极后果时较常向上帝寻求帮助。

续表

研究	样本	预测	宗教应对	结果
Poggie, Pollnac & Gersuny (1976)	108 名新英格兰港口的渔民	在海上的时长——比较一天和更长时间的航行	回忆在航行中实践的仪式禁忌的数量	在较长时间的航行中的禁忌比一天航行的要多。
Ritzema (1797)	32 名大学生	8 个在积极和消极结果领域上不同的假想案例	将后果的产生归因于上帝	归因于上帝与积极的后果有关，而与医疗情况相比，上帝与人际关系、情感和经济情况更有关联。
Spilka & Schmidt (1983)	(1) 135 名来自大学和教堂的基督教青年；(2) 85 名来自大学和教堂的虔诚的基督教青年	具有不同特质的假想案例	在解释事件时提及上帝的程度	较多更重要的事件被归于上帝。医疗、经济和社会的比较，医疗较归于上帝。而上帝与积极结果较有关系。个人事件和非个人事件结果混合。
Welford (1947)	63 名来自大学和神学院的男学生，信仰基督教	假设情境中挫败感和兴奋感的程度评定	假想情境里祈祷的可能性	祈祷与挫败感和兴奋感有关。
宗教应对的环境关系的预测				
Ellison & Taylor (1996)	1 299 名非裔美国成年人	主观宗教性的家庭组织	访谈（在应对问题时受访者是否祈祷或是否有人代祷）	宗教应对与宗教性组织有关。与主观家庭亲密度无关。
Ferraro & Koch (1994)	3 417 名全国抽样成年人	地理位置	应对问题时寻求宗教安慰和支持的频率	在南方生活的人们更频繁地使用宗教应对。
Gurin, Veroff & Feld (1960)	2 460 名全国抽样成年人	做礼拜的频率	自然提及祈祷作为应对烦恼事件的机制	做礼拜频繁率较高的被试提及祈祷的频率较高。

续表

研究	样本	预测	宗教应对	结果
Jenkins (1995)	422 名艾滋病（HIV）呈阳性的军人	宗教组织的会员身份；宗教组织的归属	使用宗教活动为应对的总体	宗教组织的会员和对宗教组织有认同感的人更多地使用宗教应对。
Koenig (1995)	96 名 50 岁以上的男性囚犯	监狱的等级；监狱的位置	三项宗教应对索引	无关。
Kunst, Tan & Bjorck (1994)	329 名回应不可控的消极事件案例的大学生；分别信仰基督教和天主教	做礼拜的频率	将消极事件归因于宗教的程度	做礼拜的频率与将事件归因于上帝的意志、上帝的爱和邪恶的宗教力量有关。但与上帝的惩罚无关。
Pargament Olsen, et al. (1992a)	586 名来自于 10 个传统基督教堂的成员	做礼拜的频率；宗教集会归属；教堂主旨、风气和满意度的测量	调查过去一年在理解和/或应对严重生活事件时是否有涉及宗教	宗教应对与更频繁做礼拜有关；10 个教堂的宗教应对的水平多样化；宗教应对与积极参加礼拜的观念、强烈的群体意识和对服务、项目以及设施满意度有关。
Pargament & Sullivan (1981)	209 名大学生	做礼拜的频率	相信这 6 个情境都在上帝的掌控之中	做礼拜频率高的人比频率低的人更加认为情况为上帝所掌控。
Spilka & Schmidt (1983)	85 名来自大学和教堂的基督教青年	回应假想案例；宗教与非宗教环境的比较	事件解释涉及上帝的程度	在宗教环境下和非宗教环境下，对上帝的归因无差异。
Wood & Parham (1990)	85 名黑人和白人，处于农村和城市，看护患有老年痴呆症亲属的个体	种族和住所	报告是否有思考宗教以及借由祷告来应对照顾患者的压力。	与城市居住的白人、农村居住的黑人，以及城市居住的黑人相比，农村居住的白人较少使用宗教应对。

附录 C. 宗教取向的测量和消极事件结果的关系的研究总结

研究	样本和压力源	宗教取向的测量	适应的测量	结果（正相关/负相关/不显著）
		个人宗教表达（宗教信仰、特性、祈祷）		
Bahr & Harvey (1979b)	44 名在火中丧生的矿工的妻子；平均年龄 37 岁	有关自我信仰的项目	自我评估在过去 5 年里生活质量的稳定性	评估自身信仰较虔诚的被试报告较稳定的生活质量。(1/0/0)
Bivens et al. (1994—1995)	167 名患有艾滋病、艾滋病呈阳性和未患艾滋病的男同性恋	信仰上帝强度的评定；正统宗教的量表	死亡恐惧的量表和死亡威胁的量表	信仰上帝与较低死亡威胁有关（$r=-.29$）；正统宗教只与较低死亡威胁有关（$r=-.20$）。(1/0/5)
Brant & Pargament (1995)	179 名应对种族歧视和其他消极生活事件的非裔美国人	自我评估（信仰和祈祷频率）	积极和消极的情绪、事件独特的结果和宗教结果量表	自我信仰评估与较高事件独特结果（$r=.19$）和宗教结果（$r=.37$）有关。但与祈祷频率无关。(2/0/6)
Carey (1974)	74 名绝症患者	6 个宗教信仰项目	由神职人员评定的情感适应量表	只有信仰耶稣基督的宗教与适应相关（*gamma* = .66）(1/0/5)
Franks et al. (1990—1991)	51 名患有艾滋病和 64 名未患艾滋病的男同性恋	依赖宗教强度的等级评定	死亡焦虑量表	无相关。(0/0/1)
Gass (1987)	100 名在过去一年里丧偶的女性；大多数是白人，信仰天主教；平均年龄 71 岁	宗教信仰强度（测量方法未知）	身心障碍的测量	宗教信仰与较少心理障碍有关（$r=-.28$），与身体障碍不相关。(1/0/1)

续表

研究	样本和压力源	宗教取向的测量	适应的测量	结果（正相关/负相关/不显著）
Gibbs & Achterberg Lawlis（1978）	16 名绝症患者；白人、非裔美国人；大多数信仰原教旨主义；社会阶级地位较低	宗教信仰等级的项目	关于死亡恐惧和不适的项目	宗教信仰的强度与较低的死亡恐惧有关（r=.77）。
Gray（1987）	50 名在过去 5 年里有父母去世的青少年	是否有宗教信仰的项目	抑郁量表和抑郁的诊断	宗教信仰与较低的抑郁和较少的重度抑郁诊断有关。(2/0/0)
Harris et al.（1995）	40 名心脏移植接受者，手术后两个月和 12 个月；大多数是基督教徒和天主教徒	有关宗教信仰对生命影响力的等级和祈祷的频率的项目	7 个身体健康、心理健康以及和健康有关的量表，在手术后两个月和 12 个月调查	宗教信仰影响力的等级与较好的身体功能（r=-.36）、较低的焦虑（r=.28）、较高的自尊（r=-.29）、较少的健康担忧（r=-.39）以及较容易做常规强化训练（r=-.37）有关。祈祷的频率和天主教只与较容易做常规化训练（r=-.33）有关。(6/0/8)
Kass et al.（1991）	83 名患有严重疾病的门诊成年患者，参加 10 周的放松训练；平均年龄 46 岁；分别信仰基督教、天主教和犹太教	宗教体验和信仰的项目	医疗症状出现的频率、不适的等级和症状对日常生活的干扰量表。生活目的、压力情境下的自信量表。10 周治疗前后的测量。	宗教体验与提高生活满意度和减少医疗症状的数量有关。与其他量表无关。(2/0/3)

续表

研究	样本和压力源	宗教取向的测量	适应的测量	结果（正相关/负相关/不显著）
Koenig (1995)	96 名年过 50 的男囚犯；大多数信仰基督教	信仰上帝、祈祷或是阅读圣经的频率的项目	身体症状的数量、疾病的严重程度和抑郁	无相关。(0/0/3)
Koenig, Kvale & Ferrel (1988)	836 名来自社区和老年诊所的老年人；平均年龄 73 岁；61% 信仰基督教、36% 信仰天主教	个人宗教活动 3 项量表	应对生活压力的效率的项目	个人宗教活动与较高的感知应对效能有关。($r=.12$)(1/0/0)
Lasker、Lohmann & Toedter (1989)	138 名有过堕胎、流产和胎死腹中的经历的女性；大多数是白人；平均年龄 28 岁	宗教信仰、祈祷和在个人生活中信仰上帝的重要性的量表；自我信仰的项目。	3 个悲伤次量表和悲伤总数，在经历丧失的两个月和两年后评估。	在经历丧失的两个月后，宗教的重要性与较低的悲伤，显示在 4 个量表里的 2 个量表中。 而在经历丧失两年后，4 个量表中只有 1 个量表显示此关系。自我信仰则与其他都无关。(3/0/13)
Long & Miller (1991)	147 名患有多发性硬化症的白种人	自我信仰评估、信仰超然灵体和正统宗教量表的项目	自杀意念测量	自杀意念与较低的自我信仰评估（$r=-.39$），较低的正统信仰（$r=-.24$）和较低的信仰超然神灵（$r=-.40$）有关。(3/0/0)
McIntosh Silver & Wortman (1993)	124 名婴孩死于猝死症的父母；白种人、非裔美国人	宗教重要性的自我评估项目	经历丧失 3 周和 18 个月后的幸福感和心理忧伤的测量	宗教重要性只与丧失 3 周后较高的幸福感有关（$r=.18$）。

续表

研究	样本和压力源	宗教取向的测量	适应的测量	结果（正相关/负相关/不显著）
Mercer, Lorden & Falkenberg（1995）	107名酒驾的受害者	有关日常宗教信仰的重要性的项目	8个幸福感、心理症状、创伤后应激障碍和事件影响的量表	宗教信仰的重要性只与更高的幸福感（$r=.14$）有关。(1/0/7)
Oxman，Freeman & Manheimer（1995）	232名目前正在接受自愿的开心手术的患者	自我信仰评估	六个月内手术死亡率	较低的自我信仰评估与更高的死亡风险有关。（1/0/0）
Pargament, Ensing et al.（1990）	586名应对重大生活消极事件，来自传统基督教堂的成员；平均年龄46岁；大多数是白种人	正统教义量表和祈祷频率的项目	目前心理状态、相关事件结果和事件的宗教结果的测量	3项测量的两项中显示出，正统信仰与较积极的事件结果的关联（r's $=.18$ 和 $.31$）。而且3项测量的两项中显示出，祈祷与较积极的事件结果的关系（$r=.14$ 和 $r=.30$）。(4/0/2)
Pargament et al.（1995）	225名经历过1993年美国中西部洪水的人；大多数信仰基督教和天主教	祈祷频率和自我信仰评估的项目	积极和消极情绪，身体健康、心理状态和宗教结果的测量	宗教测量与较好的心理状态（r's$=.14$ 和 $.27$）和宗教结果（r's $=.26$ 和 $.46$）有关；自我信仰评估与较低的消极影响（$r=-.20$）有关。(5/0/5)
Park & Cohen（1993）	96名最近经历亲密朋友去世的本科生	正统宗教的量表	抑郁、事件相关的结果和个人成长的测量	无相关。(0/0/3)
Plante & Manuel（1992）	86名应对波斯湾战争的本科生	宗教信仰强度的项目	4个症状自评量表	宗教信仰的强度与症状量表无关。(0/0/4)
Rabins et al.（1990）	62名老年痴呆或是癌症患者的看护者	宗教信仰的强度的项目	两年后消极和积极情绪的测量	较强的宗教信仰与降低消极影响（$r=.46$），以及和较高的积极影响（$r=.36$）有关。(2/0/0)

续表

研究	样本和压力源	宗教取向的测量	适应的测量	结果（正相关/负相关/不显著）
Reynolds & Nelson（1981）	154名患慢性疾病的男性老兵	宗教虔诚的单项	访谈一年后的死亡率	宗教虔诚与较低的死亡风险有关。（1/0/0）
Sherkat & Reed（1992）	156名事故受害者和自杀者的亲属；信仰基督教和天主教	祈祷频率的项目	抑郁和自尊的测量	无相关。（0/0/2）
Smiths, Nehemkis & Charter（1983—1984）	20名绝症患者	宗教的重要性	3个死亡恐惧量表	无相关。（0/0/3）
Vande Creek et al.（1995）	150名在医院等待所爱的人做重大心脏手术的亲人和朋友	祈祷的频率和自我信仰评估的项目	事件相关的结果、宗教结果和焦虑与抑郁的量表	祈祷频率和自我信仰评估与较积极的事件相关的结果（$r's=.32$）以及和较好的宗教结果（$r's=.52$）有关；祈祷的频率与更多的抑郁（$r=.26$）有关。（4/1/5）
Yates et al.（1981）	71名晚期癌症患者；平均年龄59岁	宗教信仰量表；有关礼拜和宗教重要性的项目	幸福感、疼痛存在和程度的测量；生存的时间	宗教信仰与4个幸福感测量中的1个有关（$r=.41$），并与较低的疼痛程度有关（$r=-.29$），但是与疼痛的存在或生存的时间无关。礼拜和宗教重要性和4个幸福感测量中的两个（$r's=.31$ 和 $.24$）有关，与较低的疼痛感（$r's=-.33$）有关，但是与疼痛的存在或生存的时间无关。（5/0/9）

续表

研究	样本和压力源	宗教取向的测量	适应的测量	结果（正相关/负相关/不显著）
		组织宗教表达		
Acklin, Brown & Mauger (1983)	26 名平均年龄 48 岁的癌症患者	做礼拜的频率	6 个选自悲伤体验测量中的次量表	做礼拜只与较少的愤怒或敌意（r=-.39）和较少的社会隔离（r=-.32）有关。(2/0/4)
Acklin, Brown & Mauger (1983)	18 名患有无威胁性疾病，正在接受治疗的患者；平均年龄 42 岁	做礼拜的频率	6 个选自悲伤体验测量中的次量表	做礼拜只与较低的愤怒和敌意（r=-.50）有关，和较少的社会隔离（r=-.40）有关。(2/0/4)
Bahr & Harvey (1979b)	44 名在火中丧生的矿工的妻子；平均年龄 37 岁	教会归属、做礼拜的频率和参与宗教社交活动的项目	自我报告（过去 5 年生活质量的稳定性）	教会归属、参与崇拜和参与宗教社交活动的被试与较稳定的生活质量相关。(1/0/0)
Bivens et al. (1994—1995)	167 名患有艾滋病、艾滋病呈阳性和未患艾滋病的男同性恋	做礼拜的频率	死亡恐惧的量表和死亡威胁的量表	做礼拜的频率与较低的死亡威胁（r=-.26）有关。(1/0/1)
Bohannon (1991)	143 名丧失了亲人的母亲和 129 名丧失了亲人的父亲；白种人；平均年龄分别为 38 岁和 40 岁；大多数信仰基督教	经常做礼拜的人（每月两次以上）；不常做礼拜的人（每月两次以下）	多维悲伤体验测量	经常做礼拜的男性和女性比不常做礼拜的有更低的悲伤感。经常做礼拜的女性在 12 个量表中的 8 个都报告有较少的与悲伤相关的问题。经常做礼拜的男性在 12 个量表中的 3 个都报告有较少的与悲伤相关的问题。(13/0/13)
Brant & Pargament (1995)	179 名应对种族歧视和其他消极生活事件的非裔美国人	做礼拜频率的项目	积极和消极情绪、事件相关结果和宗教结果的量表	做礼拜的频率只与较好的宗教结果（r=.38）有关。(1/0/3)

续表

研究	样本和压力源	宗教取向的测量	适应的测量	结果（正相关/负相关/不显著）
Franks et al.（1990—1991）	51 名患有艾滋病和 64 名未患艾滋病的男同性恋	做礼拜的频率	死亡焦虑量表	做礼拜的与较高的死亡焦虑有关。(0/0/1)
Harris et al.（1995）	40 名心脏移植接受者，手术后两个月和 12 个月；大多数是基督教和天主教	参与宗教敬拜频率，在教会的活跃度，以及奉献程度的项目，手术后两个月	9 个身体健康、心理健康以及和健康问题有关的量表，手术后 12 个月	较高的做礼拜频率与较低焦虑（r=-.36）和较低的健康担忧（r=-.30）有关。宗教活跃度与较高的自尊（r=-.30）和较容易做常规化训练（r=-.30）有关。与经济条件无关。(4/0/17)
Koenig（1988）	708 名老年人；大多数信仰基督教	有关参加宗教性社区活动的项目	有关对死亡感觉的项目	无相关。(0/0/1)
Koenig（1995）	96 名年过 50 的男囚犯；大多数信仰基督教	做礼拜的频率	身体症状的数量、疾病的严重程度和抑郁	做礼拜的频率与较低的抑郁感有关。(1/0/2)
Koenig, Kvale & Ferrel（1988）	836 名来自社区和老年诊所的老年人；平均年龄 73 岁；61% 信仰基督教，36% 信仰天主教	两项有关做礼拜频率和宗教团体活动的量表	应对生活压力效能的项目	宗教活动与较大的感知应对效能有关。（r=.14）(1/0/0)
Lasker, Lohmann & Toedter（1989）	138 名有过堕胎、流产和胎死腹中的经历的女性；大多数是白人；平均年龄 28 岁	做礼拜的频率的项目	3 个产期前后悲伤感的次量表和悲伤总分，经历丧失两个月和两年后	无相关。(0/0/8)

续表

研究	样本和压力源	宗教取向的测量	适应的测量	结果（正相关/负相关/不显著）
McGloshen & O'Bryant（1988）	226 名最近丧偶的女性	有关做礼拜和其他宗教活动的频率的项目	积极和消极情绪的测量	做礼拜的频率与较多的积极情绪有关（部分 r=.19）。没有其他关系。（1/0/3）
McIntosh，Silver & Wortman（1993）	124 名死于婴儿猝死症的婴儿的父母；白种人、非裔美国人	参加宗教服务的频率的项目	失去 3 周和 18 个月后的幸福感和心理健康的测量	参加活动的频率与失去 3 周后更高的幸福感有关（r=.18）。（1/0/2）
Mercer，Lorden & Falkenberg（1995）	1 423 名酒驾的受害者	有关车祸之前宗教活动参与的项目	8 个幸福感、心理症状、创伤后应激障碍和事件影响的量表	车祸之前宗教活动与幸福感（r=.09）、较低的焦虑（r=−.05）、较低的抑郁（r=−.06）和较少的创伤后应激障碍（r=−.07）有关。（4/0/3）
O'Brien（1982）	126 慢性透析患者；大多数是信仰基督教的非裔美国人	在过去的一年里参加宗教敬拜的频率的项目	交互性活动、交互性质量、疏离感和遵医行为的测量	教会活动参与和更多的互动行为、较好的互动行为质量、较低疏离感和更多的遵医行为有关。（4/0/0）
Oxman，Freeman & Manheimer（1995）	232 名目前正在接受自愿开心手术的患者	做礼拜的频率和认识教会会众的数量	手术后 6 个月内的死亡率	与死亡率无关。（0/0/2）
Pargament & Ensing et al.（1990）	586 名应对重大生活消极事件，来自传统基督教堂的成员；平均年龄 46 岁；大多数是白种人	做礼拜的频率的单项	目前心理状态、事件相关结果和事件的宗教结果的测量	较高的做礼拜频率在 3 个测量中的两个与更好的结果有关（r = .14 和 r = .30）。（2/0/1）

续表

研究	样本和压力源	宗教取向的测量	适应的测量	结果（正相关/负相关/不显著）
Pargament et al.（1995）	225 名经历过 1993 年美国中西部洪水的人；大多数信仰基督教和天主教	做礼拜频率的项目	积极和消极情绪、身体健康、心理状态和宗教结果的测量	做礼拜的频率与较少的消极情绪（$r = -.23$）、较好的身体健康（$r = -.20$）较好的身体状态（$r = .19$）和较好的宗教结果（$r = .36$）有关。(4/0/1)
Sabders（1979—1980）	102 名经历配偶、父母或孩子死亡的成年人；平均年龄 52 岁	做礼拜的频率的项目	14 个悲痛经验量表	做礼拜频率较高的人比较少做礼拜的人更积极并且食欲较好（$r - .14$ 和 $r = .30$）。其他量表无相关(2/0/12)
Sherkat & Reed（1992）	156 名事故受害者和自杀者的亲属；信仰基督教和天主教	做礼拜的频率的项目	抑郁和自尊的测量	做礼拜的频率与较低的抑郁感（$beta = -.13$）有关，但与自尊无关。(1/0/1)
Smith, Nehcm kis & Charter（1983—1984）	20 名绝症患者	做礼拜的频率	3 个死亡恐惧量表	做礼拜的频率与较消极的死亡形象有关。(0/1/2)
VandeCreek et al.（1995）	150 名在医院等待所爱的人做心脏手术的亲人和朋友	做礼拜的频率的项目	事件相关结果、宗教结果和焦虑与抑郁的量表	做礼拜的频率只与较好的事件相关结果（$r = .21$）和较好的宗教结果（$r = .33$）有关。(2/0/2)
Yates et al.（1981）	71 名晚期癌症患者；平均年龄 59 岁	过去一个月里参加宗教敬拜的频率	幸福感、疼痛存在和程度的测量；生存的时间	宗教活动与 4 个幸福感测量中的 3 个（$r's = .32$ 到 $.35$）有关，与较少的疼痛（$r = -.24$）有关，但是与疼痛的存在或生存的时间无关。($r's = -.33$)。(3/0/3)

续表

研究	样本和压力源	宗教取向的测量	适应的测量	结果（正相关/负相关/不显著）
宗教取向的传统测量（内在的、外在的、寻求和无差别的赞成虔敬）				
Acklin, Brown & Mauger (1983)	26 名平均年龄 48 岁的癌症患者	内在取向和外在取向	6 个选自悲伤体验测量中的次量表	内在信仰只与较少的愤怒或敌意（$r=-.34$）有关。与外在取向无关。(1/0/-5)
Acklin, Brown & Mauger (1983)	18 名接受无生命危险疾病的治疗的患者	内在取向和外在取向	6 个选自悲伤体验测量中的次量表	内在信仰只与较高的否认（$r=.52$）有关；外在信仰只与较少的人格解体有关（$r=-.48$）。(1/1/10)
Astin, Lawrence & Foy (1993)	53 名受虐妇女	内在虔敬的单项	创伤后应激障碍（PTSD）症状和侵扰的测量	内在虔敬与更多的 PTSD 症状（$r=.21$）和较少的侵扰（$r=-.21$）有关。(1/1/0)
Bivens et al. (1994—1995)	167 名患有艾滋病、艾滋病呈阳性和未患艾滋病的男同性恋	内在和外在的虔敬的量表	死亡恐惧量表和死亡威胁量表	无相关。(0/0/4)
Carey (1974)	74 名绝症患者	内在取向和外在取向	由神职人员评定的情感适应量表	内在取向与较好的适应有关（无相关报告）。外在取向与较差的适应有关（$r=.30$）。(1/0/1)
Carey (1977)	119 名平均年龄是 37 岁的寡妇和鳏夫；信仰基督教和天主教	内在取向	适应量表	无相关。(0/0/1)

续表

研究	样本和压力源	宗教取向的测量	适应的测量	结果（正相关/负相关/不显著）
Gibbs & Achterberg Lawlis (1978)	16名绝症患者；白人、非裔美国人；大多数信仰原教旨主义；社会阶级地位较低	内在取向和外在取向	关于死亡恐惧和不适的项目	与内在的和外在的取向无相关。
Harris & Spilka (1990)	136名酒精滥用者；平均年龄43岁；大多数是白人男性	内在取向和外在取向	戒酒成功率	无相关。(0/0/2)
Johnson & Spilka (1991)	103名患有乳腺癌的妇女；平均年龄53岁；大多数信仰基督教和天主教	内在取向和外在取向	使用宗教应对乳腺癌的功效的单项	内在取向与更高的宗教应对功效（$r=.70$）有关。与外在取向无相关。(1/0/1)
Koenig (1995)	96名年过50的男囚犯；大多数信仰基督教	内在取向和外在虔敬的量表	身体症状的数量、疾病的严重程度和抑郁	内在的取向与较低的抑郁（$r=-.24$）有关。与外在取向无相关。(1/0/5)
Koenig, Kvale, & Ferrel (1988)	836名来自社区和老年诊所的老年人；平均年龄73岁；61%信仰基督教，36%信仰天主教	内在取向	应对生活中压力效率的项目	内在的取向与较大的感知应对效能有关。($r=.12$) (1/0/0)

续表

研究	样本和压力源	宗教取向的测量	适应的测量	结果（正相关/负相关/不显著）
McIntosh, Inglehart & Pacini (1990)	117 名正在调适大学生活的基督徒本科生	宗教信仰的中心性和灵活性的联合指数。高指数是由高内在取向、低外在取向、高追求的和低怀疑取向的分数而取得的。	在大学里感到的尊重、主观幸福感和快乐的测量，以及各科成绩的平均分（GPA）	核心灵活的信仰与较高的幸福感（*r*=.20）、自尊（*r*=.19）、快乐（*r*=.19）和 GPA 有关（*r*=.22）。(4/0/0)
Mickley & Soeken (1993)	50 名来自白种和南美裔的患有乳腺癌的妇女；大多数信仰天主教和基督教	内在取向和外在虔敬的量表	精神的、宗教的和存在幸福感的测量	内在取向的宗教与较高的精神的、宗教的和存在的幸福感有关（*r's*=.63 和 .77）。与外在取向的虔敬无相关。(3/0/3)
Newman & Pargament (1990)	327 名在过去 3 年里处理最重要的问题的大学生	内在取向	宗教应对在安抚、重新定义、生成解决方案、做决定和实施解决方案的功效程度的评定量表	内在取向与较高的宗教解题（全方位）功效有关（*r's*=.27 到 .62）。(5/0/0)
Pargament & Ensing et al. (1990)	586 名应对重大生活消极事件，来自传统基督教堂的成员；平均年龄 46 岁；大多数是白种人	内在取向、外在取向和寻求	目前心理状态、事件相关结果和事件的宗教结果的测量	内在取向与所有测量中更好的结果有关（*r's*=.11 到 .41）。外在的取向与 3 个测量中的两个更好的结果有关（*r's*=.15 和 .18）。与寻求无相关 (5/0/4)

续表

研究	样本和压力源	宗教取向的测量	适应的测量	结果（正相关/负相关/不显著）
Pargament et al.（1994）	271 名应对由波斯湾战争造成的压力感的大学生	内在取向	袭击科威特的前两天和停止战事一周后的积极和消极情绪与最近的身体健康状况	无相关。(0/0/6)
Pargament et al.（1995）	225 名经历过 1993 年美国中西部洪水的人；大多数信仰基督教和天主教	内在取向宗教量表	积极和消极情绪、身体健康、心理状态和宗教结果的测量	内在的虔敬与更好的心理状态（r=.14）、更好的宗教结果（r=.39）和较少的消极情绪影响（r=–.19）有关。(3/0/2)
Park & Cohen（1993）	96 名最近经历了一个亲密朋友去世的大学生	内在取向和外在取向	抑郁、事件相关结果和个人成长的测量	内在取向只与个人成长（r=.20）有关。外在取向与所测量无关。(1/0/5)
Rosik（1989）	159 名老年的白人寡妇和鳏夫	内在取向、外在取向和对宗教信仰无差别开放	悲痛和抑郁的量表	对寡妇来说，外在取向与更大的悲痛（r=.41）和抑郁（r=.23）有关；对鳏夫来说，也与更大的悲痛（r=.29）和抑郁（r=.15）有关。无条件宗教开放在鳏夫被试中，与更大的悲痛（r=.12）和抑郁（r=.21）有关。内在取向与悲痛或抑郁无关。(0/6/6)
Rutledge & Spilka（1993）	174 名单身男女；年龄在 41 到 50 岁之间	内在取向和外在取向	抑郁量表	外在取向与抑郁（r=.17）有关。与内在取向无关。(0/1/1)

续表

研究	样本和压力源	宗教取向的测量	适应的测量	结果（正相关/负相关/不显著）
		个人和组织相混合的宗教表达		
Folkman et al. (1994)	82 名艾滋病（HIV）呈阳性的看护者和 162 名照顾有艾滋病(AIDS)的爱人，但无艾滋病的看护者	宗教、信仰和宗教活动的 10 项测量	看护者负担的量表	对于 HIV 呈阳性和 HIV 呈阴性的看护者来说，宗教或灵性的取向与看护者负担无关。回归分析表明，在 HIV 呈阳性的看护者中，宗教或灵性的取向与较低的看护者负担（*beta*=-.16）有关。（0/0/2）
Pressman et al. (1990)	20 名正处于髋部骨折手术恢复期的女性患者；年龄超过 65 岁	自我信仰评估、做礼拜的频率以及受到上帝的安慰的混合指数项目	抑郁量表和由物理治疗师在手术 48 小时内和出院前所做的行动机能评估	在控制病情严重性的情况下，较高的信仰虔诚度与出院时较低的抑郁（*r*=-.61）和更好的动态评估（*r*=.46）有关。
Videka-Sherman (1982)	194 名哀悼孩子死亡的父母；70% 是女性；平均年龄 41 岁	利用 3 项量表，在孩子过世后两次的测量（参与宗教敬拜的频率、死亡后敬拜出席率的改变、宗教提供生活保障的信念）	抑郁症状、消极情绪和个人成长评估，在孩子过世后两次的测量	虔诚度第 2 次的测量显示与抑郁症状（*beta*=.05）、较少的消极情绪（*beta*=-.05）和更多的个人成长（*beta*=.05）有关。而在第 1 次的虔敬测量则与适应无关。(2/1/3)

附录 D. 宗教应对方法和消极事件结果的关系的研究总结

研究	样本和压力源	宗教应对的测量	结果的测量	结果（正相关/负相关/不显著）
应对的宗教形式（例如，宗教支持、宗教不满）				
Barbarin & Chesler (1986)	74 名癌症儿童的家长；白种人	所有开放式的，反映依靠宗教寻求安慰和解释的回应都被编码	量表（医疗相关压力、与医护人员的关系、有关住院治疗数目的项目和应对效能）	无相关。(0/0/4)
Belavich & Pargament (1995)	222 名应对麻烦的大学生	基于灵性的应对量表	抑郁、积极和消极情绪的测量	基于灵性的应对与消极的影响有关。(r=.17)
Brant & Pargament (1995)	179 名应对种族歧视和消极生活事件的非裔美国人	基于灵性的应对量表	积极和消极的情绪、事件相关的结果和宗教结果量表	基于灵性的应对与较好的结果，在 3 个量表中有关联（r's = .31 到 .61）。(3/0/1)
Cook & Wimberly (1993)	114 名失去孩子的父母；大多数是信仰基督教的白人	失去孩子后，信仰虔诚度改变的认知的项目	自我评估项目（总体调试、心理调适和关于宗教协助效果的认知）	增强的宗教信仰的认知与更好的情绪（r=.19）和心理相关（r=.18），同时也与宗教协助效果的认知有关（r=.54）。(3/0/1)
Harris et al. (1995)	40 名心脏移植接受者，术后两个月和 12 个月；大多数是基督教徒和天主教徒	术后两个月，有关求助于上帝来做出重要决定的程度的项目	术后 12 个月，9 个身体健康、心理健康以及和健康有关的量表	求助于上帝与更好的身体功能和较容易做常规化训练（r=-.44）有关。(2/0/5)

续表

研究	样本和压力源	宗教应对的测量	结果的测量	结果（正相关/负相关/不显著）
Jenkins (1995)	422 名艾滋病（HIV）呈阳性的军人	基于灵性的应对量表	4 个情绪的测量和 4 个社会支持评估的测量	基于灵性的应对与更积极的社会支持评估（r's=.08 到 .14）有关，但与影响力无关。(4/0/4)
Merceer, Lorden & Falkenberg (1995)	107 名酒驾的受害者	生活中寻求宗教安慰的程度和在做决定上寻求上帝帮助的程度的项目	幸福感、心理症状、创伤后应激障碍（PTSD）和事件影响的 8 个量表	寻求宗教安慰和上帝的引导仅与较高的幸福感（*r's*=.12 和 .10）有关。(2/0/14)
O'Brien (1982)	126 慢性透析患者；大多数是信仰基督教的非裔美国人	有关在应对透析时信仰的重要性的项目	互动行为、互动质量、疏离感和遵医行为的测量	信仰的重要性与更多的互动行为、较高的互动质量、较低的疏离感和更多的遵医行为相关。无效应值。(4/0/0)
Oxman, Freeman & Manheimer (1995)	232 名自愿接受开心手术的患者	来自宗教的力量和安慰的程度	手术 6 个月内的死亡率	缺乏来自宗教的力量和安慰与高 3 倍的死亡率有关。(1/0/0)
Pargament & Ensing et al. (1990)	586 名来自传统基督教堂的成员，目前正在应对消极重大生活事件；平均年龄 46 岁；大多数是白种人	上帝的慈爱形象；与上帝亲近的宗教经验；基于灵性的应对活动	目前心理状态、事件相关结果和事件的宗教结果的测量	上帝的慈爱形象在所有测量上与更好的结果有关（*r's*=.10 到 .13）。与上帝亲近的宗教经验在所有测量上与更好的结果有关（*r's* = .18 到 .43）。基于灵性的应对活动在所有测量上与更好的结果有关（*r's*=.12 到 .22）。(12/0/0)

续表

研究	样本和压力源	宗教应对的测量	结果的测量	结果（正相关/负相关/不显著）
Pargament et al. (1994)	271 名应对由波斯湾战争造成的压力感的大学生	基于灵性的应对量表	积极和消极情绪，以及心理健康状况的测量，测量时间为袭击科威特的前两天和停止战事一周后	基于灵性的应对在第 1 次（$r=.18$）和第 2 次（$r=.25$）的测量上与较积极的情绪有关，但只在第 1 次与消极的情绪有关（$r=.15$），以及只在第 2 次测量时，与较积极的心理健康有关（$r=-.14$）。(3/1/2)。
Pargament et al.（新闻报道）	49 名天主教堂的成员，在过去几年应对了一个重大的消极事件	对上帝愤怒的量表；怀疑上帝和信仰的量表	消极心境、事件相关结果和宗教结果的测量	对上帝的愤怒与更消极的心境（$r=.46$），和较差的事件结果相关（$r=-.46$），与宗教结果无关。(0/2/1)
Pargament et al.（新闻报道）	98 名在过去几年经历过朋友或爱人亡故的大学生	对上帝愤怒的量表；怀疑上帝和信仰的量表	消极心境、事件相关结果和宗教结果的测量	对上帝的愤怒与更消极的心境（$r=.57$）、较差的事件结果（$r=-.40$）和较差的宗教结果相关（$r=-.32$）。(0/3/0)
Pargament et al.（新闻报道）	98 名在过去几年中应对过不公平生活事件的大学生	对上帝愤怒的量表；怀疑上帝和信仰的量表	消极心境、事件相关结果和宗教结果的测量	无相关。(0/0/3)
Pargament et al. (1995)	225 名经历过 1993 年美国中西部洪水的人；大多数信仰基督教和天主教	基于灵性的应对量表	积极和消极情绪、身体健康、心理状态和宗教结果的测量	基于灵性的应对与积极的情绪（$r=.15$）、较好的心理状态（$r=.30$）和更好的宗教结果（$r=.63$）有关。(3/0/2)

续表

研究	样本和压力源	宗教应对的测量	结果的测量	结果（正相关/负相关/不显著）
Park & Cohen (1993)	96 名最近应对死亡事件的大学生	基于灵性的应对量表	抑郁、事件相关和个人成长的测量	基于灵性的应对与个人成长（$r=.29$）有关，与其他两项无关。(1/0/5)
Thompson & Vardaman（新闻报道）	150 名谋杀被害人的家属；大多数是女性，非裔美国人，信仰基督教	基于灵性的应对量表	心理压力和创伤后应激（PTSD）的 4 个量表	无相关。(0/0/5)
Wrihgt，Pratt & Schmall (1985)	240 名老年痴呆症患者的看护者	有关使用宗教支持的项目	看护者负担量表	宗教支持与较少的看护者负担（$r=-.25$）有关。(1/0/0)
Yates et al. (1981)	71 名晚期癌症患者；平均年龄 59 岁	过去几周里感觉亲近上帝或自然的项目	幸福感、疼痛存在和程度的测量；生存的时间	亲近上帝或自然与 4 项幸福感测量中的两项（$r's=.33$ 和 .43）有关，与较少的疼痛存在感（$r=-.29$）和较低的疼痛程度（$r=-.25$）有关，但与生存的时间无关。(4/0/3)
应对的会众形式（例如，会众的支持与不满）				
Belavich & Pargament (1995)	222 名应对麻烦的大学生	在应对时，来自神职人员和教堂成员的支持量表；对教堂和上帝的不满	抑郁、积极和消极情绪的测量	宗教支持与更积极的影响（$r=.24$）有关。与不满意无关。(1/0/5)

续表

研究	样本和压力源	宗教应对的测量	结果的测量	结果（正相关/负相关/不显著）
Brant & Pargament (1995)	179 名应对种族歧视和消极生活事件的非裔美国人	在应对时，来自神职人员和教堂成员的支持的量表；对教堂和上帝的不满	积极和消极情绪、事件相关结果和宗教结果的测量	宗教支持与 4 个结果中的两个有关（r's=.22 和 .38）；不满与更多的消极情绪（r=.35）有关。(2/1/5)
Carey (1974)	74 名绝症患者	对当地神职人员关怀度的感知	由神职人员评定的情感适应量表	神职人员关怀度与更好的适应相关（r=.25）
Gibbs & Achterberg-Lawlis (1978)	16 名晚期癌症患者；白种人，非裔美国人；大多数原教旨主义者，较低社会阶级地位	教会在情感上的支持的报告	死亡恐惧和不舒适的项目	教会情感支持与较少的失眠（r=-.72）有关。
Jenkins (1995)	422 名 HIV 呈阳性的军人	在应对时，来自神职人员和会众的支持的量表；对教堂和上帝的不满	4 个情绪的测量和 4 个社会支持评估的测量	宗教支持与更积极的社会支持评估（r's=.09 到 .12）有关，但是与情绪无关。不满意与较差的情绪（r's=.31 到 .39）以及更消极的社会支持评估（r's=-.14 到-.27）有关。(4/8/4)
Lasker, Lohmann & Toedter (1989)	138 名有过堕胎、流产和胎死腹中的经历的女性；大多数是白人；平均年龄 28 岁	在经历失去后，来自教堂、会众或神职人员支持和力量的量表	3 个产期前后悲伤感的次量表和悲伤总分，经历丧失两个月和两年后。	无相关。(0/0/8)

续表

研究	样本和压力源	宗教应对的测量	结果的测量	结果（正相关/负相关/不显著）
Pargament & Ensing et al.（1990）	586 名来自传统基督教堂的成员，目前正在应对消极重大生活事件；平均年龄 46 岁；大多数是白种人	在应对时，来自神职人员和教堂成员的支持的量表；对教堂和上帝的不满	目前心理状态、事件相关结果和事件的宗教结果的测量	宗教支持在所有测量项中与更好的结果有关（r's = .10 到 .51）。宗教不满意在所有测量项中与更差的结果有关（r's = –.12到 .22）。（3/3/0）
Pargament et al.（1994）	271 名应对由波斯湾战争造成的压力感的大学生	在应对时，来自神职人员和教堂成员的支持的量表；对教堂和上帝的不满	积极和消极情绪，以及心理健康状况的测量	宗教支持在第 1 次（r = .21）和第 2 次（r = .27）测量时，与更积极的情绪有关，只在第 1 次（r = .16）时与较消极的情绪有关，以及只在第 2 次（r = –.20）时与较好的心理健康状态有关。宗教不满在第 1 次（r = .37）和第 2 次（r = .24）测量时与较消极的情绪有关，而只在第 1 次（r = .24）时，与较差的心理健康有关。（3/4/5）
Pargament et al.（新闻报道）	49 名天主教堂的成员，在过去几年应对了一个重大的消极事件	与会众和神职人员发生冲突的量表；与教条冲突的量表	消极心境、事件相关结果和宗教结果的测量	教条冲突与更低的宗教结果（r = –.34）有关。与其他项目无关。（0/1/5）
Pargament et al.（新闻报道）	98 名在过去几年经历过朋友或爱人亡故的大学生	与会众和神职人员发生冲突的量表；与教条冲突的量表	消极心境、事件相关结果和宗教结果的测量	与成员和神职人员的冲突、触犯教条与更消极的心境（r's = .51 和 .42）和较差的宗教结果（r's = –.33和–.37）有关。（0/4/2）

续表

研究	样本和压力源	宗教应对的测量	结果的测量	结果（正相关/负相关/不显著）
Pargament et al.（新闻报道）	98 名在过去几年中应对过不公平生活事件的大学生	与会众和神职人员发生冲突的量表；与教条冲突的量表	消极心境、事件相关结果和宗教结果的测量	会众和神职人员冲突与更消极的心境有关（$r=.27$）。与其他项目无关。(0/1/5)
Pargament et al.（1995）	225 名经历过 1993 年美国中西部洪水的人；大多数信仰基督教和天主教	在应对时，来自神职人员和教堂成员的支持的量表；对教堂和上帝的不满	积极和消极情绪、身体健康、心理状态和宗教结果的测量	对上帝的不满在所有测量项目（除了积极情绪以外）上，与较差的结果有关（r's $=-.18$ 和 $.40$）；宗教支持只与较好的宗教结果（$r=.44$）有关。(1/4/5)
Thompson & Vardaman（新闻报道）	150 名谋杀被害人的家属；大多数是女性、非裔美国人，信仰基督教	在应对时，来自神职人员和教堂成员的支持的量表；对教堂和上帝不满意	心理压力和创伤后应激（PTSD）的 4 个量表	宗教支持只与较少的敌意（$r=-.21$）有关；不满意在所有的测量项中，与更大的压力（r's $=.19$ 到 $.31$）和 PTSD（$r=.27$）有关。(1/5/4)
		宗教重构（上帝的意志；上帝的爱；上帝的惩罚）		
Dalal & Pande（1988）	44 名来自印度因为意外受伤住院的患者；大多数为男性，低中产阶级，印度教徒	将意外归因为因果报应和上帝的意志	生理恢复的量表	因果报应的归因与心理恢复（$r=.37$）有关。与归因于上帝的意志无关。(1/0/0)
Grevengoed（1985）	149 名在过去 4 年里，经历过家人或密友亡故的本科生；大多数信仰基督教和天主教	将死亡归因于上帝的愤怒、上帝的意志或上帝的爱	死亡焦虑、抑郁和心理健康的量表。从死亡事件中学到多少、如何控制情感和如何应对死亡的项目	归因于上帝的意志和上帝的爱与更好的事件相关结果有关（r's $=.16$ 到 $.38$）。归因于愤怒与较低的事件相关结果有关（r's $=-.22$ 到 $-.38$）。与死亡焦虑、抑郁或心理健康无关。(6/3/9)

续表

研究	样本和压力源	宗教应对的测量	结果的测量	结果（正相关/负相关/不显著）
Jenkins & Pargament (1988)	62 名癌症患者；平均年龄 56 岁；大多数是白种人	对于癌症在上帝的操控之中的感知的项目	自尊、生命威胁、疾病适应和护士对于患者适应程度的评估	癌症在上帝的操控之中的感知与较高的自尊（$r=.25$）和护士评估的适应有关（$r=-.23$）。与生命威胁和在患者在调适上的自我评估无关。(2/0/2)
Pargament & Ensing et al. (1990)	586 名来自传统基督教堂的成员，目前正在应对消极重大生活事件；平均年龄 46 岁；大多数是白种人	将消极事件评估为上帝的意志、上帝的惩罚和对灵性安适的威胁	目前心理状态、事件的具体结果和事件的宗教结果的测量	上帝意志的评估在 3 项测量中的两项与较好的结果有关（$r's=.16$ 和 $.19$）。上帝的惩罚在 3 项测量中的两项与较差的结果有关（$r's=-.17$）。灵性安适的威胁的评估在所有测量项中与较差的结果有关（$r's=-.09$ 到 $-.17$）。(2/5/2)
Pargament et al. (新闻报道)	49 名天主教堂的成员，在过去几年中应对了一个重大的消极事件	上帝惩罚的量表；积极宗教再评估的量表	消极心境、事件的具体结果和宗教结果的测量	将消极事件归于上帝的惩罚与更消极的心境（$r=-.28$）和较差的事件的具体结果有关（$r=-.35$）。积极宗教再评估在所有测量项中与更好的宗教结果有关（$r's=-.39$到 $.40$）。(3/2/1)
Pargament et al. (新闻报道)	98 名在过去几年里经历过朋友或爱人亡故的本科生	上帝惩罚的量表；积极宗教再评估的量表	消极心境、事件的具体结果和宗教结果的测量	将死亡作为上帝惩罚的评估只与更消极的心境有关（$r=-.28$）。积极的宗教再评估与更好的事件的具体结果（$r=-.28$）和宗教结果有关（$r=-.33$）。(2/1/3)

续表

研究	样本和压力源	宗教应对的测量	结果的测量	结果（正相关/负相关/不显著）
Pargament et al.（新闻报道）	98 名在过去几年应对过不公平生活事件的本科生	上帝惩罚的量表；积极宗教再评估的量表	消极心境、相关事件的结果和宗教结果的测量	与上帝的惩罚无关。积极的宗教再评估与更好的相关事件的结果（$r=.21$）和宗教结果有关（$r=.47$）。(2/0/4)
Prak & Cohen (1993)	96 名应对密友最近死亡的大学生	将事件归于慈爱的上帝以及别有用心的上帝的单项	抑郁、相关事件和个人成长的测量	归于坚定的上帝只与个人成长有关（$r=.25$）。(1/0/5)
控制应对的宗教方式（自我指导、服从、合作、请求）				
Belavich & Pargament (1995)	222 名应对麻烦的本科生	向上帝恳求奇迹出现的量表	抑郁、积极和消极影响的测量	请求与更高的抑郁（$r=.26$）和更消极的影响有关（$r=.35$）。(0/2/1)
Brant & Pargament (1995)	179 名正应对种族歧视和其他负性生活事件非裔美国本科生	向上帝恳求奇迹出现的量表	积极和消极情绪、事件的具体结果和宗教结果	请求与更积极的情绪（$r=.24$）和更消极的情绪（$r=.40$）、更积极的事件的具体结果（$r=.20$）和宗教结果有关（$r=.46$）。(3/1/0)
Friedel & Pargament (1995)	105 名在过去 6 个月中应对压力最大的工作的紧急医护工作者	自我指导、合作和服从的宗教应对压力事件的方式	心理健康状态、事件的具体结果、工作满意度和离职倾向	合作与更好的心理健康状态有关（$r=.28$）。与其他的测量项无关。(1/0/11)
Harris & Spilka (1990)	136 名酒精滥用者；平均年龄是 43 岁；大多数是白人男性	自我指导、合作和服从的应对方式	戒酒成功	自我指导与成功戒酒有关（$r=-.32$）。与服从和合作无关。(1/0/2)

续表

研究	样本和压力源	宗教应对的测量	结果的测量	结果（正相关/负相关/不显著）
Jenkins (1995)	422 名艾滋病（HIV）呈阳性的军人	向上帝恳求奇迹出现的量表	4 个情绪的测量和 4 个社会支持评估的测量	请求与较高的消极情绪（r's=.15 到 .22）和较低的积极情绪的评估有关（r=-.08）。(0/5/3)
Pargament Ensing et al. (1990)	586 名来自传统基督教堂的应对消极生活事件的成员；平均年龄 46 岁；大多数是白种人	向上帝恳求奇迹出现的量表；自我指导、合作和服从的应对方式	目前心理状态、事件的具体结果和事件的宗教结果的测量	请求与较差的心理状态（r=-.11）和较好的宗教结果有关（r=.17）。服从在所有测量项与较好的结果有关（r's=.12 到 .42）。合作在所有测量项上与较好的结果有关（r's=.14 到 .46）。自我指导在所有测量项与较好的结果有关（r's=-.10到-.30）。(7/4/1)
Pargament et al. (1994)	271 名应对由波斯湾战争造成的压力的本科生	向上帝恳求奇迹出现的量表；自我指导、合作和服从的应对方式	积极和消极情绪，以及心理健康状况的测量，测量时间为袭击科威特的前两天和停止战事一周后	攻击科威特前，恳求与更消极的情绪（r=.25）和较差的精神健康状态有关（r=.21）。在攻击后，与更消极的情绪（r=.31）和更积极的情绪有关（r=.24）。受到攻击的前后（r=.18），合作都与较积极的情绪有关（r=.14）。受到攻击后，自我指导与更消极的情绪有关（r=-.13）。在攻击前，服从和较积极的精神健康状态有关（r=-.17）。(4/4/16)

续表

研究	样本和压力源	宗教应对的测量	结果的测量	结果（正相关/负相关/不显著）
Pargament et al.（新闻报道）	49名天主教堂的成员，在过去几年中应对了一个重大的消极事件	被动和服从上帝的量表	消极心境、事件的具体结果和宗教结果的测量	被动只与更好的宗教结果有关（r=.34）。(1/0/2)
Pargament et al.（新闻报道）	98名在过去几年里经历过朋友或爱人亡故的本科生	被动和服从上帝的量表	消极心境、事件的具体结果和宗教结果的测量	被动与更好的宗教结果（r=.53）和较差的事件的具体结果有关（r=-.20）。(1/1/1)
Pargament et al.（新闻报道）	98名在过去几年应对过不公平生活事件的本科生	被动和服从上帝的量表	消极心境、事件的具体结果和宗教结果的测量	被动只与更好的宗教结果有关（r=.59）。(1/0/2)
Pargament et al.（1995）	225名经历过1993年美国中西部洪水的人；大多数信仰基督教和天主教	自我指导、合作、服从等应对洪水的宗教应对机制	积极和消极情绪、身体健康、心理状态和宗教结果的测量	合作和服从与较好的心理状态（r's=.20和.25）和宗教结果有关（r's=.51和.47）；自我指导与较差的心理状态（r=-.20）和较差的宗教结果有关（r=-.41），与其他测量项无关（4/2/6）
Park & Cohen（1993）	96名最近经历了一个密友去世的本科生	向上帝恳求奇迹出现的量表	抑郁、事件的具体结果和个人成长的测量	请求与协议和较高的抑郁（r=.20）、来自事件具体结果的压力有关（r=.49）。与个人成长无关。(0/2/1)

续表

研究	样本和压力源	宗教应对的测量	结果的测量	结果（正相关/负相关/不显著）
Rutledge & Spilka (1993)	174 名单身男女；年龄从 41 到 50 岁	自我指导、合作和服从的应对方式	抑郁量表	自我指导与更高的抑郁有关（r =.23）。合作与较少的抑郁有关（r = –.22）。与服从无关。(1/1/1)
Thompson & Vardaman（新闻报道）	150 名谋杀被害人的家属；大多数是女性、非裔美国人，信仰基督教	向上帝恳求奇迹出现的量表	心理压力和创伤后应激（PTSD）的 4 个量表	在所有测量项中，请求与更大的压力有关（r's =.20 到 .27）。(0/5/0)
Vande Creek et al. (1995)	150 名在候诊室等待亲友心脏手术结果的人	应对等待的宗教应对：自我指导、合作、服从	事件的具体结果、宗教结果、焦虑和抑郁量表	合作、请求和服从与更好的事件的具体结果（r's =.33 到 .49）、更好的宗教结果（r's =.54 到 .76）、更多焦虑（r's = .22 到 .46）和更多抑郁有关（r's =.30 到 .52）。自我指导只与较差的宗教结果有关（r = –.25）。(6/7/3)
Yelsma & Montambo (1990)	55 名心脏病发作过后的患者；大多数是男性	自我指导、合作和服从的应对方式	关于复原的生理测量	无相关。(0/0/3)
		宗教仪式		
Bahr & Harvey (1979b)	44 名在火中丧生的矿工的妻子；平均年龄 37 岁	自从火灾后，做礼拜的次数的改变	在过去 5 年里生活质量稳定性的自我评估	无相关。(0/0/1)

续表

研究	样本和压力源	宗教应对的测量	结果的测量	结果（正相关/负相关/不显著）
Belavich & Pargament (1995)	222名应对麻烦的大学生	将参加宗教仪式与做善事当作应对麻烦的一种方式	抑郁、积极和消极情绪的测量	宗教善行和仪式与更积极的情绪有关（*r*=.20）。(1/0/2)
Brant & Pargament (1995)	179名正应对种族歧视和其他负性生活事件非裔美国大学生	将参加宗教仪式与做善事当作应对负性事件的一种方式	积极和消极情绪、事件的具体结果和宗教结果	宗教善事和仪式与更积极的情绪（*r*=.30）和更消极的情绪（*r*=.15）、更积极的事件具体（*r*=.31）和宗教结果有关（*r*=62）。(3/1/0)
Cass (1987)	100名在过去一年里丧偶的女性；大多数是信仰天主教的白种人；平均年龄71岁	葬礼和哀悼仪式	身体和社会心理失调的测量	仪式与较低的身体失调有关（*r*=-.28），但与社会心理失调无关。(0/1/0)
Griffith, Mahy & Young (1986)	16名西印度精神浸礼会教派的成员；其中一些人寻求身体健康和灵性力量	参与7天的"哀悼"仪式	仪式前后心理症状量表的评估	仪式前后在12个量表中的11个与症状的改善有关。(11/0/1)
Jenkins (1995)	422名艾滋病(HIV)呈阳性的军人	将参加宗教仪式与做善事当作应对负性事件的一种方式	4个情绪的测量和4个社会支持评估的测量	宗教善事和仪式在两个量表中与更积极的社会支持评估有关（*r's*=.09到.12）。与其他因素无关。(2/0/6)

续表

研究	样本和压力源	宗教应对的测量	结果的测量	结果（正相关/负相关/不显著）
Lasker, Lohmann & Toedter (1989)	138 名有过堕胎、流产和胎死腹中的经历的女性；大多数是白人；平均年龄 28 岁	对于实行与失去相关的仪式的测量	3 个悲伤次量表和悲伤总数，在经历丧失的两个月和两年后评估。	无关。(0/0/8)
Morris (1982)	24 名来自英格兰身体不适的人；大多数信仰天主教；平均年龄 60 岁	前往卢尔德（Lourdes）的朝圣之行	朝圣之前、1 个月后和 10 个月后焦虑和抑郁的变化的测量	1 个月后和 10 个月后，朝圣之行与焦虑和抑郁的减少有关。无效应值。(2/0/0)
Pargament & Ensing et al. (1990)	586 名应对重大生活消极事件，来自传统基督教堂的成员；平均年龄 46 岁；大多数是白种人	将参加宗教仪式与做善事当作应对负性事件的一种方式	目前心理状态、事件的具体结果和事件的宗教结果的测量	宗教善事和仪式在所有测量项中与更好的结果有关（r's =.13 和 .55）。(3/0/0)
Pargament et al. (1994)	271 名应对由波斯湾战争造成的压力的本科生	将参加宗教仪式与做善事当作应对方式	袭击科威特的前两天和停止战事一周后的积极和消极情绪和最近的身体健康状况	宗教善行和仪式在第 1 次和第 2 次（r's =.16 到.24）的测量上有积极也有消极的关系，在第 2 次测量上（r = –.16）.（3/2/1）与较好的心理状态有关。
Pargament et al. (1995)	225 名经历过 1993 年美国中西部洪水的人；大多数信仰基督教和天主教	将参加宗教仪式与做善事当作应对洪水的一种方式	积极和消极情绪、身体健康、心理状态和宗教结果的测量	宗教善行和仪式与较少的消极情绪（r =–.16）、较后的心理状态（r =.27）和更好的宗教结果有关（r =.52）。(3/0/2)

续表

研究	样本和压力源	宗教应对的测量	结果的测量	结果（正相关/负相关/不显著）
Park & Cohen (1993)	96 名最近经历了一个亲密朋友过世的大学生	将参加宗教仪式与做善事当作应对死亡的一种方式的测量	抑郁、事件的具体结果和个人成长的测量	宗教善行和仪式与较大的来自事件具体结果的压力（$r=.21$）和更多的个人成长有关（$r=.22$）。与抑郁无关。(1/1/1)
Rothbaum & Jackson (1990)	18 名参加正统犹太教浸礼（Mikvah）的参与者，23 名没有参加浸礼的信徒，35 名信仰基督教的妇女，45 名信仰天主教的妇女	参加浸礼和宗教信仰	月经的症状	月经症状在 4 个组中无差异。(0/0/1)
Rutledge & Spilka (1993)	174 名单身男女；年龄在 41 到 50 岁之间	参加教堂的独身者社交活动	抑郁量表	参加独身者社交活动与更重的抑郁（$r=.15$）有关。(0/1/0)
Thompson & Vardaman（新闻报道）	150 名谋杀被害人的家属；大多数是女性，非裔美国人，信仰基督教	将参加宗教仪式与做善事当作应对谋杀的一种方式的测量	心理压力和创伤应激后障碍（PTSD）的 4 个量表	宗教善行只与更大的焦虑（$r=.16$）和躯体症状有关（$r=.19$）。(0/2/3)
Zeidner & Hammer (1992)	261 名在波斯湾战争中受到导弹威胁的以色列犹太教人	测量以参加宗教活动来应对压力的项目	焦虑、症状和认知功能的测量	宗教活动的增加与较大的焦虑（$r=.33$）和症状有关（$r=.29$），但与认知无关。(0/2/1)

续表

研究	样本和压力源	宗教应对的测量	结果的测量	结果（正相关/负相关/不显著）
		宗教应对的模式		
Frazier, Krasnoff & Port (1995)	239 名肾移植患者，移植 3 个月后；170 名肾移植患者，移植 12 个月后	10 项宗教应对索引	简明的症状量表和生活满意度	宗教应对在移植 3 个月后（r=.19）和 12 个月（r=.23）后与较高的生活满意度有关。与心理症状无关。(2/0/2)
Koenig (1988)	708 名老年人；大多数信仰基督教	用祈祷和宗教信仰应对一般的以及重大的生活压力	项目关于被试对于死亡的感觉	祈祷和宗教信仰应对与较低的死亡焦虑有关(1/0/0)。
Koenig (1995)	96 名年过 50 的男囚犯；大多数信仰基督教	3 项宗教应对索引	身体症状的数量、疾病的严重程度和抑郁的量表	无相关。(0/0/3)
Koenig et al. (1992)	850 名老年，患病住院的男性；大多数为保守派的基督教徒	3 项宗教应对索引	社会支持、酒精使用、认知状态、自我和观察者的抑郁评估。在 6 个月后 202 人的自我抑郁评估	宗教应对与更多的社会支持（beta=.12）、较少的酒精使用（beta=–.14）、更好的认知状态(bata=.10)、较低的自我抑郁评估（beta=–.14）和观察者的抑郁评估（beta=–.19）和与较低的自我抑郁评价有关（beta=–.18）。(6/0/0)
Koenig et al. (1995)	832 名患病住院的老年人	3 项宗教应对索引	自我和观察者评定的抑郁认知和抑郁躯体症状量表	根据自评量表（r=–.16）和其他评估量表（r=–.15 和–.14），宗教应对与较低程度的认知症状有关。与其他躯体症状无关。(3/0/3)

续表

研究	样本和压力源	宗教应对的测量	结果的测量	结果（正相关/负相关/不显著）
Pargament, Smith & Koenig (1996)	310 名所属教会坐落在俄克拉荷马市爆炸案附近的信徒	积极和消极宗教应对的量表	压力相关的成长、宗教结果和创伤后应激障碍（PTSD）的测量	积极的宗教应对与压力相关的成长（$r=.62$）、宗教结果（$r=.59$）和 *PTSD*（$r=.25$）有关；消极的宗教应对与压力相关的成长（$r=.21$）和 PTSD（$r=.48$）有关。(3/2/1)
Sattler et al. (1994)	322 名伊尼基飓风的生还者，时间为飓风发生后 7 周	4 项宗教应对索引	心理症状的测量	宗教应对与较多的心理症状有关（$r=.22$）。(0/1/0)

附录 E. 宗教作为调节或遏制压力因素和适应间关系的研究项目总结

研究	样本和压力源	虔诚度的测量	适应性的测量	结果
Anson et al. (1990)	225 名有宗教信仰和无宗教信仰的以色列基布兹（kibbutz）集体社区的成员	两个集体社区类型；与自身有关的宗教项目；宗教活动规模；私人祈祷频率的项目；在经历压力时从神那里得到慰藉的程度	主观的健康状况评价；症状发生的频率；残疾的报告；慢性病的报告	宗教作为压力调节受到了部分的支持，宗教遏制压力受到了部分的支持
Bahr & Harvey (1979a)	96 个矿工寡妇和幸存火灾的矿工，和 128 名其他矿工的妻子	教会归属；去教堂的频率；宗教虔诚；宗教的重要性在灾难后的变化；教堂社交活动的参与	测量过去一周的寂寞感的项目	宗教为压力调节受到，没有验证宗教可以遏制压力

续表

研究	样本和压力源	虔诚度的测量	适应性的测量	结果
Bickel et al.（inpress）	245 名成年的长老会成员	合作和自我引导的宗教应对量表	抑郁症的量表	宗教作为压力调节受到支持，宗教作为压力遏制也受到支持
Brown & Gary（1988）	245 名有工作或者没工作的非裔美国妇女	参与宗教活动和将宗教信仰应用于生活的程度的测量	抑郁量表	宗教作为压力调节受到部分支持，宗教作为压力遏制受到部分支持
Ellison（1991）	国家样本回应对三个创伤性事件反应的清单	出席的频率，与对神的亲近度和祷告的频率；对于存在的确定性的项目；教派	总体生活满意度和个人的幸福	宗教作为压力调节受到部分支持，宗教作为压力遏制受到部分支持
Ellison，Gay & Glass（1989）	国家样本表明在过去的一年经历创伤事件的总数	教会归属；去教堂的频率；虔诚（祈祷的频率和与神的亲近）	生活满意度的比例	宗教作为压力调节并无支持，宗教作为压力遏制受到部分支持
Ellison & Gay（1990）	2 107 名非裔美国人，报告是否有一个或多数的健康状况，或是一个或者多数关于人际关系或是制度上的经历带给了他们很大的困扰	教派；参与宗教敬拜；虔诚度的自我评估；个人祈祷频率	生活满意度的单个项目	没有支持宗教作为压力调节，宗教作为压力遏制受到部分支持
Ellison（1993）	1 933 名美国黑人；大多数基督教徒和天主教徒，被试完	公共和私人信仰的衡量	自尊和自我超越的衡量	宗教作为压力调节受到部分支持，宗教作为压力遏制受到部分支持

续表

研究	样本和压力源	虔诚度的测量	适应性的测量	结果
	成了负面生活事件，慢性疾病和自身吸引力的测量			
Ensing (1991)	483 名教会成员，每人都完成了关于在过去一年发生的负面生活事件的清单	宗教实践量表（祈祷，阅读圣经，参与教会活动）；内在取向、外在取向，和追求的方向。自我指导，合作，和服从的宗教应对，测量时间隔了两年	在两年内，自尊，孤独，心理健康的测量	宗教作为压力调节没有受到任何支持，宗教作为压力遏制受到部分支持
Friedel & Pargament (1995)	105 名紧急医护人员在过去 6 个月中应对过压力最大的工作事件，情况的控制程度不等	自我指导，合作，和服从性的宗教应对	心理健康状况的衡量，事件的具体结果，工作满意度，离职倾向	宗教作为压力调节受到部分支持，宗教作为压力遏制没有受到任何支持
Friedrich, Cohen & Wilturner (1988)	158 名弱智儿童的家长完成儿童行为问题和身体失能的量表	宗教信仰评估宗教实践、信仰上帝，和上教堂的频率	抑郁量表；积极、消极的幸福指数	宗教作为压力调节受到部分支持，宗教作为压力遏制没有受到任何支持
Harvey, Barnes & Greenwood (1987)	11 071 名丧偶或配偶还在世的男人和女人，样本取自于加拿大	测量宗教虔诚性的单个项目	幸福的总体测量；积极情绪的测量	宗教作为压力调节没有受到任何支持，宗教作为压力遏制受到支持

续表

研究	样本和压力源	虔诚度的测量	适应性的测量	结果
Idler (1987)	2 756 名住在纽黑文市（New Haven)，面对慢性疾病和功能残疾压力的老年人	教会活动参与和所认识会众的数目的测量；信仰的虔诚和从宗教那里得到的安慰和力量的程度的测量	抑郁症和功能障碍的比例	宗教作为压力调节受到部分支持，宗教作为压力遏制受到部分支持
Idler & Kasl (1992)	603 名在过去 3 年功能障碍逐渐恶化的老年男性，信仰基督教、犹太教和天主教	对外呈现的和私人的虔诚的衡量	为期 3 年的抑郁症测量	宗教作为压力调节受到部分支持，宗教作为压力遏制没有受到任何支持
Jamal & Badawi (1993)	325 名应对工作压力的北美回教徒	自我评估的虔诚项目	工作的具体测量（例如，满意度、动机、承诺)、心身症状、幸福感	宗教作为压力调节受到部分支持，宗教作为压力遏制受到部分支持
Krause & Van Tran (1989)	511 位美国非裔老年人，回应关于过去一个月中发生的负面生活事件的列表	组织性宗教的参与的测量；个人的宗教参与的测量（祈祷的频率、自测的虔诚、让孩子参与敬拜的重要性)	自尊和自我掌握的测量	宗教作为压力调节没有受到支持，宗教作为压力遏制受到部分支持
Maton (1989b), Study 1	81 名参与哀悼孩子过世支持组的组员，根据过世期先后分为高压力和低压力组	宗教支持的量表	抑郁和自尊的测量	宗教作为压力调节受到部分支持，宗教为压力遏制受到部分支持

续表

研究	样本和压力源	虔诚度的测量	适应性的测量	结果
Maton (1989b), Study 2	68个过渡到大学的高年级学生，根据在过去6个月的负性生活事件数分为高压力和低压力两组	宗教支持；评估上大学前做礼拜的频率	社会适应、个人情感适应；评估高中后抑郁量表	宗教作为压力调节受到部分支持，宗教为压力遏制没有受到任何支持
Maton (1989a)	162名来自3个教堂的成员（平均年龄31岁）所完成的经济压力量表	利用给予物质上支持的次数，来测量被试所属的教会的支持程度（高还是低?）	生活满意度	宗教作为压力调节受到部分支持，宗教作为压力遏制没有受到任何支持
Pargament et al. (1994)	215名大学生完成对入侵科威特前在1990至1991年的波斯湾战争担忧程度的测量	宗教应对活动量表（基于精神上的，善事、请求、人际关系的宗教支持、宗教逃避和宗教不满）	心理健康、积极和消极情绪量表	宗教作为压力调节受到部分支持，宗教作为压力遏制受到全面支持
Park, Cohen & Herb (1990), Study 1	本科生完成生活事件的测量	内在取向和外在取向量表；在每一事件中使用宗教应对程度的量表	抑郁和焦虑特质的量表，在测试前和测试后8个月	宗教作为压力调节受到部分支持，宗教作为压力遏制受到部分支持
Park, Cohen & Herb (1990), Study 2	本科生完成生活事件的测量	内在取向和外在取向量表；在事件中使用宗教应对程度的量表	测前和8周后，抑郁和焦虑特质的量表	宗教为压力调节受到部分支持，宗教作为压力遏制受到部分支持
Pollner (1989)	1 500至3 000名来自全国的成年人	与上帝的亲近程度和祈祷（和神明的关系）的频率的测量；3个关于上帝	一般幸福项目、婚姻幸福、生活激情和生活满意度量表	不支持宗教作为压力调节，支持宗教作为压力遏制

续表

研究	样本和压力源	虔诚度的测量	适应性的测量	结果
		形象的次量表；将上帝作为朋友或是上级；做礼拜的频率		
Shams & Jackson （1993）	140 名有职业和无职业的英国亚裔回教徒男性	宗教价值量表	心理健康量表	支持宗教作为压力调节，支持宗教作为压力遏制
Siegel & Kuyendall （1990）	825 名已婚或丧偶的人，报告是否在过去 6 个月中有亲密的家庭成员过世	是否属于教堂或寺庙	抑郁量表	宗教作为压力调节受到部分支持，宗教作为压力遏制没有受到支持
Siluwade （1994）	115 名完成生活事件测量的尼日利亚老年人	对宗教的委身、祈祷和上帝存在的经验的量表	疾病自评量表	不支持宗教作为压力调节或是压力遏制
Simons & West （1984—1985）	299 名回忆过去一年里重大生活经历的中西部的老年人	祈祷的频率、阅读宗教材料、感觉到上帝的存在和对宗教委身程度的测量	疾病严重性的等级量表	不支持宗教作为压力调节，不支持宗教作为压力遏制
Stouffer et al. （1965）	在二次世界大战中，参加不同战区的士兵	在经历艰苦状况时，是否会通过祈祷来帮助他们渡过艰苦的项目	包含在宗教测量内	宗教作为压力调节受到部分支持，不支持宗教作为压力遏制
Williams et al. （1991）	720 名来自纽黑文市，完成不良生活事件数量的量表和身体健康检查的成年人	做礼拜的频率和宗教信仰	心理症状清单测量过去两年的症状	宗教作为压力调节受到部分支持，不支持宗教作为压力遏制

续表

研究	样本和压力源	虔诚度的测量	适应性的测量	结果
Zuckerman, Kasl & Ostfeld (1984)	398 名 62 岁以上，贫穷的男女，完成健康状态和症状的测量	做礼拜的频率、自我信仰和来自宗教的力量的量表	未来两年的死亡率	宗教作为压力调节受到全面支持，不支持宗教作为压力遏制

注　　释

第二章

1. 类似的争论也可能由排除宗教色彩后的对神圣的定义而产生（参见 Copp & Copp，1993）。什么让生命有意义？是个人成长，还是精神关联性？除非他们莫名其妙地使之神圣化。如何让像意象导引或冥想这样的仪式更趋向于精神上而不是认知和行为上的改变？除非与宗教相关。通过“神圣”这个字眼来给任何价值观和行动增加光环和合法度，一旦和宗教分离，便失去了它的意义和力量。

2. 我们很难将神这一概念的边界区分开来，将魔法、巫术以及对祖先的祭奠视为对上天的敬仰到底合不合适？那么占卜和相信幸运兔脚所具有的力量又合适吗？然而作为佛教中人类精神境界的最高层面——涅槃，使人完全没有了欲望，到底够不够神圣？这些问题都不简单，须将它们分开来看。就拿佛教的涅槃来说，就一直存在着这样的争议：涅槃之后就能成佛？或者更广一些，到底是不是应该信仰佛教（Conze，1951）。很明确，佛并不是创造了人类的神，然而涅槃却包含了许多天赐的特性，什么“永久的、稳定的、永恒的、不变的、不老的、不灭的和未来的……它是力量、福气和幸福，是无懈可击的安全避难所”（Conze，1951，p. 40）等等。这样看来，佛教似乎是很好地栖居在了神的保护伞之下。尽管如此，更加具体来说，类似涅槃之类的想法对那些真正体验过涅槃这种方式的人和团体来说是十分重要的。在这方面，Spiro（1978）发现，缅甸的普通教徒与他们的宗教领袖和传统导师相比，却怀有超人类的信念。有许多证据表明涅槃，以及至少一些佛语都具有较高的影响力。划分天赐力量的边界不是一个简单的任务，但很有必要，因为神和神化了的东西就是所指宗教的争论点。

第三章

1. 动机研究能够提出许多重要的问题。为了响应 Braden（引自 Clark，1958，p. 79）的研究，我们可以提问人如何才能更好地真正辨别和叙述他们的所作所为的原因。我们在证明宗教影响和意义的联系时，我们可以这样询问：人们在宗教中寻求意义的时候，是否获得有价值的意义。或许意义只是一个寻求其他重要结果的副产品。对于畅销书《为何是我》，我们可以有这样的疑问：人们的阅读习惯是否能够很好地反映出他们所隐藏的读书动机？毕竟所有的个体研究都会有局限，我们能做到最好的就是得出一个有关动机的接近实际的结论。我们应该有足够的信心进行我们以下的结论研究：我们的研究总能与人们有关动机的观点重合，是否他们的行为与动机相一致并且从他们的经历中得到了什么。

2. 从宗教中寻求意义的方向与在这里的定义似乎没有什么不同：寻求与宗教相关的重要性。其实却有一个很大的不同之处，对于巴特森寻求是多变的，人们因他们在成长和探索价值的不同而不同。反之，假设每个人都在不断地探索之中，探索是无止境的，使他们不同是探索的种类。在我看来，Batson 的探索就是一种很简单的无休止的探索，一种有着无数的问题和疑问的探索方向。答案、解决方法以及目标并不是探索方向的一部分，而是宗教寻求中的一部分。追寻意义、宗教或是其他的东西都有可能成功，但这并不意味着人们应该停止发展。人们找到了令人满意的难题答案之后，就不会再寻找答案，但他们仍然要努力保护或者发展他们的新的理解。这种努力与我们了解的有关宗教的努力是十分不同的。简言之，探求方向只是人们在寻求中采用的重要宗教方向之一。

3. 类似的争论也存在于研究探索其他方向的关系之中。在这些探索中，缺少联系就意味着有人在他们宗教经历中找到了问题和答案。事实上，Tillich（1951）将神学家定义为：“每一个神学家是既被接纳又被疏远的；他总是坚信与怀疑并存；他游离在神学圈内外。”（p. 10）

第五章

1. 意义这一概念既可以以令人不满的也可以是令人满意的形式从其他术语中区分出来，诸如“意味”或“生活目的地”，后者有明显的积极的内涵。例如，Frankl（1984）提到：“一旦一个个体成功寻求意义，这不仅能使他高兴，还使他获得应对苦难的能力。”（p. 163）我认为，意义代表了重要性、建设性和破坏性的许多种可能之一。寻求意义并不一定能带来快乐或幸福。

2. 我更喜欢更具有包容性的术语“意义”而不是“个人幸福”。诚然，对于大多数人来说，当遇到压力时，个人幸福就是一个核心问题。但是压力事件也能威胁、挑战或伤害意义的对象，这些对象不仅仅局限于自我，还比如朋友、家庭和社区。对于个人的幸福而言，这些对象或许是间接的含义，但我们仍然关注他们。

3. 一些研究人员已经检验了使这些事件变得不确定的根源。尽管在这我们无法复审或解决这些争议，但仍可能会注意到一些情况。一些研究人员强调压力是积极的还是消极的，与主要的生活改变或过度的累积有关（Holmes & Rahe, 1967）。另一些研究人员则强调生活中更多细小的"日常困扰"的累积，由于家庭、朋友、家务或财政问题等日常琐事，我们感觉到烦躁和恼怒（DeLongis, Coyne, Dakof, Folkman & Lazarus, 1982）。还有一些研究人员强调按照某种特定区域去定义压力事件，例如人际关系事件（如：离婚、孩子问题）、与工作相关的事件（如：失业），与健康相关的事件（如：生病、受伤）、内省事件（如：冲突），重大灾害（如：战争、自然灾害），或影响重要他人的事件（如：死亡、迫害）（Hobfoll, 1988）。仍有一些研究人员强调确定未知情形下突出的心理元素；不明确性、不可测性、不可控性、慢性、严重性、新颖性、计时性，程度足以引起之前未曾解决的令人不太积极的经历，而这些却能给人带来很大的压力。（Baider & Sarell, 1984；Lazarus & Folkman, 1984）。最后，一些理论家依据在生物学、心理学、社会学以及文化发展之间缺乏同步性来定义危机（Riegel, 1975）。

4. Lazarus 和 Folkman（1984）认为二级评估包括资源可用性评估和最有效应对策略的评估。他们认为，这些评估指出"什么是可能并且可以做的……哪一个是应对时可供使用的选项，是给出的应对选项会向着它期望的那样完成的可能性，还是成功应用某种特定或一系列策略的可能性"（p. 35）。因为在特定情况下，最有效应对策略的评估具有重要的意义。我相信，为资源可用性评估分配标签的过程和储备"二级评估"是有帮助的。

5. 在应对时，个人与系统之间的权衡不会是我们最希望的结果。协同作用也有可能。"个人系统螺旋"同样也出现在这个人和他的系统中，使得彼此的和他们自身的幸福感增强（参见 Pargment & Myers, 1982）。

第七章

1. 我们的研究为宗教心理学文献中看似违反直觉的发现提供了一种解释。那些在生活中更多依靠上帝的人们，很少感到自己做事时会有无能为力的感觉（Pargament & Park, 1995）。事实上，一些研究已经证实，受上帝控制感与自我控制感呈正相关（如：DeVellis & Spilsbury, 1988；Jackson & Coursey, 1988；Kahoe, 1974）。如果我们认为依靠上帝等同于无能为力，那么这些结果就很难解释了。然而，依靠可以从不同的意义上来理解。人们可能更多的是把对上帝的依靠看作伙伴而并非自己的努力的替代。确信他们可以祈求上帝保佑并且上帝就在他们身边，这并不会减少他们的效能感和掌控感，反会有所提升。靠上帝和靠自己的关系或许就反映出一个事实，即在应对中人们更多的是把神看作一个伙伴而非帮助他们解决问题的父亲。研究应用的三种宗教应对方式表明，合作方式的得分要远高于顺从方式的。别忘了合作方式与自我控制息息相关，这不同于顺从方式。这样，报告依靠上帝的人们可能会支持合作的方式，这样能够使上帝在他们的生活中（Pargament，Sullivan，Tyler & Steele，1982）。

2. 这三种宗教应对方式中度相关。为了评估每种方式的独立影响，另两种方式应该受到统计上的控制。这三种形式间的相关本身就很有意思。一方面，适应自主方式的人不太可能应用合作或顺从方式解决宗教问题。另一方面，合作或顺从应对方式呈正相关。或许这两项都得高分的人对宗教系统有更好的理解，在某些情境下与上帝协作，在另一些情境下顺从上帝。又或许在应对时，合作和顺从通常是密不可分的。上帝可以是一个年长一点的伙伴。我们听说这两种方式的混合是通过二战时 Bonhoeffer（1971）在监禁期间写的一封信："我相信上帝能够也将会从邪恶中带来善良，哪怕是极大的邪恶。为了达到目的，他需要一个能充分利用一切的人。我相信上帝会赐予我们力量，我们需要这力量帮助我们抵制一切危难。但他从不提前给予我们，以使我们依靠自己而不仅仅是他。"（p. 11）除了他们之间的联系，在强调与上帝协作还是顺从上帝上面，宗教和精神健康有着很大的区别。

第 八 章

1. 尽管大多数研究，包括几个早些时候提到的，使用术语"皈依"来描述那些更换教派的人。我保留了它供以后我们在应对过程中考虑进行更加激进的改变时使用。在这我冒昧地将"皈依"换成"转换"。皈依与转换相比较，有一个关键的区别，那就是宗教转换者不是寻求大规模的价值改变，而是寻求另一种实现他们的方法。我认为大多数更换教派的人，即使在压力下，不是寻求一个生活的新方向，而是一个能帮助他们实现目标的新团体。Travisano（1970）有类似的观点。他区分转换与皈依是质的不同的转变，并且认为前者比后者更常见。

2. 将好事归功于上帝的意愿与将坏事归咎于上帝的厌恶，这两种情况同时存在。实证研究一致表明，宗教所带来的积极事件多于负性事件（Pargament & Sullivan，1981；Ritzema，1979；Spilka & Schmidt，1983）。马克·吐温（1974）曾就这种趋势幽默地写道："如果一直在为上帝而工作的科学能够根除一种疾病，那么一定是上帝获得奖励，所有传教士都会瞬间感激涕零，并且向人们呼吁他有多好！"（p. 36）这里似乎是一种去维持仁慈的神融入世界的渴望在起作用。将好事归功于上帝的意愿与将坏事归咎于上帝的厌恶这两者都是为保护上帝自己的机制设计。

第九章

1. 对来世的信仰不只限于通路仪式（死亡时的各种仪式），但也没有必要转换。当面临死亡时，来世的信仰可能表现在很多方面：情感的慰藉、与死者的亲密感、个人同一感、对美好世界的希望，以及与神连接的渴望。为了确定信仰或仪式转变的角色，我们必须超越它所提供的对目的进行功能分析的方法的内容的描述。

第十章

1. 尽管很多其他的研究至少间接地涉及这个话题，但是并不包括以下四点：（1）在无须应对明确清晰的压力源的团体中检验宗教意识和心理健康或精神病理学的关系；（2）对宗教意识的测量受到了其他因素的混淆，如教育或社会经济地位（如：Purisman & Maoz，1977）；（3）宗教意识的测量及结果之间有较大的混淆，当宗教意识被类似结果的项目来评估的时候确实就是这样的（如："你从宗教中得到多少帮助?"）（Hunter et al.，1974）；（4）很少有研究涉及宗教意识的特殊形式。例如，尽管已经有一些来世的信仰和死亡焦虑的关系研究（参见 Spilka et al.，1985），但只有很少的研究带着不同的结论看待这些处在危机中的关系（Bivens，Neumeyer，Kirchberg & Moore，1994—1995；Franks，Templer，Cappelletty & Kauffman，1990—1991；Smith，Nehemkis & Charter，1983—1984）。一些研究检验了不止一种形式的宗教取向变量。在这些情况下，不同的结果就被分隔并且在表中特定的部分呈现出来。这样，一些研究结果在表中多次出现。

2. 积极结果也可能是受到出席教堂时身体健康状况的影响。那些定期出席教堂活动的人可能身体更健康，因此可能是他们的身体状况而不是教堂出席对他们更好地适应社会做出了贡献。然而，另一些研究表明，控制样本的健康状况后，教堂出席和社会适应仍呈正相关（如：Koenig，Kvale & Ferrel，1988）。

3. 一些研究应用更精细的统计方法较直接地检验宗教应对的调解模式并得到了支持。Hathaway 和 Pargament（1990）认为顺从和合作的宗教应对方式调解了内在宗教取向和心理社会能力测量之间的关系。Park 和 Cohen（1993）应用路径分析法进行研究发现，宗教应对方式只调节了部分的宗教取向和心理社会能力之间的关系，而不是全部。

4. 尽管这些方面大致与最后两章中提到的一些宗教机制有一致的地方，但并不是完全一致。一些宗教应对方式，尤其是某些转型的，还未加研究（如：过渡仪式、寻求宗教目标和宗教宽恕）。

研究检验出不止一种宗教应对方式多次在表 10.2 中出现。这些研究结果被分隔并且在特定部分呈现出来。在一些论文中，只有显著性的结果才会呈现。这些积极、消极或不显著的研究的结果不被记录。

5. 在某些情况下，比起那些可从研究的作者那里得到的论文，数据要更加广泛。这些数据包括附录 D。

6. 有人可能认为，评估祈祷有效性最直接的方法将是去看奇迹是否真会发生。事实上，一些研究已经检验了祈求神祇对那些身患疾病者的效果，但结果有好有坏（Byrd，1988；Collipp，1969；Joyce & Welldon，1965）。这是一个有争议的研究领域。或许最棘手的问题就是如何确定构成神祇的要素是什么。海湾战争中盟军的胜利对那些站在盟军一方的人来说就是一个奇迹。而另一方经历了如此惨痛代价的人们或许会把这个事件看作一个神抛弃或报复的例子。只要上帝知道什么最终为人类造福，那么试图“测试奇迹”就超出了科学的领域。

7. 尽管宗教皈依和宗教转换已经被概念化为消极生活事件的应对方式，但是实证研究并没有将这些方式与消极生活情境和解决方法联系起来。因为这个原因，宗教皈依和宗教转换的研究不能放在表 10.2 和附录 D 中。

8. 用更科学的语言来说，年龄、性别、种族、收入、婚姻状况与应对结果之间的关系与宗教对其影响有关。Krause（1991）在饮酒行为的路径分析方面为这一模型提供了支持。性别（女性地位）和种族（少数民族地位）与戒酒的间接相关通过他们与较大主观信仰之间的关系起作用。

9. 研究应该讨论更强调事态压力感的程度的不同而不是压力情境形式的不同。不幸的是，很少有研究比较特定情境形式的宗教应对的相对有效性，例如慢性病与急性病或主要生活事件与日常烦心事。然而，一些证据表明宗教在应对死亡（Mattlin et al.，1990；Neighbors et al.，1983）和威胁生命的疾病（Lilliston，Brown & Schliebe，1982）时可能特别有帮助。当然，死亡和威胁生命的疾病同样是压力极大的情境，因此这些结果可能只是以另一种方式表明宗教在人们陷入困境的时候帮助最大（也就是，宗教压力调节模型）。

第十一章

1. 一些研究者认为，对自己和世界的适当的积极幻想可能会促进心理健康。如，Taylor 和 Brown（1988）回顾了一个研究领域，产生这样的疑问：自我知觉的精准度是否是心理调适的一个必要因素。然而，另一些研究者对他们的研究持反对意见，关于此事的争论仍很激烈（参见 Colvin & Block，1994；Taylor & Block，1994）。当然，许多情况有一个被理解的范围。在那范围之内，现实的积极的评估可能要比消极的评估对个人更有帮助。但是，我认为在应对时超出理解范围可能会导致严重的问题。

2. 一些滥用虔诚的虐童例子也可能是受到宗教欺骗的指示的影响。精神的辩护可能掩盖了潜藏在滥用之下的最初的动机：渴望控制、支配和掌控孩子。

3. Hunsberger（1996）认为，在所有这一切中有一个罪魁祸首——右翼权威主义。原教旨主义者有一种更强的倾向，即有更多的专制个性。或许专制个性被宗教原旨主义所吸引，又或许宗教原旨主义促进了这种专制个性的发展。不论发生何种情况，Altemeyer 和 Hunsberger（1993）提供了一些研究证据，右翼势力比宗教原旨主义与偏见有更直接相关（左翼势力是否与其他形式宗教信仰和偏见相关是另一个有趣但未知的问题）。

Original English Title:
The Psychology of Religion and Coping: Theory, Research, Practice
By Kenneth I. Pargament, PhD